精品课程配套教材
21世纪应用型人才培养规划教材
“双创”型人才培养优秀教材

SHENGCHAN
YUNZUO
GUANLI

生产运作管理

主　编　罗　微　蒋文全　谢玉唐
副主编　张　博　林　玲　张金香
　　　　梁　晶　刘利猛　朱伟华

山东大学出版社

图书在版编目（CIP）数据

生产运作管理/罗微，蒋文全，谢玉唐主编. —济南：山东大学出版社，2019.6
ISBN 978-7-5607-6364-4

Ⅰ. ①生… Ⅱ. ①罗… ②蒋… ③谢… Ⅲ. ①企业管理-生产管理-高等职业教育-教材 Ⅳ. ①F273

中国版本图书馆 CIP 数据核字(2019)第 136571 号

责任编辑：李昭辉
美术编辑：张　荔
封面设计：尤　岛

出版发行：山东大学出版社
社　址　山东省济南市山大南路 20 号
邮　编　250100
电　话　市场部（0531）88363008
经　　销：新华书店
印　　刷：北京俊林印刷有限公司
规　　格：787 毫米×1092 毫米　1/16
21 印张　　488 千字
版　　次：2019 年 6 月第 1 版
印　　次：2019 年 6 月第 1 次印刷
定　　价：53.00 元

前　言

生产运作活动是企业最基本的活动之一，有效的生产运作管理是企业提高产品质量、提高劳动生产率、降低成本、实现企业经营目标的前提，是企业生存与发展的重要资源。一直以来，生产运作管理都是经济管理教学中的重要课程之一。

本书编写的目的是为经济管理类各专业及非经济管理类专业选修生产运作管理课程的师生提供教材和参考书籍，同时也为企业管理干部的业务学习与培训提供教材。

本书首先全面、系统地介绍了生产运作管理的有关基本概念、基本职能以及发展过程，介绍了产品开发与服务设计、生产和服务设施的选址与布置等生产设计活动；然后介绍了库存控制、生产现场管理等基本的生产运作过程；最后还介绍了现代新型生产方式等。总之，本书在总结当前我国企业生产管理和服务运作实践经验的基础上，广泛、充分地参考了国外先进的管理理论与方法，力图比较系统地吸收现代生产运作管理的各种新思想、新理论和新方法，探索现代生产运作管理的课程体系，以适应我国经济社会发展和培养人才的需要。

本书共分十一章，由罗微、蒋文全、谢玉唐担任主编，张博、林玲、张金香、梁晶、刘利猛、朱伟华担任副主编。第一章、第二章由蒋文全、梁晶编写，第三章、第四章由谢玉唐、刘利猛编写，第五章、第六章、第七章、第十一章由罗微编写，第八章、第九章由张博、林玲、张金香编写，第十章由张景铭、朱伟华编写。罗微负责全书内容的删改与增补，张景铭负责全书的统稿工作。

由于编者水平有限，成稿时间仓促，书中难免有不妥甚至错误之处，在此恳请读者批评指正。

前言

目　录

第一章　生产运作管理概论

本章目标

通过对本章的学习，学生应理解生产运作的概念，了解生产运作系统的构成和特征，理解流程型生产和加工装配型生产的区别，掌握备货生产和订货生产的应用场合，熟悉大量生产、成批生产和单件小批生产各自的特点，掌握制造性生产与服务性运作的区别，熟悉生产运作管理的概念、内容、任务和作用，了解生产运作管理面临的挑战。

本章重点

掌握备货生产和订货生产的应用场合，以及制造性生产与服务性运作的区别。

本章难点

理解流程型生产和加工装配型生产的区别。

引入案例

西安高压电瓷电器厂生产过程组织的改革

西安高压电瓷电器厂创建于20世纪50年代末期，全厂共生产4大类300余种产品。工厂生产流程为：原料制备（按一定配方，将不同原料在球磨机上磨成浆，脱水、成泥）、成型（制成各种产品毛坯）、烧制（上釉、上沙、烧制）、产品装配。工厂的生产单位根据生产流程和工艺特点，按工艺专业化原则布置。

生产管理模式为：生产科根据工厂全年计划，给各车间下达生产任务，各车间按计划安排生产。生产过程中各车间之间设置“交接员”，完成上工序产品的接收和向下工序移交产品。工厂对车间的计划完成情况、产量多少、质量情况等考核后核发工资奖金。各车间的考核由生产计划科会同质量办、企管办等部门负责。

上述这种布局和管理模式一直延用到20世纪90年代初。在市场经济浪潮的冲击下，原有的管理模式和管理方法显得力不从心，这使企业某些产品合格率下降，产量上不去，还有某些产品虽保持了原有合格率水平，但在市场经济条件下，又显得成本过高。企业效益日渐下滑，亏损严重。

随后，该企业领导决定改变现状，成立了改革领导小组，通过调查、分析、研究发现，造成质量差、成本高的主要原因是该厂的生产按工艺分块布置，造成各工序（车间）之间的协调和沟通困难，电瓷瓶在搬运过程中损坏严重，产品工艺复杂，质量责任难以落实到个人，很多问题各道工序都可能引起，因此一旦出现问题，各工序之间相互扯皮、推诿，不能准确查出原因。考核部门对各车间单独考核，尽管各车间任务完成得都很好，但从最后一道工序产出的合格品却很少。

如何才能控制住质量和成本呢？经过反复研究，到国内外同行中进行考察和转变管理观念，单位领导层决定打破过去的“块状”布局，采用新式布局，并改变原有的组织结构形式，从而利用团队精神来控制质量和成本。

新的机构设置运行结果为：当年每百元产值制造成本从80元降到65元，产品全过程合格率A类产品由30%提高到55%，B类产品从50%提高到70%，使得企业当年扭亏为盈。

第一节　生产运作的基本概念

一、生产运作的概念

“生产”一词常常与工厂、机器、流水线等联系在一起，那时候生产被认为是以一定生产关系联系起来的劳动者，利用劳动工具，作用于劳动对象，使之成为有用产品以适合人们需要的过程。当时的“生产”的主要关注点是物质资料的生产。物质资料的生产围绕着转化过程，将一定的原材料转化为一定的有形产品。

进入21世纪以后，社会生产力的发展使得大量的劳动力转移到服务业，导致服务业在整个国民经济中的比重大大上升。以美国为首的西方发达国家的服务业所创造的国民生产总值在其整个国民经济中的比重曾一度超过70%。同时，在制造业企业中，内部服务作业（如仓储保管、行政事务、统计会计、教育培训等）的管理费用支出已超过制造系统直接成本的支出。在这样的背景下，生产的概念和方法被广泛地应用到了制造业以外的许多活动和场景中，如医疗、饮食、娱乐、银行、商店、教育、运输及政府等各类服务业。

在20世纪80年代以前，西方国家的学者把提供有形产品的活动称为“生产”（production），而把提供服务的活动称为“运作”（operations）。现在，他们已倾向于将两者均称为“operations”，将有形产品和服务统称为“财富”，把生产运作视为创造财富的过程，从而把生产运作的概念扩大到了非制造领域。因此，本书将“production”和“operations”都译作“生产”“运作”或“生产运作”。

在考虑了生产运作概念的演变与扩展之后，本书给生产运作下的定义是：“生产运作是一切社会组织将它的输入转换为输出的过程。”表1-1列出了几种典型的社会组织的输入、转换和输出的内容。

表1-1　典型社会组织的输入、转换和输出

社会组织	主要输入	转换	主要输出
工厂	原材料	加工制造	产品
运输公司	产地的物资	位移	销地的物资
修理站	损坏的机器	修理	修复的机器
医院	患者	诊断与治疗	恢复健康的人
大学	高中毕业生	教学	高级专门人才
咨询站	情况、问题	咨询	建设、办法、方案

从表 1-1 可以看出，社会组织若要提供输出，则必须有输入。输入是由输出决定的，生产什么样的产品和提供什么样的服务，决定了需要什么样的输入。输入需要通过转换过程才能变为输出，转换是通过人的劳动在生产运作系统中实现的。输出是社会组织对社会做出的贡献，也是社会组织存在的理由。由于输入不同于输出，因此需要转换。转换是通过人们的劳动才得以实现的，转换的过程就是生产运作。

二、生产运作系统

（一）生产运作系统的含义

生产运作系统是由人和机器构成的，是能将一定的输入转化为特定输出的有机整体，如图 1-1 所示。从图中可以看出，生产运作系统是一个“输入—转换—输出”的系统。输入的是两类资源：一类是有形资源，包括人力、设备、物料、信息、技术、能源、土地等；另一类是无形资源，包括时间和信息。其中，时间是一种特殊的资源，它不需要索取，关键在于如何合理、有效地利用；信息主要指生产运作系统外部的信息，如市场变化信息、新技术发展信息、政府部门关于经济趋势的分析报告，等等。图 1-1 中的虚线表示的信息投入来自生产运作系统内部，即变换过程中所获得的信息。它有两种具体表现形式：一是顾客或用户的参与，二是有关生产运作活动实施情况的信息反馈。

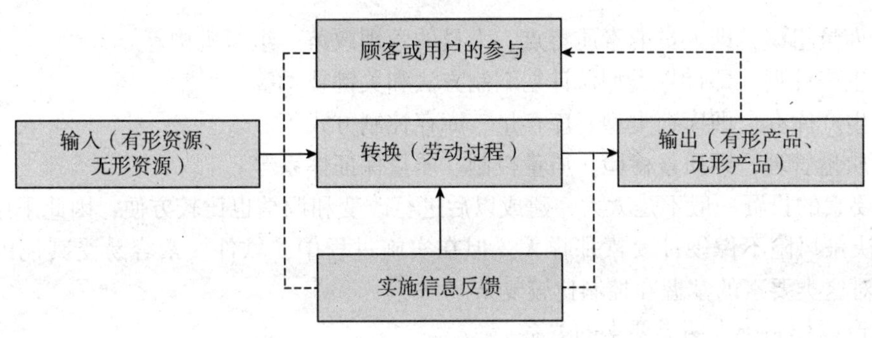

图 1-1 生产运作系统图

顾客或用户的参与是指他们不仅接受变换过程的产出结果，在变换过程中，他们也是参与活动的一部分，如教室中学生的参与，医院中患者的参与，等等。实施信息反馈是指生产进度报告、质量检验报告、库存情况报告等。中间的转换过程（也就是劳动过程）是价值增值过程。输出包括两大类：有形产品和无形产品。前者指汽车、电视、机床、食品等各种物质产品；后者指某种形式的服务，如银行提供的金融服务，邮局提供的邮递服务，咨询公司提供的设计方案，等等。

生产运作系统从性质上看是一个人造系统，输入的“质”不同，输出的结果也不尽相同。比如，钢铁厂的生产系统不同于机床厂的生产系统，餐馆的运作系统不同于建筑企业的运作系统。同时，生产运作系统还取决于输出的“量”。比如，同是生产汽车，大批量生产和小批量生产所采用的设备以及设备布置的形式是不相同的；同是提供食物，小吃店和大饭馆的运作组织方式也是不同的。

（二）生产运作系统的构成

生产运作系统是企业整体系统中的一个子系统，生产运作系统结构则是系统的构成要素及其组合关系的表现形式。生产运作系统的构成要素很多，可以分成两类：硬件要素和软件要素。

1. 生产运作系统的硬件要素

生产运作系统的硬件要素是指构成生产运作系统主体框架的那些要素，主要包括：

（1）生产技术，即生产工艺特征、设备构成、技术水平等。

（2）生产设施，即生产设施的规模、设施的布局、工作地的装备和布置等。

（3）生产能力，即生产能力的特性、生产能力的大小、生产能力的弹性等。

（4）生产系统的集成，即系统的集成范围、系统的集成方向、系统与外部的协作关系等。

作为生产运作系统框架的物质基础，硬件要素需要更多的投资，一旦建立起来并形成一定的组合关系之后，要改变它或进行调整是相当困难的。设计一个生产运作系统时，应正确选择系统的硬件要素并进行合理组合，实质上就是指采用何种工艺和设备，要求达到什么样的技术水平，生产线和设备如何布局，形成多大规模的生产能力，生产过程集成到何种程度，等等。它对形成生产运作系统的功能起决定性作用，所以决策时应该慎重。

2. 生产运作系统的软件要素

生产运作系统的软件要素是指在生产运作系统中支持和控制系统运行的要素。主要包括：

（1）人员组织，即人员的素质特点、人员的管理政策、组织机构等。

（2）生产计划，即计划类型、计划编制方法和关键技术等。

（3）生产库存，即库存类型、库存量、库存控制方式等。

（4）质量管理，即质量检验、质量控制、质量保证体系等。

软件要素的投资一般不是太大，建成以后进行改变和调整也比较方便，因此采用何种软件要素的决策风险不像硬件要素那样大。但在实施过程中，软件要素容易受其他因素的影响，因此对这类要素的掌握和控制比较复杂。

3. 生产运作系统中两类要素的关系

生产运作系统中的硬件要素和软件要素的作用各异。硬件要素的内容和组合形式决定了生产运作系统的结构形式；软件要素的内容及其组合形式决定了生产运作系统的运行机制。具有某种结构形式的生产运作系统需要有一定的运行机制与之匹配才能顺利运转，并充分发挥其功能。生产运作系统的结构形式对系统功能起决定性作用。所以，设计生产运作系统时，首先应根据所需功能选择硬件要素及其组合形式，形成一定的系统结构，进而根据系统对运行机制的要求选择软件要素及其组合形式。

随着外部环境的变化，生产运作系统投入运行后，会对系统提出改变原有功能或增加新功能的要求。此时，可以改变系统的各项构成要素及其组合关系，以改革系统的结构及其运行机制，使其成为调整系统功能的重要杠杆。

（三）生产运作系统的特征。

生产运作系统具有以下三个特征：

1. 生产运作系统是一个多功能的综合系统

生产运作系统是由战略决策、系统设计、系统运行与控制、系统维护和改进等多种功能组成的一个综合系统，各组成部分之间形成一个螺旋循环链，每螺旋循环一次，生产运作就向一个新的高度发展一次，这与产品质量控制用到的 PDCA 循环有一定的相似之处。

2. 生产运作系统是劳动过程或价值增值过程的统一

社会组织是所有的生产运作活动的主体，其中包括各种盈利性的企业组织，也包括非盈利性的各种事业组织和政府部门。这些组织虽然性质不同、形式各异，但都具有一个共同的特征：都需要投入一定的资源，经过人们一定的劳动过程以提供满足人们某种需要的，具有一定价值的劳动成果。劳动过程是价值增值过程得以实现的前提条件，价值增值是生产运作系统赖以生存的基础。劳动过程若不产生增值，便会造成社会资源的浪费，提供的输出也不为人们所接受，得不到社会的承认。这样的社会组织就不能生存下去，会在竞争中被淘汰。

3. 生产运作系统是物质系统和管理系统的结合

生产运作系统涉及生产运作过程中的物质转化过程，是一个实体系统或物质系统，主要由设施、机械、运输工具、仓库、信息传递媒介等组成。例如，一个机械工厂的实体系统包括车间，车间内的各种机床、工装及运输工具，制品仓库等；一个化工厂的实体系统可能主要是化学反应罐和形形色色的管道。又如，一个急救系统或一个经营连锁快餐店的实体系统可能又大为不同，它们不可能集中在一个位置，而是分布在一个城市或一个地区内各个不同的地点。生产运作系统中的管理系统同管理过程相对应，它主要是指生产运作系统的计划和控制系统以及物质系统的设计、配置等问题，通过计划、组织、实施、控制等一系列活动使上述的物质转化过程得以实现。其中的主要内容是对信息的收集、传递、控制和反馈。

第二节 生产运作的分类

21 世纪以来，企业的经营管理方式随着市场环境的变化而发生了重大的改变，但作为反映生产运作过程内在特征和规律的生产类型，在企业生产中的重要性并未因此而有所降低，相反，对其进行更深入的研究和探讨是每个企业管理者和从事生产管理研究的人士最起码应面对的一个重要课题。科学的生产管理要求生产运作过程必须按其内在规律进行操作，只有很好地了解企业生产运作过程的特征并掌握其运行的规律，才能为企业确定合理的生产管理系统，以确保获得良好的经济效益。要做到这一点，首先要对企业的生产过程进行分类研究，按一定指标将生产过程划分为不同的类型，即生产类型。通过对不同生产类型的专门研究，从中找出每一类生产过程的特征及其运行规律，并在此基础上建立与之相适应的生产管理系统。

一般来说，企业可被划分为制造业和服务业两大类，考虑到尽管制造业和服务业具有相同或相似的经营管理过程，但就其所实施生产运作的过程来看，二者之间又存在较大的差别。为此，从分类的角度出发，应首先以生产的产品是否有形和无形为标准，将企业划分为制造业和服务业两大类别，并分别进行讨论。

一、制造业的生产类型及其组织管理

制造业的生产类型比较多，其分类标准也很多。例如，以产品的使用性能分类，可分为通用产品和专用产品两大类；以生产工艺特征分类，可分为工艺过程连续的流程生产型和工艺过程离散的加工装配型两大类；以产品的需求特征分类，可分为备货生产和订货生产两大类；以生产过程的稳定性和重复性分类，可分为大量生产、成批生产和单件小批生产三大类。以上这些分类方式都从某一侧面反映了产品及其生产过程的不同特征，对产品的生产活动具有重要的指导作用。下面将分别讨论它们各自的特点。

（一）通用产品和专用产品

按照产品的使用性能，可将其分为通用产品和专用产品两大类。

通用产品就是按照一定的标准设计生产的产品，通常具有较大的社会需求量和适用面，如家用电器产品等。这类产品的生产企业一般通过对市场的需求预测，并根据企业自身的生产能力和销售能力等因素进行综合分析，在此基础上制定生产计划。由于产品具备生产过程稳定的特点，因而适宜采用对象专业化的产品生产组织方式。又由于产品的市场需求较大，产品的竞争主要体现在质量和成本的竞争方面，因而企业应通过扩大生产规模，采用高效的专用生产设备等手段来努力降低产品成本，提高产品质量，以规模效益赢得市场竞争。

专用产品一般是根据用户的特殊需求专门设计和制造的产品，产品的适用范围较小，需求量也小。企业因必须经常变换生产产品的品种，故生产过程的稳定性较差，无法采用对象专业化的生产组织形式，且通常要求所用设备应具备较高的柔性，以适应不同产品的生产要求。相对而言，其对生产过程的控制比较复杂，生产管理工作难度大且非常重要。

（二）流程生产型和加工装配型

按照生产工艺特征，可将生产过程分为工艺过程连续的流程生产型和工艺过程离散的加工装配型两大类。

流程生产型的生产过程连续进行且加工工序固定不变，因而原材料通常是以固定的路线连续地流过整个加工系统。该类生产过程生产的产品主要包括化工产品（化肥、水泥、药品等）、纺织产品、纸张、烟草、金属、酒类等。流程生产型的生产过程适宜采用专业化、自动化程度极高的生产设备或生产线组织方式。由于流程生产型生产过程具有“连续”这一突出的特性，这就决定了生产管理的重点必须是确保生产的各个环节正常运行，包括原材料的供应保障，动力系统的供电、供热保障，生产设备的正常运转保障，等等，其中任何一个环节出现问题都将引起整个生产系统的瘫痪，因而对生产设备及与生产相关的设施的维护是此类生产管理工作的重点内容。由于对这类生产的需求比较稳定，因此生产计划的制定主要以企业生产能力为依据。

加工装配型的生产过程涉及许多零部件，产品结构复杂，主要包括汽车、机床、家电、电气设备、计算机等。加工装配型生产过程中，各零件的生产过程相对独立，可参照流程生产型的生产组织方式进行生产。其产品则是通过部件组装及总装而成，因而整个产品的生产过程是离散的，致使生产管理工作极其复杂，既要控制各零件和部件的生产进度，以确保生产的成套性，又要确保生产物流的合理流动，做到适时、适量、准确地供应，最大限度地减少运输和库存费用。由于这类产品需要在不同的生产企业或部门中生产不同的零部件，故生产控制及协调是管理工作的重点所在。现行的一些先进生产方式，如精益生产、敏捷制造都是针对这类产品的生产而研发的。

（三）备货生产和订货生产

按产品的需求特性，可将生产分为备货生产和订货生产两大类。

备货生产是指在市场需求预测的基础上，有计划地进行生产，以满足用户的一般性需要。通常情况下，这类产品属通用产品，市场需求具有一定的规律性，企业可通过提前生产并将产品储备起来，来满足未来一定时期的市场需求，减少由于生产能力不足而造成产品脱销给企业带来的缺货损失。其生产管理的重点是准确地预测，畅通营销渠道，严格地按未来的需求进行生产，做到有备货而无积压。

订货生产是根据用户提出的具体订货要求，组织产品的设计、制造等生产活动，以满足用户的特殊需求。由于是按用户的特殊要求定制，故产品大多是非标准化的，属于专用产品。在产品的规格、质量、数量及交货期限上，不同的订单有不同的要求，因而其生产管理的重点是如何确保在规定的交货期内保质、保量并按规定的交货方式将产品交付给用户。这就要求企业在收到订单后，有组织、有计划地进行产品的设计、原材料及零部件的采购和产品的加工制造工作。

（四）大量生产、成批生产和单件小批生产

以产品生产的重复程度及专业化程度作为标准，可将生产分为大量生产、成批生产和单件小批生产这三种生产方式。

大量生产的特点是生产的品种少，每一种产品的产量大，生产稳定且不断重复进行，通常是经常重复一种或少数几种相类似的产品。由于这类产品一般在一定时期内具有相对稳定且很大的需求量，生产对象相对固定，因而产品的工艺流程一般都经过了高度标准化的设计，在生产组织中有条件采用高效的专用设备和专用工艺装备，并按对象专业化的原则建立生产线，以提高工作的专业化程度，如采用流水生产线的生产组织方式等，从而可保证企业获得较高的经济效益。大量生产由于具有生产量大、生产不断重复这一特性，因而企业生产组织中的计划和控制工作具有较强的规律性，利于对整个生产过程实施标准化控制和应用自动化装置进行生产，从而确保产品的质量。企业中采用大量生产的实例有很多，比较典型的有汽车生产、家电（彩电、电脑等）生产等。

成批生产的特点是产品的品种较多，每一种产品的产量较少，每一种产品都无法维持长时间的连续生产，因而在生产中必须采取多种产品轮番生产的生产组织方式。由于成批生产的产品一般都具有较稳定的生产工艺，且不同的产品之间具有相同或相似的工艺过程，故可为不同的产品配备不同专用工艺装备的通用设备，建立多品种的对象生产单元，使产品的生产过程在生产单元内封闭地完成，以适应多品种的需要，并保证设备必要的负荷率，提高设备的利用率水平。

由于每台设备需要负担多种工件的加工任务，所以无法采用高生产率的专用设备和工艺装备，致使工作的专业化程度不高，生产率水平较大量生产而言相对较低。同时，由于转换生产对象需要花费必要的生产准备时间，从而引起生产的间断，使生产管理工作更加复杂，也就对生产计划管理和监控提出了更高的要求。如何根据轮番生产这一特点合理安排每一种产品的间隔期和生产批量，既要避免由于过分频繁地变换生产对象所带来的人力、设备的闲置，又要保证生产的成套性和在制品的数量，使人、机和工件处于一个最佳的结合点，提高整个生产系统的生产率水平，是生产运作管理的首要任务。

成批生产是介于大量生产与单件小批生产之间的一种生产方式，其包括的范围很广。为此，这类生产方式通常又按其批量的大小进一步划分为大批生产、中批生产和小批生产三种

类型。由于大批生产的组织特点接近于大量生产，因此在实际生产中将其归入大量生产这一类型，统称为“大量大批生产”。而小批生产的特点接近于单件小批生产类型，因此将其归入单件小批量生产。

单件小批量生产的特点是产品的品种繁多，产量很少，所生产的产品通常属于满足一次性需求的专用产品，因此一般不进行重复生产。产品的产量一般只有一小批甚至仅有一件，故称之为“单件小批生产”。由于单件小批生产的产品不断变化，因此其生产设备和工艺装备只能是通用设备和工艺装备。这就导致工作地的专业化程度很低，一般按照工艺专业化原则，采取机群式布置的生产组织方式。

单件小批生产具有的上述特点使其生产管理工作更加复杂，主要体现在：由于产品繁多，导致生产计划复杂，生产运作的实施和控制难度增大；生产技术准备工作量大，导致设备调整时间长，设备利用率低，如何协调各个部门之间的合作将成为管理工作的重点内容；由于产品不断变化，对工人的操作技能要求高，人力资源管理工作极为关键。采用单件小批生产类型的实例很多，如造船、重型机械制造、大型建筑、桥梁、专用大型电机和锅炉等。值得注意的是，随着人们生活水平的提高，消费观念也在发生重大变化，人们的需求更趋于个性化，使得一些通用产品（如轿车、家电等）的生产有逐步向小批量甚至是单件方向发展的趋势，这些都将给生产运作管理工作提出新的课题。

另外，为了便于掌握 3 种基本生产类型在管理上的特点，有必要对它们做进一步的对比分析。从整个生产系统上看，随着大量生产、成批生产和单件小批生产的产品品种逐渐增加，企业生产管理从不同侧面呈现出了以下特点：

（1）生产对象：产品的特性从标准化、商品化趋于专门化、个性化。

（2）专业化程度：生产的专业化程度逐渐降低，一方面反映在生产单位的设置上，从对象专业化向工艺专业化方向过渡；另一方面反映在设备和工艺装备上，从专用设备和专用工艺装备向通用设备和通用工艺装备方向过渡。

（3）工艺过程：生产工艺过程由固定型向非固定型转化。

（4）物流特征：物流成本由低向高转化。一方面，从物流的移动距离来看，采取对象专业化生产的大量生产类型可以大大缩短产品在加工过程中的运输距离，节省运输的人力、设备和费用。另一方面，从库存角度来看，由于大量生产类型的生产计划稳定，易于对产品原材料和零部件进行科学的库存管理，从而减少了库存和订货费用。而对单件小批生产而言，一般不具备上述条件。

（5）生产计划：生产计划由按固定的生产进度计划进行生产向较为灵活的生产计划并常常要进行生产计划调整的方向转变。

（6）质量控制：质量控制工作由标准的质量控制体系向非标准方式且更多地由操作工人自行掌握的方向转化。

（7）劳动力配置：对操作工人的操作技能要求越来越高。由于大量生产中每一道工序进行多次重复操作，因此要求工人只要熟练掌握某一工序的技术要领即可胜任该项工作，对其他工序的操作可不必掌握。而成批生产，特别是单件小批生产类型的企业，工人所面对的产品经常处于变换的状态，无法做到长时间重复进行某一固定不变的操作，这就要求工人拥有较广泛的机械知识，具有较高的技术素质，以适应各种操作任务的需要。

（8）财务控制：财务工作的侧重面有所不同，大量生产的企业通常采取以成本为中心的方式进行成本管理，即通过对采购成本、加工成本的标准化控制，来实现控制企业成本的目标。而对于单件小批生产而言，由于产品的数量较少，有些产品所需原材料或零部件无法做到有计划地库存，即使只需一件零部件或很少的原材料，也必须进行专门采购，因此采购成本难以控制。同时，生产加工过程的随意性使得企业生产成本的不确定性增加，因此在财务管理方面，通常以利润为中心进行财务控制。成批生产企业可视具体情况，采取以成本为中心或以利润为中心的方式来进行财务管理。

（9）管理人员配置：管理人员的工作重点有所不同，大量生产的企业由于生产的产品品种单一，生产稳定性高，因此生产管理人员工作的重点放在生产计划的编制、工艺流程的制定、市场预测、生产能力规划等上，以使企业生产能够高效、有序地进行。相反，单件小批生产的企业由于产品的品种繁多，大量的管理问题都要在生产线上现场解决，因此要求生产线上的管理人员配置较多，而职能管理人员相对较少。

从总体上说，大量生产的企业要求加强生产计划、质量控制、能力控制、库存控制等工作，以保证生产连续有序地进行。由于其生产稳定，更易于实现即时生产方式，从而可降低成本，获得更大的效益。对于单件小批生产的企业而言，其生产管理工作相对复杂，一般厂级计划制定得比较粗略，无法做到非常详细，大量的生产管理工作更多地需要生产单位依据实际情况自行处理，因此要求生产线上的管理人员有较高的素质，能够处理生产过程中出现的各种问题。另外，由于产品的数量极少，并且随意性大，因此相当一部分物料无法进行储备，只能在接到订单后进行采购，因此，合理组织好采购工作不仅可大大降低产品的成本，而且可使生产保持较高的连续性，从而缩短产品的生产周期。对于单件小批生产的企业而言，交货期是企业竞争力的重要标志，因此，保证不出现物料供应不及时等生产瓶颈问题是生产管理最重要的内容。

成批生产的生产管理在很大程度上具有一定的不确定性，一般应视企业的具体情况来确定生产管理模式。但在通常情况下，由于成批生产具有轮番生产这一重要特征，因此一般把生产管理工作的重点放在合理安排各种产品的生产批量，使生产的成套性和提高设备的利用率之间达到平衡上。另外，库存管理工作也占有十分重要的地位，一旦企业无法实现生产的成套性与提高设备利用率之间的平衡，可通过库存控制手段来调节企业生产能力的不平衡，提高企业的经济效益。

对于企业的管理者而言，熟悉并掌握各种生产类型的特征对企业的生产经营管理具有十分重要的意义。任何一个企业都要选择适合自身发展的生产类型，也只有生产类型选择正确，才能适应市场对产品的需求，才能保证企业经营获得成功，否则将导致企业经营失败。

在这方面，应该说不乏典型的事例。例如，彩电虽然是美国发明的，但是在20世纪60年代末期，日本在引进美国彩电生产技术的同时，从彩电产品的市场需求性质出发，在短期内建立了高度自动化的大量生产系统，使得彩电产品无论质量还是成本控制都大大优于当时的美国。而此时美国的彩电生产厂家大都采用批量生产方式，产品的质量主要靠技术工人的熟练程度来保障，在市场竞争中处于下风也就不足为奇了。日本的彩电产品也因此在短期内一举占领了世界彩电市场的大部分份额。另外，日美汽车工业的竞争也如出一辙。

生产类型选择对企业经营具有重要的影响。近几年来，国际市场对我国的出口产品提出了更高的要求，一些中小型企业在生产类型的选择上出现了这样或那样的偏差，究其原因主要是对产品市场缺乏必要的研究，有些企业在引进了大量生产线后，尚未正式投产产品市场就已经发生了重大变化，其生产线所能生产的产品已经被性能更加优良的产品所替代，形成了还未上马就下马的局面，使企业蒙受了巨大的损失。

二、服务业的运作类型及组织管理

随着社会经济的发展，服务业在国民经济中的比重正在迅速增加，其在社会生活中所处的地位也越来越重要，已成为整个国民经济中不可缺少的组成部分，如商业、金融、住宿、餐饮、交通运输、医疗保健、文化娱乐、教育、公用事业及政府机关等。从一定意义上说，服务业水平的高低直接体现了一个国家的经济发展水平。美国是世界公认的经济大国，其有超过70%的人从事服务性行业。随着我国经济体制改革的不断深入，服务业也得到了迅猛的发展。据统计，我国服务业的产值已占到国民生产总值的20%以上，而且还在迅速增长。因此，了解并掌握服务业的运作类型及其特点，对于服务业的生产经营活动意义重大。

服务业的生产运作过程主要是提供无形产品，即提供服务的过程。服务是顾客与服务企业员工之间直接接触时所发生的社会性活动，其产出特点决定了服务业的运作过程和制造业的生产过程有明显的差异，因此有必要对服务业的生产类型进行专门讨论。

依据不同的标准，服务业可进行如下分类：

（1）若以顾客的需求特性分类，可分为通用型服务和专用型服务。商场、银行、宾馆、餐厅等属于通用型服务，它们主要针对一般的日常社会需求提供服务；而如医院、咨询公司、证券公司、会计师事务所、律师事务所等属于专用型服务，它们主要针对顾客的特殊需求提供服务。

（2）若以服务系统的技术特征分类，可分为技术密集型和人员密集型两大类。技术密集型企业需要具备较优良的技术及设备，如医院、银行、通信业等，都需要进行大量的设备投入；而人员密集型企业其系统中人员的投入占主导地位，如商场、学校、咨询公司、律师事务所等。

以上两种分类方式都从某一侧面反映了服务业运作过程的特征，对服务业的运作管理具有重要的指导意义。然而，由于服务业的最主要或者说内在特征是运作系统与顾客需要直接接触，因而在讨论服务业的运作类型时应主要以服务系统与顾客直接接触的程度作为标准来进行分类，可据此将服务业分为两种基本类型，即高接触型和低接触型。

1. 高接触型服务

所谓“高接触型服务”，是指服务系统在向顾客提供服务时必须与顾客保持较高的接触程度才能完成，比较典型的高接触型服务有学校的课堂教学，理发店、旅馆的接待服务，医生的直接诊断服务，等等。这类系统运作管理的重点主要应放在服务质量上，其服务质量及服务效率的高低往往由服务人员的素质来决定，例如课堂教学质量的高低主要由教师的教学水平来决定，旅馆接待服务的好坏主要取决于服务员的业务素质和职业道德，而医生直接诊断服务质量的高低更是取决于医生的医疗水平和职业道德的高低，也就是说医生除了应具备高明的医术外，还需要对患者具有热心和耐心，才能真正体现出诊断服务的质量。因此，加强对员工的业务培训和职业道德教育是高接触型服务企业管理工作的重要内容。

除此之外，高接触型服务企业也要根据顾客的需要合理确定服务规模，如医院的门诊服务即使医生的职业素养极高，但如果需要患者长时间等待，也必将失去部分顾客和抹杀整个服务系统的优势。因此，高接触型服务企业应确定顾客需求和服务规模的最佳平衡点，使整个服务系统达到最高效率。

2. 低接触型服务

所谓“低接触型服务”，是指在服务过程中顾客与服务人员接触程度较低的一类服务，如邮局的邮递服务、传呼台的信息服务、银行的支票处理业务等。这一类服务的最大特点是整个服务过程中顾客只需要较少的必要参与，而大量服务工作依靠服务人员借助服务系统来完成，顾客不需要参与或根本无法参与。像邮局的邮递服务，顾客只需将邮递物品的邮递地点写清或向服务人员交待清楚，并办理必要的手续，整个邮递过程的其他工作根本不需要顾客参与。传呼台的信息服务也具有上述特点，公众信息根本不需要与顾客接触，顾客的私人信息传递服务只需顾客将要传递的信息内容向服务人员交待清楚，具体的传递过程借助机器设备和技术方法即可实现。因此，这一类服务企业的管理工作重点大都放在生产率的提高和成本的降低上。

低接触型服务的前台工作非常重要，对前台工作人员的业务素质和职业道德要求很高，需要按高接触型服务企业的要求来管理员工，而对后台人员只要求他们有熟练的业务技术和必要的职业道德修养即可。

三、制造性生产和服务性运作的区别

制造性生产与服务性运作的主要区别包括：

1. 产出的物理性质不同

制造性生产所提供的产品是有形的、耐久的，而服务性运作所提供的服务是无形的、持续时间较短。这一差别使得制造性生产所提供的产品可以储存，而服务性运作的结果——服务却不能预先“生产”出来，也无法储存。因此，制造业企业可通过调节库存和生产量来适应市场需求的波动，而服务业企业则无法利用库存来调节顾客的随机需求。所以，如何确定服务系统的生产能力，就成了服务业管理的一个关键的、难度较大的问题。

2. 资本的密集程度不同

制造性生产多是资本密集型的，而服务性运作相对来说通常是劳动密集型的。从总体上看，服务业的进入壁垒、自动化程度以及生产率水平都远低于制造业。

3. 与顾客的接触程度不同

制造业的顾客基本上不接触或极少接触产品的生产系统，而服务业的顾客往往需要参与到服务性运作的过程中。例如，医院、教育机构、百货商店、娱乐中心等的运作过程就是顾客接受服务的过程。因此，如何满足顾客的需求对这些社会组织的运作过程设计就提出了更高的要求。当然，也有一些服务性企业与顾客的接触程度低一些，如银行、邮局、航空公司等。

4. 企业辐射的范围不同

制造业企业的生产设施可远离顾客，从而服务于地区、全国甚至国际市场，这意味着它们比服务业企业有更集中、规模更大的设施，对流通、运输设施的依赖性也更强。而服务业企业的产出结果——服务不可能被“运输”到远处，因此服务设施必须靠近其顾客群，从而使一个设施只能服务于有限的区域范围内，这导致了服务性的运作系统在选址、布局等方面与制造业不同。

5. 绩效的评估方法不同

制造性生产的绩效，如质量、交货期、成本等，可以直接定量地测定和评估；而服务性运作的绩效是令顾客满意，其性质是无形的，无法直接定量化测定和比较。这就使得测定服务性运作的产出和控制服务性运作的质量十分困难。由于顾客满意程度往往受个人偏好的影响，因此，如何客观评价服务性运作的质量和效率也比较困难。对上述主要区别的概括如表1-2所示。

表 1-2 制造性生产和服务性运作的区别

比较项目	制造性生产	服务性运作
产品	产品是有形的、耐久的	产品是无形的、不耐久的
产出	产出可储存	产出不可储存
性质	资本密集型	劳动密集型
顾客是否接触	顾客与生产系统不接触或少接触	顾客与生产系统接触高
响应速度	响应速度慢	响应速度快
辐射范围	辐射范围大	辐射范围小
设施规模	设施规模大	设施规模小
绩效	绩效易测量	绩效难测量

当然，任何规律都有例外，表1-2所示的只举出了两种极端情况。事实上，很多企业的特点介于这两个极端之间，也有很多差别只是程度上的差别。例如，越来越多的制造性生产企业都在同时提供与其产品有关的服务，它们所创造的附加价值中，物料转换部分的比例正逐步减少。同样，许多服务性生产企业经常是成套地提供产品和服务，如餐厅同时向顾客提供食物和服务，零售店同时向顾客提供商品和服务。

第三节 生产运作管理

一、生产运作职能的地位

1. 生产运作职能是组织的三大基本职能之一

为了创造产品和提供服务，所有的组织都要发挥三种职能（见表1-3）。这些职能是：

（1）市场营销，即引导新的需求，至少要获得产品和服务的订单。

（2）生产运作，即创造产品和提供服务的过程。

（3）财务会计，即跟踪组织运作的状况，支付账单及收取货款。

表 1–3 所有组织都具备 3 种基本职能

组织名称	市场营销	生产运作	财务会计
快餐店	发布电视广告，分发宣传品，赞助儿童组织	做汉堡包、薯条，保养设备，设计新店面	向供应商付款，收取现金，支付员工工资，支付银行贷款利息
大学	邮寄招生目录，在中学宣传	探索真理，传播真理	向教职工支付工资，收学费
汽车制造商	发布电视广告、报纸广告，赞助汽车赛等	设计汽车，制造零部件，装配汽车，发展供应商	向供应商付款，支付员工工资，做出预算，支付股息，出售股票
教会/教堂	吸收新教友	主持婚礼、葬礼与礼拜	收取捐献，掌握合用情况，支付抵押贷款与其他账单

社会组织的这三种基本职能分别完成不同但又相互联系的活动，这些活动对组织的经营来说都是必不可少的，每项职能对组织目标的实现都起着重要作用。通常，一个组织的成功不仅依赖于各个职能发挥得如何，而且依赖于这些职能的相互协调程度。例如，除非生产部门与营销部门相互配合，否则营销部门推销的可能是那些非盈利的产品或服务，或者生产部门正在创造的是那些没有市场需求的产品和服务。同样，若无财务部门与市场部门的密切配合，当组织需要扩大规模或购买设备时，可能会因资金无着落而难以实现。

2. 生产运作职能是组织创造价值的主要环节

生产运作职能的实质是在转换过程中发生价值的增值。增值是用来反映投入成本与产出价值之间差异的一个概念。对非营利组织而言，产出（如高速公路建设、公安与消防）的价值即是它们对社会的价值，其增值部分越大，说明其生产效率越高。而对营利组织来说，产出的价值由顾客愿意为该组织的产品或服务所支付的价格来衡量，企业用增值带来的收入进行研究与开发，投资于新的设施和设备，从而获取丰厚的利润。其结果是，增值越大，可用于这些方面开支的资金就越多。

由于生产运作是将投入转换成产出的过程，因此组织创造价值的主要环节是生产运作，即在生产运作环节通过人们的劳动过程创造了财富，增加了价值。组织的产值、利润等预想目标也只能通过生产运作环节转变成现实。

3. 生产运作职能是组织竞争力的源泉

在市场经济条件下，组织竞争到底靠什么？虽然不同的组织有各自不同的战略，但最终都得体现在组织所提供的产品和服务上，体现在产品或服务的质量、价格和及时性上。因此，组织之间的竞争实际上是组织产品和服务之间的竞争。而组织产品或服务的竞争力在很大程度上取决于组织的生产绩效，即如何保证质量、降低成本和把握时间。从这个意义上说，生产运作职能是组织竞争力的真正源泉。

二、生产运作管理的概念

所谓“生产运作管理”，就是对生产系统或运作系统进行战略决策、设计、运行、控制与改进。通过这些活动过程，人力资源、物力资源、资本和信息的投入被转化成产品或服务。

生产运作管理这一定义有别于以往对生产管理的界定，反映了该学科领域随着社会经济、科学技术和管理科学的不断发展，自身也在不断深化和变革；明确了生产运作管理的研究对象是生产运作过程和生产运作系统。

生产运作管理的基本职能就是计划与决策、组织与设计、运行与控制。传统意义上的日常生产管理（即“设计—生产技术—制造”）是必不可少的。但是，当今科技发展日新月异，市场需求日趋多变，产品更新换代的速度越来越快。这种趋势一方面要求必须加快新产品的研究与开发，另一方面又要按照科技进步与新产品的要求不断对生产系统进行选择、设计与调整。这样，生产运作管理的职能范围必然从原来偏重于生产系统的内部运作管理发生向前和向后的双向延伸。“向前”指向产品的研究与开发、生产系统的选择与设计延伸，“向后”指向产品的售后服务及市场调查延伸。对于非制造业，在当今市场需求多变、科技日新月异的大环境下，同样面临着不断推出新产品、提供全方位服务和调整运作方法的任务。

三、生产运作管理的内容

生产运作管理的研究内容可从企业生产运作活动过程的角度分析。就有形产品的生产来说，生产活动的中心是制造部分，即狭义的生产。所以，传统的生产管理学的中心内容主要是关于生产的日程管理、在制品管理等。但是，为了进行生产，生产之前的一系列技术准备活动是必不可少的，如工艺设计、工装夹具设计、工作设计等，这些活动可称之为“生产技术活动”。生产技术活动基于产品的设计图纸，所以在生产技术活动之前是产品的设计活动。“设计—生产技术准备—制造”这样的一系列活动才构成了一个相对较完整的生产活动的核心部分。

进一步而言，在当今技术进步日新月异、市场需求日趋多变的环境下，产品更新换代的速度正变得越来越快。这种趋势一方面使企业必须经常投入更大的精力和更多的资源进行新产品的研究与开发；另一方面，由于技术进步和新产品对生产系统功能的要求，使企业不断面临生产系统的选择、设计与调整。这两方面的课题从企业经营决策层的角度来看，其决策范围向产品的研究与开发、生产系统的选择与设计这样的向下方向延伸；而从生产管理职能的角度来看，为了更有效地控制生产系统的运行，生产出能够最大限度地实现生产管理目标的产品，从其特有的地位与立场出发，生产管理必然要参与产品开发与生产系统的选择、设计，以便使生产系统运行的前提——产品的工艺可行性、生产系统的经济性能够得到保障。因此，生产管理的关注范围正从历来的生产系统的内部运行管理向宽延伸。这种意义上的向宽延伸是向狭义生产过程的前一阶段延伸。向宽延伸还有另一层含义，即向制造过程的后一阶段延伸，更加关注产品的售后服务与市场。所有这些活动构成了生产运作管理的研究内容。

按照生产运作管理的内涵及职能框架，生产运作管理的内容应包括下述几方面：

1. 生产运作系统设计

生产运作系统的设计包括产品或服务的选择和设计、生产运作设施的定点选择、生产运作设施的布置、服务交付系统设计和工作设计。生产运作系统的设计一般在设施建造阶段进行。但是，在生产运作系统的生命周期内，不可避免地要对生产运作系统进行更新，包括扩建新设施、增加新设备，或者由于产品和服务的变化，需要对生产运作设施进行调整和重新布置。在这种情况下，生产运作系统会遇到设计方面的问题。

生产运作系统的设计对其运行有先天性的影响。如果产品和服务选择不当，将导致方向性错误，造成人力、物力和财力无法弥补的浪费。厂址和服务设施选址不当将直接导致产品和服务的成本上升，影响生产经营活动的效果，这一点对服务业尤其重要。

2. 生产运作系统的运行与控制

生产运作系统的运行主要解决生产运作系统如何适应市场变化，按用户的需求输出合格产品和提供令人满意的服务问题。生产运作系统的运行主要涉及生产计划、组织与控制 3 个方面的内容。

（1）计划方面解决生产什么、生产多少和何时产出的问题，包括预测对本企业产品和服务的需求，确定产品和服务的品种与产量，设置产品交货期和服务提供方式，编制生产运作计划，做好人员班次安排，统计生产进展情况等。

（2）组织方面解决如何合理组织生产要素，使有限的资源得到充分而合理的利用问题。生产要素包括劳动者（工人、技术人员、管理人员和服务人员等）、劳动资料（设施、机器、装备、工具、能源等）、劳动对象（原材料、毛坯、在制品、零部件和产成品等）和信息（技术资料、图纸、技术文件、市场信息、计划、统计资料、工作指令等）。劳动者、劳动资料、劳动对象和信息的不同组合与配置构成了不同的组织生产方式，或简称为“生产方式”，如“福特生产方式”“丰田生产方式”。一种生产方式不是一种具体方法的运用，而是在一种基本思想指导下的一整套方法、规则所构成的体系，它涉及企业的每个部门和每一项活动。

（3）控制方面解决如何保证按计划完成任务的问题，主要包括接受订货控制、投料控制、生产进度控制、库存控制和成本控制等。对订货生产型企业，接受订货控制是很重要的。是否接受订货、订多少货是一项重要决策，它决定了企业生产经营活动的效果。投料控制主要是决定投什么、投多少、何时投，它关系到产品的出产期和在制品数量。生产进度控制的目的是保证零件按期完工，产品按期装配和出产。库存控制包括对原材料库存、在制品库存和成品库存的控制，如何以最低的库存保证供应是库存控制的主要目标。

3. 生产运作系统的维护与改进

在这方面，主要根据生产运作系统的运行情况和内外环境的动态变化，对系统进行维护与改进。它包括设备维护与改进、管理信息系统维护与改进两部分，同时改进与完善生产运作管理的理论体系与方法体系。

四、生产运作管理的任务及基本问题

（一）生产运作管理的任务

无论是什么样的企业组织，其规模或大或小，通常都有三个职能部门：财务、营销和生产运作。在当今竞争激烈的市场环境下，企业经营战略、营销管理、公司资本运作和财务管理、生产运作管理等都是企业成败的关键要素之一，但顾客对企业产品或服务的认定决定着企业生存和发展的命运。顾客最关心的是他要购买的产品（服务）的价格、质量，能否按期交货，是否安全环保等，而这些指标的最终实现在很大程度上取决于一个企业的生产运作管理的好坏。从某种意义上说，生产运作管理是企业生存的根本和利润的源泉，因此要下大力气搞好。

生产运作管理的任务就是在需要的时候，按所需要的数量和形式，以合适的价格，向顾客提供高质量的产品和服务。可见，生产运作管理就是严格按照顾客要求的质量、品种、数量和交货期来制造产品和提供服务的管理过程。因此，如何高效地生产出合格产品是当前生产运作管理的一个基本任务。高效率就是指以最少的人力、物力和材料消耗，迅速地产出满足顾客所需的产品和服务。低消耗才能有低价格，低价高质量的产品或服务才能赢得顾客。此外，准时生产、产品和服务的柔性化也是当前生产运作管理的一个重要任务。柔性化是指能很快地适应市场变化，生产不同的品种和开发新品种，或提供不同的服务和开发新的服务。准时则是指按顾客所需要的时间和数量来提供产品和服务。与此同时，还应当做到低库存甚至零库存。

（二）生产运作管理的基本问题

当前，激烈的市场竞争对企业提出了越来越高的要求，这种环境要求包括四个方面：时间（T）、质量（Q）、成本（C）和服务（S）。T是指满足顾客对产品和服务在时间方面的要求，即交货期要短而准；Q是指满足顾客对产品和服务在质量方面的要求；C是指满足顾客对产品和服务在价格和使用成本方面的要求，即不仅产品在形成过程中的成本要低，而且在用户使用过程中的成本也要低；S是指提供产品之外为满足顾客需求而提供的相关服务，如产品售前服务及售后服务等。

这种环境要求决定了生产运作管理应追求的目标是高效、低耗、灵活、准时地生产合格产品和提供令人满意的服务。高效是指能够迅速地满足用户的需要。在当前激烈的市场竞争条件下，谁的订货提前期短，谁就能争取用户。低耗是指生产同样数量和质量的产品时，人力、物力和财力的消耗最少。低耗才能低成本，低成本才有低价格，低价格才能争取用户。灵活是指能快速适应市场的变化，生产不同的品种和开发新品种，或提供不同的服务和开发新的服务。准时是指在用户需要的时间内提供所需数量的合格产品和令人满意的服务。合格产品和令人满意的服务是指产品和服务的质量必须符合人们的要求。生产运作管理的根本任务就是如何实现生产运作管理目标，由此可引申出生产运作管理的三个基本问题。

所谓“生产运作管理的基本问题”，就是如何实现生产运作管理目标的问题。从生产运作管理的目标与生产价值的实现条件来看，生产运作管理的基本问题就是：

1. 如何保证和提高质量（Q）

产品质量包括产品的使用功能、操作性能、社会性能（即产品的安全性能、环境性能以及空间性能）和保全性能（包括可靠性、修复性以及日常保养性能）等内涵。生产运作管理要实现上述产品质量特征，就要进行质量管理，包括对产品的设计质量、制造质量和服务质量的综合管理。

2. 如何保证适时、适量地将产品投放市场（D）

在这里，产品的时间价值转变为生产运作管理中的产品数量与交货期控制问题。在现代化大生产中，生产所涉及的人员、物料、设备、资金等资源成千上万，如何将全部资源要素在它们需要的时候组织起来、筹措到位，是一项十分复杂的系统工程。

3. 如何使产品的价格既为顾客所接受又为企业带来一定的利润（C）

这涉及人、物料、设备、能源、土地等资源的合理配置和利用，涉及生产率的提高，还涉及企业资金的运用和管理。归根结底是努力降低产品的生产成本，这是生产运作管理所要解决的成本管理问题。

以上三个问题简称为“QDC管理”。QDC管理是生产运作管理的基本问题，但并不意味着是生产运作管理的全部内容。生产运作管理的另一大基本内容是资源要素管理，如设备管理、库存管理等。事实上，生产运作管理中的 QDC 价值条件管理与资源要素管理这两大类管理是相互关联、相互作用的。

质量保证离不开物料质量、设备性能以及人的劳动技能水平和工作态度，成本降低取决于人、物料、设备的合理利用；反过来，对设备与物料本身也有 QDC 方面的要求。因此，生产运作管理中的 QDC 管理与资源要素管理是一个有机整体，应当以系统的、集成的观点来看待和处理这些不同的分支管理之间的相互关系和相互作用。

在传统的生产管理实践中，这些管理是分别进行的，而且各自有相对应的职能部门。在传统的生产管理学中，是把它们作为不同的单项管理分别进行研究，并未注重它们之间的相互作用和内在联系。但是，考察一个企业生产运作管理的实际状况时，往往有这样的倾向：质量管理认为企业的生产运作活动应围绕自己的主题来进行，进度管理认为自己才是真正意义上的生产运作管理的中心，成本管理把自己当作企业获得利润的主要手段，人力资源管理也从“以人为本”的角度强调自己的重要性，等等，各自强调一面。

从客观上来说，这些不同的单项管理之间的职能目标并不完全一致，在某种程度上存在相悖的关系。例如，当强调质量目标时，可能会相应地要求在生产过程中精雕细刻，从而带来生产时间的延长和资源消耗的增多，这与进度管理与成本管理的职能目标是相悖的。又如，当强调进度管理目标时，为了保证适时、适量地交货，会相应地要求一定量的原材料与在制品库存，这是成本管理目标所不希望的。

从价值实现的条件分析，生产运作活动是一个价值增值的过程，是一个社会组织向社会提供有用产品的过程。要想实现价值增值，要想向社会提供有用的产品，其必要条件是生产运作过程提供的产品（无论有形还是无形）必须有一定的使用价值。产品的使用价值是指它具有能够满足顾客某种需求的功效。人总是有需求的，这些需求的内容因人而异、因时而异，若某种产品在人需要的时候满足了人的某种要求，则实现了其使用价值。因此，产品使用价值的支配条件主要是产品质量和产品提供的适时性。

产品质量包括产品的使用功能、操作性、安全性、可靠性、可修复性等内涵，这是生产价值实现的首要要素；产品提供的适时性是指在顾客需要的时候提供给顾客产品的时间价值，如果超过了必要的时期，就会失去价值，服务业尤其如此。这二者构成了生产价值实现的必不可少的两大要素。而产品的成本以产品价格的形式最后决定了产品是否能被顾客所接受或承受，只有当回答是肯定的时候，生产价值的实现才能最终完成。

从产品的市场竞争力来看，只有 QDC 这三方面都具有了优势，产品才可能有真正的市场竞争优势。对于其他资源要素的管理也一样，每一单项管理都与产品的 QDC 价值条件相关联，都或正或负地影响着 QDC 管理的结果。因此，在生产运作管理中，不能片面地强调哪一项管理更重要，也不能把各项职能或职能部门完全分而治之，而必须以一种系统的观念来进行集成管理，从提高整个系统效率的角度出发，来指导各项单项管理的进行。只有这样才能达到原本分工的真正目的。此外，由于各项要素之间所存在的相悖关系，生产运作决策过程往往是一种促使各项要素达到平衡的过程，也可以称之为“择优过程”或“优化过程”。

进一步而言，不仅生产运作管理中的各项单项管理之间要相互关联、综合考虑，在当今市场需求日趋多变、技术进步日新月异的环境下，环境给企业所提出的不断开发新产品和不断调整、设计、选择生产运作系统的课题使企业的经营活动与生产活动之间、经营管理与生产管理之间的界限正变得越来越含糊不清，生产运作管理与企业的其他方面管理之间的界限也越来越模糊。企业的生产与经营，包括营销、财务等活动在内，正在相互渗透，朝着一体化的方向发展，以便能够更加灵活地适应环境的变化和要求。

五、生产运作管理的地位及作用

（一）生产运作管理的地位

生产运作是人类最基本的活动之一，企业中大部分的人力、物力和财力都投入到生产活动当中，以制造社会所需要的产品或提供顾客所需要的服务。在企业资金运动链上，生产运作是把现金变成储备资金，再变成生产资金，最后转换成成品资金。财务会计是企业进行资金筹措、运用和核算的基本过程，其职能是衡量企业的经营效率、支付成本及费用，回收销售货款。市场营销专司开拓市场与销售，发现与发掘顾客的需求。它实现产品在市场上的“惊险一跃”，实现价值的转换，将成品资金转换成现金。

生产运作管理与市场营销这两者在层次上处于同一水平，相对独立。在关系上，市场营销是先导，企业选择什么产品、生产多少、什么时候生产及交货都是由市场营销部门决策的。而生产运作管理的任务是在市场营销的指导下，按质、按量、按时、低成本地生产产品或提供服务，它为市场营销部门提供有竞争力的产品或服务，处于基础地位。

从财务角度来看，市场营销是回收资金，生产运作是投入资金。资金怎样投，应该受到财务上的指导。企业资金绝大部分投在生产运作过程中，生产运作管理对资金应负有重要的管理责任，这个责任体现在如何用好各种资源及如何缩短生产周期上。因此，财务会计管理与生产运作管理的目标是一致的。

总之，市场营销是先导，财务会计是保证，生产运作是基础，三项职能连同企业其他职能（如人力资源、采购与供应等）在企业或服务业这一系统中相互依存，相互促进，共同发展。

（二）生产运作管理的作用

1. 生产运作过程是企业为服务业创造价值的主要环节

物质产品的生产制造是除天然合成（如粮食生产）之外，人类能动地创造财富的最主要活动。同时，工业生产制造也直接决定着人们的衣食住行方式，影响着其他工矿业、农业等社会产业技术装备的能力。另外，随着社会的不断进步，一系列连接生产活动的中间媒介，如金融、保险业、对外贸易、房地产、仓储运输、信息业等服务行业在社会生产活动中所占的比重越来越大，它们同样是人类创造财富的中心环节，因而生产运作是人类最主要的生产活动，也是人创造价值、服务社会和获取利润的主要环节。

2. 生产运作管理是企业管理的基本职能之一

只有严格、高效地组织和管理好生产运作过程，才能在真正意义上实现价值的创造，同时企业管理的其他各项基本职能也才能发挥作用。

3. 生产运作过程是企业或服务业降低成本、创造利润的重要环节

大部分企业或服务业的成本支付是发生在生产运作环节中的。显然，通过有效的生产运作管理，可以找到最佳的机会供企业降低成本、增加盈利。

4. 生产运作管理是企业提高竞争力的源泉

企业竞争力的强弱在很大程度上体现在产品的质量、价格和适时性上。消费者最关心的是产品或服务所提供的功效，而这一切又取决于生产运作管理的绩效，即如何保证质量、降低成本和按时完成。日本企业的成功正是靠它们卓有成效的生产运作管理，才使其产品风靡全球，不断提高其全球竞争力。

第四节 生产运作管理的演进

一、历史演进

地球上自从有了人类就有了生产活动。从古代一些大的工程（如万里长城、金字塔）的建造中可以看出，人类只要是需要分工协作，就存在着指挥、协调和控制等管理工作，尤其是18世纪以后产业革命的爆发和工厂制度的确立。但那时，工厂由出资者经营，工人则凭经验进行生产，工作效率低，劳资双方矛盾较大。生产运作管理真正成为一门科学是从科学管理运动开始的，这场运动到现在主要经历了以下几个阶段：

1. 科学管理

20世纪初，科学管理的创始人弗雷德里克·泰勒（Frederick W. Taylor）创立了科学管理学。他是一位工人出身的管理者，通过对工作方法的观察、测量和分析，以及工具的改进，得出省时、省力的好方法，然后制定标准的劳动定额，实行计件工资制，以激励工人，提高劳动效率。泰勒的这些研究又称为“古典工业工程”，所以泰勒又是工业工程的创始人。此外，泰勒还提出将计划人员与执行人员分开，设立专门的计划部门从事调查研究，制定劳动定额和标准的工作方法，制定工作计划并发布指令，以及检查执行情况，进行有效的控制。

与泰勒同时期从事科学管理运动的代表人物还有吉尔布雷斯夫妇、甘特等人。吉尔布雷斯夫妇专门从事动作研究，将各种动作分解成17个最基本的动素，然后对工作动作进行分析，消除多余笨拙的动作，使工作更为省力和灵巧。甘特是一位制图教师，他最大的贡献就是发明了甘特图（横道图），至今仍在编制作业计划中被广泛使用。

1913年，福特公司的亨利·福特在汽车生产中创建了大量生产的“流水作业”。他将泰勒和吉尔布雷斯等人对动作进行分解及工作分工的理论用于汽车生产中，极大地提高了生产率，降低了成本，给工业界带来了一场制造革命。

2. 人际关系理论的发展

泰勒等人的科学管理理论十分强调在工作设计中的技术问题，但到了20世纪20年代末，人们已经开始意识到影响人们工作效率的不仅仅是工作方法问题，还与人的心理和精神因素有关。20世纪30年代，埃尔顿·梅奥（Elton Mayo）在霍桑工厂进行了有关研究，得出了著名的结论：人是“社会人”，而非单纯追求金钱收入的“经济人”；企业组织中存在着非正式组织，这些组织有着自己的价值观和行为准则，如果处理不好则会成为消极力量，影响企业的效率等。到了20世纪40年代，亚伯拉罕·马斯洛（Abraham Maslow）提出了需求层次论，他阐述了人的需求与激励之间的关系，在工作设计中如何从心理上和精神上进行考虑，激发员工的工作热情，提高工作效率。

20 世纪 70 年代，日裔美籍教授威廉·大内（William Ouchi）在研究分析了日本企业的管理经验后，提出了“Z 理论”。其内容主要有：企业对职工的雇佣是长期的而不是短期的，这样职工的职业有保障，就会积极关心企业的利益和成长；上下级之间的关系较融洽，企业管理者处处显示对职工的关心；把生产任务和对工作设计的要求同职工劳动生活的质量结合起来。这就是说，企业管理者不但应要求职工完成生产任务，而且要关心职工在工作中能否得到满足、心情是否愉快等。当今企业界则更加注重对人本管理、团队工作方式的研究。

3. 决策模型与管理科学

20 世纪 30 年代，贝尔电话实验室的休·哈特（Hugh Hart）等人利用数理统计原理提出了抽样和质量控制的统计程序，之后，蒂皮特（Tippett）进行了工作抽样研究。直到现在，这两项研究的成果人们仍在使用。第二次世界大战期间，为了解决后勤组织和武器系统设计的复杂问题所做的工作，促使运筹学向跨学科发展，尤其是在生产运作领域的应用，使生产运作管理的预测、决策更为科学。

20 世纪 50 年代，美国人戴明（Deming）和朱兰（Juran）等把工人参加质量管理和工序过程质量控制（SPC）的思想带到了日本，经过日本人在企业经营管理中的进一步实践，创立了后来的“全面质量管理（TQC 或 TQM）理论”。由于 20 世纪 70~80 年代全面质量管理在全世界范围内开始普及，到 1987 年，国际标准化组织颁布了 ISO 9000 认证标准，对建立全球制造业的质量标准发挥了重要作用。

4. 计算机在运营管理中的应用

20 世纪 60 年代，计算机开始在制造业中使用，促进了自动化程度的提高。到 20 世纪 70 年代，计算机开始被引进到生产运营管理中，一个重大的突破就是在生产计划和库存控制中运用了物料需求计划（Material Requirement Planning，MRP）。MRP 可以借助计算机的计算能力来计算物料需求的时间和需求的数量，从而达到按需要准时生产，大大地降低了库存。到 20 世纪 80 年代，在此基础上发展起来了制造资源计划（Manufacturing Resource Planning，MRP Ⅱ）。MRP Ⅱ不仅涉及物料，还涉及生产能力和一切制造资源，是一种生产资源的协调系统。随着信息技术和网络技术的发展，人们不断地改造 MRP Ⅱ。20 世纪 90 年代初，美国加特纳公司首先提出了“企业资源计划”（Enterprise Resource Planning，ERP）的概念。ERP 除具有 MRP Ⅱ包含的功能以外，还包含金融投资管理、法规与标准、市场信息等功能。此外，ERP 主要吸收了供应链的管理思想和敏捷制造技术，实现了全供应链采购、生产、销售各环节的资源无间断集成。ERP 是企业物流、信息流、资金流的集成，因此又称为“企业资源计划”。

二、近年发展趋势及其挑战

进入 20 世纪 90 年代以后，随着经济全球化和知识经济时代的到来，人们的需求日益个性化，使企业间的竞争日益加剧。可以预见，谁能在 21 世纪率先在生产运作管理中采用先进的技术和管理方式，并不断创新，谁就能在竞争中取胜。所以，20 世纪末，美国人理查德·雪恩伯格尔（Richard Schonberger）提出了“21 世纪的世界级制造方式”（World Class Manufacturing，WCM）的概念。这一概念有以下四个特点：

（1）无缺陷的全面质量管理新技术。

（2）准时生产方式。

（3）充分授权的工人自主管理。

（4）满足用户要求的柔性制造系统。

生产管理学界认为，世界级制造方式是一个相对的概念，不同的经济技术发展时代为其赋予了不同的含义，它代表了当今的生产运作管理水平。业界人士普遍认为，当前流行的精细生产、计算机集成制造系统属于世界级制造方式。此外，企业业务流程再造、供应链管理和大量定制生产也有较好的发展势能。

就市场环境而言，当今的企业正处于技术进步突飞猛进，且市场需要多样而且变化迅速的时代。自动化技术、微电子技术、计算机技术等新技术的发展日新月异，产品的生命周期日益缩短，生产工艺和技术装备的更新速度大大加快，新的时代环境使当代企业面临着严峻挑战和一系列新的课题，如下面几个：

（1）由于是买方市场，顾客对产品质量、性能的要求变得更高、更苛刻。这不仅要求产品价廉物美，还要求能满足顾客的个性化需求。除此之外，还由于技术进步快，时常需求变化大，产品的生命周期越来越短，这就要求企业不断更新换代。这种趋势使企业必须投入更大的力量和更多的注意力，不断进行新产品的研究与开发。

（2）市场需求的多样性使得以往那种单一品种大批量生产，靠扩大产量降低成本的生产方式逐渐无法适应今天的要求，因此要求企业转向多品种、中小批量生产。生产方式的这种转变要求企业的生产管理体制和管理方法必须面向多品种、中小批量生产进行相应的变革。

（3）技术的飞跃发展为管理工具和手段的不断改进，为生产系统增强其功能和提高运作效率提供了可能。在激烈的市场竞争中，随着产品的不断更新换代和管理工具、手段的不断发展，企业的生产系统也面临不断的重新选择、重新设计与改造。

（4）以供应链管理（supply chain management，SCM）为代表的新理念（供应链内企业之间加强协调与合作），以及电子商务 B to B、B to C 的出现，加速了网络经济时代的到来，使生产管理领域不再局限于一个企业的范围之内，而需向企业外部的供应系统和分销系统伸展。

练习题

一、单项选择题

1. 以下各项中不属于生产技术的是（　　）。

A. 生产工艺特征　　B. 设备构成

C. 生产设施的规模　　D. 技术水平

2. 以下各项中不属于生产设施的是（　　）。

A. 设施的布局　　B. 设备构成

C. 工作地的装备和布置　　D. 生产设施的规模

3. 生产运作系统的软件要素不包括（　　）。

A. 设备构成　　B. 人员组织

C. 生产计划　　D. 质量管理

4. 制造业的生产若分为备货生产和订货生产，则它是依据以下哪项标准进行的分类？（　　）

A. 以产品的使用性能分类　　B. 以生产工艺特征分类

C. 以产品的需求特征分类　　D. 以生产过程的稳定性和重复性分类

5. 制造业的产品若分为通用产品和专用产品，则它是依据以下哪项标准进行的分类？（　　）

A. 以产品的使用性能分类　　B. 以生产工艺特征分类

C. 以产品的需求特征分类　　D. 以生产过程的稳定性和重复性分类

6. 以下产品的生产属于流程型生产的是（　　）。

A. 汽车　　B. 家电　　C. 计算机　　D. 药品

7. 以下产品的生产属于加工装配型生产的是（　　）。

A. 机床　　B . 水泥　　C. 烟草　　D. 酒类

8. 以下属于大量生产型产品的是（　　）。

A. 造船　　B. 桥梁　　C. 大型电机　　D. 彩电

9. 以下不属于服务业的是（　　）。

A. 交通运输　　B. 酿制白酒　　C. 医疗保健　　D. 文化娱乐

10. 以下属于通用型服务的是（　　）。

A. 医院　　B. 咨询公司　　C. 银行　　D. 证券公司

11. 以下属于专用型服务的是（　　）。

A. 医院　　B. 商场　　C. 宾馆　　D. 餐厅

12. 以下属于技术密集型企业的是（　　）。

A. 商场　　B. 学校　　C. 咨询公司　　D. 银行

13. 以下属于人员密集型企业的是（　　）。

A. 医院　　B. 银行　　C. 通信公司　　D. 学校

14. 所有组织都具备的职能不涉及以下哪项？（　　）

A. 市场营销　　B. 财务会计　　C. 创新管理　　D. 生产运作

二、判断题

1. 在当今市场需求日趋多变、技术进步日新月异的环境下，企业的经营活动与生产活动之间的界限正变得越来越清楚。（　　）

2. 产品的柔性化是指按顾客所需要的时间和数量来提供产品和服务。（　　）

3. 一种生产方式就是一种具体生产方法的运用。（　　）

4. 产品或服务的竞争力在很大程度上取决于组织的生产绩效。（　　）

5. 生产运作职能的实质是在转换过程中发生价值的增值。（　　）

6. 服务性运作的绩效包括质量、成本等。（　　）

7. 服务性运作的绩效通常也可以直接定量地测定和评估。（　　）

8. 相比于服务企业，制造企业对流通、运输设施的依赖性相对较小。（　　）

9. 制造性生产多是资本密集型的，自动化程度往往比服务业高。（　　）

10. 服务性运作通常是劳动密集型的，生产率水平往往高于制造业。（　　）

三、简述题

1. 什么是生产运作管理?
2. 简述流程型生产的含义。
3. 简述制造性生产和服务性运作的主要区别。
4. 简述生产运作管理的任务。
5. 简述生产运作管理的作用。
6. 试分析企业的生产运作管理面临哪些挑战。

案例分析

以均衡生产为导向的零件制造执行管理

沈阳飞机工业（集团）有限公司（简称“中航工业沈飞”）是中国航空工业集团公司的成员单位，是以飞机制造为核心主业，集科研和生产为一体的大型航空制造企业，是中国重型歼击机的研制生产基地。中航工业沈飞根据自身零件生产运营特点，通过重新梳理零件生产计划管理体系，构建了集工艺、生产、质量、经营于一体的制造执行管理信息化平台，构建了先进的零件生产管控体系，实时采集零件制造全过程数据，使零件生产线稳健高效地运行。

一、优化计划流程，均衡安排零件生产

中航工业沈飞的零件生产计划体系由经营计划、生产主进度计划、零件配套计划、厂级作业计划、工序（床头）计划这五个层次组成，由上至下、由宏观到微观逐层细化，逐层进行能力平衡，保证零件生产均衡、有序产出。

由于飞机零件数量庞大、结构复杂，为优化计划体系、提高排产效率，中航工业沈飞将全机零件按照生产组织特点进行分组、分类、分项处理。其中，分组是按照飞机装配需求顺序划分为1~5组，分类是按照零件投产批量划分为A类（单件流）、B类（小批量）、C类（大批量），分项是按照零件生产顺序划分为毛料项、协作项、交付项。从分组、分类、分项3个维度划分的零件计划体系模型既保证了生产组织的科学合理，又简化了计划排产流程，使计划管理层次分明、目标明确。

1. 优化主进度计划，提升资源能力平衡水平

生产主进度计划包括装配主进度计划和零件主进度计划。零件主进度计划要保证装配主进度计划的执行，而装配主进度计划要依据零件生产线的能力负荷来决定。传统的零件主进度计划大多依靠经验手工编制，而在信息化模式下，生产管理者使用可视化的编制工具，在编制过程中能够实时、动态地获取能力分析结果，以及对各方面因素的预警信息。

2. 优化零件配套计划，提高零件准时交付率

零件配套计划是依据零件主进度计划分解的具体零件需求计划，是当期重点组织的零件生产项目，直接用于对生产单位的月份绩效考核。在该计划中，可以实时采集制造执行过程的工序进度信息和原材料、工装、设备、技术质量等问题信息，将生产管理人员从繁杂的事务中解放出来，在各层面的生产例会上，只需解决关键问题。

3. 优化厂级作业计划，实现计划精细化管理

厂级作业计划是在满足公司级零件配套计划的基础上，结合生产单位的详细期量标准、

设备和人员能力等具体条件而编制的投产计划。在厂级作业计划管理模块中，计划员能够根据原材料供应情况、生产准备状态、公司级考核目标、剩余能力等多方面因素快速合理地安排投产计划。

4. 优化工序（床头）计划，提升计划的可执行性

工序（床头）计划根据厂级作业计划，结合产品工艺规程、工序级期量标准、设备排班和产能等基础数据进行自动排产，再通过简便的人工调整后正式派工。计划人员在对工序（床头）计划进行调整时，能够直观地掌握设备和人员的能力负荷数据。

二、完善考核体系，确保产品准时交付

中航工业沈飞着重从研究站位配套及长线工作量安排的角度进行考核指标的重新设定，即确定了批次计划完成率、装配站位配套率、计划工时完成率、临时计划完成率四个新考核指标，由原来单一考核项目数量的模式改为在项目数量上采用批次计划完成率，在站位配套上采用装配站位配套率，在工作量完成及长线安排上采用计划工时完成率，在短线上采用临时计划完成率四个维度指标，并由这四个指标各占一定权重构成综合完成率，用于对月份生产任务的结算，引导生产单位在计划数量、配套性、工作量、紧急任务这四个维度均衡组织生产。

新的考核体系不仅应用于公司级对厂级的生产计划考核，而且下移至厂级对工段、班组级的生产计划考核。通过梳理生产计划考核体系，构建基于条码采集数据的生产计划管理看板，实现对生产计划的实时考核，保证产品按计划均衡产出。

三、应用条码技术，高效管控生产过程

1. 制定统一的条码规则标准

通过制定《Q/1ADM-51-2011 产品制造记录及产品合格标签条码编制规则》标准文件，规定了中航工业沈飞零件生产单位产品制造记录及合格标签条码的编制及管理要求，规范了日常使用行为。

零件生产单位在接到生产计划后，自动生成具有唯一条码的制造记录，制造记录上记录了该生产单位加工过程中产生的包括加工者、加工工时、检验结果、理化测试结果等在内的生产过程信息和质量控制信息；产品移交时自动生成具有唯一条码的产品合格标签，合格标签上记录着产品在不同生产单位间的流转信息。从此，同一产品的不同生产单位的不同制造记录与合格标签通过条码联系在一起，组成一条完整的生产信息链，合格标签与制造记录间的关系由系统自动进行记录保留。通过制造记录条码或者合格证标签条码可以方便地查找产品的所有信息，从而得到完整而具体的展现，达到实时查看产品生产及质量状态，快速追溯产品生产及质量信息的目的。

2. 基于条码采集数据的生产管理看板

为及时展示生产线运行状态，确保准时完成生产交付任务，通过条码采集现场数据后以不同角度进行统计分析，中航工业沈飞构建了多个生产管理看板使其发挥最大功效。其中，产品制造节点进度看板用于显示产品关键考核步骤的节点进度，产品加工工序进度看板用于显示加工工序的实时状态进度，理化测试进度看板用于显示对产品加工与交付周期影响较大的理化测试进度，超差单审签进度看板用于显示超差单审签手续进度，零件综合状态查询反馈看板用于显示生产现场的缺料、工艺、设备等诸多问题的处理进度，使对产品生产进度与状态进行实时监控成为了可能。

3. 基于条码采集数据的员工绩效管理

传统的产量报告及期量标准是通过人工对工时卡片进行录入与统计，工作效率低，实时性不高，追溯困难。通过现场数据采集时扫描产品制造记录的条码并进行操作，可以自动将各工序的零件信息、加工工时、操作者、合格品数等多种信息进行实时采集并匹配关联，进而通过对数据信息的汇总统计处理，自动计算出产品的期量标准、产量报告等信息，省去传统统计方法的繁重工作量，大大提高工时采集、期量标准生成、绩效统计等工作的效率，提升数据的透明度、准确性，使员工实时查询绩效成为现实。

四、应用条码技术，提升质量管控能力

制造执行系统应用条码技术采集物料入厂、理化测试、产品加工、热表处理、产品交付等产品全过程的制造信息，将产品制造全过程完全透明地展现在管理者面前。同时，通过条码有机集成上述生产过程的质量信息，生成零件装机前唯一的编码（即“零件身份证”），通过检索该编码实现对产品质量的实时追溯，对产品技术状态实现闭环管理，有力地提升了质量管控能力。

条码将零件加工过程中的各类生产信息与质量信息自动联系在一起后，可以通过建立零件电子档案，在零件制造记录生成之后的任何时刻对零件的制造记录主卡、制造记录分卡、合格标签信息等零件加工流程信息与质量信息进行追溯，为质量控制提供方便、快捷的管控手段，增加了质量控制的工作效率。

五、构建电子库房，精准掌控物流信息

1. 实现产品移交信息化管理

中航工业沈飞传统的产品移交管理主要采用产品移交单进行控制，产品加工完成需要向下一个工序移交时，交付单位计划员手工填写移交单据，工作量大，流程复杂，其信息无法实现共享。通过构建产品厂际移交的网上流程，产品在需要向下一个工序进行交付时，在网上开出产品移交单，接收单位、生产管理部门及财务部门在网上获取交付状态数据，实现了生产单位之间零件流转的交接控制，对其交付/接收情况进行记录，并通过产品移交单进行传递。

2. 实现产品出入库信息化管理

中航工业沈飞传统的零件出入库流程及手续均通过纸面单据进行，产品出入库有其对应的出入库单，产品移交有纸面产品移交报表，当发生出入库状态的时候，库房管理员根据出入库流水更改手头的纸面账本。由于信息无法共享，其无法为计划管理提供及时准确的数据源，大大降低了计划的准确度。通过构建材料库、毛料库、半成品库、成品库房的出入库流程，将现有纸面产品出入库单、纸面产品移交报表及库房管理账本改为网上电子单据及账本，实现了简化业务流程及数据共享的目的。

3. 实现在制品清点信息化管理

中航工业沈飞在制品是指由材料投入至产品产出结束，存在于每个生产过程环节中的产品合格制品。在产品的生产过程里，各生产单位间的联系主要就是在制品的供应关系。在制品清点是掌握在制品情况、实现在制品控制的重要方法。原有的年终清点流程是通过清点管理功能开启清点动作后，各车间与上游/下游车间通过系统新建清点单功能提出本车间认为正确的累计批架次，对应车间通过处理清点单功能完成核实有效累计架次的正确与否。通过构建实时清点流程，无需开启清点动作，各车间与上游/下游车间随时可通过系统新建临时清点单功能提出本车间认为正确的累计批架次，对应车间通过处理临时清点单功能完成核实有效累计架次的正确与否，从而达到了即时清点的目的。

4. 实现工序级物流信息化管理

中航工业沈飞传统工序级物流与信息流主要通过纸面的产品制造记录来控制，产品完成生产准备后根据生产计划输出并打印纸面产品制造记录，再由库房管理人员、调度人员、工段长、工人、检验等产品制造过程相关人员按照相关制度要求，在纸面制造记录上记录和填写生产过程及生产状态数据，工序物流及信息流无法统一及共享，其准确性也只能通过人为来保障。通过构建电子产品制造记录管理，厂级计划下达后，调度人员根据生产电子的产品制造记录实现任务派工，系统集成 CAPP 系统提取电子产品制造记录并附加条码信息，此条码作为库房发料、调度人员控制生产进度、工段长派工、工人采集生产进度数据、检验数据采集的唯一编号，以便于系统识别。电子制造记录管理主要依据现有纸质的管理流程，将从制造记录申请到工人对每道工序的加工时间以及相关的机床信息、质量信息、产量报告等信息全部记录下来，以达到对零件加工的全过程记录，并可对零件加工过程进行追溯。

5. 实现库房可视化管理

为及时展示库房库存、周转状态，杜绝库存积压浪费现象，中航工业沈飞将电子库房记录的电子数据以不同的角度进行统计分析，使其发挥最大功效。其中，油封期管理看板提示每天油封到期的零件，库房出入库管理看板显示库房出入库周转明细。

六、实施分布式数控系统，提升设备运行效率

中航工业沈飞建立了网络化设备考核机制，开发了设备点检系统，维修室的员工每天到生产现场的触摸屏前，根据触摸屏上设备点检系统提示的信息进行点检操作。同时，将制造执行系统与分布式数控（DNC）系统关联，对设备的工作情况进行监督反馈，根据反馈的数据系统生成每台设备、每个部门的设备利用率、故障率、停机率等统计信息，再利用可视化看板的形式加以展示，对设备状态进行实时监控，及时对设备问题进行预警，并从各个不同的角度对设备利用率进行反映，以方便设备维护及生产管理人员及时排除设备故障，了解设备状态及生产使用情况，为设备管理的提升提供理论依据与数据支持。同时，方便工人了解设备利用情况，为进一步改进提供方向。相关人员都可以进行查看、分析、对比，使设备管理方式可量化、透明化。

七、在线问题管理，加快问题协调解决

中航工业沈飞在制造执行管理信息化平台上构建了问题管理模块，针对在产品制造执行过程中产生的材料、设备、技术、质量、工艺等各种问题，在生产现场的每一台工控机均可发出问题帮助请求。被提问题部门的计算机会接收声音和图像震动提醒的信息，领取问题后至现场解决。问题解决后，提问人将问题关闭。可以设置相关问题的解决时间、响应时间等，对超时未领取和处理超时情况自动上报上级部门领导，对问题的解决过程进行考核，从而作为对相关辅助业务科室的考核依据，保证问题及时接收和解决，加强问题处理的相关管理手段。通过对工艺、调度、工段、经管、库房等各业务部门问题的实时管理，依据对各类问题明细进行统计分析，得出生产线状态及各问题对生产进度的影响程度等信息，为提高生产效率、改进生产管理提供数据支持。中航工业沈飞通过对在线问题进行实时管理，实现了问题管理模式的转变，生产过程问题可以得到快速响应，保证了生产的平稳运行。

八、建设可视化看板，提升管理透明度

1. 零件配套看板拉动产品的准时配套

零件配套看板是中航工业沈飞的第一个可视化生产管理看板，它按照每架飞机的分组和装配工作包需求时间建立起装配需求与零件供应的拉动管理，按照精确到架份的零件生产配套进度及在制品加工状态进行实时进度跟踪。同时该看板关联产品图号级物流信息以确定产品交付进度；关联工序级物流信息即关联电子产品制造记录中工序的进度情况，以确定产品在制品制造进度及工艺、工装、设备、物料、工具等方面存在的问题。零件配套看板以可视化看板的形式反映产品的实时配套情况，显性化地体现各生产单位的零件供应及缺件情况。

2. 物料看板确保物料的准时供应

为有效管控物料供应，保障零件计划与物料供应的一致性，中航工业沈飞构建了物料供应看板，根据零件配套计划生成物料需求计划，以指导物料采购计划的合理制定，并跟踪按计划发放物料的库存情况、入场复验情况直至采购合同进展情况，将装配需求、零件投产、物料供应统一通过物料供应看板进行可视化集成管理，使供应链得以贯通。

3. 工装看板实现工装的及时供应

传统的工装供应组织模式因为工装数据无法与装配站位、零件投产信息进行关联，有限的工装设计制造资源不能得到高效调用，而经常出现生产线不紧急的工装被大量制造、生产线紧急的工装却没有安排制造的问题。工装管理看板通过与工装 PLM 系统集成，以获取工装的申请、设计、制造、返修等信息，并关联零件计划时间，保证工装的设计与制造计划能够满足零件投产需求，在新机科研阶段为工装的及时供应提供了有力保障。

4. 设备看板提升设备的运行效率

关键设备管理看板通过对中航工业沈飞的关键设备建立台账，根据维护和故障记录为每台关键设备建立“病历本”，并对设备运行状态进行红黄绿灯管控。“红灯”表示设备已经故障停用，“黄灯”表示设备处于故障可用状态，“绿灯”表示设备处于正常运行状态。

（资料来源：http：//caselib. drcnet. com. cn）

思考题

1. 中航工业沈飞的生产管控体系是如何构建的？
2. 中航工业沈飞如何精准掌控物流信息？
3. 可视化看板是如何提升中航工业沈飞的管理透明度的？

第二章　产品开发与服务设计

本章目标

通过对本章的学习，学生应了解生命周期各阶段的产品研究与开发决策，熟悉新产品的概念及类型，掌握新产品开发的重要性及时机选择，理解新产品开发的方式与策略，熟悉产品设计的程序、内容和方法，理解并行工程技术的本质，了解服务业产品开发的意义，了解服务业中的新技术选择与管理。

本章重点

掌握新产品开发的重要性及时机选择。

本章难点

理解新产品开发的方式与策略，以及并行工程技术的原理和本质。

引入案例

开发新产品与改进现有产品之争

袁之隆先生是南机公司的总裁。南机公司是一家生产和销售农业机械的企业，2006 年产品销售额为 3000 万元，2007 年达到 3400 万元，2008 年预计销售额可达 3700 万元。每当坐在办公桌前翻看那些数字、报表时，袁先生都会感到踌躇满志。

这天下午又是业务会议时间，袁先生召集了公司在各地的经销负责人，分析目前和今后的销售形势。在会议上，有些经销负责人指出，农业机械产品虽有市场潜力，但消费者的需求趋向已有所改变，公司应针对新的需求，增加新的产品种类，来适应消费者的这些新需求。

身为机械工程师的袁先生对新产品研制、开发工作非常内行。因此，他听完了各经销负责人的意见之后，心里很快算了一下：新产品的开发首先要增加研究与开发投资，然后需要花钱改造公司现有的自动化生产线，这两项工作将耗时 3~6 个月。增加生产品种的同时意味着必须储备更多的备用零件，并根据需要对工人进行新技术的培训，投资又会进一步增加。

袁先生认为，从事经销工作的人总是喜欢从自己业务方便的角度来考虑，不断提出各种新产品的要求，却全然不顾品种更新必须投入的成本情况，就像以往的会议一样。而事实上，公司目前的这几种产品经营效果还很不错。最终，他决定不考虑研制新品种的建议，目前的策略仍是改进现有的品种，以进一步降低成本和销售价格。他相信，改进产品成本、提高产品质量并开出具有吸引力的价格将是提高公司产品竞争力最有效的法宝，因为客户们实际考虑的还是产品的价值。不过，尽管袁先生已做出了决策，但他还是愿意听一听顾问专家的意见。

（资料来源：http：//caselib. drcnet. com. cn）

第一节 产品生命周期理论

一、产品生命周期的概念及特征

产品生命周期是指从产品研制成功投放市场开始，一直到最后被淘汰退出市场为止所经历的时间。产品生命周期大致分为导入期、成长期、成熟期和衰退期 4 个阶段，如图 2-1 所示。

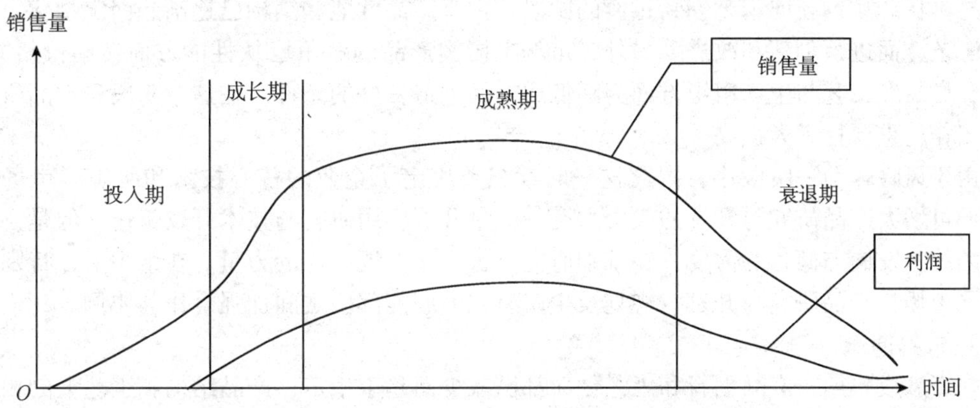

图 2-1 产品的生命周期

导入期是企业新产品刚刚进入市场的时期，此时期用户对产品不太了解，销售量小而且增长缓慢，销售收入不足以弥补生产成本和销售费用，通常不能提供利润。这一阶段要求企业采取增加广告宣传、改善工艺、提高生产效率、降低成本、稳定和提高产品质量等措施，使产品尽快进入成长期。

成长期是指产品被消费者接受，销售量迅速增长的阶段。这时产品的产销量大幅度上升，成本下降，利润迅速增长。这一阶段企业要进一步采取措施，提高生产效率，降低成本，稳定和提高质量，促进产量高速增长并进入成熟期。在正常情况下，这一阶段的销售增长率可达 10%以上。

成熟期是产品的主要销售阶段。这时产品已经享有盛誉，占有一定市场，企业为开发新产品和营销所支付的投资已经全部收回，产品所提供的利润也达到了最高水平。但与此同时，竞争者会加入进来，使竞争逐渐加剧，令产品进入衰退期。因此，要注意对产品进行改进，发展新产品以延长成熟期，否则会因产品不能适应市场需求而销售量锐减，直至被市场淘汰，退出市场。因此，这时要果断抉择，做出是用改型产品取代原产品，还是退出原有市场，开发新产品，进入其他市场的决策。

二、生命周期各阶段的产品研究与开发决策

新产品的开发和产品生命周期有着密切联系。在产品生命周期的各阶段，产品研究与开发的内容、重点及数量都有不同变化。

1. 导入期

在产品导入期，市场需求与有关技术尚不明确，产品研究与开发着重于改进产品的功能和特征，从多种多样的产品创新型号中筛选出性能最好、最具竞争力的型号。经过不断地评价和改进，确定产品的基型设计。基型设计是产品引入阶段中一项非常重大的工作，它可使产品具有创新的性质。在组织方面，不求规模大，需要的是生气勃勃、富有创业精神的、灵活的组织形式。

2. 成长期

在产品成长期，产品的标准化和工艺的合理化是该阶段的标志。从技术创新的角度来看，这是从产品创新向工艺创新过渡的阶段。由于产品性能和结构已逐渐趋向定型化，有可能在工艺方面进行创新和改进。另外，市场上同类产品的竞争已从性能方面转向价格方面。因此，必须在工艺与生产组织方面为降低成本而创造良好的条件。在这一阶段，产品研究与开发工作的重要性大大提高。

由于风险较前一阶段小，因此这一时期只要决定了企业的核心技术和明确了市场的需求，便可增大产品研究与开发的投资力度，大量开展应用研究与技术开发工作。但是，为了长远的技术发展与储备的需要，在基础研究上也应该保证一定的力量。在组织上，特别要求那些同市场、产品研究与开发、规划及生产有关的职能部门之间加强合作与协调。

3. 成熟期

在产品成熟期，产品创新和工艺创新都已减少而趋于稳定，产品结构和工艺上的相互依赖性进一步增强，一种产品结构的改进往往要大量增加工艺改革费用。这时，产品研究与开发工作集中在技术服务和工艺改进方面。在组织方面，强调组织的稳定，各职能部门之间的矛盾已相应减少。

从以上分析可以看出，在整个产品生命周期中，产品创新和工艺创新在有规律地变化。要使产品创新和工艺创新能有计划地进行，企业必须在产品生命周期的各阶段进行相应的组织调整与改革，按照产品生命周期的不同阶段制定产品研究与开发策略。

第二节　产品开发与设计

一、产品开发概述

产品开发属于生产技术准备工作。在一个产品的生命周期中，市场营销、产品开发与生产之间的关系如图 2-2 所示。营销为产品开发提供新产品的概念和产品规范；产品开发把产品技术概念转化为最终的设计；生产则是按照产品的工艺要求，组织产品加工装配。因此，企业产品开发是在市场营销与生产之间建立的一座桥梁，而且是一个多部门协作的活动，需要各部门的大力协作。

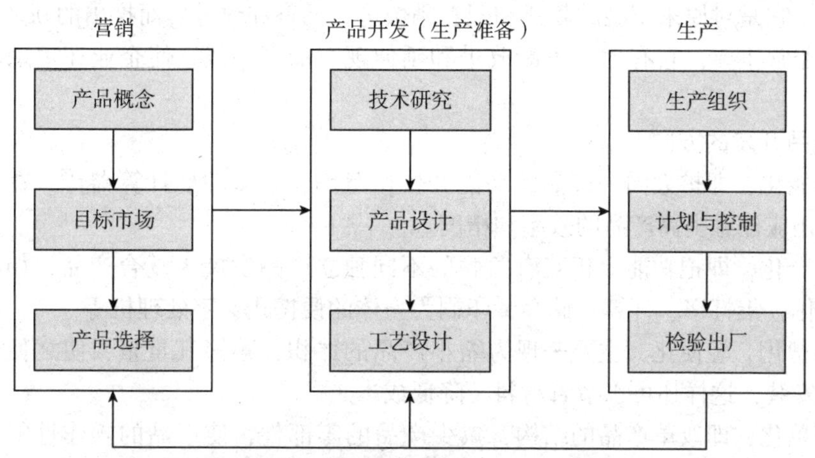

图 2-2 产品开发把营销与生产联系起来

二、新产品开发的重要性和时机选择

1. 新产品的概念及类型

产品开发就是开发新产品。所谓“新产品”，是指在技术、性能、功能、结构、材质等一个或几个方面具有先进性或独创性的产品。随着市场需求变化的日益频繁，产品的生命周期也日益缩短，企业应加大新产品开发的力度，增强企业产品的竞争力和市场应变能力，并注意通过开发新产品来刺激市场需求，从而使企业保持长久的竞争优势。按照新产品的创新程度，可将新产品分为以下几种类型：

（1）全新新产品。全新新产品是指在产品结构、所用材料和生产工艺等方面具有独创性，与现有产品在功能和用途等方面截然不同的产品。它是科学技术上的新发明、新理论在生产实践中的具体应用，是创新程度最高的一类新产品。例如，美国 IBM 公司于 1981 年推出的世界上第一台个人计算机、日本东芝公司于 1985 年推出的世界上第一台笔记本电脑及美国摩托罗拉公司于 1973 年推出的第一部手机等，都属于全新新产品。全新新产品如果能够成功地推向市场，将成为企业的核心业务，使企业成为创新产品的市场先入者，从而获得先入为主的优势，并为企业带来丰厚的回报。

（2）换代新产品。换代新产品是指在原有产品的基础上，部分采用新技术、新材料、新元件以适应新用途、满足新需要的产品。其主要特点是产品的基本原理不变，因部分采用新技术而使产品性能有重大突破。例如，英特尔公司通过不断推出换代新产品，从而保证了利润的持续增长，从 286、386、486 到奔腾系列，再到酷睿系列微处理器，每一种换代新产品似乎都在向消费者表明“英特尔的技术在不断前进”。再如，汽车行业中采用的主要车型变化也是换代新产品很好的例证，美国福特汽车公司自 1964 年推出第一代野马后，不断对这一车型进行改进推出换代新产品，从而使野马成了美国几十年来最具代表性的车型。换代新产品有助于拓宽产品族，延长产品族的生命周期，保持市场活力和利润的持续增长。

（3）改进新产品。改进新产品是指对现有产品改进性能、提高质量，或通过规格型号的扩展、款式花色的翻新而产生的新品种。改进产品是创新程度最小的一类新产品，是对现有产品的补充延伸。例如，在汽车行业，企业每年都会针对某一车型推出新车，这种新车即是改进产品，它是对原来车型的款式和配置稍微进行调整和改进后而推出的新产品。改进产品对企业也非常重要，它有助于不断改进和延伸现有的产品线，使企业在短期内保持市场份额。

2. 新产品开发的方向

（1）多能化，即扩大同一产品的功能和使用范围，如多功能计算器等。在扩大产品功能的同时，还应注意提高产品的效率和精度。

（2）复合化，即把功能上相互有关联的不同独立产品发展为复合产品，如洗衣机和干衣机的一体化，集打字、计算、储存、印刷为一体的便携式文字处理机等。

（3）小型化、轻便化，主要表现为缩小产品的体积，减轻其重量，使之便于操作、携带、运输及安装，这样还可以节省材料、降低成本。

（4）简单化，即改革产品的结构，减少产品的零部件，使产品的操作性能更好，更容易操作，同时也能降低产品的成本。使用新技术、新材料是结构简化的重要方法，如用晶体管代替电子管，用集成电路代替晶体管等。将产品的零部件标准化、系列化、通用化也是简化产品的一个重要途径。

（5）智能化，即把一般人需要经过学习培训才能掌握的知识和技能转化为产品本身具有的功能，使产品的使用操作“傻瓜化”，这样可以使许多专业性产品发展成为大众化产品，从而大大扩大这些产品的用户群。“智能手机”就是一个很好的例证，它将通话、短信、上网、购物等多种功能进行无缝融合，使人们的生活更加智能化。

（6）艺术化、品味化，即从产品的造型、色调、质感和包装等方面下功夫，使产品的款式新颖、风格独特，体现特殊的艺术品味。当今对产品艺术化、品味化的研究已经成了产品研究与开发中的重要课题。不仅像汽车、电视、家具等这些要求具有观赏功能的产品，就连洗衣机、热水瓶、垃圾桶等普通的日常用品也在努力追求具有良好的外观形象，以吸引顾客。

3. 新产品开发的重要性

新产品开发既是企业满足市场需求个性化、多样化的客观要求，也是增强企业核心竞争力的主要途径，对企业生存和发展具有重要的作用。

（1）新产品开发能提高企业的生存能力。随着科学技术的迅速发展，新技术、新产品不断产生，产品的生命周期越来越短，社会对新产品的需求也越来越强烈，企业只有跟上时代的步伐，根据产品的生命周期源源不断地开发出适销对路的新产品，才能提高生存能力，才能不断发展。

（2）新产品开发能不断满足社会需求。企业以向社会提供产品来服务社会。随着科学技术的不断进步和社会经济的不断发展，人们的收入和生活水平在不断提高，社会需求的变化也在不断加快。因此，企业只有不断淘汰过时的产品，开发生产新产品，才能有效地为社会服务。

（3）新产品开发能提高企业的竞争力。经济全球化的发展趋势越来越明显，国内和国际竞争也更加激烈，企业只有不断开发出国内或国际新产品，才能在竞争激烈的市场上站得住脚，才能取得胜利。国内外许多成功企业的经验也证明，只有不断开发新产品，才能提高竞争力，才能占有竞争优势。

（4）新产品开发可促进企业生产技术水平的提高。新产品开发是一个不断探索和创新的过程，是学习新知识和运用新知识的过程。产品的更新必然导致原有的工艺装置、设备、厂房建筑、能源、原材料结构、人员素质与配置及管理方式方法等产生一系列相应的变化。可见，新产品开发过程也是不断提高企业生产技术水平和管理水平的过程。

（5）新产品开发能提高企业的经济效益。新产品开发要求尽量采用新的科学技术成果，提高产品的科技含量，这一方面可使生产过程的人力、物力和财力消耗下降，另一方面必然使新产品比老产品具有更优的性能、更高的技术含量和更高的附加值，从而不仅能更好地满足用户的需求，而且能给企业带来更大的经济效益。

4. 产品开发的时机选择

产品生命周期曲线揭示了产品在市场上的销售收入（利润）随着时间变化的一般规律，它表明大多数产品在市场上既有兴旺的时候，也有衰退的时候。产品生命周期主要受四种因素的影响，即技术进步的推动、消费者需求和偏好的变化、市场竞争的压力、企业追求经济利益的驱动。企业要成功地开发新产品或改进老产品，就要寻找开发新产品的有利时机。

一般情况下，企业为了保持良好的经营状况，需要不断地研究开发新产品，争取做到“四代同堂”，即销售一代、生产一代、研制一代、构思一代。理想的情况是在第一代新产品衰退期尚未结束之前让第二代新产品进入成长期，第三代新产品处于导入期，第四代新产品处于构思阶段。这样既能充分发挥第一代新产品的投资效益，又能使后续新产品相继占领市场，从而在满足市场需求的同时使企业的销售收入和利润保持稳定或稳步增长。

全新产品的开发时机不同于改进新产品，全新产品的研制难度大、投资大、风险大，没有原有市场而是要开拓新市场。开发时机取决于市场需求和企业的开发条件，即在质量、成本、价格等方面的竞争优势。

三、新产品开发方式与策略

1. 新产品开发方式

（1）独立开发方式。这是指企业依靠自己拥有的创新资源，完成产品的全部开发工作的新产品开发方式。这种开发方式包括三种情况：第一种，企业完成基础研究、应用研究和产品开发研究的全部工作，这种开发一般适合创新资源特别雄厚的大型企业；第二种，企业只进行应用研究和产品开发研究，这种开发一般适合具有较雄厚创新资源的企业；第三种，企业只进行产品开发研究，这种开发一般适合中小型企业。德国的奔驰公司就有设备先进的技术发展中心，许多科学家都有世界一流的技术水平。美国通用公司1956年建立的通用技术中心从事21个学科的研究，学科领域涉及化学、生物、医学等多个门类。一般来说，大型企业独立开发的比例较高，而中小型企业独立开发的比例较低。

（2）合作开发方式。这是指企业与高等院校或科研单位合作进行新产品开发的方式，是一种创新资源优势互补的方式，在我国一般称为“产、学、研联合”。高等院校、科研单位在人才和信息等方面具有优势，企业在物力、财力方面有优势，相互合作可以迅速取得成果，迅速地将高等院校、科研单位的研究成果转化为现实生产力，获得经济效益。这种方式应用最广泛，不仅为众多的中小企业采用，也为许多大企业所采用。

（3）技术引进方式。这是指通过各种方式和途径引进国外比较先进的技术，进行新产品开发的方式。此方式的特点是企业投资较少，掌握新技术较快，投产较早，适合创新资源较弱的企业采用。但是，这种方式不能使企业掌握世界先进水平的技术，而且在科技高速发展的今天，引进的成熟技术被淘汰的速度也比较快，如上海大中型工业企业技术引进经费与用于消化、吸收、创新经费之比1990年是37：1，1997年是39：1，1998年是7.89：1，而在日本一般是1：3。这说明与发达国家相比，中国企业更注重技术引进，而不注重引进后对技术的消化、吸收和创新。所以，我国企业要调整用于技术引进与消化吸收和创新的投资比例，提高用于消化吸收和创新投资所占的比重。

（4）自行开发与技术引进相结合的方式。这是指企业在引进技术的基础上进行创新，开发出先进适用的新产品的开发方式。这种方式是对引进技术进行消化、吸收并创新，一方面可以实现花钱少、见效快、产品先进的目的，另一方面还可使企业技术队伍得到锻炼提高，增强企业研发的能力。

2. 新产品开发的策略

（1）技术领先策略。这种策略的目的是赶在所有竞争者之前率先采用新技术，并使新产品最早进入市场，争取创名牌产品，获取较大的市场占有率和利润。采用这一策略要求企业实力雄厚，有较强的应用研究与开发研究力量，能先发制人，保证技术处于领先地位，但风险也较大。采用领先策略在争取盈利上有两种方式：一是把价格定得较高；二是采取平价政策赢得较大的市场占有率，以便在较长时期内取得盈利，即采用“薄利多销”和“细水长流”的方式取得盈利。究竟应采取哪一方式，是确定“领先者”策略中的一个重要决策问题。

（2）紧随领先者策略。这一策略是通过迅速仿用领先者的产品技术，在产品生命周期的成长期内将新产品投入市场。这种策略要求企业有较强的工程技术力量与应用开发能力，在营销方面不像“领先者”那样将重点放在激发用户的初始需求上，而是把现有用户吸引过来，同时要善于总结“领先者”所犯的错误和经验，从而开发出性能更好、可靠性更高和更先进的产品。

（3）成本最低化策略。这种策略是通过仿制，使产品以较低的成本开拓市场，要求企业的设计与工艺部门在降低成本与费用方面有较强的能力。产品进入市场的时机一般选择在成长期或稍后一段时间里，这时销售量较大，可以接近在经济上最合理的产量规模，并使设备的大量投资在产品定型化或标准化之后进行。

（4）部分市场策略。这是一种将基本技术专门用来为少数特定需求客户服务的策略，要求企业有较强的设计与工艺力量，并要求制造力量具有较强的适应性。投入市场的时机可以选在成长期初期，也可选在成长期后期，即市场进一步细分的时期。

上述不同的新产品开发策略适用于不同的情况和条件。每个企业具有自身的特点和优势，并面临不同的市场，必须考虑自身的技术、设备、资金等条件，因地制宜、因时制宜地选择最合适的新产品开发策略。

四、产品设计的程序和内容

产品设计是产品开发的重要环节，无论是制造新产品还是改造老产品，产品设计都是一项复杂而又细致的工作。它是决定产品质量的关键，直接影响着产品的制造成本、生产周期、工艺准备、物资供应、生产组织等，在技术上决定着产品的前途和命运。产品设计一般分总体设计、技术设计和工作图设计三个阶段。

1. 总体设计

总体设计的目的是正确解决新产品的选型问题。总体设计是在调查研究、产品选定的基础上，具体确定产品的技术参数、基本结构和使用范围，并论证开发该产品的依据，如技术上的先进性、生产上的可行性、经济上的合理性等，同时确定产品的总体设计方案，并编写成技术文件。技术文件的主要内容有：

（1）产品的用途、使用条件和要求，产品的工作原理、结构特点、技术参数、质量标准以及设计原则，产品的概略总图等。

（2）产品的主要技术经济指标。

2. 技术设计

技术设计的任务是将批准的设计任务书所确定的主要参数、基本结构进一步具体化，绘制成总图，编写明细表、说明书等文件，同时考虑结构的工艺性、材料的可供应性、加工制造的可能性等。技术设计的主要内容是：

（1）确定产品各部件、组合件的结构、尺寸、技术条件，绘制产品总图、部件装配图、主要零件图等。

（2）编制零部件、附件、通用件、标准件、外购件及特殊材料明细表。

（3）编写设计说明书，包括主要技术经济参数的确定，主要结构性能、外观尺寸以及产品制造、装配、检验和交货的标准与技术条件。

（4）产品设计中采用的新结构、新技术、新工艺、新材料等的试验及论证报告。

技术设计是整个新产品设计的重点，它一方面要达到产品技术任务书规定的各种技术经济指标的要求，另一方面还要考虑提高结构的工艺性，即贯彻“三化”（系列化、通用化、标准化）原则，合理地确定技术要求，正确选择材料和加工方法等。此外，还要进行功能成本分析，以尽可能低的成本实现产品的必要功能，以便降低产品的制造费用，提高经济效益。

3. 工作图设计

工作图设计是将技术设计进一步具体化，为产品试制和生产提供全套图纸和技术文件，以及各种明细表。工作图设计的主要内容有：

（1）绘制全套零件图、部件图、总图、包装图、安装图等。

（2）编制零件一览表。

（3）编制备件及易损件清单。

（4）编制产品使用、维修、保养说明书和产品说明书。

五、产品设计方法

在进行产品设计时，应根据产品结构的特点和产品设计的性质，采用不同的设计方法，以加快新产品的设计速度，提高设计质量。常用的设计方法有下面几种：

1. 模块化设计

模块化设计是用组合的方式（或称为“堆积木”的方式）来设计新产品。具体来讲，是在对产品进行功能分析的基础上，划分出一系列通用的功能模块，然后根据用户的要求对这些模块进行选择组合，就可以构成不同功能或功能相同但性能不同、规格不同的产品。例如，对设计出不同形状和不同功能的家具模块加以选择、拼合，就能组合成满足各种不同消费者需要的组合家具。

目前，模块化设计已经广泛地应用于机床、家电、家具、玩具、计算机等行业。由于模块化设计可以很好地解决产品品种、规格与设计制造周期和生产成本之间的矛盾，也为加快产品更新换代、提高质量、方便维修、增强竞争力提供了条件，因此受到了国际国内产品设计人员的高度重视，得到了广泛的应用。随着敏捷制造时代的到来，模块化设计会愈来愈显示出独到的优越性。

2. 内插式设计

内插式设计主要适用于新产品规格处于两种既有产品规格之间的产品设计。采用内插式设计时，对新产品不必进行大量科研和技术开发工作，只需选用相邻产品的原理、结构以及计算公式等进行产品设计，再根据需要进行小量的研究试验即可。

内插式设计实际上是一种生产经验与试验研究相结合的半经验性设计方法，采用这种设计方法的关键是选择适当的相邻产品。只要相邻产品选择适当，就可充分利用相邻产品的结果和长处，取得事半功倍的效果，在短期内设计出成功的产品。

3. 外推式设计

外推式设计是利用现有产品的设计、生产经验，将实践和技术知识外推，设计出比它规格更大的类似产品。

从表面上看，外推式设计与上述的内插式设计相似，但实际上二者之间有本质的不同。内插式设计是在已知领域内设计新产品，而外推式设计则是在未知领域内设计新产品。在现有设计的基础上外推时，需运用基础理论和技术知识，对过去的实践经验进行分析，对有关质量、可靠性等的重要环节应进行试验，把经验总结与试验研究成果结合起来进行产品设计。设计外推量越大，技术开发的工作量也越大。

六、现代设计技术在产品设计中的应用

进入20世纪80年代以来，产品开发呈现出了新的特点：一是产品寿命周期愈来愈短，二是消费需求多样化，三是高技术比重加强，四是高投入、高风险、高效益。为了提高竞争能力，缩短产品开发周期，发达国家在产品设计中纷纷运用各种先进的现代设计技术，大大改善了产品设计手段，加快了产品开发的速度。

1. 成组技术

成组技术（GT）是利用零件的相似性（形状相似、尺寸相似、加工过程相似等）来进行多品种、小批量生产的科学方法。成组技术开始出现的时候主要是作为一种工艺组织方法，合理组织生产技术准备及生产过程的管理。随着零件分类编码系统的不断完善以及成组技术与计算机应用相结合，成组技术的应用已经扩展到产品设计、工艺设计、生产计划、设备布置等企业生产活动的各个领域。

在产品设计中应用成组技术主要表现在检索零件图纸、编制设计标准资料、提高设计的“三化”水平方面。首先，企业应将已经设计、制造过的零件分类编码成组，建立起设计图纸和资料的检索系统。当要进行新产品零件设计时，设计人员只需将产品图纸按照其特点进行构思，把零件的结构形状、尺寸大小等转化为相应的分类代码，然后输入数据库或图库进行检索，从中选择可以直接采用或稍加修改便可采用的零件图纸。只有当原有的零件图纸均不能利用时，才重新设计新的零件图纸。成组技术于产品的设计过程可以简要地概括为如图

2-3 所示的过程：

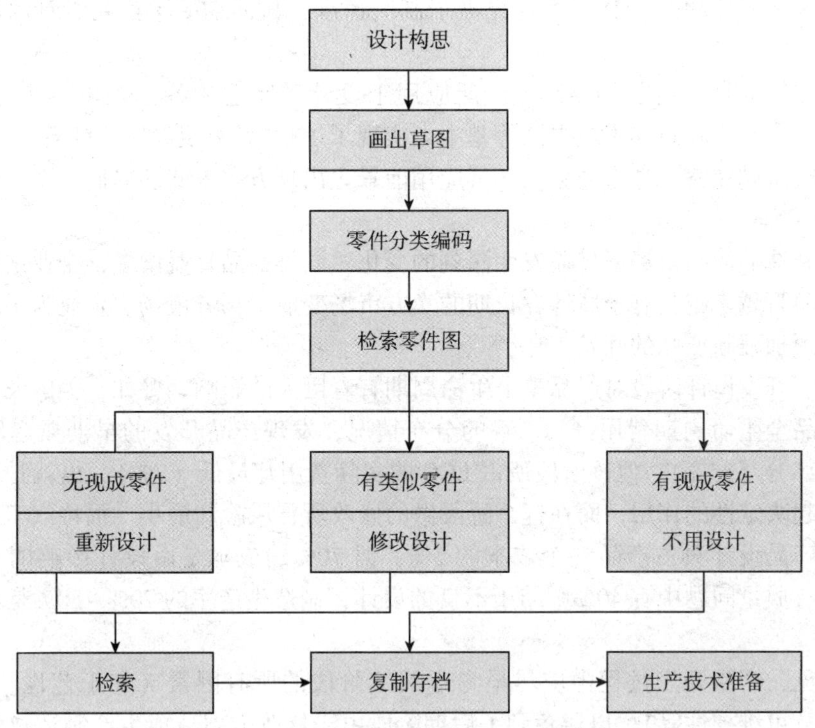

图 2-3 应用成组技术后零件的设计过程

在产品设计中应用成组技术可大大减少工作量，缩短设计周期，节省设计费用，使设计人员摆脱大量一般性重复劳动，集中力量抓好关键性零部件的设计，提高设计工作的质量。新产品设计中尽量利用原有的设计图纸，减少新的零件品种，相对扩大同类型零件的批量，为今后零件的制造和生产管理提供有利条件，同时还便于实现产品系列化和零部件标准化、通用化，从而为实现计算机辅助设计（CAD）创造条件。

2. 计算机辅助设计

近年来，计算机技术的迅速发展给产品设计和产品制造带来了很大的变化，其中 CAD 就是应用计算机进行高效率、高精度产品设计的一种技术手段，它是把过去许多需要依靠人进行的设计作业通过计算机进行自动化操作。CAD 的应用最初是从自动制图开始，现已发展到解析、模拟、三维曲面设计、轮廓设计曲面数据控制、数据生成等许多复杂的设计工作。由 CAD 产生的图形形状数据还可以直接用来生成 NC 数据以及用来编制控制机器人的程序。

CAD 的主要技能是进行设计计算和制图，同时还可以编制零件明细表和进行成本估算等。设计计算主要是指对设计的参数进行科学的计算，并使某些性能参数或目标达到最优化。这些计算通常很复杂，要求精确度高，以往人工计算需要花费大量时间和人力，还要反复验算。而利用计算机计算可以大量节省人力和物力，更加科学与精确。

计算机制图是通过人机对话的图形处理系统实现的。在这一系统中带有图形处理程序，设计人员只需把所需图像的形状和尺寸以及图形位置的命令输入计算机，计算机就可以在指定的位置绘出该图形。这种系统可使设计人员在计算机屏幕上任意放大或缩小图形，可使图形向上、下、左、右任意方向移动以及转动，并进行修改，还可将绘制完成的三视图在计算机上自动转换成立体图。CAD大大地提高了制图速度，从而缩短了产品设计时间，加快了投产的速度。

目前，在工业发达国家，CAD已广泛应用于设计和制造的各个领域，如汽车、飞机、机械、电子、模具、建筑和集成电路等基本上实现了100%计算机绘图。随着CAL软件功能和外围设备越来越完善、越来越强大，其应用前景正出现方兴未艾的局面。

3. 并行工程技术

当今，制造业商品市场正日益发生深刻的变化，同类商品日益增多，企业之间的竞争愈来愈激烈，而且越来越具有全球性，长期的卖方市场变成了买方市场。企业为了求得生存和发展，就必须加强新产品的开发工作。

实际上，开发设计阶段对产品整个生命周期有着巨大的影响。譬如，美国波音公司曾研究过一般产品全生命周期费用（LCC）的分布情况，发现产品开发的早期概念阶段将决定LCC的绝大部分（85%），但该阶段所占LCC的实际费用却最低（7%）。也就是说，产品的早期设计将起决定性的作用，而在这个阶段做的修改所冒风险却最小。福特汽车公司的报告指出，尽管产品设计只占产品整个成本的5%，但70%的成本是由设计影响的。也有人认为，产品所有质量问题中有40%归结于不良的设计，制造生产率的70%~80%是由设计阶段决定的。

由此可见，产品开发过程中应尽早考虑后续阶段的所有因素（如工艺性、可制造性、可装配性以及可维护性等），以避免到了后期阶段由于修改方案造成生产制造过程的反复和资源浪费，同时也因减少修改循环而缩短了产品开发周期，使新产品能迅速投放并占领市场。因此，为了实现企业经营绩效的整体优化，必须建立一种全新的产品开发方法，并行工程就是这样一种全新的产品开发模式。

（1）并行工程的基本概念

并行工程的定义是在1987年由美国防御分析研究所（IDA）正式提出的。它指出："并行工程是对产品设计及其相关过程（包括制造过程和支持过程）进行并行、一体化设计的一种系统化的工作模式。这种工作模式力图使开发者从一开始就考虑产品全生命周期中的所有因素，包括质量、成本、进度与用户需求。"这种方法与长期以来人们在产品开发时习惯采用的串行工程方法有着根本的不同。

串行工程方法是先进行市场需求分析，将分析结果交给设计部门，设计人员进行产品设计，然后将图纸交给另一部门进行工艺和制造过程的设计，最后交给制造部门进行生产，做出原型产品。各个部门之间的工作是独立地按顺序进行的，在设计过程中不能及早考虑其下游各个制造过程及支持过程的问题，因此经常会造成整个串行过程设计修改大循环，使得开发周期延长、成本上升，质量也难以保障。

并行工程则是组织跨部门、多学科的开发小组，在一起并行协同地工作，对产品设计、工艺过程等各个方面同时考虑并设计，及时地交流信息，使各种问题尽早暴露并共同加以解决，这样就使得产品开发时间大大缩短，同时质量和成本都得到改善。

并行的产品开发的流程是：当初步的需求规划被确定后，以产品设计人员为主，其他专业领域的人员为辅，共同进行产品的概念设计。概念设计方案作为中间结果为所有开发人员共享，开发人员以此作为基础展开对应的概念设计，如工艺过程概念方案、后勤支持概念方案等。每一专业领域输出的中间结果既包括方案又包括建议的修改意见。所有的中间结果经协调后达成一致的认识，并据此修改意见，完善概念设计方案，然后逐步进入初步设计阶段及详细设计阶段。

（2）并行工程的主要思想及特点

并行工程是一种强调各阶段领域职能人员共同参加的系统化产品设计方法，其目的在于将产品的设计和产品的可制造性、可维护性、质量控制等问题同时加以考虑，以减少产品早期设计阶段的盲目性，尽可能早地避免因产品设计阶段的不合理因素对产品生命周期后续阶段的影响，缩短研制周期。

并行工程的主要思想是在设计时同时考虑产品生命周期的所有因素（可靠性、可制造性），作为设计结果，同时考虑产品设计规格和相应的制造工艺、生产准备文件；在产品设计过程中尽可能使各活动并行交叉进行，以缩短开发周期；在开发过程中所涉及的不同领域的人员要全面参与和协同工作，实现产品生命周期中所有因素在设计阶段的集成，实现各种资源利用的最大化。

产品设计的并行方法的特点是：

①产品设计的各阶段是一个递阶渐进的连续过程，概念设计、初步设计、详细设计等设计阶段的划分只标志着产品和设计的粒度和清晰度。粒度是设计人员在设计过程中所考虑和处理问题要素的大小，清晰度表明了设计对象在相应粒度水平上的确定性程度。

②产品设计过程和产品信息模型经历着从定性到定量、从模糊到清晰的渐进演化。设计每前进一步，过程每循环一次，设计的粒度便减小一些，信息的清晰度便增加一些，不确定性在减少，并行程度逐渐增加。

③产品设计过程和工艺设计过程不是顺序进行，而是并行展开、同时进行。

并行工程的目的是在设计阶段就能周密考虑产品生命周期各阶段的各种因素，以减少产品早期设计阶段的盲目性，尽早避免因产品设计的不合理对产品生命周期后续阶段的影响，缩短研制周期，更好地满足用户需求。

根据并行工程的思想，要提高产品开发过程的效率和柔性，必须从两方面进行变革：一是过程重构，即从传统的串行过程转变为集成的、并行的产品开发过程；二是组织的重构，即打破功能部门制的组织机构，建立跨部门、跨专业的开发小组。

（3）并行工程技术

①虚拟技术。目前产品设计正趋向于高度集成化，同时考虑制造、装配、检测、维修、质量、环境等方面的约束，已超越了设计与制造间简单的信息共享。目前研究的关键技术包括以下方面：

考虑制造的设计（Design for Manufacturing，DFM）、考虑装配的设计（Design for Assembly，DFA）、考虑监测的设计（Design for Testing，DFT）、可维修性设计、可操作性设计等；计算机辅助技术，包括计算机辅助设计（CAD）、计算机辅助制造（CAM）、计算机辅助工艺规划编程（CAPP）、计算机辅助工程（CAE）等，这些技术确保了整个企业中的人员在适当时候以适当形式得到所需产品数据，使集成水平达到了更高阶段。互联网使设计集成的范围更加广泛。网络技术为世界范围内的信息共享提供了一个很好的平台。STEP 标准作为设计开发集成的标准接口，已经发展到了实用阶段。从 1995 年开始，许多著名的 CAD/CAM 系统供应商已开始推出商品化的 STEP 转换器，一些公司就利用 STEP 描述语言和参考模型开发了他们的集成系统。

②统一的产品数据交换标准、设计标准化和产品生命周期数据库技术。统一的产品数据交换标准要求所有设计人员和有关部门必须用准确、明了、统一的语言（即数据标准）来表达。设计标准化能使设计人员在公司内做到信息共享，产品生命周期数据库技术可以使设计人员得到有关产品生命周期中的各种信息，有利于综合考虑制造、装配、用户需求等因素。

③全面质量管理技术和工具。全面质量管理技术和工具用于收集用户信息，将市场需求转变为具体的时间、成本、性能值，并监控整个系统的建立过程，以便最大限度地满足用户的需求。这些工具包括田口方法、质量功能部署方法、统计过程控制、成本分析、价值工程等。

④设计开发过程网络计划技术。网络计划技术（Network Planning Technology）是指用于工程项目的计划与控制的一项管理技术，它是20世纪50年代末发展起来的，依其起源，有关键路径法（CPM）与计划评审法（PERT）之分。CPM主要应用于以往在类似工程中已取得一定经验的承包工程，PERT更多地应用于研究与开发项目。这两项技术在产品开发过程中也能有效应用。

（4）并行工程的人员构成

产品开发是一种创新活动，特别强调人的作用，离开了人的创造性思维，要设计出创新产品是不可能的。而且，开发过程是一种全方位、涉及众多部门和人员的活动，因而组织和人员之间的沟通、协作显得尤为重要。一般情况下，并行工程的参加人员以工作小组的方式组成，包括制造、装配、质量、营销人员。制造、装配、质量、营销人员等下游人员加入开发小组，参与产品设计的早期活动，有利于预防设计的先天不足，减少开发的时间和费用，确保产品设计一次成功。顾客和供应商加入产品开发之中能减少不确定性，在设计中更好地反映顾客需求，提高产品适应市场的能力。环保人员加入产品设计小组可在产品设计时考虑到产品终止时的资源重用和环境保护问题。

在产品开发的不同时期，工作小组成员的作用是不同的。随着产品开发过程的进展，小组成员之间的主次关系是变化的。在概念形成阶段，以市场营销人员和顾客为主、其他人员为辅；在设计阶段，以设计人员为主，制造、营销、质量等人员为辅；在制造阶段，以制造人员为主。

（5）并行工程的本质

①强调产品设计的“可制造性”“可装配性”和“可检测性”。并行工程强调设计人员在进行设计时一定要考虑在企业现有的生产条件下，产品能否顺利地制造、装配出来，而且还能检测。如果一个产品设计得再好，但不能很方便地制造、装配和检测，那么就不能达到及早投放市场的目标。

②强调产品的“可生产性”。在这里，“可生产性”与“可制造性”是有区别的：“可制造性”主要是从加工技术和方法的角度看能否将一个产品加工出来；而“可生产性”主要是指产品按要求批量生产时，企业在设备生产能力和人员能力上能否达到相应的要求。

③强调产品的“可使用性”“可维修性”和“可报废性”，这是考虑产品在今后使用过程中是否能满足用户的各种要求，是否利于维修，在废弃时是否易于处理等。

④强调产品开发各种活动的并行交叉。并行交叉有两种形式：一是按部件并行交叉，即将一个产品分成若干个部件，使各部件能并行交叉进行设计开发；二是对每个部件可以使其

产品设计、工艺设计、生产技术准备、采购、生产等各种活动最大化地并行交叉进行。需注意的是，并行工程强调各种活动并行交叉，并不是也不可能违反产品开发过程必要的逻辑顺序和规律，不能取消或越过任何一个必经的阶段，而应在充分细分各种活动的基础上，找出各子活动之间的逻辑关系，将可以并行交叉的尽量并行交叉进行。

⑤强调技术人员要学会在信息不完备的情况下进行设计。传统观点认为，只有等到所有产品设计图纸全部完成以后才能进行工艺设计，只有等到所有工艺设计图完成后才能进行生产技术准备和采购，只有等到生产技术准备和采购完成后才能进行生产。而并行工程需要将各有关活动细分后平行交叉进行，因此很多工作要在信息不完备的情况下开展，这就要求技术人员具有一定的分析判断能力，学会在这种情况下工作。

⑥强调面向过程和面向对象。一个新产品，从概念构思到生产出来是一个完整的过程。串行工程是把整个产品开发全过程细分成很多步骤，每个部门和个人都只做其中的一部分工作，而且是相对独立进行的，工作做完以后把结果交给下一部门。西方把这种方式称为"抛过墙法"（throw over the wall），员工的工作是以职能和分工任务为中心的，在其头脑中不一定存在完整、统一的产品概念。而并行工程则强调技术人员要面向整个开发过程或产品对象，因此要求设计人员在设计时要考虑设计的工艺性、可制造性、可生产性、可维修性等等，工艺人员同样也要考虑其他过程，设计某个部件的工艺时要考虑与各部件之间的配合关系。所以，整个开发工作都要着眼于整个过程和产品目标。从串行到并行，是观念上的很大转变。

⑦强调系统集成与整体优化。在串行工程中，企业对各部门工作的评价往往是看交给它的那一份工作任务完成得是否出色。就设计而言，主要是看设计是否新颖、是否有创造性，产品是否有优良的性能，而不考虑产品设计对其他部门的影响。而并行工程则强调系统集成与整体优化，它并不追求单个部门、过程或零部件的优化，而是追求全局优化，追求产品整体的竞争能力。对产品而言，这种竞争能力由产品的交货期、质量、价格和服务等指标综合体现，在不同情况下指标的侧重点不同。对每个产品而言，企业都对它有一个竞争目标的合理定位。因此，并行工程就要围绕企业的目标定位，以整体优化为目标来安排整个产品开发活动，并不追求每个部门的工作最优，整个开发工作是根据整体优化结果来评价的。

七、产品的试制与鉴定

产品的结构设计只是一些设想，这些设想的正确与否需要通过试制加以检验，并需要通过全面鉴定做出评价。

（一）产品试制

对大量生产类型企业来说，产品试制一般分样品试制与小批试制两个阶段。

1. 样品试制

样品试制是通过一件或少数几件样品的试制，来检验产品结构设计是否合理。在样品试制阶段，要找出产品设计中存在的错误和缺点，并要对设计图纸进行修改，使产品结构基本定型。另外，通过样品试制还要积累工艺准备方面的资料，为编制工艺规程和补充工艺装备提供可靠的依据。

样品试制一般是在试制车间进行。除个别关键件和复杂件之外，工艺准备应尽可能减化，要尽量采用标准的或现有的设备和工装进行，以降低费用和缩短试制周期。在试制过程中，要认真记录各种试制数据和出现的问题，以便为修改设计提供可靠的依据。

样品试制结束后，要进行检查总结，根据试制提供的资料，对设计图纸进行修改，并补充制订工艺规程和继续完善工装的设计与制造工作。

2. 小批试制

小批试制是在样品试制的基础上，在全部工艺准备完成之后进行。小批试制的主要目的是检验工艺规程和工艺装备是否合适，并要进一步对产品设计图纸进行工艺性审查。小批试制必须在正式生产车间里进行，它实际上是试生产的过程。企业生产类型不同，对产品试制工作的要求也不同。单件生产类型企业的试制过程就是初次生产的过程，小批生产类型企业生产第一件产品即为样品试制，只有大量大批生产类型企业才分样品试制与小批试制两个过程。用外来定型的图纸生产新产品也可省去样品试制过程，直接进行小批试制。

(二) 产品鉴定

在产品完成试制后，要进行全面的技术经济鉴定，检查产品的性能是否达到了设计要求，产品质量是否符合标准。通过鉴定，最后应做出是否可以正式投产的决定。

1. 鉴定前的准备工作

(1) 要准备好各种技术文件，有技术任务书、全套产品设计图纸、产品说明书、各种工艺规程、工时消耗定额和材料消耗定额等。

(2) 拟定好鉴定大纲，内容包括检验的程序、项目、方法和所用的检验工具等。

(3) 要准备齐各种试制记录、有关数据资料、外购件的合格证或鉴定书。

(4) 要进行必要的例行试验，并要有通过例行试验的证书。

2. 组成鉴定委员会

新产品鉴定一般要组织专门的鉴定委员会来进行。鉴定委员会应根据分级管理的原则组成。凡重大的成套系列产品，因对国计民生有重要影响，一般由国家有关部门组织鉴定。一般产品通常由省、市、自治区有关部门组织鉴定。上级部门指定企业自己鉴定的产品则由企业负责人任命鉴定委员会成员，一般由企业质量管理部门的负责人担任领导，吸收有经验的设计专家、工艺专家、工人和用户代表参加。

3. 进行鉴定

正式鉴定工作由鉴定委员会负责，并邀请有关科研、设计、使用单位的人员参加，以召开鉴定会的形式进行。鉴定工作主要包括以下内容：

(1) 检查产品设计图纸、工艺规程以及其他各种技术文件是否完整。

(2) 检查产品精度、零件制造质量和外观质量是否符合标准。进行运行试验，试验后检查磨损情况，看精度和性能是否受影响。

(3) 检查附件和备件是否齐全。

(4) 对产品结构、性能、工艺性和经济性做出总评价，写出鉴定书，提出是否可以正式投产的结论性意见。产品通过正式鉴定后，产品开发工作即告完成。

第三节 服务设计

服务业是一个涵盖面极广的概念，金融业、房地产业、邮电通信、广播电视、交通运输、零售业、律师咨询业、娱乐业、医疗保健、文化教育等都可以归入服务业。从制造效用的角度看，服务业的服务过程与制造业的制造过程没有什么差别，只是服务项目的外部表现形态差异较大。但是，服务业也有自己的产品，有自己的生产工艺。由于其产品与工艺的特殊性，使服务业的管理也具有某些特殊性。

一、服务业的产品与服务过程分类

服务业的产品与制造业相比有明显的不同之处，制造业的产品是可见的、可储存的，而服务业的产品一般是不可见的、不可储存的，并且服务业产品的制造过程与消费过程常常是合二为一的。例如，银行的存款业务与贷款业务可理解为银行业的两大产品系列，存款业务中的企业存款与居民存款是两个产品品种，不同存期的存款业务则是不同规格的产品；保险公司以各种险种作为自己的产品；电视台以各档专栏节目作为产品，每天不同的播放内容是产品的具体表现形式，电视台播放电视节目是服务过程，而与此同时人们收看节目是消费过程；航空公司的航班被认为是产品，航空公司执行某个飞行航班是服务过程，同时也是乘客的消费过程。我们可以自行分析所熟悉的服务业产品、服务过程和消费过程。

服务行业是以服务内容来分类的，这在统计国民经济数据时是有用的；但是从管理的角度看，由于这种分类忽视了服务过程的特点，因此是不恰当的。制造业可按照制造过程的特点，如加工的连续性、加工的重复性来分类。服务业也可以按照某种特点来分，这就是与顾客的接触程度。所谓“接触程度”，可以粗略地定义为在整个服务时间中顾客在服务系统中所停留的时间，这是一个重要参数，对管理活动影响很大。一般说来，接触程度越高，相互间的影响也越大，越会影响服务所需要的时间和顾客对服务质量的接受程度，因此对系统的控制越难。

总之，服务业的产品就是我们平时所理解的服务项目，不管是称作“项目”还是“产品”，都是同一个事物，这就要求服务企业像制造业那样主动地推销自己的产品。在制造业中已形成了一套完整的市场营销理论与方法，服务业完全可以从中吸取大量的知识。服务业的服务过程与制造业的加工过程有很大的差别，制造业中顾客不参与加工过程，但却必须在服务过程中接受服务，是服务对象，处于服务系统的中心地位。如何直接使顾客对服务感到满意，是服务业管理的核心问题。

二、服务业产品开发

1. 服务业产品开发的意义

服务业企业开发新产品的意义与制造业是相同的，既是为了保持自己的竞争优势，也是为了扩大市场份额或开拓新的经营领域，寻找新的经济增长点。下面用我国的国债市场为例来说明这个道理：刚开始发行国债时，国债市场是不存在的，发放国库券是通过行政渠道摊派下去。由于没有国债市场，国库券无法流通，因此自发地产生出了非正式的流通渠道，这不利于对国库券的管理。当有了国债市场后，国库券可以上市流通，非正式渠道就自然被堵住了。开始时，国债市场的交易规模十分有限，后开发出了期货交易，使国债市场的规模迅速扩大，市场十分活跃，后来又开发了回购交易，进一步增大了市场交易量。许多服务业企业的迅速发展与不断开发出切合市场需求的产品有密切的关系。

服务业的产品开发与制造业又有许多不同。服务业的产品开发投资少、风险小，开发的主要方式是依靠人的创造性思维。服务业以手工操作为主，所以开发一个新产品一般不涉及或较少涉及设备投资问题，这与制造业不同，是服务业开发产品的优势。因此，服务业完全有理由将产品开发搞得比制造业更活跃。需要注意的是，服务业开发产品也必须贴近市场，为满足市场需求而设计新的产品。

由于服务性质的千变万化，所以很难对服务产品的开发和管理做一般性的描述。然而，必须充分认识服务环境的独特性，这对于理解服务需求的内容、进行服务产品开发是十分重要的。

2. 服务包

服务包（Service Package）是指在某种环境下提供的一系列产品和服务的组合，该组合有以下四个方面：

（1）支持性设备，是指提供服务前必须提供的物质资源，如高尔夫球场、滑雪场的缆车、医院和飞机等。

（2）辅助物品，即顾客购买和消费的物质产品，或是顾客自备的物品，如高尔夫球棒、滑雪板、食物、更换的汽车零件、法律文件及医疗设备。

（3）显性服务，即那些可以用感官察觉到的和构成服务基本或本质特性的利益，如补牙后没有感觉到疼痛、经过修理后的汽车能平稳行驶、消防部门做出反应的时间等。

（4）隐性服务，即顾客能模糊感到服务带来的精神上的收获或服务的非本质特性，如院校学位的身份象征、贷款机构的保密性、无忧汽车维修等。

所有这些特性都要被顾客所经历，并形成他们对服务的感知。更重要的是，服务企业要为顾客提供与他们所期望的服务包一致的整个经历。以廉价旅馆为例，支持性设施是一幢混凝土大楼，有简单的家具；辅助物品减少到了最小限度，仅有肥皂和纸；显性服务为干净房间里的一张舒适的床；隐性服务可能是有一位和蔼可亲的前台服务员及一个安全的、照明良好的停车场。偏离这个服务包（如增加旅馆服务生）将会破坏“廉价旅馆”的概念。

可以按辅助物品的重要程度来划分服务包，其中有纯服务到各种程度的混合型服务。例如，没有任何辅助物品的心理咨询可以视为纯服务，混合型服务中的汽车维修比理发需要更多的辅助物品。

在服务业中，应该对投入和资源进行区分。对于服务业来说，投入是顾客本身，资源是服务企业可以调用的辅助物品、劳动力和资本。因此，服务系统的运转有赖于系统与作为服务过程参与者的顾客的交互。由于顾客通常是凭自己的判断上门来的，而且他们对服务系统有着独特的需求，因此如何将服务能力与需求相匹配也是一个挑战。

对某些服务业（如银行）来说，服务的重点是信息处理而不是人。在这种情形中，信息技术（如电脑转账）可以替代实物的工资支票存款。这样顾客就没有必要亲自到银行了。在这里需要指出的是，服务的许多特性（如顾客参与和易逝性）往往是相互联系的。

三、服务业中的加工工艺

在制造业中，工艺是指加工产品所使用的特定方法，是一项非常重要的技术工作。按此定义，服务业的服务方法就可以理解为服务业的工艺，它对企业的服务质量、经营效果同样十分重要。

以零售业为例，最初的零售方式是店铺销售，铺面需要装修，需要布置柜台、货架等，由营业员一对一地为顾客服务，这种营业方式效率比较低，经营成本高。后来发展出了多种营业方式，如连锁超市、仓储式销售、无店铺销售等，这些方式都具有明显的成本优势。这些优势来自于服务方式的下列简化：

（1）店铺装潢简单，甚至没有店铺，节省了开支。

（2）货位与仓库合二为一，营业面积得到了充分利用。

（3）顾客自己取货运货，参与了服务过程，省下了营业员的劳动，这样就促进了这些新型零售企业的迅速发展。

特别是连锁超市，通过采取配送中心统一送货、结算中心统一结账、统一服务标准等措施，降低了成本，提高了服务质量，竞争优势十分明显，许多这类企业都发展成了规模巨大的集团公司，如美国的沃尔玛公司一年营业额达 200 多亿美元。中国的超市公司目前规模虽然还不大，但有的营业额已接近 10 亿元，发展势头十分强劲。

服务业是劳动力密集型行业，手工作业是服务业的主要加工手段。除了个别行业，如医疗、通信等行业的服务方式得到了高科技的支持，使企业与消费者得益外，大多数行业很少能分享科学技术带来的好处。随着信息技术的发展，为服务业使用新技术创造了良好的条件，如航空公司的售票网络、金融业的信用卡都得益于信息技术的支持，大大改变了服务方式，更方便了顾客。在我国的大多数服务行业中，科技人员占就业人员的比例是很低的，这不利于应用新技术，创造新工艺。科技在服务中存在着广阔的应用天地，大胆引进科技人才，积极采用高新技术，改变单纯使用手工作业的服务方式，能够提高企业的劳动生产率和竞争力。

四、服务业中的新技术选择与管理

（一）现代服务业的发展趋势和特点

在信息技术等新技术革命的推动下，现代服务业出现了一些非常鲜明的特色和新趋势，例如：

（1）现代服务业由传统的以生活消费为主转向以生产服务为主。按照人们的传统观念，一谈起服务业，就容易联想到百货、餐饮、旅馆等，但这些早已不再是服务业的主体，取而代之的是以为工业生产服务的金融、保险、通信、运输、租赁、技术服务、设备安装维修等行业。

（2）服务业中的知识密集型行业的地位日益重要，其占整个服务业产出的比重越来越大。如前所述，现代制造业生产过程的技术含量日益增加，这实际上与服务业由以生活消费为主转向以生产服务为主有关。为生活消费服务主要体现在为商品交换提供劳务上，为生产服务则主要体现在为物质生产提供投入上。这种投入不是具体的物质，而是专门的知识和技术。这类服务业包括工程设计、项目评估及可行性研究、生产设备保修及租赁、产品广告宣传等。

（3）服务业的运作手段发生了极大变化，服务业的技术密集程度正在迅速提高。现代服务业的这些新发展趋势使其运作管理也面临着许多新课题，如怎样选择合适的运作技术，新技术引进和技术变化要求采用什么样的工作方式，组织结构和管理方式进行什么样的相应变革，等等。高技术、高智力投入也要求不断提高生产率。因此，服务业运作技术选择和管理是现代运作管理人员所面临的一个新的重要课题。

与制造业相比，服务业行业繁多，所适用的技术各异，管理方法和工作方式也各有不同。下面仅以两种现代服务业中的主要行业为例，讨论其对新技术的选择、应用及其所带来的管理上的新问题。

（二）信息技术在金融业中的应用

信息技术与金融业的关系非常密切，金融业的自动化主要依靠信息技术。在所有信息密集的经济活动中，金融业总是引进信息技术的先锋，而且广泛地带动了其他经济部门对信息技术的应用。

以银行为例，银行采用信息技术的主要目标是加强对银行成本和风险的管理，通过更有效地提供产品和服务，促进金融业乃至整个国民经济的发展。随着经济活动的日益全球化，金融的全球化也是一个必然的趋势，而现代信息技术则是实现金融业全球化的支柱。

银行对于信息化的需求可以分为三个彼此相关的领域：①每个银行内部的信息系统；②银行间的信息系统；③银行与客户（包括个人与公共、商业单位）间的信息传递系统。对这三个领域而言，信息技术的应用开支都要打入银行经营的成本。但是，如果对各类系统的开发能加以认真地规划，再有一个有利的组织结构和政策环境的话，这类支出有可能获得很高的回报率。

1. 银行内部的信息系统

银行会计和总账系统是银行实现计算机化的最基本部分。许多银行都通过数据通信网络把自己的各个分支机构以及自动出纳机与总行的计算机系统连接在一起，形成一个完整的、一体化的银行内部会计系统。在此基础上，银行内部的信息系统大致朝两个方向发展：一是银行的管理信息系统，二是贷款管理的专家系统。银行管理信息系统的核心目标是帮助银行对经营成本进行管理，无论是财务、人事还是行政管理等，都需围绕这个目标来进行。其中，特别重要的是协助银行进行各种金融产品和服务的价格管理，如存款利率、资产评估、贷款利率等。

贷款管理的专家系统则用来协助银行进行信用风险的管理，以最大限度地降低贷款损失。这种专家系统将政府和银行对于贷款的政策、贷款时应加以核查的项目清单及具体内容和评估标准，以及贷款决策的完整过程输入计算机程序之中，形成一套标准化的贷款项目评估和决策作业程序，以帮助实现决策的科学化。这套专家系统还可以帮助银行监测受贷系统的情况并做出风险预测。

2. 银行间的信息系统

银行间的信息系统的一个主要目标是实现银行与银行间的自动结账和清算。这类系统可以大大提高银行之间对支票、汇票及其他支付手段的处理效率。银行间合作使用的另外一种信息系统是公用支付交易系统，这种系统实际上是银行间的支付和交易中心。通过这种系统，可以降低银行各类交易的成本。银行支付交易的数量越大，这种系统的效益就越好。预计在未来的若干年中，这种系统的应用会更加普及。

银行内部的信息系统可以由银行自行决定是否引入、如何应用；与此相反，银行间信息系统的实现则需要由企业以外的合适机构出面组织和协调，涉及的问题也很多，而且相当复杂。除了需要一些公用的标准之外，一个良好的法律环境也很重要，包括规定采用电子转账方式时清算作业的程度、结账的规则等。此外，较好的数据通信网络也是银行间信息系统顺利运行的重要条件之一。

3. 银行与客户间的信息传递系统

银行与客户间的信息传递与支付业务可以说是银行业务中最重要、最繁忙的一块，也是应用信息技术最广泛、最重要的一个领域。自动出纳机、电子记账卡等都是信息技术在银行与客户界面上的应用。随着计算机与通信技术的发展，现在客户不去银行就可以处理很多与银行有关的业务。目前的趋势是，所有的银行都共用一个公共系统或公共网络进行客户与银行、银行与银行之间的所有业务往来活动。这个网络就是互联网。在美国，有一些银行已经开通了“电子支票”服务，客户通过企业或家用的计算机，利用互联网与银行计算机网络接通，就可以向银行开出“电子支票”。至于查询银行存款的余额、支票兑现的状况、银行间资金的调度等则更方便，这就是所谓“远程银行”的概念。

（三）电子数据交换系统在流通领域的应用

1. 电子数据交换的含义

电子数据交换（Electronic Data Interchange，EDI）是以计算机和数据通信网络技术为基础发展起来的电子信息技术，是办公自动化的一个典型例子。这种方法改变了各个办公室之间以纸张形式进行的大量单据、报表、文件等的传递，而代之以通过计算机网络进行瞬间的、直接的电子数据传送，不仅可以大大提高工作效率，节省大量纸张，而且由于报表格式标准化并自动形成，还大大减少了差错。EDI 在贸易方面的应用已成为当今风行全球的所谓“无纸贸易”。

EDI 一般由四大要素组成，即计算机信息系统、电子数据交换标准、电子数据交换软件及电子数据交换网络。

计算机信息系统不仅能自动生成所要传送的数据（如所需要订货的品名、数量、订货单位等），而且能对接收到的数据进行自动处理（如记账、转账、更改计划、更新库存文件等）。另外，在做一笔交易时，可利用计算机进行查询、分析、模拟和预测，有效地支持经营决策。电子数据交换标准包括两个方面：一是通信方式的选择，目前电子数据交换采用的是电子邮政国际标准；二是所传送的单据、数据的标准。单据是有一定格式的，交换单据的各方因此也应有一个标准。为了在全国范围或国际范围内使用电子数据交换，就有必要建立国家的或国际的标准。目前，已推出了适用于行政、商务及运输业的国际标准。

电子数据交换软件是指用于产生一定格式的交换数据、对传输的数据进行转换、将电子数据交换系统中的数据与信息系统中的数据库及其他应用软件相连接的计算机程序，这些软件一般需要针对不同的行业或业务进行专门开发。

为了实现电子数据交换，需要设立电子数据交换中心，通过这个中心的主计算机与各业务单位的计算机构成电子数据交换网络。这个中心的任务一是进行格式转换；二是对数据集中处理，提高效率，减轻业务单位的压力。经过汇总和转换的数据通过中心传送给各业务单位。一个采用电子数据交换系统的生产或贸易单位通过计算机网络接收以电子数据交换方式发来的订货单后，电子数据交换系统随即会检查订货单是否符合要求，回答确认报文，同时检查库存，根据订单要求向协作厂商或下属厂商发出电子数据交换订货单，向运输部门预订车辆、舱位及集装箱，并以电子数据交换方式与海关、保险公司联系，申请办理出口手续和保险，向用户开出电子数据交换发票并与银行以电子数据交换方式结算账目等。其数据可全部通过计算机信息网进行交换，实现无纸化。

2. EDI 在流通领域中的应用

EDI 是一种能量十分巨大的技术，它正在引起流通业的一场革命。EDI 可应用于流通业中的不同层次、不同范围。

首先，在国际贸易中，利用 EDI 系统规定统一的交易术语、代码，可实现无纸交易。现在世界上很多国家在国际贸易中都采用了 EDI 系统，形成了一个世界范围内的网络，中国也已加入。1996 年 6 月，联合国国际贸易法委员会第 29 届年会通过了《电子商务示范法》，该法允许贸易双方通过电子手段传递信息，签订买卖合同和进行货物所有权的转让。这样，以往不具备法律效力的数据、电文将和书面文件一样得到法律的承认。该法为实现国际贸易的“无纸操作”提供了法律保障。

其次，利用 EDI 系统可实现行业内各个环节的联合，其中最著名的一个例子是美国的快速反应（Quick Response，QR）系统。这是一个服装业的制作、销售综合运作系统，现在参加这个系统的还有染色、布料、纺织等其他相关行业。

最后，EDI 也可以用于实现企业集团内的联合。如日本花王公司于 1994 年底把它的生产公司、销售公司、批发公司以及专卖店共 117 个组织用 EDI 连接起来，实现了“四无”：无纸交易、无商品编码变换（使用通用条形码）、无产品检查（因为能够实现快速无纸事务处理，事务处理引起的差错大为减少，文件与货物不一致的情况很少出现，质量问题减少，没有必要详细检查，可实现快速检查）、无人工发订单（通过 EDI 进行）。其他一些消费品生产企业，也开始采取类似的措施。

（四）发挥新技术的威力——技术与管理革新的结合

进入 21 世纪以来，各种新技术尤其是信息技术在众多服务业领域中都得到了广泛应用。而且，有些技术可广泛应用于多种行业，既可应用于服务业，也可应用于制造业。例如，条形码技术既可应用于零售业的商品销售管理，也可应用于图书馆的图书管理，还可用于制造业的库存管理、工具存放管理等。计算机集成订货系统（Integrated Computer Order System）可用于医疗系统的药品等消耗品的供应，也可用于制造业企业零部件的供应系统，还可用于航空、铁路等的订票系统。

所有这些新技术的应用对于提高企业的劳动生产率、改善服务质量、降低成本都有极大的作用。但实际上，各个企业在采用这些新技术后所获得的效果并不一样。究其原因，主要是由于技术的变革没有与管理方式的变革有机结合。一项新技术的应用往往会带来工作方式、业务流程的改变，从而相应地要求管理体制、组织结构等方面的变革。如果意识不到这一点，新技术的威力就无法充分发挥。很多企业在一开始引入信息技术等新技术后，并不改变原来的业务流程和信息流，而只是将原有的业务流程计算机化，即单纯地将手工作业改为计算机操作。显然，这正是信息技术的潜力得不到充分发挥的原因所在。

因此，必须根据新技术所能提供的各种可能用途，重新设计、改造原有的业务流程，包括进行必要的组织机构的改变、人员的调整、工作内容的重新组合等。20 世纪 90 年代以来，欧美各国企业正盛行这种业务流程重构（Business Process Reengineering，BPR）的思想。

最后还应提到的一点是人的关键作用。在新技术的引入、应用和相应的业务流程、管理方式的变革中，人是最关键的因素，尤其是对于服务业企业来说。制造业的生产过程是以产品为中心，而服务业的运作过程是以人为中心，人的技能，人的工作态度，人的积极性、创造性的发挥，更直接地影响着服务质量和生产率的提高，影响着新技术的充分利用。因此，在新技术的引入和应用中，必须充分考虑人的因素，以人为中心进行业务流程和管理方式的变革。

练习题

一、单项选择题

1. 按照产品生命周期理论，可以为企业带来最大销售利润的时期是（　　）。

A. 导入期　　B. 成长期　　C. 成熟期　　D. 衰退期

2. 在产品的导入期，产品研究与开发决策的重点是（　　）。

A. 功能开发　　B. 工艺创新　　C. 技术服务　　D. 客户管理

3. 在产品的成长期，产品研究与开发决策的重点是（　　）。

A. 功能开发　　B. 工艺创新　　C. 技术服务　　D. 客户管理

4. 在产品的成熟期，产品研究与开发决策的重点是（　　）。

A. 功能开发　　B. 工艺创新　　C. 技术服务　　D. 客户管理

5. 应用最广泛的新产品开发方式是（　　）。

A. 独立开发　　B. 合作开发

C. 技术引进　　D. 自行开发与技术引进相结合

6. 实力雄厚、研发能力较强的企业适合采用以下哪项新产品开发策略？（　　）

A. 技术领先策略　　B. 紧随领先者策略

C. 成本最低化策略　　D. 部分市场策略

7. 有较强技术力量与开发能力的企业适合采用以下哪项新产品开发策略？（　　）

A. 技术领先策略　　B. 紧随领先者策略

C. 成本最低化策略　　D. 部分市场策略

8. 有较强的设计与工艺力量的企业适合采用以下哪项新产品开发策略？（　　）

A. 技术领先策略　　B. 紧随领先者策略

C. 成本最低化策略　　D. 部分市场策略

9. 以下哪项不在产品设计阶段之内？（　　）

A. 总体设计　　B. 技术设计　　C. 工作图设计　　D. 施工设计

10. 家电行业适合采用以下哪种产品设计方法（　　）。

A. 模块化设计　　B. 内插式设计　　C. 外推式设计　　D. 综合设计

11. 汽车转向器适合采用以下哪种产品设计方法（　　）。

A. 模块化设计　　B. 内插式设计　　C. 外推式设计　　D. 综合设计

12. 电脑用 U 盘适合采用以下哪种产品设计方法（　　）。

A. 模块化设计　　B. 内插式设计　　C. 外推式设计　　D. 综合设计

13. 在产品开发的概念形成阶段，以以下哪类人员为主？（　　）

A. 设计人员　　B. 制造人员　　C. 营销人员　　D. 质量人员

14. 在产品开发的设计阶段，以以下哪类人员为主？（　　）

A. 设计人员　　B. 制造人员　　C. 营销人员　　D. 质量人员

15. 在产品开发的制造阶段，以以下哪类人员为主？（　　）

A. 设计人员　　B. 制造人员　　C. 营销人员　　D. 质量人员

二、选择题

1. 制造业的生产过程是以产品为中心，非制造业的运作过程是以服务为中心。(　　)

2. 与制造业相比，服务业的产品开发投资少、风险小。(　　)

3. 服务业管理的核心问题是为顾客提供何种服务。(　　)

4. 一般产品通常由企业自己进行鉴定。(　　)

5. 小批试制应该在全部工艺准备完成之前进行。(　　)

6. 串行工程强调系统集成与整体优化，并不追求单个部门、过程或零部件的优化。(　　)

7. 并行工程追求全局优化，追求产品整体的竞争能力。(　　)

8. 从加工技术和方法的角度看，能否将一个产品加工出来属于产品的可生产性范畴。(　　)

9. 产品按要求批量生产时，企业在设备生产能力和人员能力上能否达到相应要求属于产品的可制造性范畴。(　　)

10. 产品设计中，粒度越大清晰度越小，反之亦然。(　　)

11. 成组技术是利用零件的相似性来进行多品种小批量生产的方法。(　　)

三、简述题

1. 简述产品在成长期的研发决策。

2. 简述新产品开发的重要性。

3. 简述新产品开发中可采取的策略。

4. 简述产品设计并行工程的特点。

5. 简述并行工程的本质。

6. 简述服务业产品开发的意义。

案例分析

如何夯实新产品开发

新产品的成功不仅是一个追求的目标，而且是脚下的路径。在金融危机带来的阵痛面前，人们不得不反思，为何提了多年的管理创新、业务转型以及“以客户为中心”后，成功仍然离我们相当遥远？在人们一直以来非常关注的产品方面，是否还有新的文章可做？

T公司的情形代表了经济低迷、行业不景气情况下中国制造型企业的典型遭遇。T公司所在的是一个相对封闭的行业，总体市场容量较小，行业前三名分别是两家日本企业和T公司，正常年份的销售额（人民币）为10亿~40亿元。作为在这个完全竞争性行业中仅存的国有企业，T公司没有垄断性的资源，同时还受到思维、体制等诸多因素的制约。在金融危机的影响下，T公司2008年的销售额下降了60%~70%。

T公司为市场提供全系列的产品，而且每一系列型号众多。在市场需求最大的A线产品上，T公司的销售量居于行业第一，但产品的档次和附加值不高；其B线和C线产品缺乏竞争力，只有个别型号的产品针对局部市场和部分低端客户进行销售。

为改善这种局面，咨询公司和T公司双方人员组成了联合项目组，主要目标就是对T公司的战略进行重新定位和规划，并建立以细分市场和客户为导向、以合作网络为基础的新型营销组织体系，以促成T公司经营思路由销售向营销的转变。

不可否认，理想的营销组织体系以及战略目标的实现需要一个长期的过程。之所以把新产品开发的提升作为连接现在和未来的一个桥梁，其原因在于，包括T公司在内的很多中国制造型企业即使被灌输了许多关于创新以及从产品向服务转型的思想，但当其发现这样做是如此困难的时候，就主动放弃了。

联合项目组认为，T公司产品线存在的最大问题在于产品型号过多。A线产品是公司销售收入的重要来源，但型号众多的产品不仅定位不清楚，而且未能覆盖主要的细分市场和客户群，也就是说产品线并不完整，给竞争对手留下了巨大的市场空间。B线和C线众多不同型号的产品更是浪费了公司大量的研发资源，却没有在市场上取得相应的效果。

在研发资源（包括人、财、物、信息等方面）比较匮乏的情况下，T公司的研发部门也未能将精力完全投入到新产品的开发上，原因有生产部门要求改进老型号的产品，销售人员要求解决售后服务问题，质量部门要求解决产品可靠性问题，采购部门还要求研发部门协助确定供应商和控制零部件质量。

营销视角的新产品开发

提到新产品开发，许多人首先想到的是研发部门。但是，销售部门认为研发部门的工作存在问题，新产品开发不仅周期长而且缺乏创新，在市场上缺乏竞争力。研发部门也有很多抱怨，如与外资公司和民营企业相比，研发人员在薪酬和激励上与市场定价相距甚远，自然留不住也引不进人才；况且，在公司对研发投入偏于保守的情况下，研发部门已经推出了许多新型号的产品，是销售部门销售不力。

以上现象不仅表明T公司部门间壁垒尚未打破，更重要的是，整个公司尚未形成市场导向的思维。从营销的角度来看，新产品开发不仅是研发部门的责任，也是营销部门中长期计划中的一个重要课题。

1. 新产品开发与市场和客户需求的结合

在T公司，联合项目组发现新产品的开发过于随意，往往是根据部门领导的想法和意见就匆匆上马一个新项目。由此产生的众多型号的产品不仅缺乏市场竞争力，而且在采购、生产、分销等各环节给公司带来了极大的压力。

因此，在新产品开发的方向上，项目组的建议是提高市场研究水平，强化市场细分，压缩产品线宽度，减少产品型号数量；而在具体的实施方面，则要求优化市场与研发流程，加强市场与研发的沟通，这必须通过建立和完善公司的新产品开发步骤和流程来实现。

在一个完整的新产品开发过程中，从产品理念的开发到策略的检讨，营销部门承担了大量的职责。而以往的情况是，T公司的新产品开发往往始于第六个步骤——产品开发，这直接导致了T公司对国外公司的高端产品进行单纯仿制、低价销售，对于国内中小企业的竞争性产品概念全盘抄袭，只关注产品竞争而忽视产品发展。

根据联合项目组提供的方案，T公司在最近一次的机电一体化产品（A线产品）的开发上采用了全新的模式。仅以产品理念的开发为例，针对竞争对手用于抢占市场的某款产品（概念），T公司在产品会议上并没有像以往那样仅仅决定要不要做这款产品，而是从众多产品构想中发掘可行的构想，并结合市场调研信息形成全新的、多样化的产品理念，不仅包括新产品（概念）的多种实现方式，也包括现有产品的退出、更新和升级等产品线调整和完善措施。同时，各职能部门分别对新产品的设计周期和难度，零部件替换、生产线负荷及调整难度，加工质量保证，以及采购、试制、生产等各类成本变化进行了可行性分析，最终确定了新产品的理念和开发计划。

联合项目组还协助T公司引入了新产品开发的实施流程，确定了研发、质量、生产、营销、销售、财务等职能部门在流程中的职责，并引入了产品管理委员会（包括决策层和专业层），对流程中各项关键决策点进行了严格的审批。

在新产品开发中，T公司更加强调完整、完善的实施步骤和流程，其原因在于新产品开发对制造型企业来说是一件非常重要的事情，关系到企业在市场上的表现和未来的发展。因此，从营销的视角来看，对外要保证新产品开发的正确方向，对内要保证新产品开发的过程和质量。

2. 创新的门槛能否降低——新产品开发与产品策略的结合

谈到新产品开发，不得不谈的就是创新。事实上，新产品开发的一个重要特征就是产品的差异性。中国的制造型企业以往在创新方面走了许多弯路，一个主要的原因就在于给创新罩上了一个巨大的光环，使之神秘化，从而成为一个追求的目标，而不是脚下的路径。

对于中国的制造型企业真正有意义的事情，就是降低创新的门槛。从市场和企业两个维度来看，产品创新的含义远比我们以往理解的来得广泛。

仍以T公司为例，如果其对于产品创新的理解仅仅局限于对公司和市场而言都是全新的突破性产品，那么它就可能会忽略其他走向产品创新的现实道路。正如前面提到的T公司的产品会议，其实探讨的是现有产品线所增加的新产品项目，这类产品可以加强公司现有产品线的竞争能力，提供更完整的产品选择。在A线产品上，T公司作为市场领导者，可以借此弥补产品线的空隙，避免竞争者伺机而入。

对于T公司在市场上竞争力不足的B线和C线产品，公司可以考虑对其进行改良和更新，或者降低成本，以提升个别产品的竞争力。又如，对于在部分市场上的淘汰产品，T公司可以将其重新定位，将其在新的市场上推出。

综上所述，我们强调产品创新必须要和公司的产品策略结合起来，加强创新的可行性和实用性，以取得公司期望的市场效果。

战略层面产品观点

以上，我们探讨了营销视角的新产品开发，这是中国制造型企业目前亟须重视和提升的方面。从长远来看，我们还应关注战略层面的新产品开发。

1. 产品的三层面

T公司的核心产品过于单一，极有可能受到竞争对手的影响，导致现金流不稳，而未来增长的新兴产品积累不足，因此增长潜力有限。国内众多的制造型企业也面临类似的情况，因此从长远发展来看，关键是要形成产品方面的三层面分布。

（1）核心产品的扩张与防守，主要问题有：

①是否能保持并提高市场的占有率？

②如何提高在国际市场上的占有率？

③应集中渗入哪个客户群？

（2）发展新兴的产品，主要问题有：

①应该进入/扩张哪些新产品？

②什么时候进入或加速扩张选定的产品？

③新产品成长速度如何？

（3）建立可行方案，主要问题有：

①制定可行性方案的最佳途径是什么？

②如何安排有限的资源？

无独有偶，哈佛商学院教授史蒂文·惠尔赖特与金·克拉克也阐述了不同类型的产品开发项目，指出应从战略角度对产品开发项目进行分类，确定重点，从而合理分配资源。

2. 研发的层次——现在和未来

任何一家制造型企业的长期竞争力最终都取决于其成功开发新产品的能力。T 公司的战略定位于全系列产品和服务的提供商，因此必须提升研发的档次，并形成多层次的结构。以此为框架，联合项目组为 T 公司进行了研发体系建设规划，要求在不同地区设立相应的研发机构，充分利用当地的技术和人才优势，打造完善的战略研发体系。

国内的制造型企业应重新审视自身的新产品开发，从客户需求的角度出发，结合公司战略和产品策略，切实提升产品的市场竞争力，为企业渡过难关、取得未来的长足发展打下坚实的基础。

（资料来源：http：//caselib. drcnet. com. cn）

思考题

1. T 公司与咨询公司成立的联合项目组的主要目标是什么？
2. T 公司的产品策略目前存在的主要问题是什么？
3. 你认为新产品开发与市场和客户的需求如何完美地结合？

第三章　生产和服务设施的选址与布置

本章目标

通过对本章的学习，学生应熟悉设施选址的含义和内容，掌握选址的影响因素，理解选址的原则和方法，熟悉设置布置的含义和目标，掌握生产设施布置的类型，理解工厂平面布置的原则和方法，熟悉车间设备布置，熟悉服务设施选址的影响因素，熟悉服务系统的构成要素，了解几种典型的服务设施布置方法。

本章重点

掌握选址的影响因素，以及生产设施布置的类型。

本章难点

理解选址的原则和方法，以及工厂平面布置的原则和方法。

引入案例

肯德基的选址秘密

肯德基对快餐店选址是非常重视的，选址决策一般是两级审批制，需通过两个委员会的同意，一个是地方公司，另一个是总部。选址的成功率是肯德基的核心竞争力之一。通常肯德基选址按以下几步骤进行：

一、商圈的划分与选择

1. 划分商圈

肯德基计划进入某城市时，就先通过有关部门或专业调查公司收集这个地区的资料。有些资料是免费的，有些资料需要花钱去买。把资料买齐了，就开始规划商圈。

商圈规划采取的是计分的方法，例如，某个地区有一个大型商场，商场营业额为 1000 万元算 1 分，5000 万元算 5 分，有一条公交线路加多少分，有一条地铁线路加多少分，等等。这些分值标准是多年平均下来的一个较准确的经验值。

通过打分把商圈分成好几大类，以北京为例，有市级商业型（西单、王府井等）、区级商业型、定点（目标）消费型，还有社区型、社/商两用型、旅游型等。

2. 选择商圈

选择商圈即确定目前重点在哪个商圈开店，主要目标是哪些。在商圈选择的标准上，一方面要考虑餐馆自身的市场定位，另一方面要考虑商圈的稳定度和成熟度。餐馆的市场定位不同，吸引的顾客群不一样，商圈的选择也就不同。

例如，沙县小吃和肯德基的市场定位不同，顾客群不一样，是两个“相交”的圆，有人吃肯德基也吃沙县小吃，有人可能从来不吃肯德基专吃沙县小吃，也有反之。沙县小吃的选址也当然与肯德基不同。而肯德基与麦当劳市场定位相似，顾客群基本上重合，所以在商圈选择方面也是一样的。可以看到，有些地方同一条街的两边一边是麦当劳，另一边是肯德基。

商圈的成熟度和稳定度也非常重要，比如规划局说某条路要开，在什么地方选址，将来这里有可能成为成熟商圈，但肯德基一定要等到商圈成熟稳定后才进入。即使说这家店 3 年以后效益会多好，但对现今没有帮助，这 3 年难道要亏损？肯德基投入一家店要花费好几百万，当然不冒这种险，一定是采取比较稳健的原则，保证开一家成功一家。

二、聚客点的测算与选择

1. 要确定这个商圈内最主要的聚客点在哪儿

例如，北京西单是很成熟的商圈，但不可能西单任何位置都是聚客点，肯定有最主要的聚集客人的位置。肯德基开店的原则是：努力争取在最聚客的地方及其附近开店。

过去古语说“一步差三市”，开店地址差一步就有可能差三成的买卖，这跟人流动线（人流活动的线路）有关。可能有人走到这该拐弯，则这个地方就是客人到不了的地方；差了一个小胡同，生意就会差很多。这些在选址时都要考虑进去。

人流动线是怎么样的，在某个区域里，人从地铁出来后是往哪个方向走等，都需要派人去掐表、去测量，有一套完整的数据之后才能据此确定地址。比如对店门前人流量的测定，是在计划开店的地点掐表记录经过的人流，测算单位时间内多少人经过该位置。除了该位置所在人行道上的人流外，还要测马路中间和马路对面的人流量。马路中间的只算骑自行车的，开车的不算。是否算马路对面的人流量要看马路宽度，路较窄就算，路宽超过一定标准（一般就是到隔离带）的，顾客就不可能再过来消费，就不算对面的人流量。

肯德基选址人员将采集来的人流数据输入专用的计算机软件，就可以测算出在此地投资额不能超过多少，超过多少这家店就不能开。

2. 要考虑人流的主要动线会不会被竞争对手截住

人流是有一个主要动线的，如果竞争对手的聚客点比肯德基选址更好就会有影响，如果是两个一样就无所谓。例如，北京北太平庄十字路口有一家肯德基店，如果往西 100 米竞争业者再开一家西式快餐店就不妥当了，因为主要客流是从东边过来的，再在那边开，大量客流就被肯德基截住了，开店效益就不会好。

3. 聚客点的选择影响商圈选择

聚客点的选择也会影响商圈的选择，因为有没有主要聚客点是一个商圈成熟度的重要标志。比如北京某新兴的居民小区，居民非常多，人口素质也很高，但据调查显示，找不到该小区哪里是主要聚客点，这时就可先不去开店。当什么时候这个社区成熟了，或比较成熟了，知道其中某个地方确实是主要聚客点后再去开。

为了规划好商圈，肯德基开发部门投入了巨大的努力。以北京肯德基公司为例，其开发部人员常年跑遍北京各个角落，对每年建筑和道路变化极大、当地人都易迷路的地方了如指掌。经常发生这种情况：北京肯德基公司接到某顾客电话，建议肯德基在其所在的地方设点，开发人员一听地址就能随口说出当地的商业环境特征，是否适合开店。在北京，肯德基已经根据自己调查划分出的商圈，成功开办了 56 家餐厅。

肯德基与麦当劳的市场定位相似，顾客群基本上重合，所以我们经常看到一条街道一边是麦当劳，一边是肯德基，这就是肯德基采取的跟进策略。因为麦当劳在选择店址前已做过大量细致的市场调查，挨着它开店不仅可省去考察场地的时间和精力，还可以节省许多选址成本。当然，肯德基除了跟进策略外，它自己对店址的选择也有很多优秀之处值得借鉴。

有了店址的评估标准和一些成功案例后，我们就可以开发出一套店址评估工具。它主要由几个表格组成：租赁条件表、商圈及竞争条件表、现场情况表、综合评估表。它们是人们进行连锁经营店址评估的标准化管理工具。

（资料来源：http：//caselib. drcnet. com. cn）

第一节　生产设施选址

生产设施选址对今后设施的建设和生产运作的效果影响甚大甚远，是关系到企业生存发展百年大计的关键因素。企业组织机构如有不善，规章制度如有不妥，还可研究并重新改组或变革；但一旦选址失误，或者注定失败，或者注定长期遭受麻烦。因此，需要认真地进行内部和外部环境条件的综合分析与平衡，使之满足企业生产运作活动当前和长远发展的要求。

设施选址既是新企业必须作出的决定，也是老企业在改建、扩建、搬迁以及扩张兼并或选择新的合作伙伴时不得不面对的问题。选址是企业从事生产经营活动的第一步，非常关键，也带有很大的风险性。因为厂址一旦选定，企业的外部环境就基本确定，企业的固定资产也就很难转移，其经营费用也大致限定。再加上外部环境的不可控性，如果选址出了问题，就会给以后工作的开展造成不便，甚至带来无可挽回的损失，企业会陷入困难的境地。所以，对选址工作要作系统全面的分析，采用科学的方法作出正确的决策。

一、设施选址的内容及分类

1. 设施选址的含义

设施是生产运作过程得以进行的硬件手段，通常由工厂、办公楼、车间、设备、仓库等物质实体构成。所谓“设施选址”，就是指如何运用科学的方法决定设施的地理位置，使之与企业的整体经营运作系统有机结合，以便有效、经济地实现企业的经营目标。

2. 设施选址的内容

设施选址包括两个层次的内容：一是选位，即选择在什么地区或区域设置设施，如国内还是国外、沿海还是内地、北方还是南方，等等；二是定址，即地区确定后，具体选择在该地区的什么位置设置设施，也就是说在已经选定的地区内选定一片土地作为设施的具体位置。通常这两项内容要结合起来进行。设施选址工作一般随着规划设计各阶段的展开逐步深入。在项目建议书中，要提出场址的初选意见，在可行性研究报告中要提出选址的推荐意见，在审批时要确定场址，在总体设计（初步设计）阶段要对场址的各种条件做详细的勘察落实，并且最终确定具体位置，标定四周界址。

设施选址对于生产布局、企业投资、项目建设速度及建成后的生产经营状况都具有十分重要的意义。如果设施选址先天不足，会造成很大损失。但要判断一项设施选址是否合理是一个复杂的问题。随着选址因素的变化，目前较好的选址方案在10年、20年后不一定还好。选择场址可能是由于国家或企业发展新的生产或服务能力而建设新设施的需要，也可能是原有企业的某种需要。不论哪种情况，设施选址都要进行充分的调查研究与勘察，要进行科学分析，不能凭主观意愿决断。选址工作不能过于仓促，要有长远观念，综合考虑自身设施和产品的特点，同时注意自然条件、市场条件、运输条件等因素。

设施选择不可能由设施规划人员单独完成，而是常常由企业的许多部门或其代理人主持，由地区（城市）规划人员、设施规划人员、勘察人员、环保部门等配合进行，最终由决策部门做出决定。

3. 设施选址问题的分类

一般来说，设施选址有以下两种分类方法：

（1）按设施的数量多少，可分为单一设施选址和复合设施选址。前者是指为一个独立的设施选择最佳位置；后者则是指为多个设施或一个企业的若干个下属工厂、仓库、销售点、服务中心等选择各自的位置，目的是使设施的数目、规模和位置达到最佳，并使之最终与企业的经营战略相关，它涉及企业的经营战略、制造战略和规模经济等问题。

（2）按设施的性质，可分为生产设施选址和服务设施选址。前者主要是解决生产设施（如钢铁厂、汽车厂等）的场址选择问题，后者则是解决服务性设施（如医院、饭店等）的场址选择问题。

二、设施选址的步骤

设施选址一般可分以下四个阶段按顺序进行：

1. 准备阶段

在准备阶段，企业要了解基本情况，搜集掌握以下资料：

（1）企业生产的产品品种及数量（生产纲领或设施规模）。

（2）要进行生产、储存、维修、管理等方面的作业。

（3）设施的组成、主要作业单位的概略面积及总面积草图。

（4）预计市场及流通渠道。

（5）资源需要量（包括原料、材料、动力、燃料、水等）、质量要求与供应渠道。

（6）产生的废物及其估算数量。

（7）概略运输量及对运输方式的要求。

（8）需要的职工概略人数及技能等级要求。

（9）外部协作条件。

（10）获取信息的方便程度等。

2. 地区选择阶段

在地区选择阶段，企业要掌握地区的基本信息，进行选址决策。具体而言，包括以下几方面的基本信息：

（1）走访行业主管部门和地区规划部门，搜集并了解有关行业规则、地区规划对设施布点的要求和政策，报告本设施的生产（服务）性质、建设规模和场址要求，征询选址意见。

(2) 对可供选择的若干地区进行有关社会经济环境、资源条件、运输条件、气候条件等情况的调查研究，搜集有关资料。

(3) 进行备选地区方案的分析比较，提出一个合适的初步意见。

3. 地点选择阶段

在地点选择阶段，企业要掌握本地区的基本信息，选择具体地点。具体而言包括以下几方面的基本信息：

(1) 从当地城市建设部门取得各选地点的地形图和城市规划图，征询关于地点选择的意见。

(2) 从当地气象、地址、地震等部门取得有关气温、气压、湿度、降雨及降雪量、日照、风向、风力、地质、地形、洪水、地震等历史统计资料。

(3) 进行地质水文的初步勘察和测量，取得有关勘测资料。

(4) 搜集当地有关交通、供水、供电、通信、供热、排水设施的资料，并交涉有关交通运输线路、公用管线的连接问题。

(5) 搜集当地有关运输费用、施工费用、建筑造价、税费等资料。

(6) 对各种资料和实际情况进行核对、分析和数据核算，经过比较，选定一个合适的场址方案。

4. 编制报告阶段

在编制报告阶段，企业要提出场址的可行性选择报告，供决策部门审批。场址的可行性选择报告包括以下几方面的内容：

(1) 场址选择的依据（如批准文件等）。

(2) 建设地区的概况及自然条件。

(3) 设施规模及概略技术经济指标，包括占地估算面积、职工估算人数、概略运输量、原材料及建筑材料需求量等。

(4) 对选定的场址进行综合评价，对自然条件、建设费及经营费、经济效益、环境影响等因素进行比较，得出综合结论。

(5) 提供当地有关部门的意见。

(6) 附件，包括厂址位置、备用地、交通线路、各类管线走向等，以及设施初步总平面布置图。

三、选址的影响因素

企业选址的影响因素可分为两大类：选择地区时的影响因素和选择具体位置时的影响因素。选择地区时的主要影响因素有：

(1) 是否接近市场。这里“市场”的概念是广义的，也许是一般消费者，也许是配送中心，也许是作为用户的其他厂家。设施位置接近产品目标市场的最大好处是有利于产品的迅速投放和降低运输成本。

(2) 是否接近原材料供应地，即与原材料供应地的相对位置如何。对原材料依赖性较强的企业应考虑尽可能接近原材料供应地，特别是在与产品相比原材料的重量和体积更大的情况下，应尽量靠近供应地选择厂址。资源供应地和产品供应市场实际上是企业经营生产活动的两头，只有两头都抓好，才能形成产供销一条龙。

（3）运输问题。根据产品及原材料、零部件的运输特点，考虑靠近铁路、海港还是其他交通运输条件较好的区域。美国的凯泽（Kaiser）钢铁公司二战期间建于加利福尼亚州南部，生产造船用的钢材，当时厂址选在该地是为了防止敌人袭击，但后来厂址成了阻碍钢铁厂发展的致命障碍，巨额交通运输费用使该厂无法与他人竞争，只好宣布破产，后来被我国首钢买走，运回中国，这是一个运输条件影响选址的典型例子。

（4）与外协厂家的相对位置。若企业所需的外协厂家较多，比如机械装配工业需要各种外协零部件，应尽量接近外协厂家，或使中心企业与周围企业处于尽量接近的地域内。外协零部件较多的典型企业是汽车制造企业。美国的底特律、日本的丰田市都是有名的汽车城，主要就是由于集中了大批的汽车装配厂和零部件供应厂家而形成的。

（5）劳动力资源。不同地区劳动力的工资水平、受教育状况等都不同，有些特殊情况下，还有可能在某些特定地区更易提供符合某些特定要求的熟练劳动力等，这也是进行选址时必须考虑的重要因素之一。实际上，今天的企业生产全球化的主要原因之一，就是企业试图在全球范围内寻找劳动力成本最低的地区。

（6）基础设施条件。基础设施主要指企业生产运作所需的水、电、气等的保证。此外，从广义上来说，还应考虑对“三废”的处理。某些企业，如造纸、化学工业、制糖等用水较多，需优先考虑在水源充足的地方建厂；有时根据产品的不同，还需要考虑水质是否适用的问题；而电解铝厂等用电比一般企业要多得多，则应优先考虑在电力供应充足的地方建厂。

（7）气候条件。根据产品的特点，有时还需要考虑温度、湿度、气压等气候因素，如精密仪器等对这方面的要求就比较高。

（8）政策、法规条件。在某些国家或地区建厂可能会得到一些政策、法规上的优惠待遇，如我国的经济特区、经济开发区，某些低税率国家等，这也是当今跨国企业在全球范围内选址时要考虑的重要因素。此外，与这方面因素相关的还有政治和文化因素。在某些情况下，选址时必须考虑政治、民族、文化等方面的因素，否则有可能带来严重后果。

选择具体位置时的影响因素主要有：

（1）可扩展性。除了根据生产运作规模规划决定所需的面积以外，还需考虑必要的生活用区、绿地占地等。此外，最重要的是要考虑未来的可扩展性，一开始就建设到容积极限且不留余地显然是不明智的。

（2）地质情况，如地面是否平整，地质是否能满足未来设施的载重等方面的要求。

（3）周围环境，即所选位置能否为职工提供包括住房、娱乐、生活服务、交通等在内的良好生活条件。这也是能使生产运作系统有效、高效运行的必要条件之一，对于一些技术密集型企业、高科技企业，如选择在大专院校、科研院所等科技人员集中的地区，则有利于有所依托。

另外，还有一些其他因素，如环境保护、水电、通信设施是否便利等问题，在这里就不再一一列举了。

四、选址的原则

在选址这个问题上，我们既要有定性的分析，也要有定量的分析。影响选址的因素很多，想要全面评价各影响因素的作用，采取大量的定量分析是必须的。但是，定性分析是定量分析的前提，没有定性分析作指导，定量分析不可能得出科学的结论。因此，我们需要为选址确定几项定性的原则。

1. 费用原则

企业是独立自主、自负盈亏的市场竞争主体，经济利益对于企业来说当然是最重要的考虑因素。建设初期的固定费用、投入运行后的变动费用、产品出售以后的年收入都与选址有关。因此，想办法使企业选址所带来的费用最小化就成了企业选址的首要原则。

2. 集聚人才原则

人才是企业当中最有价值的资源，人力资本的作用在现代市场经济条件下已经变得越来越突出，企业选址恰当有利于吸引人才。四川长虹曾是我国彩电业的老大，但就是因为其厂址在偏远的四川，使得很多高级人才不愿意去那里扎根，而地处深圳的康佳在这方面就显出了优势，每年都有许多名牌院校和科研院所的中高级人才加盟进来。原来在陕西的大唐电信也将其总部由西安迁到了北京，其中吸引人才是一项重要考虑因素。当然，企业的竞争力是多种因素作用的结果，但不可否认地理位置非常重要。

3. 接近用户原则

对一些制造业企业而言，接近用户很重要。比如说啤酒厂，其产品大多在产地销售，所以就要离人口密集的城市近一些，这样可以接近市场，节省运费，减少损失。对服务业来说，几乎无一例外地都需要遵循这条原则，银行、邮局、医院、学校、商场等都是如此。

4. 长远发展原则

企业的地址一旦确定下来，将长期在那里从事生产经营活动。因此，选址是一项战略性的决策，开展时必须要有战略意识。选址工作要考虑企业生产力的合理布局，要考虑市场的开拓，要有利于获得新技术、新思想。在当前全球经济日益走向一体化的背景下，我们还要考虑如何有利于参与国际间的竞争。

五、选址的方法

基于厂址选择的重要性和高风险性，选择厂址时必须提供较多的备选方案，因此这是一个多方案、多因素的决策问题。解决这类问题的方法很多，但归结到一点，都是计算出一个综合性的数值，从中选择最佳的方案。不同点在于确定各因素权重的方法差异很大。下面介绍两种方法：

1. 分级加权评分法

为便于叙述，在这里结合一个实例加以说明。某电视机公司因业务发展需要，决定建一新厂，提出了 3 个备选厂址（A、B、C）如表 3-1 所示，影响因素共选定了 9 个。评价过程分四步进行，说明如下：

表 3-1 用分级加权法选厂址计算表

影响因素	权数	备选厂址		
		A	B	C
土地资源	4	2	3	2
气候条件	1	1	1	2
水资源	3	4	2	3
资源供应条件	6	3	4	2
基础设施条件	7	4	3	4
市场空间	7	3	4	3
生活条件	5	4	3	4
劳动力资源	2	4	2	4
地方法规	5	4	3	4
总评分		136	126	104

（1）确定权数。本环节是对影响因素的相对重要性程度打分，本例中选影响程度最小的气候条件因素为基础，确定其权数为 1，其他因素的权数与它比较后确定，结果如表 3-1 中的第二列所示，一般可由有经验的专业人员完成这项工作。

（2）确定评价标尺并为各因素定级。评价标尺是为影响因素对选址的影响程度规定一组评价等级，本例采用 4 级评分制，影响最大的得 4 分，最小的得 1 分。如对“水资源”因素而言，A 厂址最好，得 4 分；C 厂址次之，得 3 分；B 厂址最低，得 2 分。

（3）计算评价值。本环节是计算每个因素的权数与其等级得分的乘积，得到评价值，如厂址 A 的市场空间因素评价值为 7×3=21，其余类推。

（4）计算总评分。本环节是将每个选址方案各因素的评价值相加求和，取总评分最高者为所要选择的最佳厂址。本例中厂址 A 分数最高，所以选定 A 厂址。从上述例子中可见，厂址 A 与 B 总评分差 10 分，仅凭这一点就否定另一个方案是否可靠，这是个很值得考虑的问题。在计算过程中我们可以看到，确定权数和等级得分完全靠人的主观判断，只要判断有误差就会影响评分数值，影响决策的可靠性。目前确定权数的方法很多，比较客观准确的方法是层次分析法。该方法操作并不复杂，有较为严密的科学依据，故推荐在做多因素评价时尽可能采用层次分析法。

2. 重心法

重心法是一种布置单个设施的方法，这种方法要考虑现有设施之间的距离和将要运输的货物量。重心法的计算公式为：

$$C_x = \frac{\sum d_{ix} v_i}{\sum v_i},\quad C_y = \frac{\sum d_{iy} v_i}{\sum v_i} \tag{3-1}$$

式中，C_x 为重心的 x 坐标，C_y 为重心的 y 坐标，d_{ix} 为第 i 个地点的 x 坐标，d_{iy} 为第 i 个地点的 y 坐标，v_i 为运往第 i 个地点的货物量。

重心法的假设条件是：

（1）运输费只与配送中心和客户的直线距离有关，不考虑城市交通状况。

（2）不考虑配送中心所处地理位置的地产价格。

例如，某公司拟在某城市建设一座化工厂，该厂每年要从P、Q、R、S四个原料供应地运来不同的原料。已知各地距城市中心的距离和年运量如表3-2所示，假定各种材料运输费率相同，试用重心法确定该厂的合理位置。

表3-2 厂址坐标及年运输量表

供应地	P	Q	R	S
供应地坐标	（50，60）	（60，70）	（19，25）	（59，45）
年运输量（t）	2200	1900	1700	900

解：

$$x_0=\frac{50\times2200+60\times1900+19\times1700+59\times900}{2200+1900+1700+900}\text{ km}=46.2\text{ km}$$

$$y_0=\frac{60\times2200+70\times1900+25\times1700+45\times900}{2200+1900+1700+900}\text{ km}=51.9\text{ km}$$

重心法的局限性：重心法将纵向和横向的距离视为互相独立的量，这与实际不相符，求出的解比较粗糙。它的实际意义在于能为选址人员提供一定的参考。

3. 线性规划——运输模型方法

假定几个备选方案的各种影响因素的作用程度差别不大，可以不予考虑，这时费用成了唯一的决策因素，处理这类问题时运输模型是一个十分理想的决策工具。下面通过实例来介绍运输模型在选址中的使用方法：

某电视机公司目前在广东和辽宁各有一家整机厂，另有五家销售中心：东北区、华北区、华东区、中南区、西北区，产品销往全国。产品从工厂运到销售中心，再从各中心运往零售店。西北区销售中心是最近新建的，以便于公司进一步开拓西北市场，并为进入独联体和东欧市场做准备。为了扩大市场份额，公司决定新建一个每周生产能力为25000台的整机厂。经过考察，已初步选定三个地点：安徽、陕西和湖北，并采用兼并方式改造原有电视机厂。有关每个工厂的生产能力、单位成本、需求量和运输价格等情况由表3-3给出。拟定中的工厂每周25000台彩电的能力是根据各销售中心预测的平均需求确定的。要决策的问题是：在现有两个工厂和五家销售中心的条件下，新厂建在哪个地区能为公司提供最低成本？

表3-3 某电视机公司产能与运输价格数据表

	广东厂	辽宁厂	湖北厂	安徽厂	陕西厂	需求量
东北区	3120（元）	3000（元）	3100（元）	3130（元）	3100（元）	10000（台）
中南区	3060（元）	3120（元）	3010（元）	2990（元）	3070（元）	15000（台）
华北区	3110（元）	3100（元）	2940（元）	3080（元）	3050（元）	16000（台）

续表

	广东厂	辽宁厂	湖北厂	安徽厂	陕西厂	需求量
华东区	3080（元）	3160（元）	3060（元）	3070（元）	3080（元）	19000（台）
西北区	3200（元）	3170（元）	3070（元）	3140（元）	2890（元）	12000（台）
产能（台）	27000	20000	25000	25000	25000	
成本（元）	2700	2680	2640	2690	2620	

求解的思路是在原来的基础上分别考察新建一个工厂后的总成本，取最低者为入选厂址。这样就需要建立三个“运输成本表”，分别作三次表上作业计算（见表3-4）。

表3-4 新建工厂决策计划表

生产厂 / 销售中心	广东厂	辽宁厂	湖北厂	需求量（台）
东北区	3120（元）	（10000台）3000（元）	3100（元）	10000
中南区	（8000台）3060（元）	3120（元）	（7000台）3010（元）	15000
华北区	3110（元）	3100（元）	（16000台）2940（元）	16000
华东区	（19000台）3080（元）	3160（元）	3060（元）	19000
西北区	3200（元）	（10000台）3170（元）	（2000台）3070（元）	12000
生产能力（台）	27000	20000	25000	72000

生产厂 / 销售中心	广东厂	辽宁厂	湖北厂	需求量（台）
东北区	3120（元）	（10000台）3000（元）	3130（元）	10000
中南区	（8000台）3060（元）	3120（元）	（15000台）2990（元）	15000
华北区	（8000台）3110（元）	3100（元）	（8000台）3080（元）	16000
华东区	（19000台）3080（元）	3160（元）	3070（元）	19000
西北区	3200（元）	（10000台）3170（元）	（2000台）3140（元）	12000
生产能力（台）	27000	20000	25000	72000

生产厂 / 销售中心	广东厂	辽宁厂	湖北厂	需求量（台）
东北区	3120（元）	（10000台）3000（元）	3100（元）	10000
中南区	（15000台）3060（元）	3120（元）	3070（元）	15000
华北区	3110（元）	（10000台）3100（元）	（6000台）3050（元）	16000
华东区	（12000台）3080（元）	3160（元）	（7000台）3080（元）	19000
西北区	3200（元）	3170（元）	（12000台）2890（元）	12000
生产能力（台）	27000	20000	25000	72000

表3-4中括号内的数字表示某厂生产的产品运往某销售中心的数量。于是可以分别测算各自的总成本：

在湖北建新厂的总成本＝3060×8000 + 3080×19000 + 3000×10000 + 3170×10000 +3010×7000 + 2940×16000 + 3070×2000＝21895 万元

同理，可以计算出在安徽建新厂的总成本＝22071 万元；在陕西建新厂的总成本＝21840 万元

由上可知，在陕西建新厂成本最低，所以选定陕西方案。

这是一种最优化方法，类似这样的用于处理选址问题的方法还有很多。我们可以发现，这些最优化方法在解决实际问题时，约束条件相当复杂，如果要考虑种种约束条件，建立模型的工作就会变得非常艰难，从而使计算工作难以进行。最好是在建立模型以前先做些定性分析工作，去掉一些次要条件，抓住关键因素，这样可以简化模型，取得比较满意的结果。在实际的选址决策中，往往是定性方法比定量方法更有价值，采取以定性为主、定量为辅的方法是一种较为理想的选择。

第二节　生产设施布置

设施选址是以一座工厂、一所医院等为单位进行的生产运作系统的空间设计，而设施布置则是在选定的场地内进行组成生产运作系统的各种物质设施的空间设计。设施布置对生产运作系统的建设和运作的影响同样深远而重大。

一般情况下，设施布置是在设施选址工作完成后进行的。其实，从另一个角度来说，设施选址前也应有关于设施布置的大致设想。因此，设施选址和设施布置是互动的。

一、设施布置的含义和基本问题

所谓“设施布置”，简单地说就是在一个给定的设定范围内，安排各个经济活动单元的位置。所谓“经济活动单元”，是指需要占据一定空间位置的任何实物，如人、机器设备、通道、办公室等。设施布置要解决以下四个问题：

（1）设施应该包括哪些经济活动单元，这取决于企业的产品、工艺设计要求、企业规模等多种因素。

（2）各个经济活动单元需要多大空间。空间太小，可能会影响生产率，影响工作人员的活动，有时甚至会引起人身事故；空间太大则是一种浪费，同样会影响生产率，并且使工作人员之间相互间隔，产生不必要的疏远感。

（3）各个经济活动单元空间的形状如何。每个经济活动单元的空间大小、形状以及组成单元，这几个问题是紧密相连的，如一个办公室中要布置几张办公桌，桌子大小、形状以及如何排列等，应综合考虑。

（4）各个经济活动单元在设施范围内的位置。在布置设施时，要充分分析，综合考虑，合理地确定每个经济活动单元的绝对位置和相对位置。

二、设施布置的分类

所谓“设施布置”，就是根据企业的经营目标和生产计划，在已确定的空间场所内，把原材料的接收、零部件制造、成品装配及发运的全过程中所需的人员、设备、物料的空间位置做适当的布局与配置，以便获得最大的经济效益。按设施性质不同，设施布置可分为生产设施布置和服务设施布置两大类。

生产设施布置又包括工厂总体布置和车间布置。工厂总体布置要解决主要生产车间、辅助生产车间、仓库、动力站、办公室、露天作业场地等作业单位和运输路线、管线、绿化及美化设施的相互位置问题，同时要解决物料的流向和流程、厂内外运输的衔接及运输方式问题。车间布置要解决各生产部门、工段、辅助服务部门、储存设施等作业单位及工作地、设备、通道、管线之间的相互位置问题，同时要解决物料搬运的流程及方式问题。

服务设施布置也可分为服务设施总体平面布置和服务设施内部布置。服务设施总体平面布置要解决主要服务部门、辅助服务部门、仓库、动力站、办公室等各种服务单位和运输路线、管线、绿化及美化设施的相互位置问题，同时要解决服务的流程、设施内外运输的衔接及运输方式问题。服务设施内部布置要解决各主要服务部门、辅助服务部门、储存设施等服务单位及工作地、服务设备、通道、管线之间的相互位置问题，同时要解决服务的流程及方式问题。

设施布置在设施规划中占有十分重要的地位，发挥着重要的作用。以工厂的平面布置为例，它的好坏可直接影响整个系统的物流、信息流、生产能力、生产效率、生产成本以及生产的安全性问题。不同的设施布置在施工费用上可能相差无几，但对生产运营效果的影响可能会有很大的不同。优良的设施布置可以使物料搬运费用减少10%~30%，因此设施平面布置被认为是提高生产效率的决定性因素之一。

三、设施布置的目标和原则

设施布置要尽量达到以下目标：

（1）满足生产过程的需要，尽量使生产对象流动顺畅，避免工序间的往返或交叉流动，使设备投资最少，生产时间最短。

（2）缩小设施占用空间。要使场地利用率达到适当的建筑占地系数（建筑物、构建物占地面积与场地总面积的比率），使建筑物内部设备占有空间和单位制品的空间较小。

（3）总运输费用最少。要便于物料的输入和产品、废料的输出，使物料运输路线最短，尽量避免运输的往返和交叉。

（4）生产系统柔性强。生产设施既要能适应产品需求的变化，又要能满足生产工艺和设备的更新及扩大生产能力的需要。

（5）组织结构的合理化和管理的方便性，即把有密切关系或性质相近的作业单位布置在一个区域内或靠近布置，甚至合并在同一个建筑物内。这样既便于工人交流技术，也便于管理。

（6）提供方便、安全、舒适的作业环境，使作业环境合乎人们的生理与心理要求，为提高生产效率和保证职工身心健康创造条件。

有时，上述目标是相互矛盾的。例如，将工艺性质相近的作业单位布置在一个区域可满足第五条目标，但却可能导致物料运量增大，运输费用增加。因此，在设施布置时，应综合考虑上述目标，选择科学、合理的设施布置方法。设施布置的方法有许多，但每种方法都有一定的局限性，尚不存在能够满足所有目标的方法。从某种程度上讲，设施布置是一种艺术，或者说是科学性与艺术性的统一。同时，由于设施布置涉及生产运作系统每个子系统及子系统内各要素的空间形态、大小和相互位置，因此其基本原则是：必须从整体出发，统筹兼顾，全面规划，合理布置，讲求整体最优的效果。具体原则是：

（1）必须满足生产工艺过程的要求，使原材料、半成品和成品的运输线路尽可能短，避免迂回和往返运输。

（2）有利于提高经济效益。要使投资费用和投产后的运行费用最小，人的活动量和运输量就要尽量减少，使系统的生产能力尽可能大，适应性、灵活性、柔性也尽可能大。

（3）有利于保证安全和职工的健康。在设施布置时要采取安全措施，预防火灾、偷盗等事故发生，认真解决“三废”处理问题，给职工一个良好的工作环境，还要美化、绿化厂容，使环境整洁美观等。

四、生产设施布置的类型

1. 产品（对象）专业化布置

产品专业化布置又称为“对象专业化布置”，旨在使大量产品或顾客顺利且迅速地通过系统。标准化极高的产品或服务使得这一布置成为可能，因为它们需要标准化很高的加工运作。在该布置中，工作被分解成一系列标准化的作业，由专门的人力和设备去完成。由于这些系统完成的工作量大，故将大笔资金投资于设备和工作设计是合算的。又因为系统仅涉及一种或少数几种极相似的加工对象，所以按产品或服务的技术加工要求对整个布置进行设计是可行的。按加工对象的种类组织生产单位时，可以按产品划分，也可以按零件划分，如图3-1所示。

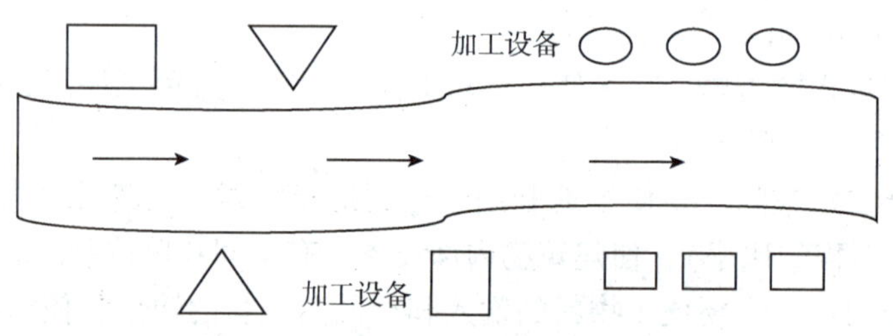

图3-1 按产品（对象）专业化布置的示意图

产品专业化布置可使人力和设备得到充分利用，这可抵销很高的设备费用。由于加工对象在工作地之间移动很快，所以在制品数量通常是最少的。其结果是，工作地相互间紧密地连在一起，以至于有时因一台设备出现故障或一些工人缺席而导致整个生产线的停工。这就要求有相应的维修程序。预防性维修会减少运转期间出故障的可能性。当然，预防活动并不能完全消除故障，所以管理部门必须采取措施以确保迅速修理。这些措施包括保持一定的备用件库存和配备使设备迅速恢复正常运转状态的专门维修人员。由于设备的专用性，问题较难判定及解决，备用件库存量可能很大，因此这方面的费用相当大。

产品专业化布置的主要优点是：

（1）产量高。

（2）由于产量高，因此单位费用低，很高的专用设备费用由许多加工对象来分摊。

（3）劳动专门化减少了培训费用和时间，同时使监督跨度加大。

（4）单位物料运输费用低，由于各加工对象都按照相同的加工顺序进行，因此物料运输大大简化。

（5）工人和设备的利用率高。

（6）工艺路线选择及进度安排都在系统的初步设计中被确定下来，一旦系统运转，就无需过多地去考虑它们。

（7）会计、采购及库存控制都相当程序化。

产品专业化布置的主要缺点是：

（1）分工过细使得工作重复单调，工人几乎没有发展的机会，而且可能导致情绪问题和由丁连续过度紧张造成的损伤。

（2）技术水平低的工人可能对维持设备或产出质量缺乏兴趣。

（3）系统对产量变化以及产品或工艺设计变化的适应性差。

（4）个别设备出了故障或工人缺席率高对整个生产系统的影响极大。

（5）预防性维修、迅速修理的能力和备用件库存都是必不可少的。

（6）与个人产量相联的激励计划是不可行的，因为这样会导致各个工人的产量不一致，从而对系统中工作流的顺利进行产生不利影响。

2. 工艺专业化布置

工艺专业化布置用来加工或提供涉及许多工艺要求的产品或服务。这类布置以完成相似活动的部门或其他职能组为特征。相同或相似的加工作业放在一起，组成一个生产单位，图3-2所示是一家典型的机械制造工厂的例子。

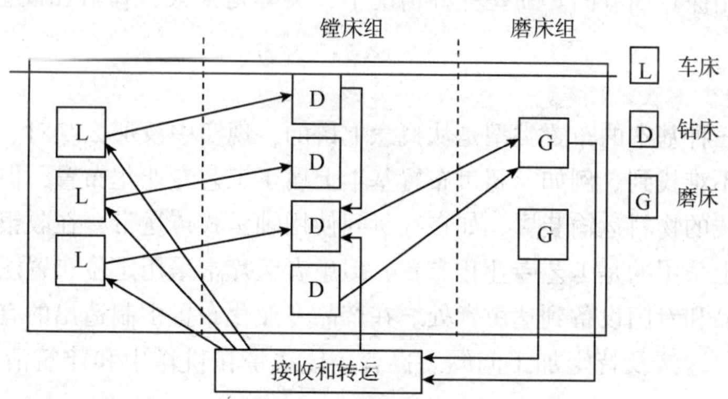

图3-2 某机械制造工厂工艺专业化布置示意图

从图中可以发现，按工艺专业化布置，物流路线比较复杂，它的缺点也很明显：

（1）如果在制造系统中间歇加工，在制品库存会很大。

（2）要经常进行工艺路线选择及进度安排。

（3）设备利用率低。

（4）物料运输慢、效率低，单位运输费用比产品原则布置得高。

（5）工作复杂化，常常使监督跨度减小，并导致监督费用较产品原则布置的高。

（6）对每一件产品或每一位顾客都需要特别重视，而产量低又会导致单位产品费用较高。

（7）会计、库存控制及采购比产品原则布置中的情形要复杂得多。

工艺专业化布置的优点则体现在：

（1）系统能满足多样化的工艺要求。

（2）系统受个别设备出故障的影响不大。

（3）通用设备一般没有产品原则布置中使用的专用设备昂贵，而且维修起来容易，费用也较低。

（4）可采用个人激励制。

3. 定位布置

在定位布置中，加工对象保持不动，工人、材料和设备根据需要四处移动，这与产品原则布置和工艺原则布置形成了鲜明对比。这类布置几乎总是由产品本身的特点决定的——重量、体积或其他一些因素使得移动产品不现实或难度极大。

定位布置被用在大型建设项目（大楼、发电厂、大坝、船舶、飞机等）的制造上。在这些例子中，应把注意力放在对材料和设备运送时间的控制上，以避免堵塞工地和不得不将它们搬移到工地附近。例如，在城市密集地带的建设工地，一个明显的问题是存储空间不足。由于完成大型项目要担负的活动及对技术的要求都十分繁多，所以需要花大精力去协调这些活动，控制跨度可能很窄。基于这些原因，定位布置的管理负担要比产品原则布置和工艺原则布置大得多。物料运输可能是一个因素，也可能不是一个因素，因为在许多情况下，根本不涉及有形产品。当涉及产品和物料时，通常利用可变路线的通用物料运输设备，如项目的完成可能需要使用移土设备和送物料的卡车出入工地。定位布置广泛用于耕种、消防、筑路、建住宅和钻探石油方面。在每一种情况下，关键是工人、物料和设备要到达“产品”的所在地。

4. 混合布置

上面提到的三种基本的布置类型是从概念上讲的，现实中没那么绝对。由这三种类型产生的混合布置也不难找到。例如，超市布置基本上属于工艺专业化布置，但我们发现它们中大多使用固定路线的物料运输装置，如在存货间使用轴承式传送带，在收银台处使用带式输送带。医院基本上采用的是工艺专业化布置，但患者医疗常采用定位布置法，因为常需要护士、医生、医药品和专门设备到达患者处。在产品专业化布置中制造出的有缺陷的零部件可能需要线外返工，这涉及特定加工问题。再者，传送带在耕作中和建筑活动中的使用随时可见。

工艺专业化布置和产品专业化布置代表着从小批量到连续生产这两个极端。与产品原则布置相比，工艺专业化布置更适于较宽系列的产品生产及服务提供，更有利于满足顾客对定制产品的需求。然而，工艺专业化布置通常效率较低，单位生产费用较高，一些采用工艺专业化布置的制造商正在采取改进措施，以使系统具有产品专业化布置的部分优点。一个理想的系统应富于柔性，高效率，单位生产费用低。单元制造、成组技术和柔性制造系统正是朝这一方向迈进所做的努力。

对于较大型的设施布置问题，由于要考虑的因素较多，可选择的方案也多，故不可能一一比较，也难以建立规范的数字模型，好在现在可以借助计算机进行。常用的计算机辅助设施布置方法有以下两种：

（1）自动化布置设计程序。这种程序运用关系密切程度分类来进行布置方案设计。它随机地产生一系列布置，采用一定的计分方法，给每个方案打一个综合评价分数；或者是先随机地产生一个布置，然后使部门成对地变换，直到综合评价分数无法进一步改进为止。

（2）计算机辅助设施相对布置技术。这种技术是在物料流量从至表的基础上，以物料搬运费最小为目标进行布置。它要求使用者提供一个初步可行的块状区划图，程序以每次变换2~3个部门位置的方式修改布置方案，直到不能进一步降低物料搬运费用为止。使用者还可用此方案作为初始的方案输入，如此重复进行，直到满意为止。

五、厂区总平面布置

选定厂址以后，还需要确定生产车间和其他部门的平面位置。企业的生产过程实质上就是一种物流过程，而厂区的平面布置影响着物流运动，物流运动伴随着人力消耗、运输工具和能源的消耗，这就决定了平面布置会对费用产生明显的影响。统计数字表明，制造业中从原材料进厂直到成品入库，所发生的搬运费用约占总成本的1/3。此外，有关的管理人员因工作需要在各个生产部门之间走动要消耗劳动时间，所以厂区布置是一个事关时间和费用的重要问题，直接关系到企业的经济效益。

（一）厂区平面布置原则

厂区布置的根本原则是用系统观点兼顾各方面要求，精心安排，合理布局，讲究整体效果。具体原则有以下三条：

1. 经济原则

生产过程是一个有机整体，只有在各部门的配合下才能顺利进行。其中，基本生产过程（指产品加工过程）是主体，与它有密切联系的生产部门要尽可能与它靠拢，如辅助生产车间和服务部门应该围绕基本生产车间来安排工作。在满足工艺要求的前提下，要寻求运输量最小的布置方案，还要求能充分利用土地面积。

2. 工艺原则

厂区布置首先应该满足生产工艺过程的要求，也就是整个企业的工艺流程要顺畅，从上一道工序转到下一道工序的运输距离要短、直，尽可能避免迂回曲折线路和往返运输。

3. 安全和环保原则

厂区布置还要有利于安全生产，有利于职工的身心健康，如易燃易爆物品仓库要远离人群密集区，并要有安全防护措施，有足够的消防安全设施，各生产部门的布置要符合环保要求，还要有“三废”处理措施等。

（二）工厂平面布置方法

从以上三条原则看，工艺性要求和安全性要求比较适合于采用定性的分析方法，对于经济性要求，则应该尽可能地使用定量分析方法。

1. 模板布置法

在形状面积一定的厂址上布置各个面积也基本确定的生产单位时，首先要求考虑的问题是所有的生产单位是否能够安排下来。要想解决这个问题，模板布置法是比较好的方法。该法首先要求按照一定的比例制作厂址平面图和所有生产单位的模板，然后根据布置三原则在平面上排列出一个个布置方案，最后做适当的评价分析，选择较为满意的方案。

2. 生产活动相关图法

模板布置法借助于图解，将生产单位之间联系的紧密程度这样一个定性的问题转化为定量问题，最终计算出生产单位之间密切程度的评分值，为平面布置提供依据。具体方法如下：

(1) 作生产活动相关图。假设图 3-3 是某厂八个部门之间的生产活动相关图，该图比较清楚地表现了各生产单位之间的密切程度。

在图 3-3 上可以方便地找到每一部门与其他七个部门单位的关系。图中每个菱形处于从两个部门发出的平行线的交汇区，在菱形对角线的上方填写两个部门的相关程度代号，对角线下方填写的数字表示两部门之间相关的原因。如图中最右边的菱形表示材料库和办公室之间的相关情况，代号“I”表示两者之间关系重要，数字“4”表示两部门间的人员联系密切，数字“5”表示两者之间的文件联系密切。

在计算中要把字符代号量化后进行运算，而表示原因的数字不参与运算，仅仅起到提示作用。具体如表 3-5 和表 3-6 所示。

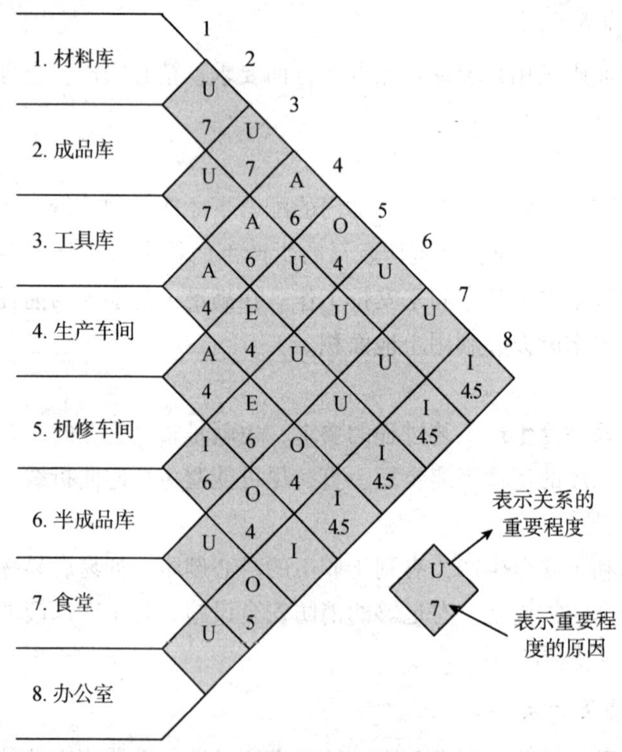

图 3-3　生产活动相关图

表 3-5　相关程度代号及评分表

分类	代号	评分	分类	代号	评分
绝对必要	A	6	一般	O	3
特别重要	E	5	不重要	U	2
重要	I	4	不予考虑	X	1

表 3-6　相关原因及代号表

相关原因	代号	相关原因	代号
使用公用记录	1	文件联系密切	5
共用人员	2	工作连续性	6
共用场地	3	做类似工作	7
人员联系密切	4	共同设备	8

（2）计算相关程度积分，即为每个生产单位计算积分，可列表计算。表 3-7 所示为生产车间的积分计算表。

表 3-7　生产车间积分计算表

与其他单位相关程度	相关程度积分	与其他单位相关程度	相关程度积分
A（1、2、3、5）	6×4＝24	I（8）	4×1＝4
E（6）	5×1＝5	小计	36
O（7）	3×1＝3		

表 3-7 中，括号内的数字为生产单位序号，如代号“A”后面括号中有 4 个数字，表示与生产车间相关程度为“A”的单位是：1——材料库，2——成品库，3——工具库，5——机修车间。其他单位的相关程度积分分别是：材料库 21 分，成品库 20 分，工具库 23 分，机修车间 27 分，半成品库 20 分，食堂 14 分，办公室 13 分。

（3）平面布置时应把积分最高的最先安排，并尽可能安排在中心区域，再按积分高低和相关程度顺序在它周围布置其他单位，同类性质的单位尽可能靠近一些。

这种方法虽然只考虑生产单位之间业务联系的紧密程度，但由于把联系密切的单位相邻布置，隐含了缩短运输距离的作用，所以采用这种方法基本上可以解决企业的平面布置问题。

六、车间总体布置

1. 车间布置的内容

车间布置分为车间总体布置和车间设备布置。在进行车间布置之前，应根据企业、车间的功能和生产任务，确定合理的工艺路线和生产组织形式，确定机床设备、运输设备的种类、型号和数量。在此基础上，按照一定的原则确定车间内部各基本生产部门、辅助生产部门、生产设施、设备、通道等在平面和立体上的相互位置，使它们组成一个有机整体，实现车间的具体功能和完成分配的任务。

2. 车间布置的要求

车间布置的要求如下：

(1) 以车间的生产纲领和生产类型为依据，确定车间的生产组织形式和设备布置形式。

(2) 做到工艺流程顺畅，物料搬运短捷方便，避免往返交叉。

(3) 根据工艺流程选择适当的建筑形式，采用适当的高度、跨度、柱距，配备适当等级的起重运输设备，充分利用建筑物的空间。

(4) 对车间的所有构成部分（包括机床、工作位置、毛坯与零件存放地、检验实验用地、辅助部门、通道、公用管线、生活卫生设施等）合理区划和协调配置。

(5) 为工人创造安全、舒适的工作环境，将工位器具设在合适的部位，以便于完成作业；创造良好的工作环境，包括采光、照明、通风、取暖、防尘、防噪音等。

(6) 具备适应生产变化的柔性。

3. 车间总体布置

车间总体布置就是确定车间各组成部分的相互位置，它分为车间平面布置和车间立面布置两种。

(1) 车间平面布置。主要是绘制车间区划图，以确定车间各组成部分的相互位置、面积大小和物流方向。车间平面布置的原则、程序和方法与工厂总体平面布置大致相同，不同的是规模更小、内容更具体。车间一般由基本生产部门、辅助生产部门、仓库部门、过道部门、车间管理部门、生活设施部门等组成。其中，基本生活部门的布置要符合生产工艺流程的要求，尽量缩短物料流程，辅助生产部门和生产服务部门的布置要有利于为基本生产部门提供服务，通道的设置要便于物料运输和安全，生活服务部门的面积可视车间的人数而定，以便于职工使用。

(2) 车间立面布置。主要是解决厂房内空间分层的安排问题，以充分利用车间厂房的高度空间。厂房的空间通常可分为下列各层次：

①基层，即地基层，通常设置暗沟、排水沟、吸尘、通风、动力等装置。

②地面层，即生产操作层，是放置设备、存放物料、人员活动的层次。

③产品流动层，这是一个假想的平面层，产品的空间移动通常在此层进行。

④顶隔空间层，即利用天花板装置传送带、烟囱、高架储存处等的层次。

⑤构架层，即封闭层，是位于架弦梁以上和屋顶以下的空间，可用来安置喷水口、加温、通风设备等。

⑥顶层，即屋顶部分，通常用来设置冷却塔、水箱、烟囱、通风设备等。

合理地利用分层空间不仅可提高车间的空间利用率，扩大生产能力，节约基建费用，而且有利于改善工人的工作条件和工作环境。但分层利用空间应协调好纵横关系，特别是注意安全生产的问题。

七、车间设备布置

车间设备布置主要指车间内部基本生产部门的设备平面布置。

1. 设备布置的基本要求

生产车间内部的设备布置应该遵循工艺性、经济性和安全性原则，具体应做到以下几点：

(1) 各生产环节分布流程通畅，紧密衔接，加工能力应该匹配。尽可能保持生产过程的连续性，使在制品处于加工、运输或检验状态，减少中断与停顿。

(2) 工件加工中的运送路线要短，尽可能地减少在制品运送次数与运送量，工人操作的行走路线要短，以节省工人的工作时间。

(3) 车间内要留出足够的通道面积，通道要直，尽可能减少转弯，物流通道与人行通道最好分开。

(4) 充分保证生产用面积，提高利用率，不需要的工具等物品坚决清除出生产现场，不经常使用的物品放在边角处。

(5) 设备布置要保证安全，便于工人操作和布置工作地。

2. 设备布置的方法

设备布置同样可以采用模型布置法、物料运量图表法、作业相关图法等工厂布置方法。在具体布置中，依设备布置的形式不同而有所区别。

第三节 服务设施的选址与布置

简单地说，服务设施就是提供服务的设施，如医院、零售商场、银行、娱乐公司、旅馆、饭店、保险公司、理发店等内部的各种设施。

一、服务设施选址

(一) 服务设施选址的影响因素

影响服务设施选址的主要因素有以下几个：

1. 是否接近顾客群

这里的"顾客"概念是广义的，可能是一般消费者，也可能是配送中心，还可能是作为用户的其他厂家。设施接近顾客群的最大好处是能方便、快捷地向顾客提供服务，从而有利于吸引顾客接受服务。

2. 原料供应问题

对于原材料依赖性较强的服务业，应考虑尽可能地接近原材料供应地，以降低运费，缩短运输时间，从而得到较低的采购价格，降低服务成本。

3. 与竞争对手的相对位置

服务设施在选址时不仅要考虑竞争者的现有位置，而且需要估计他们对新选址的反应如何。通常，选址应尽量避开竞争对手。但对于理发店、商场、快餐店等服务行业，在竞争对手附近设址较为有利，因为在这种情况下，极有可能会产生一种"聚集效应"，即聚集于某地的几个设施所吸引的顾客数大于分散在不同地方的这几个设施的顾客总数。

4. 周围的人群密度

应考虑设施周围的人口状况，重点考虑周围有购买该种服务并具有实际购买力的人群密度及数量。

5. 当地的经济收入水平

不仅要考虑当地人们的平均收入水平，而且要考虑当地的人事劳动工资政策是否能满足自己的实际需要。

6. 基础设施条件

基础设施主要是指为服务业正常运营提供所必需的水、电、气等设施，同时还应考虑交通条件、环境保护等问题。不同的服务对于基础设施的要求也大不相同，如批发中心来往车辆较多，选址时应优先考虑交通条件较好的地方；而娱乐中心的用电量较多，选址时应优先考虑电力供应充足的地方。

7. 公众态度

服务业在当地是否受欢迎对其经营活动有一定的影响，如不良的娱乐场所提供的服务会受到公众的谴责和抵制，甚至当地居民会自发地采取阻挠行动。此外，在某些情况下，选址还需要考虑当地的政治、民族、文化、风俗习惯等因素，否则也有可能带来严重后果。

8. 周围环境

所选位置要能为职工提供良好的生活条件，包括住房、娱乐、生活服务、医疗、教育等。对于知识密集型服务业（如咨询业等），可选择在高校、科研院所等科技人员较集中的地区，以便依托他们的科技力量。

另外，还有许多影响服务设施选址的因素。需要指出的是，不同的服务企业对设施周围的环境有不同的要求，在有的服务企业看来是十分重要的因素，对其他服务企业来说可能是无关紧要的。因此，在设施选址时，各个服务企业必须根据自身的实际要求确定要考虑的因素，并分清主次，区别对待。

（二）服务设施的选址方法

1. 直接推断法

这种方法是库马华拉（B. M. Khumawala）于1972年提出的，下面结合一个实例加以说明：

某医疗集团想在一个地区设2个医疗所，为4个乡镇提供就诊服务。假定考虑的地点为乡镇中心，每个镇的人口分布均匀，又假定各乡镇每年就诊于各医疗所的人数及权重（反应相对重要性）都已经明确（见表3-8）。要解决的问题是：确定2个医疗所的位置，使其为4个乡镇服务的费用最低（或移动距离最短）。

表3-8 各乡镇就诊于各医疗所的人数及权重

从乡镇	到医疗所的距离（km）				乡镇人口数（人）	权重
	A	B	C	D		
A	0	11	8	12	10000	1.1
B	11	0	10	7	8000	1.4
C	8	10	0	9	20000	0.7
D	12	7	9	0	12000	1.0

采用直接推断法的步骤如下：

第一步，计算各乡镇到各医疗所的总移动距离（总移动距离=距离×人口数×权重），并绘制人口—距离表，如表3-9所示。

表 3-9 人口—距离表

乡镇	医疗所（km）			
	A	B	C	D
A	0	121	88	132
B	123.2	0	112	78.4
C	112	140	0	126
D	155	84	108	0

第二步，圈出每一行中除零以外的最小数，这个数表示撤销零所在的医疗所后所增加的最低服务费用，在每一行所增加的服务费用的最小值中选取最小值，用直线划掉该最小值所在行中的零所在的列，表示该列所在的医疗所被取消。表 3-8 中每一行所增加的最小服务费用分别为 88、78.4、112 和 84，其中最小值为 78.4，因此去掉医疗所 B。

第三步，从与去掉的医疗所名称相同的乡镇所在行中，减去第一步中所选取的最小服务费用，然后将经过取消和扣除的数字排成矩阵表。如果剩下的医疗所数已符合要求，则不再选取。如果尚多，还须重复第二步和第三步。如从表 3-8 中去掉 B 列后，再从 B 行减去 78.4，得到第一次改进后的人口—距离表。

2. 引力模型法

引力模型法是大卫·赫夫（David Huft）于 1962 年提出的，它以“引力模型”为基础，确定零售商场的位置。该模型中隐含着这样的假设：零售商场吸引顾客基地的贸易量同顾客基地人口成正比，同零售商场与顾客基地间的距离平方成反比。根据这个模型，可以估计各零售商店某一顾客基地特定类型的顾客数，再通过调查，确定该顾客基地各顾客平均收入及预计商品需要量，将顾客数、平均收入及商品需要量三者相乘，就得到某一商店的年销售量。这样，这个模型实际上制定了一个可能获得最大收益的营销方案。如果已经给出了商店的位置，也可用它解决场址的选择问题。

（三）服务设施的选址举例

由于服务行业种类繁多，但单个生产单位的规模较小，故选址问题不像生产企业那么突出。这里以固定式服务和送达式服务的选址问题为例，介绍几种有代表性的服务设施的选址情况。固定式服务是指在所提供的服务设施内消费的服务，如医院、影剧院、旅馆、餐厅等。送达式服务是指在需求发生处消费的服务，如清洁服务、应急服务（公安、消防、救护车等）。

固定式服务设施的选址问题比制造企业选址问题更频繁，且明确地以消费为导向。一般制造企业的生产能力是在选址前确定的，而此类服务的生产设施能力则是在选址后，根据服务区域内的服务对象来确定。固定式服务企业也可“送货上门”，如开设家庭病房、送戏（影）下乡等。

送达式服务中的应急服务更具特点，一旦有需求，反应必须迅速，而需求发生的时间和频率是随机的，且在这种服务系统中任何排队等待的现象都是不能接受的。为了满足高峰期的需求，服务设施必须有足够的生产运作能力，而在大部分时间里设施的生产运作能力是空闲着的。为了提高服务水平，又不使生产运作能力过分赋闲，服务设施的选址策略是通过双向通信系统，使设施易于流动。如救护车或巡逻车不是始终要求它们在执行任务后返回固定的基地，而是在运动中重新部署。

二、服务设施布置

（一）服务系统的构成要素

进行服务设施规划设计前必须了解服务系统的构成要素。对于一个企业而言，一个完整的服务系统一般涉及四个方面的因素，即服务员工的人力资源管理、服务设计、服务制度以及服务基础设施。

1. 服务员工的人力资源管理

服务员工的人力资源管理就是指对服务员工的选拔、培训、提升及奖励等。由于大多数服务人员与顾客频繁接触，因而服务人员的表现是影响服务质量的一个重要因素，对服务员工的管理工作就显得尤其重要。

在选拔服务员工时，一定要注意其素质，包括健康状况、技术水平、精神面貌以及工作态度等，并且要对他们的工作不断给予指导和培训，使他们能够更好地工作。当他们工作出色时，给予奖励和晋升的机会，提高他们工作的积极性。只有好的服务员工，才能传递优质的服务，达到使顾客满意的最终目的。因而，服务员工的人力资源管理是顾客服务系统中的一个首要因素。

一般按生产类型对制造业予以分类，而服务系统的设计模型在许多方面都与之接近。考虑高度个性化的特征，与制造业相比，服务业有着很大的差异，如根据顾客需求确定交付服务的速度、直接与顾客发生联系以及服务本身固有的可变性。在制造业中，可以使用库存和制定进度计划来平衡需求。但是在服务性作业中，这些方法是不适用的。总的来说，服务业需要更高水平的与需求相关的服务能力。此外，它还需要其服务人员在服务时具有更高的柔性。

2. 服务设计

设计服务设施时可采取的方法有流水线法、混合法、修正的流水线法、授权法等。选择了基本设计方法之后，企业还要根据顾客的服务要求（信息与咨询、演示操作与解说、订购）和期望对具体的服务流程进行设计安排。

3. 服务制度

服务制度是服务系统良好运转的保证。企业通过服务制度可以规范服务活动。服务制度包括以下三项内容：服务员工管理制度、服务内容规范化、服务质量制度。

服务员工管理制度就是指有关服务员工的选拔、培训、奖励及晋升方面的制度。服务内容需要进行规范，既保证服务员工知道做什么，也使顾客感到他们享受的各种优质服务绝非偶然。服务质量方面的制度可以在一定程度上保证服务质量，进而在一定程度上保证让顾客满意。但企业在制定服务制度时一定要做到合理，不要伤及员工的积极性，特别是在使用授权法的时候更应如此。

4. 服务基础设施

服务基础设施是服务系统运转的基础。服务基础设施分为两类：一是有形设施，如服务场所、设备、办事处等；二是无形设施，主要指有关顾客服务的信息系统，它有助于服务系统与企业之间以及服务系统内部各要素之间的沟通和交流。服务设施具有自己的特点，具体体现在以下三个方面：

（1）完善的基础设施需要较高的投入，因而一定要谨慎从事。

（2）基础设施有时要达到一定数量才能产生效益。

（3）企业在营造基础设施时，一定要与企业销售、市场扩展等相配合，一定要适合顾客的需要，否则难以给企业带来优势。

（二）几种典型的服务设施布置方法

1. 零售业的店面布置

零售性服务业布置的目的就是要使店铺每平方米的净收益达到最大。在实际应用中，这个目标经常被转化为如“最小搬运费用”或“产品摆放最多”这样的标准，同时应该考虑还有许多其他的人性化因素。一般而言，服务场所有三个组成部分：环境条件，空间布置及其功能性，徽牌、标志和装饰品。

（1）环境条件是指背景特征，如噪音、音乐、照明、温度等，这些都会影响雇员的具体表现和士气，同时也影响了顾客对服务的满意程度、顾客的逗留时间以及顾客的消费。虽然其中的许多特征主要是受建筑设计（照明布置、吸音板和排风扇的布置等）的影响，但建筑内的布置也对其有影响。比如，食品柜台附近的地方常可以闻到食物的气味，剧院外走廊里的灯光必须是暗的，靠近舞台处会比较嘈杂，而入口处的位置往往通风良好。

（2）在空间布置及其功能性中有两个方面非常重要：设计出顾客的行走路径以及将商品分组。行走路径的设计目的就是要给顾客提供一条路径，使他们能够尽可能多地看到商品，并沿着这条路径按需要程度安排各项服务。

通道也非常重要，除了要确定通道的数目之外，还要决定通道的宽度。通道的宽度也会影响服务流的方向。某一家商店是这样设计的：一旦顾客走进商店的通道，就不可能把购物小车掉转方向。

布置一些可以吸引顾客注意力的标记也可以使顾客沿着经营者所设想的路线走动。当顾客沿着主要通道行进时，为了扩大他们的视野，沿主通道分布的分支通道可以按照一定的角度布置。

此外，将顾客们认为相关的物品放在一起，而不是按照商品的物理特性或货架大小与服务条件来摆放商品，是目前很流行的做法，多见于百货商店的精品服务柜台、专卖店、超市的美食柜台。

对于流通规划和商品分组，市场研究发现了以下几条值得注意的地方：

①人们在购物中倾向于以一种环型的方式购物，将利润高的物品沿墙壁摆放可以提高他们购买的可能性。

②超市中，摆放在通道尽头的减价商品总是要比存放在通道里面的相同物品卖得快。

③信用卡付账区和其他非卖区需要顾客排队等候服务，这些区域应当布置在上层或“死角”等不影响销售的地方。

④在百货商店中，离入口最近和临近前窗展台处的位置最有销售潜力。

（3）徽牌、标志和装饰品是服务场所中有重要社会意义的标志物，这些物品与周围环境常常体现了建筑物的风格，比如麦当劳的标志能够使人从很远的地方就找到它。

2. 仓库布置

通过仓库布置可以缩短存取货物的时间，降低仓储管理成本。仓库布置就是寻找一种布置方案，使总搬运量最小。仓库布置可分为两种不同的情况：

（1）各种物品所需货区面积相同。在这种情况下，只要把搬运次数最多的物品货区布置在靠近出入口之处，即可得到最小的总负荷数。

（2）各种物品所需货区面积不同。在这种情况下，需要首先计算某物品的搬运次数和所需货区数量之比，取该比值最大者靠近出入口放置，依次往下排列。

在实际情况中，根据情况的不同，仓库布置可以有多种方案、多种考虑目标。例如，对不同物品的需求经常是季节性的，因此，在元旦、春节期间可以把一些热销商品放在靠近出入口处，而在春夏季节将空调放在出入口处。还有，空间利用的不同方法也会带来不同的仓库布置要求，在同一面积内，高架立体仓库可以存放更多的物品。由于检运设备、储存记录方式的不同，也会带来布置方法上的不同。而且，新技术的引入也会带来更多的可能性。

3. 办公室布置

办公室布置对于提高办公室的工作效率、提高工作人员的劳动生产率以及改善工作质量都有重要意义。

办公室工作的处理对象首先是信息以及组织内外的来访者，因此，信息传递和交流的方便与否，来访者办事是否方便、快速是主要的考虑因素。其次，在办公室里，工作效率的高低往往取决于人的工作速度，而办公室的布置又会对人的工作速度产生极大的影响。再次，在办公室布置中，同一类工作任务可选用的办公室布置就有多种，包括房间的分割方式、每人工作空间的分割方式、办公家具的选择和布置形式等。此外，在办公室的组织结构、各个部门的配置方式、部门之间的相互联系和相对位置的要求对办公室布置有更重要的影响，在办公室布置中要给予更多的考虑。

办公室布置的主要考虑因素可以说有两个：一是信息传递和交流的迅速、方便；二是人员的劳动生产率。其中信息的传递和交流不但包括各种书面文件、电子信息的传递，而且包括人与人之间的信息传递和交流。对于需要跨越多个部门才能完成的工作，部门之间的相对地理位置也是一个重要的考虑问题。

办公室布置要考虑的另一个主要因素是办公室人员的劳动生产率。当办公室人员主要是由高智力、高工资的专业技术人员所构成时，劳动生产率的提高就具有更重要的意义，所以要根据工作性质的不同、工作目标的不同来考虑什么样的布置更有利于生产率的提高。例如，在银行营业部、贸易公司、快餐公司的办公总部中，开放式的大办公室布置会使人们感到交流方便，从而促进了工作效率的提高；而在出版社中，这种开放式的办公室布置可能会使编辑们感到干扰，无法专心工作。

尽管根据行业、工作任务的不同有多种办公室布置方式，但仍然存在几种基本的模式：一种是传统的封闭式办公室，办公楼被分割成多个小房间。这种布置可以保持工作人员有足够的独立性，但却不利于人与人之间的信息交流和传递，使人与人之间产生了疏远感，也不利于上下级的沟通，而且几乎没有改变和调整布局的余地。另一种方式是开放式办公室布置，即在一间很大的办公室里，同时容纳一个或几个部门的人员工作。这种布置方式不但方便了同事之间的交流，也方便了部门领导和一般职员的交流，在某种程度上消除了等级的隔阂。但这种方式的一个弊端是，有时会相互干扰，还会引发职员之间的闲聊等。因此，后来进一步发展起来的一种布置是带有半截屏风的组合办公模块。这种布置既利用了开放式办公室布置的优点，又在某种程度上避免了开放式布置情况下的相互干扰、闲聊等毛病。而且，这种模块式布置有很大的柔性，可随时根据情况进行调整和布置。

随着信息技术的发展，一种更加新型的办公形式——远程办公正在兴起。所谓“远程办公”，就是利用信息网络技术，将处于不同地点的人们联系在一起，共同完成工作。

以上分别介绍了几种典型的服务设施布置方法。实际上，服务系统的运作还十分强调环境条件的布置，这些环境条件是指设施的款式、颜色，室内的灯光、音乐，墙壁的色彩、图案等。另外，企业徽标、标志和装饰品也是服务场所中非常重要的标志物，它们与周围环境表现出的建筑风格常常可以体现企业的经营风格。所有这些都会影响员工的工作效率和士气，同时影响顾客对服务的满意程度、顾客的逗留时间以及花费等。

练习题

一、单项选择题

1. 以下属于设施选址需考虑的非成本因素是（　　）。

A. 原材料供应　B. 能源供应　C. 劳动力素质　D. 地理环境

2. 超市选址时会最为注重以下哪项选址的影响因素？（　　）

A. 市场位置　B. 原材料位置　C. 基础设施条件　D. 劳动力因素

3. 乳产品加工企业选址时会最为注重以下哪项选址的影响因素？（　　）

A. 市场位置　B. 原材料位置　C. 基础设施条件　D. 劳动力因素

4. 服装加工企业选址时会最为注重以下哪项选址的影响因素？（　　）

A. 市场位置　B. 原材料位置　C. 基础设施条件　D. 劳动力因素

5. 钢铁企业选址时会最为注重以下哪项选址的影响因素？（　　）

A. 市场位置　B. 原材料位置　C. 基础设施条件　D. 劳动力因素

6. 化工企业的设施布置适合采取以下哪种类型？（　　）

A. 产品专业化布置　B. 工艺专业化布置

C. 定位布置　D. 混合布置

7. 手表生产企业的设施布置适合采取以下哪种类型？（　　）

A. 产品专业化布置　B. 工艺专业化布置

C. 定位布置　D. 混合布置

8. 船舶公司的设施布置适合采取以下哪种类型？（　　）

A. 产品专业化布置　B. 工艺专业化布置

C. 定位布置　D. 混合布置

9. 就作业相关图相关代号的评分而言，以下哪项的评分最高？（　　）

A. E　B. I　C. O　D. U

10. 理发店会对以下哪项因素特别看重？（　　）

A. 是否接近顾客群　B. 原料供应问题

C. 与竞争对手的相对位置　D. 周围的人群密度

11. 以下办公室布置中，不利于人与人之间信息交流和传递的是（　　）。

A. 封闭式办公　B. 开放式办公

C. 半开放组合办公　D. 远程办公

12. 以下办公室布置中，容易出现相互干扰的是（　　）。

A. 封闭式办公　　B. 开放式办公

C. 半开放组合办公　　D. 远程办公

二、判断题

1. 重心法可用于解决多个设施的选址问题。(　　)
2. 新企业和老企业都会涉及设施的选址问题。(　　)
3. 定址是指选择在什么地区或区域设置设施。(　　)
4. 选位是指在已经选定的地区内选定一片土地作为设施的具体位置。(　　)
5. 设施选择往往由设施规划人员完成。(　　)
6. 政策、法规条件属于选择具体位置时的影响因素。(　　)
7. 基础设施条件属于选择地区时的影响因素。(　　)
8. 企业选址的首要原则是长远发展原则。(　　)
9. 企业选址的首要原则是集聚人才原则。(　　)
10. 经济活动单元的空间小会降低生产效率，空间大可以增加生产效率。(　)

三、简述题

1. 简述企业选址的影响因素。
2. 简述企业选址的原则。
3. 应用重心法进行选址时有何局限性。
4. 简述设施布置的原则。
5. 试述产品原则布置的优缺点。
6. 简述服务业企业选址应考虑的因素。
7. 简述办公室布置应考虑的因素。

案例分析

首店选址：看不懂的百思买

在车水马龙的徐家汇，美罗城的形状和位置犹如心脏，与紧邻在其周围的港汇广场、东方商厦、太平洋百货、汇金百货等共同构成了这个繁华商圈的核心地带。肇嘉浜路1065号江山大厦刚好位于这个心脏区域的边缘。这幢通体茶绿色、高28层的大楼又名“飞雕国际大厦”，单从外表看，气度颇为不俗。远远望去，楼下车水马龙。其一、二楼的上海移动、电信和中国工商银行营业部人流熙攘，门口外墙上巨幅百事可乐户外广告牌在向人们显示，这里确是黄金地段，且经营红火。

然而，很少会有人知道，这幢外观不俗的江山大厦竟是一幢停建了8年之久的“烂尾楼”。虽然位于寸土寸金的徐家汇商圈核心位置，江山大厦却因为复杂的产权债权关系无力自救。连续数年，这幢28层高的大厦外墙被巨幅广告牌覆盖，不了解者很难想到这是个停建项目，压得多家银行和企业的数亿资金动弹不得。直到2005年年中，温州民营企业飞雕集团投入7.2亿资金，才使“江山大厦”复工，并变身“飞雕国际大厦”，作为甲级写字楼全新上市。

不过，尽管有种种风波缠身，与周围林立的高楼大厦相比而言，江山大厦却显得并无任何特别之处。人们之所以关注它，也只是因为一家叫“百思买”的公司。

落户江山招非议

2006年4月1日，北美最大的消费电子零售商，同时也是全球最大家用电器和电子产品零售及分销服务集团的百思买宣布，在上海开设中国第一家旗舰店，而该店店址就选在江山大厦，占其3~6层四个楼面。

据百思买方面透露，他们已在3月底与飞雕集团签订最终协议，将在江山大厦购买约8000平方米的面积。但百思买不愿透露地产的价格及旗舰店开业的细节，包括具体开业时间等，表示这一切“将日后予以公布”。不过，据此前飞雕集团总裁徐益忠透露，江山大厦不做租赁，全部以买断的形式经营，而1~6层销售均价为34000元/平方米，如果按这个价格计算，百思买将为这家门店耗费2亿~3亿元的巨资。

此前曾有消息称，百思买此次上海选址若成功的话，将在2006年国庆节左右开出其中国首店。不过现在看来，这个时间有可能往后推，因为曾是烂尾楼的江山大厦还在施工中，8月31日前不能交楼，而4层店面的布置至少需要1个月的时间。

对于百思买在江山大厦的选址，业界看法颇为一致，即不看好。上海流通经济研究所副所长冯汉良就表示，虽然徐家汇是上海数一数二的商圈，但却并非家电卖场的合适之选。他说：“以前六百、汇金广场都销售家电，但生意没有想像的好，因此相继转了型。”

据了解，距此100~200米的地方，曾是国美电器宝良店所在地，2004年9月国美因经营不是很理想而退出；而在江山大厦斜对面，第六百货、汇金广场以前都销售家电，最后因生意不好都相继转型退出；百思买以经营3C和音像产品见长，但江山大厦已被宏图三胞、太平洋数码广场、百脑汇、美罗城包围，竞争压力可想而知。上海国美电器采销总监孙晨认为，在徐家汇商圈只有卖高端家电和数码类产品才有可能盈利，百思买选址在此面临很大的风险。

另外，也有专家指出，百思买的门店不开在一楼可能犯了商业上的大忌。国美电器运营中心总经理孙一丁就表示：“这个位置，国美想要买的话随时都可以买，但我认为花这样的高价买到这样的位置并不值得。”

作为一家有着丰富运营经验的消费电子零售商，百思买不可能不考虑到这一点，但江山大厦产权关系复杂，飞雕集团接手之后，尚有1~2层未解决产权问题，这大概是百思买只能购下3~6层的原因。

此外，冯汉良还认为：“在徐家汇开大卖场的最大问题是交通。”徐家汇交通比较拥挤，而家电大卖场需要及时配送；同时，有车族买家电时一般会开车前往，所以大卖场所在地附近要有一定量的停车场。而江山大厦自身停车场较小，徐家汇商圈的几个停车场目前已非常拥挤。”

事实上，百思买早在2003年就在上海设立了亚太总部，并相继在北京、深圳设立了两个办事处。从2005年开始，百思买似乎在加快其在中国发展的步伐。2005年3月，百思买亚太采购总部落户上海，2005年11月其上海办事处也在一片宏大场面中揭幕，当时甚至邀请了公司总部所在地美国明尼苏达州的州长前来剪彩。与此同时，百思买高层还对四川、湖北等地市场进行了广泛探路。

实际上，依照百思买2003年的规划，同年年底便要在上海设立首家店面，但却一直未见动作。3年过去后，百思买中国首家门店总算有了一个确切消息，但从种种迹象上看，此次购买江山大厦的举动似有知难而上的仓促之嫌。

决策速度低下？

事实上，江山大厦并非百思买在中国的首个选址。

2005年11月初，百思买集团高层先后造访了武汉、成都，并与武汉签订了投资意向书。其全球总裁艾伦当时在成都表示，未来12个月内，百思买将正式在中国设立首家门店卖场，并计划2006年在中国的采购量达到9亿美元。与此同时，百思买试图租用宜家家居北京店原址，开设其在中国的首家店铺，但最终不敌国美电器，计划搁浅。

当时被媒体炒翻天的一则新闻是，百思买开出8000万元的高价，显示其志在必得之意，但最终却是国美电器旗下的鹏润电器同北京北三环马甸商房大厦签订了为期15年的租赁合同，租赁面积为1.54万平方米，年租金仅为2000多万元，比宜家6年来交纳的年租金还要便宜。

待2006年4月底宜家撤离马甸商房大厦后，国美电器将让旗下的鹏润电器入场装修，2006年之内，鹏润电器在北京的首家店将正式开业。而百思买在“落标”之后难掩其失望之情，其亚洲总部的一位负责人表示：“由于此次竞争马甸店址失败，百思买中国首家店已经不可能选在北京。”

国美电器连锁发展中心总经理孙一丁在回忆此事时，对8000万元这个传说中的数字付之一笑：“8000万元是一个不可能的价格。如果真是8000万元租下那么一个场地，百思买得卖出多少商品才能填补这个洞？除非他们疯了。”

孙一丁表示，这个价格可能是百思买自己炒出来的，原因不得而知，也可能是物业方干的。无论如何，最终的事实说明了一个问题：“在有些事上，价格并不是决定因素。”

据孙一丁透露，国美在2005年3月得知宜家马甸店要搬家之后，马上就开始跳进这个项目，而非像有些媒体所报道的“由于国美电器在宜家马甸门店公路对面有一家较大的门店，所以，国美电器当初没有参与对该店址的争夺”。紧接着，崇光百货、上海永乐家用电器有限公司、大中电器有限公司、苏宁电器股份有限公司、百思买等多家国内外家电连锁零售企业也都纷纷参与到商房大厦店址的争夺中。据称，宜家店址当时引来了30余家竞标者。

“其实这个项目从来也没有正儿八经开标过，参与进来的人倒是很多。国美能胜出，一方面是因为我们跟对方谈得较早，而且跟进得紧，决策得非常快；另一方面，物业方有很多是北京商委的人，对国美的情况非常熟悉，也很了解。为此他们还专门到鹏润电器沈阳店考察过。”孙一丁说。

至于百思买的失败，则正好映衬了国美的这两个优势：“他们的决策太慢了。据我所知，他们在中国的这个部门是没有决策权的，所有方案都要呈报到美国总部，由他们批示后再执行。另一方面，国内的管理部门对他们也不太了解。而且，作为国家主管部门的态度，当然更支持本土企业。”

中国市场的复杂性

历史总是在重复同样的故事。百思买在宜家店的失意让人联想到了沃尔玛在中国遇到的一些问题。2003年，沃尔玛计划在位于上海城乡结合部的浦东新区三林乡西林村开店，在完成了在工商部门的登记注册后，却遭到了政府的拒绝，理由是上海市外环线以内都不再批准建大卖场，而此前沃尔玛在杨浦、宝山等地找店址，都因为同样的原因被拒绝。事实上，就在三林乡西林村附近，上海联华超市股份有限公司旗下的连锁大卖场“世纪联华”已经破土动工。

百思买集团副总裁兼亚太部总裁吕维民2005年在接受一家媒体的采访时曾表示，到中国来是必由之路：“早来晚来就是一个方式的问题，我觉得我们来不是一个早晚的问题，而是对当地的市场、消费者有多尊重、有多了解，对当地的经济有多大的支持，在这个过程中我们能够获得多大的利润的问题。”

他同时又表示，对中国市场，“我还不太清楚，对中国市场不太了解。我们现在还是新人。所有的一切对我们来说都非常难，刚开始我们都在学习。”

很显然，对这家雄心勃勃要在中国有所图谋的企业而言，首先要学习的就是适应这个市场的复杂性，而这远比他们想象的困难。

“百思买现在进来，可能他们认为自己已经准备好了，但是不是真的准备好了还很难说。”孙一丁如是表示。

（资料来源：http：//caselib. drcnet. com. cn）

思考题

1. 百思买在上海开设的中国第一家旗舰店的店址就选在江山大厦的依据是什么？
2. 百思买集团高层决策速度慢的原因是什么？

第四章　工作设计与时间研究

本章目标

通过对本章的学习，学生应熟悉劳动生产率的概念，理解劳动生产率的计算方法，掌握提高劳动生产率的途径，熟悉工作设计的内容，理解工作设计中的几种行为方法，了解动作分析的方法和原则，熟悉工作时间的组成，熟悉测时法的应用步骤和内容，掌握工作抽样法的应用范围和应用条件。

本章重点

掌握提高劳动生产率的途径，以及工作抽样法的应用范围和应用条件。

本章难点

理解劳动生产率的计算方法，以及工作设计中的几种行为方法。

引入案例

项目管理中如何做到有效管理时间

时间是指从过去通过现在直到将来，连续发生的各种各样的事件过程所形成的轨迹。它具有供给毫无弹性、无法蓄积、无法取代、无法失而复得这四大特性，有效的时间管理具有非常重大的意义。

所谓“时间管理”，是指用最短的时间或在预定的时间内把事情做好。时间管理所探索的是如何减少时间浪费，以便有效地完成既定目标。美国管理学者彼得·德鲁克认为，有效的时间管理主要是记录自己的时间，以认清时间耗在什么地方；管理自己的时间，设法减少非生产性工作的时间；集中自己的时间，由零星而集中，成为连续性的时间段。有效的时间管理就是要把所有可利用的时间尽可能地投放到最需要的地方，其关键在于制定合适的时间计划和设置事情的先后顺序。

有效的时间管理可以让企业提高工作效率，减少管理成本，在规定时间内完成超额的任务。有效的时间管理可以让员工自己掌握正确的时间管理技巧，制定适合自己的时间管理计划，拥有充分的个人休闲时间。时间管理的三条法则为：

1. 帕累托法则

帕累托法则又称“80/20 法则”，是由英国经济学家和社会学家帕累托发现的，最初只限定于经济学领域，后来这一法则也被推广到了社会生活的各个领域，且深为人们所认同。帕累托法则是指在任何大系统中，约 80%的结果是由该系统中约 20%的变量产生的。例如，在企业中，通常80%的利润来自于20%的项目或重要客户。经济学家认为，20%的人掌握着80%的财富；心理学家认为，20%的人身上集中了80%的智慧；等等。具体到时间管理领域，是指大约20%的重要项目能带来整个工作成果的80%，并且在很多情况下，工作头20%的时间会带来所有效益的80%。

大智有所不虑，大巧有所不为。工作中应避免将时间花在琐碎的多数问题上，因为就算花了80%的时间，也只能取得20%的成效。出色地完成无关紧要的工作是最浪费时间的。应该将时间花于重要的少数问题上，因为抓住了这些重要的少数问题，只花20%的时间即可取得80%的成效。

工作中我们要学会“不钓小鱼钓鲸鱼”，如果你抓了100条小鱼，你所拥有的不过是满满一桶鱼；但如果你抓住了一条鲸鱼，你就不枉此行了。

2. 黄金3小时法则

黄金3小时法则认为，早晨5~8点是人一天中效率最高的3小时。一天之计在于晨。早晨头脑最清醒，精力最充沛，思维最活跃，环境最安静，注意力最集中，心情最愉悦，而且由于刚刚醒来，收集睡眠中的潜意识也最全，在这一时段工作1小时相当于其他时段工作3个小时。当你早早起床开始工作时，你甚至能在正常的工作时间来临前完成一天的工作，这样即将开始的一天就是你多赚出来的。

我们应该利用一天中效率最高的时段去完成一天中最重要的工作，以达到事半功倍的效果。当然，由于生物钟的不同，黄金3小时的具体时段可能因人而异，但这并不影响此法则作用的发挥。我们应该在生活中多体会，以便找出自己的“黄金3小时”并利用好它，达到“一天等于两天”的效果。

黄金3小时法则还可以进一步扩展。我们可以把每星期的第一天作为黄金时段，处理完一星期最重要的工作，把每个月的第一星期作为黄金时段，处理完一个月最重要的工作。如果你做到了这一点，你就抢占了时间争夺战中的每一个制高点，并获得了一支强大的时间预备队，无论将其使用到哪一个方向，都会在那里取得压倒性的优势。

3. 帕金森法则

帕金森法则认为，工作在最终期限到来前是不可能被完成的。这一法则实际上是依赖人与生俱来的惰性和对最后期限的潜意识发挥作用。人们会下意识地根据完成时限的远近把工作分为三六九等，完成时限越近，人们对某项工作的关注度就越高，投入的精力就越大。迫近最后期限的工作会促使人们挖掘自身的潜能，调动一切资源保证任务按期完成；而那些完成时限较远或可以被无限期推迟的工作往往会被束之高阁。

为避免拖拉、克服惰性，应该为工作设置尽可能短的完成时限，通过时间的压力保持工作的动力，使每一项工作都能在第一时间完成，以便争取主动；对于那些对未来起重要作用的长远目标和长远规划则应进行合理分解，细化为在每一阶段可完成的小目标，并设定严格的时限，以避免这些重要而不紧急的任务在日常工作中被忽视，出现“平时不烧香，临时抱佛脚”的被动局面。

（资料来源：http：//caselib. drcnet. com. cn）

第一节　劳动生产率

一、劳动生产率的概念及计算方法

所谓“劳动生产率”，就是人们在生产中的劳动效率。提高劳动生产率不仅有助于节约劳动消耗、降低产品成本，而且有助于提高企业的市场竞争力。所以，从古至今，国内外企业都把如何提高劳动生产率作为企业生产运作管理的重点之一。

劳动生产率的高低通常用单位时间内的产量或生产单位产品所消耗的劳动时间来表示。劳动生产率反映了在一定时期内，企业的劳动成果和劳动消耗量之间的对比关系。提高劳动生产率就要求企业在同样的时间内生产出更多、更好的物质产品，或者是在生产同样一件产品的过程中消耗更少的劳动。企业的劳动生产率水平通常是用在单位时间内平均每个劳动者所生产的产品数量来表示的。其计算公式是：

$$劳动生产率=\frac{产品产量}{劳动消耗量} \tag{4-1}$$

根据不同目的和企业管理工作的需要，劳动生产率可以按不同的表现形式、不同的时间单位和不同的人员范围进行计算。

1. 按不同表现形式计算的劳动生产率

按表现形式的不同，劳动生产率可以分为按实物单位计算的劳动生产率、按价值量计算的劳动生产率和按定额工时计算的劳动生产率。

（1）按实物单位计算的劳动生产率

按实物单位计算的劳动生产率就是用吨、台、件等实物产量来计算的劳动生产率，例如用每个工人在一定时间内平均生产几台电视机来表示电视机生产企业的劳动生产率，其计算公式是：

$$实物劳动生产率=\frac{某种产品的实物产量}{生产该种产品的工人平均人数} \tag{4-2}$$

用实物单位计算劳动生产率方法简单而准确，在实际工作中应用比较普遍。用实物单位计算劳动生产率具有重要的意义：第一，它能比较直观地反映某生产单位或企业生产同类产品时生产工人的劳动生产率水平，为编制生产计划提供依据。第二，它可以用来比较国内外不同企业生产同类产品的劳动生产率差异，为企业进一步提高劳动生产率指出奋斗目标。第三，它可以从动态上比较工人劳动生产率的变化，研究同类产品生产工人劳动生产率的变化规律，以便进一步挖掘提高劳动生产率的潜力，有效地提高劳动生产率。

用实物单位计算劳动生产率也有一定的局限性，如它只适合于生产同类产品的企业。

（2）按价值量计算的劳动生产率

按价值量计算的劳动生产率就是将产品产量换算成用不变价格计算的工业总产值，然后再计算出劳动生产率，如某企业的生产工人平均每年生产多少元的总产值。其计算公式为：

$$工人劳动生产率=\frac{工业总产值(元)}{生产工人平均人数} \tag{4-3}$$

一般来说，对于那些生产品种规格比较复杂的企业，以及计算整个部门或整个地区的劳动生产率时，都采用这种方法。但是，用这种方法计算劳动生产率也有一定的缺点，因为企业的工业总产值是按“工厂法”计算的，当产品品种发生变化时，如由生产用料多、料贵、工少的产品改为生产用料少、料贱、工多的产品或相反的情况时，产品内含的转移价值所占比重也会随之发生变化，这就使不同时期的总产值有较大的变动，从而也会使劳动生产率发生较大的变化。但是，劳动生产率的这种变化并不能真正反映企业的劳动生产率水平。为了克服这一缺点，企业也可以按工业净产值计算劳动生产率。按工业净产值计算，就是从工业总产值中扣除物质资料消耗的价值后，再计算劳动生产率，它主要反映每位生产工人每年平均创造的价值。

（3）按定额工时计算的劳动生产率

按定额工时计算的劳动生产率，就是先按各种产品的定额将产品产量换算成定额工时，然后再计算出用定额工时表示的劳动生产率。其计算公式为：

$$工人劳动生产率(定额小时/人)=\frac{总产量的定额小时}{生产工人平均人数} \tag{4-4}$$

这种方法主要适合于机械加工企业，以及企业内部各车间劳动生产率的计算。它不仅可以计算成品，也可以计算半成品和在制品。但是，用这种方法计算劳动生产率容易受各种产品工时定额准确性的影响，如果定额不准，计算出的劳动生产率也就不可能准确。

2. 按不同时间单位计算的劳动生产率

由于计算劳动生产率的劳动时间可以用人时、人日、人月、人季和人年等单位来表示，因此劳动生产率也可以分小时、日、月、季和年来计算。

（1）小时劳动生产率

小时劳动生产率是指工人在一个实际工作小时内所生产的产品数量。它取决于工人在一个实际工作小时内的生产效率，主要受工人的劳动积极性与熟练程度、采用新技术的情况、生产组织与操作方法，以及在一个工作小时内的停工时间等因素的影响。其计算公式为：

$$工人小时劳动生产率=\frac{产品产量}{工人实际操作工时} \tag{4-5}$$

（2）日劳动生产率

日劳动生产率是指工人在一个工作日内所生产的产品数量。在每个工作日内，除了包括工人的实际工作时间之外，还包括非全日停工、非全日缺勤、非全日的公休假和公假等时间。因此，日劳动生产率的水平除了直接受小时劳动生产率的影响外，还取决于工人在每个工作日内的工时利用情况。其计算公式为：

$$工人日劳动生产率=\frac{产品产量}{工人实际操作工日} \tag{4-6}$$

（3）月劳动生产率

月劳动生产率是指工人在一个月内所生产的产品数量。在每个月内，除了包括工人的实际工作日外，还包括工人全日缺勤、全日停工、全日的公休假和公假等时间。因此，月劳动生产率的水平除了受日劳动生产率的影响外，还取决于月内工人的工作日数或劳动力的使用情况。其计算公式为：

$$\text{工人月劳动生产率}=\frac{\text{产品产量}}{\text{月工人平均在册人数}} \tag{4-7}$$

季和年劳动生产率的计算方法与月劳动生产率的计算方法基本相同。

企业分别按时、日、月、季和年计算劳动生产率，主要是为了更好地分析劳动时间的利用情况，充分挖掘提高劳动生产率的潜力。

3. 按人员范围计算的劳动生产率

按计算劳动生产率所包括的人员范围不同，可将劳动生产率分为工人劳动生产率和全员劳动生产率两种。

（1）工人劳动生产率

工人劳动生产率是指在一定时期内，每个工人平均生产产品的数量，它直接反映了企业的生产技术水平、工人的劳动积极性和熟练程度的高低。工人劳动生产率的高低是决定企业劳动生产率水平的关键。企业确定工人需要量也必须以工人劳动生产率为依据。工人劳动生产率的计算公式为：

$$\text{工人劳动生产率}=\frac{\text{工业总产值(或总产量)}}{\text{全体生产工人平均人数}} \tag{4-8}$$

（2）全员劳动生产率

全员劳动生产率就是以企业全体职工为范围计算的劳动生产率，它反映了在一定时期内每位职工平均完成的产品产量。全员劳动生产率水平除了受工人劳动生产率高低的影响外，还受企业人员构成的影响。在工人劳动生产率一定的情况下，企业全体人员中非生产人员所占比重越大，全员劳动生产率就越低。因此，在工业企业中计算全员劳动生产率具有重要的意义。它可以促进企业控制非生产人员的增长，不断改善企业的生产经营管理工作，提高管理水平。全员劳动生产率的计算公式为：

$$\text{全员劳动生产率}=\frac{\text{工业总产值(或总产量)}}{\text{全体职工平均人数}} \tag{4-9}$$

以上分别介绍了各种劳动生产率的计算方法，但不论计算哪种劳动生产率，都必须要使计算劳动生产率公式中的分子和分母，即产品产量和劳动消耗量在时间和空间范围上保持一致。所谓“在时间范围上保持一致”，就是指在计算某时期的劳动生产率时，产量必须是该时期生产的产品产量，劳动消耗量必须是该时期所消耗的劳动量。如月产量只能与月劳动消耗量相比，年产量只能与年劳动消耗量相比。所谓“在空间范围上保持一致”，就是指计算某单位的劳动生产率时，产量必须是该单位的产品产量，劳动消耗必须是该单位的劳动消耗量。

此外，在产品产量与劳动消耗量之间，还应保持直接的依存关系，即产量应该是这些劳动消耗量所生产的全部产量，而劳动消耗量则应该是这些产量所消耗的全部劳动量。只有这样，才能提高所计算的劳动生产率的准确程度。

二、提高劳动生产率的途径

劳动生产率是个综合性的指标。一个企业劳动生产率的高低要受许多因素的影响，如工人的技术水平和劳动熟练程度、产品的设计和工艺、机器设备和工具的性能、生产组织和劳动组织情况、原材料的质量和自然条件的变化，等等。由于影响劳动生产率的因素比较复杂，因此提高劳动生产率也有各种各样的途径。概括起来，主要有以下几个方面：

1. 充分调动员工的积极性

人是生产力中最积极、最活跃的因素。企业要提高劳动生产率，首先必须调动人的积极性，如果没有人的积极性，性能再好、效率再高的设备也不能充分发挥作用。

员工的积极性受多种因素的影响，既有物质因素，也有精神因素。从物质因素方面考虑，主要是正确贯彻物质利益原则，建立公平的薪酬体系，通过企业的发展壮大不断改善员工的工作和生活条件。从精神因素方面考虑，最重要的是要坚持以人为本，做到关心人、尊重人，最终要通过企业的发展来实现员工的全面发展。可以说，从物质方面和精神方面调动员工的积极性都是不可忽视的，只有把这两方面正确地结合起来，才能使员工的积极性不断地被激发出来，使劳动生产率不断提高。

2. 积极采用先进的科学技术

企业要提高劳动生产率，必须尽量采用先进的科学技术。俗话说："工欲善其事，必先利其器。"企业要提高劳动生产率，首先要不断改进设备和工具，提高机械化和自动化水平。设备和工具越先进，生产单位产品的劳动消耗量就越少，劳动生产率也就越高。因此，企业除了应搞好设备改造外，还应该有计划地进行设备更新，用效能高的设备代替那些落后的陈旧设备。

企业在产品的设计和加工中也应尽量采用先进的科学技术。例如，通过改进产品设计使产品结构合理化，提高标准化程度，增加标准件和通用件在全部零件中的比重，减少零件加工的余量，以及在加工中采用先进的工艺方法和专用的工艺装备等，都可以大大提高劳动生产率。

3. 不断改进操作方法

工人的操作方法是否得当会直接影响劳动生产率的提高。为了确定先进合理的操作方法，企业应用科学的方法分析研究工人的操作和动作，消除那些多余的、笨拙的操作和动作，尽可能使各部位的动作合理化，以达到改进操作方法、提高劳动生产率的目的。

4. 提高工人的技术水平和劳动熟练程度

一切先进的设备和工具都要由人去操作，一切先进的工艺方法都要由人来执行。如果工人不具有一定的技术知识和操作技能，那么任何先进的设备和工具，以及无论怎么好的工艺方法都不能充分发挥作用，这一点对利用现代技术装备起来的企业来说是尤为重要的。许多企业的实践证明，在同样的生产技术组织条件下生产相同的产品，如果工人的技术水平和劳动熟练程度较高，那么生产单位产品所消耗的工时也比较少。所以，企业要想有效地提高劳动生产率，必须积极搞好对工人的培训工作，不断提高工人的技术水平和劳动熟练程度，这是提高劳动生产率的一条重要途径。

5. 采用先进合理的劳动组织形式

现代企业的劳动是大规模的集体劳动。要想提高劳动生产率，用最少的劳动消耗生产出尽可能多的物质产品，就必须科学合理地组织工人的劳动过程，采用最能适合生产发展需要的劳动组织形式。例如，某服装厂过去采取“以人定工序”的办法，结果导致有些人和机器比较空闲，而另一些工序却比较紧张，经常加班加点，生产线上工作紊乱，劳动效率较低。后来该企业改成了“以工序定人”，结果使劳动生产率成倍地提高。

6. 巩固和加强劳动纪律

巩固和加强劳动纪律对提高劳动生产率特别重要。劳动纪律是维护生产秩序、组织生产劳动、加速生产发展的重要条件。只有企业全体员工不断加强组织性、纪律性，自觉地遵守规章制度，服从统一指挥，才能提高工人的出勤率和工时利用率，减少各种事故的发生，使劳动生产率日益增长，保证生产任务的顺利完成。而执行劳动纪律的关键在于企业各级管理人员要以身作则，带头遵守劳动纪律，做遵守劳动纪律的模范，对违犯劳动纪律的现象要敢抓敢管，不放任自流。对那些违反劳动纪律，情节严重，屡教不改的人，应给予适当的纪律处分，以达到告诫本人和教育全体职工的目的。

7. 实行科学管理

积极采用科学管理方法和手段也是提高劳动生产率的一条重要途径。当前在国内外企业管理中已采用的现代管理方法有很多，其中对提高劳动生产率影响比较大的有目标管理和网络计划技术等。

目标管理是20世纪50年代才出现的一种新的综合管理技术，其主要内容是年初由企业最高经营者确定企业的总目标和基本方针，然后经过协商，让企业的全体人员根据这个总目标和基本方针的要求，自上而下地依次制定出各单位和每个人的目标。目标制定出来后，让执行者自我控制，独立自主地完成目标；年末进行成果考核，根据完成目标情况给予相应的奖励和表彰，并记入档案，作为提职晋级的依据，以鼓励职工为实现新的目标而努力。实行目标管理后，由于每个职工都亲自参与制定目标，无疑会感到自己为达到目标负有责任，因此就能以极大的热情投入工作，在工作中发挥更大的积极性、主动性和创造性，千方百计地去完成任务，最大限度地提高劳动生产率。

网络计划技术也是20世纪50年代末期发展起来的一种很有成效的科学管理方法。这种方法就是将所要做的工作用网络图的形式进行科学的安排，以达到缩短工期和合理利用企业人力、财力、物力的目的。这种方法应用范围很广，特别是对一次性的生产或工程项目，如单件生产、设备维修、新产品研制、油田开发、管道施工等较为适宜。

第二节　工作设计

一、工作设计的内容

早在100多年前，当泰勒提出“科学管理”这个著名的管理方法时，传统的工作设计就出现了。工作设计是探讨如何有效组织生产劳动的过程，它通过把工作任务分解成若干个组成部分，对每个部分的内容进行测算，从而找到提高效率的方式。工作设计的内容主要包括以下内容：

（1）明确工作任务。

（2）通过分工确定工作内容。

（3）明确每个劳动者的职责。

（4）以组织的形式规定分工后的协调。

泰勒认为，管理者应当科学地分析工作，用精确的分析和实践去发现最为经济有效的方式去完成一项工作。管理者应善于挑选工人并加以培训，然后把他们安置在合适的岗位上。泰勒强调了由管理者和工人共同组成的团队的重要性。他认为，管理者必须承担起协调工作的重任，而不仅仅是由计划和时间表去操纵。他还认为“科学管理”发生作用的前提是管理者和工人共同参与。泰勒的科学管理技术被许许多多的工厂所采纳，对20世纪上半叶美国生产力的提高做出了巨大贡献。时至今日，泰勒的科学管理理论仍然是许多管理者用以提高劳动生产率的首选方法。

人们在社会组织中从事生产运作活动，而组织也依赖于人的努力工作来达到目标。因此，如何组织（设计）人们的工作，使他们能够发挥出最大的劳动效率就成了生产运作管理的一个重要内容。工作设计是为有组织的群体中的某一个人或某一群人指明活动内容，其目的是设计出满足组织及其技术要求和满足工人生理及个人需求的工作结构。

工作设计是一项复杂的事情，因为最终的工作结构将涉及许多因素。工作设计必须决定谁来完成、何时完成且如何完成。每个因素可能还涉及其他问题，如图4-1所示。

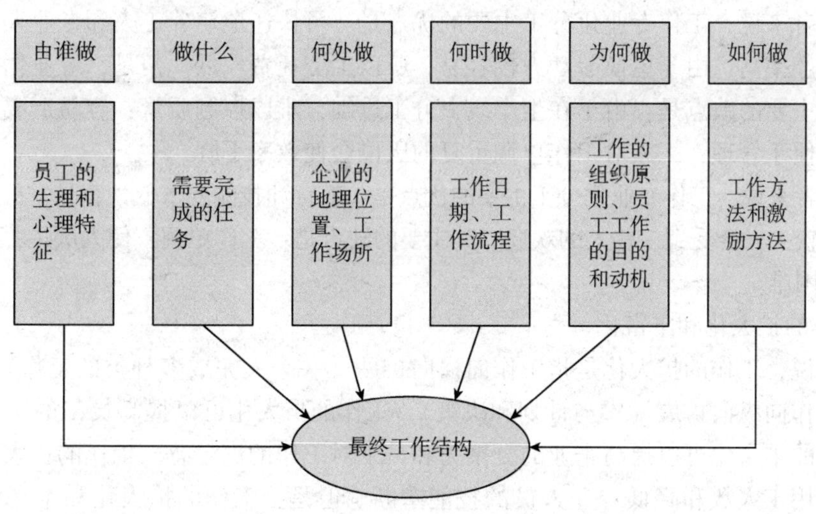

图4-1 工作设计决策

二、工作设计中的社会技术理论

在早期的研究中，有人就已经发现了人的心理因素对工作效率的影响，以及一个正式组织中存在着非正式组织，且非正式组织有着自己的价值观等。在此之后，关于工作设计中的心理因素内容仍在大量被研究着。

英国埃里克·特瑞斯特（Eric Trist）等人提出了工作设计中的社会技术理论。该理论认为，任何一个生产运作系统中都存在两个子系统：技术子系统（设备、工艺、工作方法等）和社会子系统（人的心理因素，如社会尊重、工作热情、安全需求、自我价值等）。如果只强调其中的一个而忽略另一个，就可能导致整个系统的效率低下。因此在工作设计中，应该把技术因素与人的行为、心理因素结合起来考虑。该理论的价值在于它不像早期以泰勒为首的那些管理者过度强调技术因素对工作效率的影响，而是要求在工作设计中将技术因素与人的行为、心理因素结合起来考虑。

哈克曼（Hackman）和奥德汉姆（Oldham）对继霍桑研究之后关于工作设计中的心理因素特征的研究进行了总结，得出了以下几个特征：

（1）技能多样性，即工作应该要求员工具有多种技能和才干，以增加其满足感。

（2）工作完整性确认，即工作应该使员工感觉到工作的整体性，并知道它的开始和结束。

（3）工作的重要性感知，即工作应给员工一种它对企业和社会有利的感受。

（4）自主性需要，即工作应该提倡自由、独立和分离。

（5）信息反馈，即工作应该提供关于生产活动的清晰、及时的信息。

三、工作设计中的行为方法

1. 工作专业化

专业化分工的主要原则是集中工作注意的能力，从而精通特定类型的工作。

对管理者来说，工作专业化分工主要的优点是：可快速地培养工人和专业人员；工作单一重复，生产率高；由于更换劳动力较容易，所以工资耗费较低。但是，专业化分工也有很多缺点。其主要的缺点是：由于在生产线上分工过细，难以控制质量；容易造成个别人的技术垄断，不便于管理；工人对工作单调重复的厌倦会使效率下降。

对劳动者来说，工作专业化分工主要的优点是：教育和技能要求低，容易掌握；在工作中承担的责任较少，会受到一些人的欢迎。其主要的缺点是：工作单调，使人厌倦；不能深入学习，再就业困难。

2. 工作的扩大化和丰富化

一般来说，工作的扩大化是指工作向横向扩展（一个人完成多种类的工作），工作的丰富化是指工作向纵向扩展（参与计划和决策）。工作的扩大化可以提高员工的工作兴趣和热情，而工作的丰富化可以提高企业的凝聚力和员工对工作的满足感。工作的扩大化和丰富化还可以减少用工人数和降低专业人员的技能垄断。但是，工作的扩大化和丰富化也有其缺点。主要有：由于员工要具备多种技能，所以使培训成本增加；掌握了多种技能的工人要求更高的工资水平，从而增加了生产成本；事故率有可能增加。

3. 团队工作方式

随着学习型、智能型组织理念和实践的兴起，工作的扩大化和丰富化在企业不断推广，人们越来越注重团队式工作。据《财富》杂志最新调查资料表明：世界500强公司中，80%以上的公司都在倡导团队工作方式。所谓“团队工作方式”，是指由数人组成一个小组，共同负责并完成一项工作。团队工作方式也可采用不同的形式，常见的有：

（1）项目团队，即为解决某一个特定问题或达到某一个目标而成立的临时组织，如新产品开发、工艺或设备改造等。这种临时性团队与传统的矩阵型组织机构有所不同。传统的矩阵型组织机构通常会由于项目经理权威不够、成员来自不同专业而不容易沟通、成员临时观念不强等会造成效率低下。为了克服上述缺点，可确立项目组领导者的权力。虽然项目组成员保持与各自职能部门的联系，但他们的工作完全在项目负责人的控制之下，工作业绩也由项目负责人考核。此外，项目负责人还有权决定项目组成员今后能否参加新项目的工作；项目开始就将项目组成员召集在一起，并对项目组成员进行相关专业培训，以利于团队成员的沟通。

（2）自我管理式团队。自我管理式团队也称为“自我指导团队”，由数人组成一个小组，共同完成一项相对完整的工作，小组成员自己承担管理责任。这种自我管理式团队与传统的工作小组不同，自我管理式团队在公司往往会被授予较高的决策自主权。其职责通常包括：决定团队成员的工作或任务分配，控制作业节奏和进度，考核成员和团队的工作绩效，有时自主挑选团队成员。

在公司组建自我管理式团队，会使员工工作的积极性和热情得到提高，且员工在自我管理式团队中得到的自主权和责任越多，其积极性和满意度就越高，公司从中也会获益匪浅。但成功地实施自我管理式团队并不容易，这需要公司投入大量的时间和精力。管理者也需要转变观念，从原来的指挥者和上司转变成团队工作的支援者和教练。此外，还需要对员工进行培训和教育，树立集体主义精神和熟悉团队工作方法。

第三节　动作分析

动作分析，是指对人的动作进行细微的分析，以省去不必要和不合理的动作，并科学安排动作的顺序，从而制定出最经济、合理、有效的动作序列的一种科学分析方法和技术。

一、动作分析的方法

动作分析的方法有目视动作分析、影片分析和既定时间分析等。

（一）目视动作分析

目视动作分析是由观测人员用肉眼对操作者左右手动作进行分析，并运用一定的符号按动作顺序如实地记录下来，然后进行分析，提出改进操作的意见。这种方法虽然比较简单，但当动作比较复杂或动作速度快时，观测和记录都比较困难。

（二）影片分析

影片分析是用电影摄影设备或录像设备把操作者的动作拍摄下来，根据需要可以按正常速度或按慢速拍摄或播放，然后进行分析，提出改善意见。这种方法取得的资料准确、可靠，是一种分析研究动作的有效方法。

（三）既定时间分析

既定时间分析是对作业进行必要的基本动作分解，根据预先制定的最小动作单位时间表求得每个最小动作单位的时间值，从而确定标准作业时间的方法。

二、动素的划分

动素是人体动作的基本要素。研究结果表明，人体动作的基本要素可细分为 17 种动素，现简单介绍如下：

（1）伸手，即当手开始伸向目的物的瞬间至抵达目的物的瞬间的空手移动。该动素力求缩短实际的路径和减少伸手时的方向意识，为尽量使目的物不要变动，可使伸手至一固定位置。

（2）移物，即手或身体的某一部位将物件由一地点移至另一地点。移动应理解为推动、拉动、滑动、拖动、旋转移动等。该要素力求缩短移动距离，减少每次移动的重量，讲究移动的方法，减少移动时的方向意识，即尽量有固定的停靠处。

（3）握取，即利用手指或手掌充分控制物件。握取常在伸手和移动之间发生，若广义理解，除手外，则用身体的某一部分（如足）来控制物件亦可称为“握取”。该要素力求减少握取次数，尽量以触取（只以手指按住物体，即可以将物体移动）代替抬取（物体确实被手握住，才能控制物件移动）。

（4）对准，即将物体摆置于特定的方位。该动素力求尽量使用工具，如定位块等。

（5）装配，即将两个物体配合在一起。该动素力求尽量使用工具。

（6）拆卸，即使一物体脱离其他物体。该动素力求尽量使用工具。

（7）应用，即为达到操作目的而使用工具或设备。该动素主要考虑工具或设备是否可以合并和改良。

（8）放手，即将所持之物放开，它是握取的相反动素。该动素需考虑与下一动素的开始是否处在最佳位置。

（9）寻找，即用眼睛或手摸索物体的位置。该动素力求将零件、工具安放在固定位置，并处于正常作业范围之内。

（10）选择，即从两个以上相似的物体中选取其一。该动素发生在伸手与握取之间，力求实现零件的规格化，提高互换程度。

（11）检验，即检验物体是否合乎标准。该动素要求检验标准适当，减少检验次数。

（12）计划，即操作进行时要考虑到下一步的心理活动。该要素力求采用熟练工人和简化操作程序。

（13）预对，即将物体在对准之前先摆置于预备对准的位置。该动素力求使用工具。

（14）持住，即手指或手掌连续握取物件并保持静止状态。若广义理解，手以外身体的某部位亦可有持住动作发生。该动素力求使用工具、设备。

（15）迟延，即在操作程序中，因无法控制的因素而发生不可避免的迟延，使其工作中断。若是因现行工序所需，等候机器工作或等候身体的其他部位（如另一只手）工作而发生的，则应调整人机之间的时间配合；若是由于工人不熟练或怪癖等习惯动作而引起的迟延，则应尽量使用熟练工人。

（16）故延，即在操作程序中因工人发生事故而使工作中断。该动素力求改进工人的工作方法，并加强对工人责任心的教育。

（17）休息，即工人因过度疲劳而停止工作。该动素力求使工人的动作置于操作的范围之内，并注意工作环境（温度、湿度、通风、音响、光线等）。

上述 17 种动素可分为 3 类：第一类是进行工作的动素（1~8），第二类是阻碍第一类进行的动素（9~13），第三类是对工作无益的动素（14~17）。从另一角度分，这 17 种动素还可以分为以下 4 类：

①实体性或生理性的动素：伸手、移动、握取、放手、预定。

②目标性的动素：应用、装配、拆卸。

③心理性或半心理性的动素：寻找、选择、对准、检验、计划。

④迟延性的动素：迟延、故延、休息、持住。

其中前两类为有效动素，后两类为无效动素。对有效动素，只能使之时间缩短，而非常难以去除；而对无效动素，由于它不直接关系到操作的进行，因此可通过分析，按动作经济原则予以去除。

一项操作若仅仅是实体性和目标性两种动态群的组合，便是最为理想的组合。

三、动作的经济原则

经过若干学者的研究，创立了为实现容易、迅速而又减少疲劳的作业动作的法则，称之为“动作的经济原则”。其可归纳为以下三大类：

1. 关于身体使用的原则

（1）只要能达到完成作业的目的，则手的动作越简单越好。例如，能用手指完成的动作，就不要用手腕，即动作等级越低越好。手的动作等级如表 4-1 所示。

（2）两手的动作应同时开始、同时结束。

（3）两手的动作应相反、对称地进行。

（4）避免不安定的作业姿势和上下移动，动作要在正常作业范围内运行。

（5）排除不必要的动作，动作距离应最短。

表 4-1 手的动作分类表

等级	手的动作分类
1	手指的动作
2	手指、手腕的动作
3	手指、手腕、前臂的动作
4	手指、手腕、前臂、后臂的动作
5	手指、手腕、前臂、后臂、肩的动作

2. 关于工作地零件和工具的放置原则

（1）加工件和工具要放在固定位置，通常要放在看得见、够得着的地方，并按使用顺序放置。

（2）工具、材料、控制装置应靠近作业位置，放置在操作者两臂正常工作范围之内。

（3）操纵杆、开关、手轮、指示仪器仪表应配置在易见、易操作的位置。

（4）为了操作方便，应给操作者配备高度适宜的工作台和椅子。

3. 关于工艺装备、设备的设计原则

（1）工具应尽量采用组合式，一件多用；改锥、扳手等工具应便于保持位置。

（2）尽量以夹具或脚踏工具替代手的操作。

（3）利用重力、惯性等使加工好的零件沿滑道自动落入容器。

（4）利用靠模、胎具、导向工具等使被加工工件自动定位。

简而言之，动作经济、合理的要求是：

（1）动作应同时进行。

（2）动作应对称。

（3）动作应自如。

（4）动作应有节奏。

（5）动作应考虑惯性。

（6）能用脚完成的动作，应避免用手。

四、动作分析的应用

动作分析对于各种操作，特别是对于手工操作的作业是很适用的。任何一种作业都有操作快慢之分。有的操作方法先进，有的落后，因此操作者就有快手、慢手之分。需要明确指出的是，所谓的“快手”“慢手”并不是孤立地指其完成某一动作的时间，而是指其完成作业的速度。速度快、慢的关键在于动作的合理性，即辅助动作和延迟动作所占用的时间。因此，可以通过动作分析，总结和推广先进的操作经验，以达到改进操作方法，提高生产效率的目的。

第四节　时间研究

一、时间研究概述

1. 时间研究的基本概念

时间研究又称为“作业测定”，是运用各种技术来确定合格工人按规定的作业标准完成某项工作所需要的时间。其作用主要有以下几个方面：

（1）定量比较两种或两种以上作业方法的先进程度。

（2）制定标准工时定额，借以确定企业的生产能力。

（3）制定标准的衡量制度和方法，更好地贯彻按劳分配原则。

2. 时间研究的方法

时间研究的方法主要有：

（1）秒表法（密集抽样法）。该方法是利用秒表或电子记时器，在一段时间内对作业的执行情况行直接的连续观测，直接取得各种操作活动的时间消耗。然后，把实际状况与标准概念对比，做出对工作（速度）的评定系数和宽放等数据，利用这些数据计算出作业标准时间。

（2）工作抽样法。工作抽样亦称“工时抽样”，它是由时间研究人员选择随机时刻巡视现场，对操作者或设备的工时利用情况进行必要的、一定量的瞬时观察，记录其出现的次数，再运用概率及数理统计方法，通过对置信度和可靠度的计算，推定总体的工时利用情况。

（3）预定时间标准法。预定时间标准法是利用预先为各种动作制定的时间标准来确定各种操作所需要的时间，而不是通过直接观察或测定。由于该方法能精确地说明动作并加上预定工时值，因而有可能较之用其他的方法提供更大的一致性。由于这种方法不需要对操作者的熟练、努力程度进行评价就能对其结果在客观上确定出标准时间，故称为“预定时间标准法”。预定时间标准法又分很多种，如工作因素法、动作时间分析法、模特法等。

二、工时消耗与标准时间的构成

1. 工时消耗的构成

所谓“工时”，就是工作班的工作时间。工人在生产中的工时消耗可分为定额时间和非定额时间两大部分，具体构成情况如图 4-2 所示。图中，定额时间是指完成某项工作必须消耗的时间。

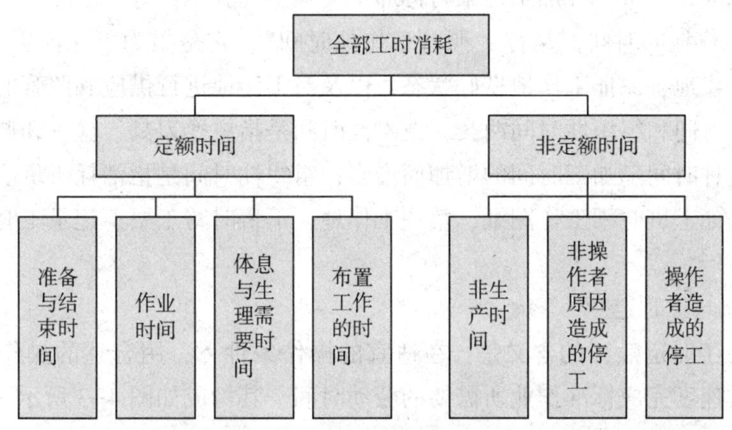

图 4-2　全部工时消耗情况

定额时间由以下四类时间组成：

（1）作业时间。作业时间是指实现工作任务所消耗的时间，它是定额时间中最主要的组成部分。作业时间可以按其作用分为基本时间和辅助时间。基本时间是直接完成工作任务所消耗的时间，通常是指使劳动对象发生物理变化或化学变化所消耗的时间；辅助时间是指除基本时间外，为了保证实现工艺目的而必须消耗的时间，如机械加工中安装零件、测量尺寸和拆卸零件等工作所消耗的时间。

（2）准备和结束时间。准备和结束时间是指为完成某项工作，事前进行准备和事后结束工作所消耗的时间，如加工一批零件前熟悉图纸、领取工夹具、检查机床设备所消耗的时间，一批零件加工结束后拆卸工夹具、调整机床设备所消耗的时间，等等。准备和结束时间的特点是加工同一批零件只消耗一次，准备和结束时间与加工零件的批量无关。

（3）布置工作的时间。布置工作的时间是指为了保证生产的正常进行，工人用于照管工作地，使之经常保持正常状态所消耗的时间。它可以分为技术性时间和组织性时间。技术性时间是指由于技术的需要而消耗在布置工作上的时间，如更换刀具、消除切屑等。组织性时间是指消耗于班前准备工作和交接班工作上的时间。

（4）休息与自然需要时间。休息与自然需要时间是为了消除工人疲劳以及生理上的自然需要所消耗的时间，如喝水、上厕所等时间。

非定额时间是指不是完成某项工作所必须的时间消耗，它大多是由于管理工作的缺点或工人违反劳动纪律引起的时间消耗。非定额时间主要是由下述时间组成的：

（1）非生产工作时间，这是指工人做了本身任务以外的工作所消耗的时间。

（2）停工时间，这是指工人在工作班内因某种原因未能从事生产活动，中断生产所损失的时间。若因计划水平低使操作者停工，应给予操作者适当的工时补偿，但这不属于定额时间问题。

作业时间是指完成工作任务消耗的时间，它是定额时间中最主要的部分，可分为以下两种：

（1）准备和结束时间，又称“作业转换时间”，是指完成某项工作或一批零件，在工作开始前的准备时间以及工作完毕时的结束工作时间。如加工前了解图纸和工艺要求，领取工夹具，调整机床等；一批零件加工结束时拆卸工夹具，交验工件等。

（2）布置工作地的时间，又称“照管工作地时间”，它是指为了保证生产的正常进行，用于正确布置工作地、保证工作地良好状态，以及对工作地进行供应和照管的时间。这种时间又分为技术性时间和组织性时间两类。技术性时间是指更换刀具、检查和调整机床、清除切屑等时间，这种时间随加工时间的增加而增多；组织性时间是指消耗于班前准备工作和交接工作的时间，如上班时领工作图纸、整理工作地，下班时写工票、记录工时、收拾工具和交接班等。

2. 标准时间与工时定额

标准时间（工时定额）的含义是：在适宜的操作条件下，用合适的操作方法，以普通熟练工人的正常速度完成标准作业所需要的劳动时间。其构成如图 4-3 所示。

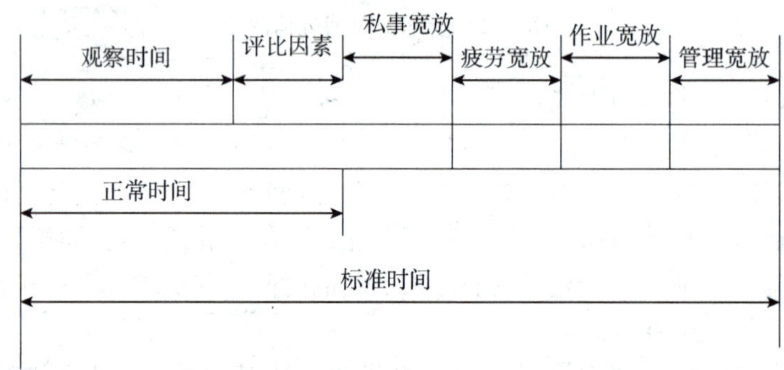

图 4-3 标准时间构成

标准时间具有以下特性：

（1）客观性。对应于某一标准化的作业操作（通过方法研究），标准时间是不以人们的意志为转移的客观存在的一个量值。

（2）可测性。只要将作业标准化了，就可以用科学的方法对操作进行测定（如秒表测时、工作抽样、预定时间标准等），以确定标准时间的量值。

（3）适用性。因为标准时间是普通熟练工人以正常速度完成某项作业所需要的劳动时间，不强调以过分先进或十分敏捷的动作完成某项操作，所以它易于被大多数工人所接受。

三、秒表法（测时法）

（一）测时的概念及功能

1. 测时的概念

测时是直接在工作地以工序、操作或某一工作事项的作业时间为对象，按照先后顺序进行反复观察、记录和分析研究的一种方法。测时主要用来研究某一工序或作业的工时消耗情况，仅局限在每个工件加工中的作业时间耗费上，比较“精细”。测时的基本目的是找出作业时间内各个操作的正常工作消耗值，为制定工序或工步时间定额提供依据。

2. 测时的功能

测时的基本功能归纳起来有以下几点：

（1）测时的目的是对整个工作日中占很大比重的作业时间做进一步深入细致的分析研究，为制定工时定额或编制劳动定额标准提供数据资料。

（2）测时通常能够总结和推广先进工人的操作方法和经验，帮助后进工人改进操作方法，使操作方法合理化，不断减轻工人的体力消耗和劳动强度。

（3）测时可用于研究工人劳动定额的完成情况，帮助工人完成和超额完成现行定额，逐步降低工时消耗。

（4）测时可用于分析，以便于改善劳动组织，提高劳动生产率。

（二）测时的步骤及内容

组织测时时，虽然被测定的对象、范围和内容千差万别，但具体实施的方法和步骤却大体相同。现归纳如下：

（1）深入工作现场，调查研究，收集操作者、被加工对象以及所使用的设备、工器具等有关的各种数据和资料。具体地说，应将以下资料一一登记在预先设计好的测时表格中：

①操作者的姓名、年龄、工具、工种、技术等级、工龄等。

②使用的机械设备、工具、夹具、量具。

③加工的程序、方法，机械设备的各种技术参数，如转速、进给量等。

④被加工对象的规格、材质，加工的尺寸、表面粗糙度等技术要求（绘制出加工草图）。

⑤工作地布置简图。

⑥工作环境和劳动条件，如工地照明、温度、湿度、噪音等数据。

⑦测时人员的一般情况，测量的时间和地点。

（2）将实际操作分解成若干细小的操作单元，并详细地加以记录。任何一种操作都可细分为若干种动作，但这些动作的分解需要借助影视、录像等手段。对于延续时间极短的动作，如采用秒表则无法进行详细的测定和记录。因此，在测时前应将操作划分为适当的单元，而这些单元是由若干动作组成的。

（3）实地进行观测。在做好测时前的各项准备工作以后，即可进行实地观测。具体测定时可采用如下两种测时法：

①连续测时法。这种方法是按操作顺序，从第一个观测周期、第一个操作单元开始，秒表不停地连续进行登记记录。在登记时只记录各单位的终止时间，各单元的延续时间等于前

后相邻的两个单元终止时间之差。

连续测时法最大的优点是将整个操作全面详尽地记录，保证了测时资源的完整性和真实性。它适用于测定延续时间较短的操作。

②归零法。这种方法是按操作顺序直接测定各个单元的延续时间。每次测定时秒表针由0位开始，本单元终止后，表针立即返回，再从0位开始记录下一单元的延续时间。采用归零法测时能直接得到各个操作单元的延续时间，减少书面计算汇总的工作。但每次测定时秒表针需返回0位，约有0.00003小时的时间耗费在表针归0的动作上，每次操作时间虽然很少，但如果累计起来就相当可观了。特别是当被测定的单元延续时间很短时，表针归0位可能会占去单元的部分或绝大部分时间，使测时的准确性大大降低。为了弥补归零法的缺陷，可将两支秒表装在测时板上，借助杠杆的作用控制两支秒表，交替测定各个操作单元的时间值。

(三) 测时数据的处理

1. 删除异常时间值

例如，某一操作单位在设定观察误差下，满足测定要求的20次测定结果分别是20、20、21、20、22、20、19、24、20、22、19、21、20、28、21、20、20、22、M、20（观测20次，其中1次漏记，因采用十进分制秒表，其计时单位为0.01分）。

计算异常时间值的过程如下：

$$\bar{x} = \frac{\sum_{i=1}^{n} x_i}{n} = 399/19 = 21.0$$

$$\sigma = \sqrt{\frac{\sum_{i=1}^{n}(x_i - \bar{x})^2}{n}} = 2.02 = 2.0$$

则：　　控制上限：$UCL = \bar{x} + 3\sigma = 21.0 + 3 \times 2.0 = 27$

控制下限：$LCL = \bar{x} - 3\sigma = 21.0 - 3 \times 2.0 = 15$

根据计算的结果可知，仅有“28”时间值应予删除。

2. 求出作业时间值

先将各单元删除异常时间值后，再求出各单元时间的平均值，然后再按下式求出作业正常时间：

作业正常时间=平均作业时间×评定系数

其中，评定系数按标准工作状态下的正常速度增减，测时时状态优于标准工作状态评定系数的应大于1，反之则应小于1。

四、工作抽样法

(一) 工作抽样的含义

工作抽样亦称“工时抽样”或“瞬时观测”，是由英国统计学家蒂皮特（Tippett）在1934年运用统计学和概率论的理论发现的。他在纺织厂采用抽样技术调查织布机的开动率和工时利用率，并将研究成果公开发表，命名为“快读法”。1940年，美国动作研究专家莫罗（R. L. Morrow）用此法代替了传统的工作日写实，并认为测定正常时间应加上宽放系数，他称为“比例延迟研究”。莫罗的研究实践引起了其他一些动时研究专家的注意，并开启了工作抽样研究。1956 年，动时研究专家巴恩斯（R. M. Barnes）将部分论文编辑成册，以《工作抽样》为名出版，介绍了工作抽样的基本原理和大量的实用案例。从此，工作抽样成为广泛应用于医院、商店、学校、银行及行政机关等单位工时研究的主要技术。

（二）工作抽样法的应用范围

工作抽样法主要用于研究下述问题：

（1）设备及人员的工时利用率。

（2）劳动定额中的宽放率。

（3）人员及设备的安排是否得当。

（4）人员、设备及材料的组织是否还可以改进，以提高效率。

（三）工作抽样法的应用条件

工作抽样法的应用条件是：

（1）适用于观察对象相对集中的生产、工作场所。

（2）需要得到生产工作场所的管理者和被观察对象的配合，维持原有的生产工作状态。

（3）观察人员必须事先经过培训，以熟悉活动事项分类，掌握工作抽样的方法、要领。

（四）工作抽样方法及要求

1. 抽样前的准备

（1）确定观察项目。观察项目可根据抽样项目确定。

（2）观察项目分类。项目确定后，随即按工时消耗分类方法确定对观察项目的分类，其工时消耗代号应符合 GB/T 14163-93 的规定。

（3）确定必要的观察次数。必要的观察次数是根据抽样调查时规定的绝对误差或相对误差而定。采用绝对误差时，必要的观察次数按公式（4-10）计算；采用相对误差时，必要的观察次数按公式（4-12）计算。

$$N=\frac{4P_y(1-P_y)}{E^2} \tag{4-10}$$

式中，N 为必要的观察次数，P_y 为事项发生率，E 为绝对误差。

$$E=P_yS \tag{4-11}$$

式中，S 为相对误差。

$$N=\frac{4(1-P_y)}{S^2P_y} \tag{4-12}$$

事项的发生率（P_y）开始是通过较少的预备抽样或估计获得。随观察次数的不断增加，需按一定的时间间隔不断计算 P_y 值，直到计算的 P_y 值基本稳定为止。

（4）确定观察时刻。主要观察以下几种情况：

①确定必要的巡回观察次数。工作抽样适合观察众多观察对象，如对车间全部操作工人进行观察时，去现场作一次巡回可以获得许多次观察。

巡回观察的总次数（K）按公式（4-13）计算。

$$K=N/m \quad (4-13)$$

式中，m 为一次巡回观察的对象数，N 为总对象数。

②确定计划观察工作日数。每工作日安排的巡回次数除以巡回观察的总次数（K），便得到了计划观察工作日数。例如：必要巡回观察总次数为 100 次，一名观察员一个工作班内巡回观察 25 次，则计划用 4 个工作班时间完成全部观察。

③确定观察时刻。主要方法有以下几种：

a）不等间隔观察时刻，可用卡片抽取：抽样前准备一套按一定时间间隔做成的卡片，间隔时间应大于巡回一次所需时间。卡片使用前应充分混合，根据要求确定巡回观察次数，再随意从卡片中抽取相应的张数，然后将抽出的卡片按时间顺序排列出来，便是一张随机观察的时刻表。

b）等间隔观察时刻。第一次观察时刻是随机的，其方法同上。以后各次观察时刻按一定时间间隔确定，如每隔 10 分钟、15 分钟观察一次。

（5）确定巡回路线。巡回路线可选“Z”形、环行、直线形等，因为观察次数多，走的路线又长，为了便于观察，应预先研究并确定最佳路线。

（6）制定表格。制定工作抽样观察记录表（见表 4-2）、工作抽样结果汇总表（见表 4-3）。

表 4-2　工作抽样观察记录表

观察对象		设备名称		设备型号		工序		编号 No-
序号	分类（组）							
	第一组			第二组		第三组		
	观察时刻	时间消耗代号		观察时刻	时间消耗代号	观察时刻	时间消耗代号	

表 4-3　工作抽样结果汇总表

观察日期	第一天	第二天	第三天	第四天	第五天	合计	事项发生率%
观察项目	观察结果						

2. 观察记录

观察人员按预先规定的观察时刻和巡回路线进行巡视，当到达固定的观察位置时，立即将每一瞬间看到的作业活动事项用代号记录在工作抽样观察记录表上。

3. 整理分析

（1）填写结果汇总表。每个工作日观察结束后，将观察结果汇总，填写到工作抽样结果汇总表中。

（2）计算事项发生率。按公式（4-14）计算每工作日观察事项的发生率：

$$P_s = \frac{\text{事项发生次数}}{\text{一工作日的全部观察次数}} \times 100\% \tag{4-14}$$

（3）剔除异常值。在完成全部观察次数后，利用公式（4-15）对抽样数据进行检验。当事项发生率控制界限 P_L 大于上控制值或小于下控制值时，属异常值，予以剔除。

$$p_L = \bar{P}_s \pm 3\sqrt{\frac{\bar{P}_s(1-\bar{P}_s)}{n}} \tag{4-15}$$

式中，P_L 为事项发生率控制界限，n 为每工作班观察次数，$\bar{P}_s$ 为按工作日计算平均事项发生率。

（4）验算抽样误差。根据剔除不正常数据后进行的观察次数和事项发生率计算抽样误差，若计算出的抽样误差小于或等于事先规定的误差则可行，大于事先规定的误差则要继续进行抽样观察，直至满足条件为止。可靠度为95%时抽样误差计算公式如下：

$$E = 2\sqrt{\frac{P_y(1-P_y)}{N}} \tag{4-16}$$

$$S = 2\sqrt{\frac{(1-P_y)}{NP_y}} \tag{4-17}$$

式中，P_y 为事项发生率，N 为总对象数。

（5）写书面结论或报告。按抽样的目的，根据抽样结果推断出总体，写成书面结论或报告。

练习题

一、单项选择题

1. 以下方法适合于电视机生产企业计算劳动生产率的是（　　）。

A. 按实物计算　B. 按价值量　C. 按定额工时　D. 按不同时间

2. 以下方法适合于艺术品加工企业计算劳动生产率的是（　　）。

A. 按实物计算　B. 按价值量　C. 按定额工时　D. 按不同时间

3. 以下方法适合于机械加工企业计算劳动生产率的是（　　）。

A. 按实物计算　B. 按价值量　C. 按定额工时　D. 按不同时间

4. 可以培养工人集中工作注意力能力的是（　　）。

A. 工作专业化　B. 工作扩大化　C. 工作丰富化　D. 工作综合化

5. 工作向横向扩展的是（　　）。

A. 工作专业化　B. 工作扩大化　C. 工作丰富化　D. 工作综合化

6. 工作向纵向扩展的是（　　）。

A. 工作专业化　B. 工作扩大化　C. 工作丰富化　D. 工作综合化

7. 以下不属于通常的动作分析方法的是（　　）。

A. 目视动作分析　B. 影片分析　C. 既定时间分析　D. 既定场合分析

8. 工作因素法属于以下哪种时间研究方法？（　　）

A. 秒表法　B. 工作抽样法　C. 预定时间标准法　D. 动作时间分析法

9. 模特法属于以下哪种时间研究方法？（　　）

A. 秒表法　B. 工作抽样法　C. 预定时间标准法　D. 动作时间分析法

10. 工作抽样法通常不用于以下哪类企业的时间研究？（　　）

A. 皮鞋生产企业　B. 医院　C. 商店　D. 学校

二、判断题

1. 在实际工作中应用比较普遍的是按价值量计算的劳动生产率。（　　）

2. 生产品种规格比较复杂的企业通常采用按实物单位计算的劳动生产率。（　　）

3. 目标管理是由企业最高经营者确定各单位的目标。（　　）

4. 目标管理要求执行者自我控制，独立自主地完成目标。（　　）

5. 项目团队由数人组成，共同完成一项相对完整的工作，小组成员自己承担管理责任。（　　）

6. 所谓的“快手”“慢手”主要是指其完成作业的速度。（　　）

7. 工作抽样法适用于观察对象相对集中的生产、工作场所。（　　）

8. 归零法适用于测定延续时间较短的操作。（　　）

9. 按操作顺序直接测定各个单元延续时间的是连续测时法。（　　）

10. 用测时法研究某一工序或作业的工时消耗时仅考虑每个工件加工中的作业时间耗费。（　　）

三、简答题

1. 简述提高劳动生产率的主要途径。

2. 工作设计的内容主要包含哪些方面？

3. 工作专业化有何优缺点？

4. 动作经济、合理的要求是什么？

5. 简述定额时间的组成。

6. 测时的基本功能有哪些？

7. 简述工作抽样法的应用条件。

案例分析

腾讯：管理研发大团队就像 10 人小分队

很多大企业会面临诸如“人员懒散”“效率低下”等大企业病。

腾讯公司有着近 20 年的互联网行业经验，在产品研发、运营、管理的整个过程中积累了大量经验，在团队研发、管理和协作方面也不断投入了大量时间和精力去优化。腾讯小团队的能力在业界有目共睹。然而，有些时候，哪怕拥有多个包打天下的小团队，在面对大型项目时，也是无济于事的。因为巨大的工作量逼迫企业只有依靠“人海”战术，才能有所推动、有所突破。

如何让200人甚至更大的团队保持10人小团队的高效率和协作方式，真正发挥出作用，避免陷入僵化臃肿的囧境，是一个让任何大型企业都无法回避的难题。腾讯公司的研发方法论、腾讯在研发团队管理方面的先进经验值得我们学习。

一、三驾马车：产、研、运

腾讯内部有众多或大或小的团队，但是其核心岗位还是产、研、运，即产品策划、产品研发、产品运营，这三个覆盖了产品从制作到运营管理整个流程的关键角色共同组成了一个从研发设计到上线运营管理的完整闭环。

在产品策划团队里，产品经理负责大方向上的把控，其下的具体操作工作则交给交互设计师和视觉设计师，分别进行相关的专业设计。

在产品研发团队里，项目经理充当协调安排的枢纽角色，根据产品策划团队提出的需求进行计划排期，并安排工程师具体跟进需求。开发工程师负责产品的开发，测试工程师负责对产品进行测试和验收，产品上线后的管理和维护则由运维工程师来完成。

在产品运营团队里，同样有负责抓总的运营经理和负责落实的运营专员，他们共同承担起产品上线后的用户运营、活动运营和渠道运营等工作。

“产品”包含了双重含义：一是指实实在在用于用户体验的可感知的产品，二是指做产品的团队。

在腾讯内部，产品策划团队像是产品的爸爸，是产品创作的源泉、想法的起点；产品研发团队像是产品的妈妈，通过辛勤孕育，创造质量合格的产品；产品运营团队像是产品的奶妈，在产品交付给用户之后持续运营，努力让用户用得更好，以体现出产品的价值。

由这三者组成的完整闭环可让整个团队进入高效运作的状态，各司其职、各有侧重，又交叉重叠、团结协作。

在这样的体制机制基础上，腾讯在管理200人或者更大规模的团队时，能驾轻就熟地按照产、研、运的组织结构进行复制，把一个200人的团队拆分为10个20人的团队，或20个10人的团队，分别负责产品的子模块。在这些子团队里面，还是以产、研、运三驾马车组成，独立工作，具备交付功能，为子目标努力，再通过彼此之间的协作完成整个大产品的研发和交付。

用概念化的语言总结就是：腾讯通过组织拆分，实现了大团队向小团队的裂解，并采取团队间“高内聚、低耦合”的工作方式进行大型产品的快速研发。

二、统一心跳：迭代与版本火车

为了实现多个团队的快速研发，必须要有一套机制来保证团队成员间步调相同，才能避免出现我快你慢、我等你赶的尴尬局面。这套神奇的机制就是互联网业界反复谈到的那个词——迭代。

迭代，就是每个团队周期性运作的时间段，让团队成员以共同的节奏、共同的步骤、共同的周期、共同的心跳完成周期性运转，保证在每一个周期的同一时间点，团队中的每一个人做的事情是相对一致的。迭代也让团队内外有了共同的预期，知道什么时间点该做什么，该交付什么出来。其中，以周为单位进行迭代运转的方法被使用得最为广泛，被称为“周迭代”。

迭代的运用帮助产品团队实现了“三化”——规律化，让极速奔跑的团队有条不紊；分散化，让大量复杂工作增量前进；协同化，让多个子产品间高效协作。

实际生活永远是复杂多变、难以预计的，光靠迭代模型无法永远让所有的工作保持同步，而且在开发大型互联网产品的时候，一次乱步往往就代表着谬以千里的重大延迟。

鉴于此，基于周迭代模式，腾讯推出了“版本火车”模式。它的核心是让不同的子产品以相同的周迭代为基础，通过“赶火车”的方式进行发布。例如，服务器端子产品迭代速度快，每个迭代版本可以实现，每周一次发布；APP 端产品受制于平台，最快也需要两周才能有一次发布；客户端产品节奏更慢，需要考虑兼容性和适应性问题，准备工作更多，所需时间更长，只能做到四周一次发布。为了解决这种复杂的协作关系，腾讯安排服务器端子产品不用等待其他子产品，可以各自按照进度推进，但在第四周之后，也就是各端子产品都完成一次发布之后，将进行一次统一的发布，实现大的功能点的更新和新功能的发布。

多个子产品以各自独立的节奏去运作，貌似步调混乱，但通过寻找每个子产品的整数倍节奏，在固定节点对其同步，就能实现统一发布。这种求同存异、乱中有序、各自心跳、统一管理的思维是腾讯保持产品开发速度和小团队独立灵活性的本质的哲学逻辑。

三、透明胜于沟通

除了产品的运作机制和团队的协作机制外，为了实现多人的高效协作，透明也显得极其重要。

所谓“透明”，就是指团队中全体成员要把自己的工作信息，包括进度、问题等积极主动地告知身边的同事，而不是被动地等待去同步。透明是一种更深层次的沟通，它用广播的形式实现了信息的快速对齐，有助于团队的高效运作。

腾讯内部一直秉承透明的理念，让各团队信息都能得到及时共享。那么，他们是怎么做到的？

1. 一日之计在于晨会

各团队每天早上聚到一起，用十多分钟的时间开一次晨会。会上，大家轮流讲述自己前一天的工作和这一天要完成的工作，并交流遇到的问题，实现了团队内部的信息对齐。如果问题很棘手的话，还会组织进行二次会议。晨会结束后，遇到问题的相关人员将继续深入讨论解决方案，以保持信息的流转范围不被扩大，也大量节省了其他队员的时间。

2. 实时刷新的进度墙

每个团队都会有一面自己实时刷新的“进度墙”，上面标记出产品的实时状态，包括待开发、开发中，待测试、测试中，已发布等阶段。

例如，在产品早期，各团队会有一个初步的计划。此后，如果按照正常流程，一次迭代完成以后各团队都会到达待发布的状态。但在产品推进过程中，往往会出现各种问题，所以这种“进度墙”模式可以实现产品进度的透明化，让团队成员每时每刻都能够掌握产品整体的进度。出现问题时，大家也可以去快速解决。

3. 全部透明的需求池

需求池是产品的信息汇聚地——TAPD，这也是腾讯花费大量人力和物力开发出来的一套适用于互联网的项目管理工具。

TAPD 需求池里存有全部待开发、待评审、已开发、已发布的产品或者用户反馈信息、漏洞等，实现了全面透明。团队人员都可看到现阶段和历史的需求池，了解产品当前的状态，看到产品未来的发展方向。

4. 近在手边的实时数据

腾讯设置有自己内部的经分系统和监控系统。经分系统即经营分析系统，通过该系统，腾讯实现了对每个产品的业务数据实时汇总。监控系统可以实时监控这些数据的异常，以便及时解决出现的问题。

通过经分系统和监控系统，团队不仅能实时快速地了解产品的状态，还能够迅速发现问题，保证产品的正常运营。大家可以清晰地看到技术瓶颈的存在，并了解距离最终任务达成还有多远的距离。

5. 无边界的 RTX

RTX 是腾讯一款著名的企业内部交流软件，很多企业都采购了 RTX，但真正发挥出这款软件的全部作用，将它使用到极致的还是腾讯。

腾讯内部员工很多时候都会选择使用 RTX 进行沟通，或临时建立讨论组交流，或召开线上评审会议。腾讯员工的电脑桌面上往往会开有十几个 RTX 窗口，通过它，大家可以轻松地知道任何一件事情。

此外，RTX 还是一种零负担的交流方式，比面对面沟通时的压力小很多。例如，一些基层员工在面对老板时会有压力，这个时候他就会选择在 RTX 上向领导请示；当领导发现有产品体验问题的时候，也会截图通过 RTX 发给员工，相互之间都不会有压力，而且还促进了员工与领导之间的信息交流。

6. 沉淀备忘的邮件

相对于上述那些沟通方式，腾讯内部对于邮件的使用率并不高，依赖也不多，一般只在重要事情上才使用邮件，因为相比于面对面沟通和 RTX 交流，邮件的好处是可以实现信息沉淀，重要的事情通过邮件会有备份，避免了发生丢失、恶意篡改等问题。

（资料来源：http://caselib.drcnet.com.cn）

思考题

1. 腾讯是如何管理大规模团队的？
2. 在产品研发中，腾讯是如何保证团队成员间步调相同的？
3. 腾讯是如何让各团队信息都能得到及时共享的？

第五章　生产能力与生产计划

本章目标

通过对本章的学习，学生应了解生产能力的含义和分类，理解生产能力的度量，掌握生产经济规模和生产能力的影响因素，理解生产能力的计算方法，熟悉生产计划的内容和编制步骤，熟悉综合生产计划的目标和任务，学会主生产计划的编制，了解产品出厂计划的编制要求，熟悉生产能力计划的类型，了解制定生产作业计划需要遵守的几个准则，掌握常见的作业排序的方法，了解几种服务行业的综合生产计划。

本章重点

掌握生产经济规模和生产能力的影响因素，以及常见的作业排序方法。

本章难点

理解生产能力的度量和计算方法，以及几种作业排序的方法。

引入案例

HZ 公司生产计划管理中的问题分析

HZ 公司的生产计划按计划期不同可分为年度计划、季度计划、月计划和周计划，按层级可分为公司计划、分厂计划和班组计划。在此剖析 HZ 公司在生产管理中存在的问题，以便为企业生产管理的探讨抛砖引玉。

一、公司生产计划管理的现状

本部分主要从生产计划编制流程、资源配置和设备利用情况、生产计划完成情况等方面进行阐述。

1. 生产计划编制流程

生产部门根据年度生产经营计划及订单情况，制定年度生产计划、季度生产计划和月生产计划，总装厂根据月生产计划制定周计划和日生产计划，生产班组根据周计划和日生产计划编制物料需求计划；采购部在中标后制定采购计划，根据月生产计划及库存情况制定月采购到货计划，根据库存情况、现场物料数量及周计划制定周采购到货计划。

2. 资源配置和设备利用情况

HZ 公司根据生产现场工人的实际工作情况，确定了行车、半门吊等设备的使用情况。由于生产能力往往受物料、制造、设备、质量等因素的影响，因此 HZ 公司对现行生产能力进行核定时采用了工时法，根据此方法核定出了 HZ 公司目前的理想最大产能。为完成年产 300 台的目标，HZ 公司对设备的利用情况进行了计划安排发现。

3. 生产计划完成情况

根据生产部统计，HZ 公司 2009~2014 年年生产计划的完成率以及 2014 年季度、月度和周生产计划的完成率不是非常均衡，而且大部分偏低。

二、HZ 公司生产计划管理中存在的主要问题及原因分析

本部分主要从计划体系、投产决策机制、生产计划稳定性、生产能力等方面阐述 HZ 公司生产计划管理中存在的主要问题及原因。

1. 计划体系不系统，物料需求信息沟通不畅

（1）计划体系不够系统。生产计划是一个系统，不仅要包括年、季、月、周和日的主生产计划，还要包括配合主生产计划实施的辅助计划，如物料需求计划、物料采购计划和人员保障计划等。而 HZ 公司在计划管理方面缺乏一定的逻辑性，如缺乏物料需求计划、人员保障计划以及各个计划的制定部门缺乏一定的沟通等。

（2）物料需求信息沟通不畅。主要包括以下几方面：

①采购部制定采购到货计划需要先去库房了解库存，再到生产现场了解现场进度及物料消耗，再根据两者的综合情况，制定采购到货计划。这大大增加了采购部的工作量。因为缺乏准确完善的文件说明，采购员观察得到的库存数量往往与现实有一定差距，导致采购到货计划缺乏准确性。

②总装厂得不到准确的采购提前期，因此在做采购申请的时候不能及时提出采购申请，采购部没有充足的时间进行采购，导致经常有缺料的情况发生。

2. 投产决策机制不完善，计划完成率低

（1）投产决策机制不完善。由于前期风电市场一路高歌猛进，形势一片大好，各地风电场业主不断催货，导致生产基本处于边生产边发货状态，几乎是生产多少就能卖多少，量产第一年就实现工业总产值 13.6 亿元，销售收入 9.5 亿元。在这种大好形势下，公司进一步加大了投入，储备了大量物料。当时的投产决策很简单，认为只要有合同就可以下达投产指令，生产计划编制基本不考虑业主风电场建设的实际情况，也不担心物资供应问题（储备充足），只按照合同约定的交付节点来制定生产计划，计划管理简单而粗犷。

（2）计划完成率低。HZ 公司的生产计划按计划期长短可分为年度、季度、月、周计划，由生产部根据公司综合部下达的年度生产经营综合计划大纲和销售预测编制年度生产计划，再依据季度产工业总产值目标和合同订单编制季度生产计划，并分解为月生产计划，总装厂根据能力和发货节点制定周生产计划。

由于年初手持订单数量较少，年度生产计划只是一个总体目标和预测，而具体的实施则按季度生产计划执行。季度生产计划根据销售合同约定交付时间、当期产能和物资配套等情况，进行综合平衡后制定，在每季度中间月份的 20 日下发下一季度的生产计划，每月则按季度计划再分解下达月生产计划，并指导当月生产。这就造成从季度计划下达到执行最短的间隔周期为 40 天，最长的达 100 天，常常出现前半段生产准备时间不够，生产中物资配套跟不上，停工待料时有发生；后半段间隔时间过长，市场变化导致季度末月实际执行的计划已经与原计划发生较大改变，最终的结果是计划调整频繁，月计划完成率偏低且波动较大。

3. 生产计划变更大，与实际需求脱节

（1）生产计划变更大。月生产计划是周生产计划、日生产计划和物料需求计划的基础，因此，月生产计划的改变，尤其是对已开始执行但尚未完成的月生产计划进行修改时，会引

起一系列变更以及成本的增加。月生产计划量的增加可能会导致物料短缺而引起交货期延迟或作业分配复杂化，月生产计划量的减少可能会导致库存量增加以及生产力（人力、物力、财力等）的浪费。生产计划的变更一般由以下原因造成：

①紧急插单。据统计，公司每年至少有2~3次紧急插单的情况，交货期非常短，常常需要拆卸已经装配到风机上的某些零部件，安装到紧急交货的风机上，但这样做会使价值流倒退，浪费资源，且打乱了整个生产计划。

②异常情况，如物料缺乏、物料出现质量问题、设备故障等。

（2）生产计划与实际需求脱节。按照公司的生产计划管理制度和编制流程，首先将年度工业总产值目标按一定比例分解到每个季度，作为季度考核目标，再由生产管理部依据销售合同和交付节点编制季度计划和月度计划下发执行。按公司薪酬制度和奖励制度，季度工业总产值目标和季、月度计划完成率与部门绩效工资挂钩，年度总产值目标则直接关系到年终奖的多少。因此，只要正式合同签订，生产部门就会按条款所规定的交付时间安排生产，目的是能在考核中得到较高分数，使本部门的绩效工资和年终奖最大化。但如果未按期交付，就会引起客户抱怨，直接影响部门效益。

对业主实际需求没有及时跟踪，由于受核准、电网接入、征地、资金等因素影响，风电场建设进度严重滞后的信息没有得到及时反馈，造成生产与实际需求严重脱节。

4. 生产能力核定不准确，影响因素较复杂

影响生产能力的主要因素有人、机器、物料、方法和环境。

（1）人的因素包括3个方面：工人技能不熟，工人积极性不高，人员组织不协调。目前，HZ公司最细的生产计划精确到日，但是日计划只规定了当日应完成哪些工作，没有具体到各工序的开始和结束时间，各班组不了解每道工序的时间进度，导致了一些问题的发生。如若上道工序尚未结束，下道工序已经开始，则会导致下道工序等待。例如，机舱工位中安装发电机的工人已把发电机吊至该工位准备安装，但是上道工序的弹性支撑尚未完成，导致安装发电机的工人和行车等待。

（2）机器因素主要指生产中用到的主要设备（即行车和半门吊）在使用过程中发生冲突的情况比较频繁，设备利用率低。

HZ公司的现场主要设备有8辆半门吊，4辆行车，2辆平板车，2台电磁感应加热器。其中，3辆行车（4辆半门吊）共用一个轨道，1辆行车（半门吊）使用中可能会影响其他行车（半门吊）无法从该轨道经过而产生等待的现象，导致设备利用率低。由于没有提前确定两道工序的先后顺序和具体时间，当两个班组共用行车或半门吊时，会产生冲突，导致其中一个班组等待，浪费较多的时间。

（3）物料因素主要是指由于供应商原因出现物料差缺和物料质量不稳定的问题。

（4）方法因素主要有装配工艺方法、装配工艺流程方法，可使工序间的衔接更顺畅。

（5）环境因素。HZ公司目前的6S管理做得还比较规范，生产现场很整洁，能够为生产效率的提高提供保障。

（资料来源：http：//caselib. drcnet. com. cn）

第一节 生产能力概述

一、生产能力

1. 生产能力的概念

生产能力是指企业在一定时期内和一定的生产技术组织条件下，经过综合平衡之后能够产出一定种类的产品或提供服务的最大数量，或者是加工处理一定原材料的最大数量，是反映企业产出可能性的一种指标。

生产能力是保证一个企业未来长期发展和事业成功的核心问题。一个企业所拥有的生产能力过大或过小都是很不利的：能力过大会导致设备闲置、人员富裕、资金浪费，能力过小又会失去很多机会，造成机会损失。因此，企业必须做好生产能力的规划和决策，制定周密细致的生产能力计划。特别是在多品种、中小批量生产正逐步成为生产方式主流的情况下，生产能力柔性已成为竞争的一个关键因素，能力决策显得更为重要。

2. 生产能力的分类

（1）设备能力、人员能力和管理能力。从广义上讲，生产能力是指设备能力、人员能力和管理能力的总和。设备能力是指设备和生产面积的数量、水平、生产率与使用时间等诸因素的组合；人员能力是指人员数量、技术水平、出勤率与有效工作时间等诸因素的组合；管理能力包括管理机构及其运行效率，管理人员的素质、经验、水平、工作态度与运用先进管理理论、方法等诸因素的组合。在实际计算生产能力时，由于管理能力只能做定性分析，所以生产能力主要指设备能力和人员能力。

（2）正常生产能力和最大生产能力。正常生产能力是指设备在正常使用条件下，实现最合理、最有效利用时的最大产出能力。这种生产能力是经济意义上的生产能力，是企业合理使用人员，在合理的时间安排下，设备产出最大、成本最低、效益最佳时的生产能力，也称“最优生产能力”。

最大生产能力是指设备在一定条件下能够最大限度利用时的产出能力。这种生产能力是技术意义上的生产能力，是扣除设备所需的正常维修、保养时间后，设备连续运转时的最大产出能力。例如，由于订货任务增加，超过了正常生产能力，采取加班加点、减少设备检修时间、加快设备运转速度等措施来增加生产能力，这时虽然能力加大了，但可带来成本增加、生产效率下降、效益降低等不良后果，所以不是最优的；但它是为了满足市场需求，维持和扩大市场占有率，取得竞争优势所必须采取的措施。值得指出的是，最大生产能力不是无限度的，由于设备、技术条件和其他资源条件的限制，只能增大到一定程度。

（3）设计能力、查定能力和计划能力。设计能力是企业基本建设或改建、扩建时设计任务书和技术文件中所规定的生产能力，它是按照建厂时设计规定的产品方案、技术装备和各种设计数据要求确定的。这种能力是假定产品生产过程中所需要的劳动者和劳动对象都能按规定从事生产，其产品的质量和数量能得到充分保证的前提下，通过配备必要的固定资产而形成的，是新建、改建和扩建后企业达到的最大生产能力。显然，这只是一种潜在的能力。

查定能力是指在企业产品方向、固定资产、协作关系、资源供应、劳动状况等方面发生了某些重大变化后，原来的设计能力已不能反映实际情况时，重新调查核定的能力。企业查定生产能力时，应以现有固定资产等条件为依据，并考虑到查定期内可能实现的各种技术组织措施或技术改造取得的效果。

计划能力是企业在计划期内，充分考虑了现有的生产技术条件，并考虑到计划年度内能够实现的各种技术组织措施的效果来计算的，这种能力才是作为生产计划基础的现实的生产能力。

设计能力和查定能力是根据先进的技术定额水平计算的，是企业编制长远规划，确定扩建、改建方案，安排技术改造项目和采取重大技术组织措施的依据；而计划能力则是根据平均先进定额来核算的，只能表明目前的生产能力水平，因此只能作为编制中短期计划（主要是年度生产计划）的依据。

3. 生产能力的度量

（1）生产能力利用率。制定生产能力计划需要了解当前生产能力水平和生产能力的利用程度，通常是以设备、生产空间和人力利用程度来反映生产能力的利用情况，采用统计调查的结果来衡量生产能力的平均利用率。可用下式计算：

$$u = \frac{p}{p_c} \times 100\% \tag{5-1}$$

式中，u 为生产能力平均利用率（以百分比表示），p 为平均产出率，p_c 为生产能力。

生产能力平均利用率是对有效生产能力的衡量。需要注意的是，上式中平均产出率和生产能力的衡量必须采用相同的计量单位，如时间、顾客数量、生产数量或货币。在后面的内容中，我们将会看到生产能力利用率或者反映对增加额外生产能力的需要，或者表明现有生产能力过剩，需要予以处置。

另一个相关的概念是生产能力的使用效率。生产能力使用效率取决于生产设施的使用和管理方式，通常很难或不可能达到100%的水平。一般生产能力使用效率可用下式计算：

$$e = \frac{q}{u} \tag{5-2}$$

式中，e 为生产能力使用效率，q 为实际产出率，u 为生产能力平均利用率。

2. 度量生产能力的基本方法

目前还没有一种方法可以适用于对所有情境下生产能力的度量。表 5-1 列出了一些常用的度量生产能力的方法，它们的使用取决于实践中所应用的对象。

表 5-1　度量生产能力方法举例

企业组织类型	生产能力度量	
	输入表达方式	产出表达方式
车辆制造商	每工作班次的机器小时数	每工作班次生产的车辆数量
医院	可供治疗的床位数量	每天治疗的患者数量
航空公司	飞机数量	每周可用座位数 · 飞行千米数
餐饮店	可供就餐的座位数量	每天服务的顾客数量
零售店	可供商品展示的空间规模	每天的商品销售额
影剧院	观众座位数量	每周的观众数量

在医院，度量生产能力的适宜标准可能是每天能够治疗的患者数量；在零售商店，可能是年销售量；而在工厂，则可能是所拥有的机器数量。一般而言，生产能力的度量可以用产出或输入的形式来表达。

（1）以产出量为计量单位。从生产能力的定义可知，生产能力与产出量和投入量有关，因此有些企业的生产能力可以用产出量直接表示。如钢铁厂、水泥厂都以产品吨位作为生产能力的计量单位，家用电器生产厂如彩电、冰箱、洗衣机等是以产品台数作为生产能力的计量单位，这类企业的产出数量越大，能力也越大。

（2）以原料处理量为计量单位。有的企业使用单一的原料生产多种产品，这时以工厂年处理原料的数量作为生产能力的计量单位是比较合理的，如炼油厂以每年加工处理的原油吨位作为它的生产能力的计量单位。

（3）以投入量为计量单位。有些企业是以投入量的大小来计算生产能力的，如糖厂以榨多少吨甘蔗、甜菜来表示其生产能力，发电厂用装机容量来表示其生产能力。这种情况在服务业中更为普遍，如航空公司以飞机座位数量而不以运送的客流量为计量单位；医院以病床数而不是以诊疗的患者数为计量单位；零售商店以营业面积或者标准柜台数来计量，而不用接受服务的顾客数作为计量单位；电话局以交换机容量来计量，而不用接通电话的次数来作为计量单位。

3. 可持续性生产能力

就生产设备而言，生产能力的度量常以额定生产能力（rated capacity）来衡量。额定生产能力是指从工程角度进行测算，在扣除了正常维修时间后，生产所能达到的最大年产出量。额定生产能力可以用下式计算：

$$C_a = C_d ue \tag{5-3}$$

式中，C_a 为额定生产能力，C_d 为设计生产能力，u 为生产能力平均利用率，e 为生产能力使用效率。

二、生产经济规模

在了解如何度量生产能力的基础上，再来考虑与生产设施规模相关的问题。许多企业都认同经济规模这一观点，即增加生产规模可以降低产品的单位平均成本，但在实践中并非如此简单。在某些情况下，并不是生产规模愈大愈经济，相反，当生产规模超过一定程度时，则可能导致非经济因素的滋生。比如过大的生产规模会造成或增加生产过程的复杂性，失去集中优势，导致效率低下，这些都会使产品的单位平均成本上升。比如，在相对长的时期内，与 250 床位或 750 床位相比较，拥有 500 床位设施的医院具有最佳的经济规模水平，因为其单位平均成本最低。此外，对于每一规模（曲线）的床位设施，也存在一个最佳的作业产出率水平，此时单位平均成本相对最低。

由于确定最佳经济规模和作业水平并非易事，因此管理者对于给定设施通常会设定所允许的最大规模，这需要针对不同设施规模和作业产出率测算成本的变化趋势，为此要求考察不同境况下影响经济规模的各种因素。

1. 固定成本分摊

就短期生产经营而言，一些固定成本费用并不随产出率的改变而发生变化，如管理费用、期间费用、厂房和设备等固定资产的折旧。随着产出率的增加，生产设施的利用率也会增加，固定成本费用将分摊到更多的产品上，使得单位平均成本下降。由于每次生产规模增加程度通常较大，在生产规模增加初期，所拥有的生产能力常会超出实际所需水平。但随着需求在相当程度上的增加，在随后若干年里，所增加的需求可能会被所拥有的生产能力吸收，而不必频繁地增加固定成本费用。

2. 建设成本

500 床位更具经济规模优势的另一个原因在于其建设成本比建设两个更小的医院（250 床位）所花费的成本低。同理，750 床位医院的平均建设成本相对更低，但由于需求量所限，致使单位平均成本高于平均建设成本，这使得它与 500 床位医院相比并不具有经济规模优势。

3. 生产技术专业化

大批量生产为降低成本提供了多种途径。投资更高效率的技术和设备可以提高产出率，但需要加大投资强度，并且生产工艺流程趋于产品专业化流水式生产方式。由于技术与设备趋于专业化，随之带来的效果包括降低在制品库存，提高改进工艺设计和产品设计的能力。通过学习曲线效应提高生产率，减少工作准备、工艺转换和设备调试的次数，这些都具有降低生产成本的作用。

4. 生产设施单元化

大规模生产虽然有助于降低生产成本，但存在柔性低、对市场需求变化的应变能力差等缺点。随着市场竞争特点的变化，仅有经济生产规模不再能够确保竞争优势。技术快速更新、产品生命周期缩短在生产设施柔性方面提出了愈来愈高的要求，这使得维持具有大规模生产能力设施的经济性愈来愈困难。

生产设施单元化是指企业通过缩小生产设施的规模及范围，在保持其柔性的同时，集中精力于优势产品或项目方面，提高生产经营绩效。自 1970 年起，许多企业开始从大规模生产设施转向生产设施单元化。例如，将原有生产各种类型产品的大型工厂重新组合成若干个专业技术性较强、分别只生产为数不多的几种产品的小型工厂或车间，以便将其精力集中在所生产的产品上，提高效率和绩效。即使是在一个大规模生产设施中，生产设施单元化亦可通过组建“厂中之厂”（PWPS）来实现。在每一个“厂中之厂”，亦即生产设施单元中，机器设备和人员配备、工艺技术和生产过程根据所生产的产品进行设计与组合，突出了特点与竞争优势。某一生产设施单元与其他生产设施单元之间的界限可以根据各自所占的空间来划分，也可以通过生产组织之间的关系来界定。

生产设施单元的概念已为许多大型企业所接受和采纳，这些企业中不乏世界级著名企业，如通用电器航空工程公司、惠普公司、美国电话电报公司等。生产设施单元的优点还包括减少管理层次，易于实行团队工作来解决问题，改善沟通方式和途径等。

生产设施单元的概念同样适用于服务行业，如专业连锁店在地处比较显眼的位置场所开设小型分店，可充分利用自身特长，为特定顾客服务。

三、影响生产能力的因素

企业的生产能力大小受多种因素的影响，如产品品种、产品结构的复杂程度、质量要求、零部件标准化、通用化水平，生产设备和生产面积的数量、生产率及有效利用率，企业生产专业化程度、工艺加工方法、生产组织方式和劳动组织形式以及劳动者业务技术水平、劳动技能的熟练程度和劳动积极性，企业所能运用的物质资源的数量、企业的经营管理水平等。在计算生产能力时，可归纳为三个主要因素：固定资产数量、固定资产工作时间、固定资产生产效率。

1. 固定资产数量

固定资产数量是指企业在计划期内用于产品生产的全部机器、设备的数量及厂房和其他生产性建筑物的面积。机器设备包括正在运转、修理、安装或等待修理安装的机器设备和因任务不足或其他变化而暂停使用的机器设备，但不包括已经批准报废的设备、封存待调的设备和留作备用的设备，也不包括那些损坏严重、在计划期内不能修复使用的设备。

辅助车间（工具、机修）所拥有的机器设备不能参与企业基本产品生产能力的计算，而只能算作辅助车间的辅助生产能力。只有当辅助车间的设备超过规定，并用于生产基本产品时，才可把其计算在基本产品的生产能力中。

2. 固定资产工作时间

固定资产工作时间是指按照企业现行工作制度计算的机器设备全部有效工作时间和生产面积利用时间。设备的有效工作时间同企业的全年工作日数、日工作班次、轮班工作时间、设备计划停修时间等有关。在连续生产的条件下，设备有效工作时间一般等于全年日历日数减去设备计划停修时间；在间断生产条件下，由制度工作日数、班次、每班工作时间和设备计划停修时间决定。其计算公式如下：

$$F_e = F_s f_t - D_t \tag{5-4}$$

$$F_e = F_s f_t (1 - \varepsilon) \tag{5-5}$$

或

$$F_e = (D_y - D_h) st(1 - \varepsilon) \tag{5-6}$$

式中，F_e 为单位设备年有效工作时间，F_s 为单位设备年制度工作日数，f_t 为每日制度工作小时数，D_y 为全年日历日数，D_h 为全年节假日数，s 为每日工作班次，t 为每班工作小时数。

其中，年制度工作日数只等于日历日数减去国家规定的法定节假日数；每日制度工作小时数由企业根据工作班制和设备性质而定，设备计划停修时间或停修率根据设备修理计划或参考设备修理统计资料来确定。生产面积利用时间一般不存在停修时间，根据企业是连续生产还是间断生产的不同要求，分别按日历日数或制度工作日数来确定。在季节性生产的企业里，有效工作时间则应按全年最大可能的生产日数计算。

3. 固定资产生产效率

固定资产生产效率又称“固定资产生产率定额”，是指机器设备的生产效率和生产面积的利用效率。它有两种表示方法：一种是用设备（生产面积）的产量定额来表示，即单位设备（生产面积）在单位时间内的产量定额；另一种是用产品的时间定额来表示，即生产单位产品的设备台时消耗定额或生产单位产品占用的生产面积量大小和占用时间。

产量定额与时间定额互为倒数关系，即：

$$t = \frac{1}{p} \tag{5-7}$$

式中，t 为单位产品的时间定额（台时/件），p 为单位时间的产量定额（件/台时）。

固定资产生产率定额受很多因素的影响，除设备本身的技术条件影响外，还受产品的品种、产品结构、质量要求、加工工艺方法、原材料质量、生产专业化程度、劳动组织、工人技术业务水平等一系列因素的影响。因此，固定资产生产率定额是决定生产能力的三个因素中最易变化且变化幅度较大的因素。

四、生产能力的计算方法

正确计算生产能力既是企业经营决策的前提，也是落实生产计划的基础。企业生产能力的计算应当在技术组织条件比较合理、定额水平比较先进的条件下进行。各种企业的生产方式和生产技术条件差别很大，有的主要利用机器设备生产，其产量基本上取决于各种机器设备、流水线、自动线的生产率；有的以手工操作为主，很少使用或基本不用机器设备进行生产，如铸件造型、手工焊接、设备维修、果品分级等，其产量基本上取决于劳动力和作业面积的数量及利用率。因此，计算生产能力时，就有设备生产能力、作业场地生产能力和劳动能力之分。

1. 机器设备的生产能力计算

计算机器设备的生产能力时，首先要将机器设备按生产技术特征分类，如机械制造厂的机加工设备可以分成车床、铣床、刨床、磨床、镗床等，然后按不同的设备组分别计算。其计算公式如下：

$$M = \frac{F_e S}{t} \tag{5-8}$$

或

$$M = F_e S p \tag{5-9}$$

式中，M 为某设备组的生产能力（台或件），F_e 为计划期每台设备的有效时间（小时），S 为设备组纳的设备数量（台），t 为单位产品的设备台时定额（台时/件），p 为设备单位时间的产量定额（件/台时）。

在用式（5-8）或（5-9）具体计算设备组的生产能力时，如果企业只生产单一产品，则以该产品为计量单位。但若生产多种产品，该如何计算？钢铁厂可以轧制各种品种规格的型材，简单地以吨位计算不能反映真实情况；汽车制造厂可以生产多种品种型号的汽车，如小汽车、大客车、小轿车、中巴车，此时若简单地把这各种产品的最大生产数量相加累计作为生产能力也是欠妥的，因为它们的工作量差别很大。这里提供一种方法：采用代表产品来计算生产能力，即选择代表企业方向或产量最大、产品结构和工艺有代表性的产品，以代表产品的生产率定额为基础计算设备组的生产能力，然后将其他产品的生产率定额换算为代表产品的生产率定额，并将各种产品的计划产量用换算系数折算为代表产品产量，以此为基础平衡设备组的生产能力，最后进一步换算出设备组生产各种产品的具体能力。换算系数可由下式求得：

$$K_i = \frac{t_i}{t_o} \tag{5-10}$$

式中，K_i 为产品的换算系数，t_i 为 i 产品的时间定额，t_o 为代表产品的时间定额。

2. 作业场地的生产能力计算

当作业组的生产能力主要取决于作业面积时，其生产能力的计算公式如下：

$$M = \frac{F_e A}{at} \tag{5-11}$$

式中，M 为某作业组的生产能力（台或件），F_e 为作业面积的有效利用时间总数（小时），A 为作业面积数量（平方米），a 为制造单位产品所需的生产面积（平方米/台或件），t 为制造单位产品所需的时间（小时/件）。

3. 劳动能力计算

当作业组的生产能力主要取决于劳动力时，其生产能力的计算公式如下：

$$M = \frac{F_e N}{t} \tag{5-12}$$

式中，M 为作业组的生产能力（台或件），F_e 为计划期每个工人的有效工作时间（小时），N 为作业组的工人数，t 为单位产品的工时定额（小时/件）。

五、生产能力的综合平衡

工业企业的生产能力是企业内部各环节生产能力综合平衡的结果。各环节生产能力的不平衡是绝对的。所以，在计算各环节生产能力后，要由下而上地逐级平衡，即先平衡计算设备组或作业组的生产能力，再平衡计算车间生产能力，最后进行全厂生产能力的综合平衡。生产能力的综合平衡还应包括基本车间之间生产能力的平衡，基本生产能力与辅助生产能力的平衡，生产能力与生产准备能力的平衡，生产能力与储运能力的平衡，等等。通过平衡就可发现生产过程中的薄弱环节和瓶颈环节，然后根据企业计划期内可以动用的资源条件以及所能采取的组织技术措施，克服薄弱环节，使企业的生产能力得到充分发挥，以保证完成生产计划任务。

第二节 生产计划

一、生产计划的结构

生产计划是企业经营计划的重要组成部分，是企业对生产任务做出的统筹安排，是企业组织生产运作活动的依据。编制生产计划是生产运作管理的一项基本任务，它是根据国家和市场的需求和企业的技术、设备、人力、物资、动力等资源能力条件，合理地安排计划期内应当生产的品种、产量和出产进度，以充分满足社会和用户的需要。

从系统的观点来看，生产计划是一个系统，因此不仅可以从时限上把生产计划分成长期计划、中期计划和短期计划三种类型，而且可从组织结构的对应关系上将生产计划分成战略层、管理层和作业层三个计划层次，每一层次都有特定的内容。图 5-1 就是生产计划系统的一般结构图。

1. 长期生产计划

长期生产计划是企业战略计划的重要组成部分，是由企业最高决策层制定的计划，计划期一般为 3~5 年。它是根据企业经营发展战略的要求，对有关产品发展方向、生产发展规模、技术发展水平、生产能力水平、新设施的建造和生产组织结构的改革等方面所做出的规划与决策。

2. 中期生产计划

中期生产计划又称为“年度生产计划”，是企业中层管理部门制定的计划。它是根据企业的经营目标、利润计划、销售计划的要求，确定现有条件下在计划年度内实现的生产目标，如品种、产量、质量、产值、利润、交货期等。具体表现为生产计划、总体能力计划和产品出产进度计划。

3. 短期生产计划

短期生产计划是年度生产计划的继续和具体化，是由执行部门编制的作业计划。它具体确定日常生产运作活动的内容，常以主生产计划、物料需求计划、能力需求计划和生产作业计划等来表示。

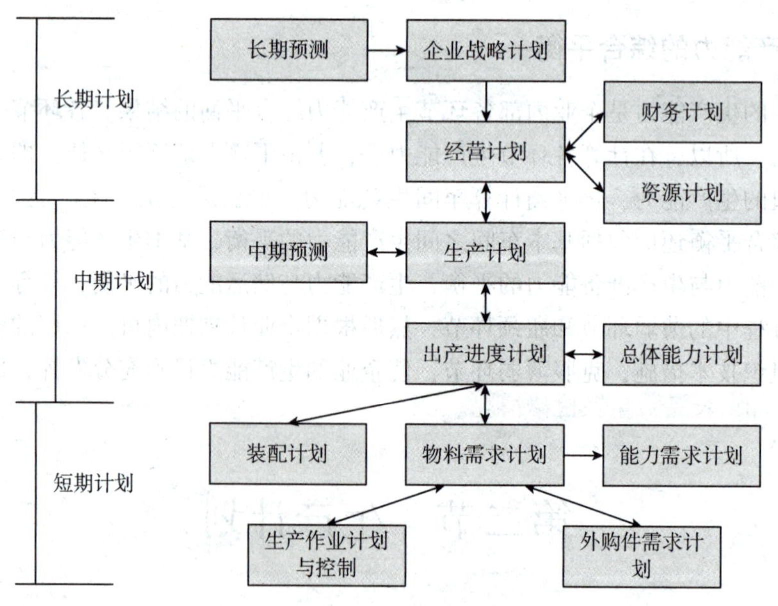

图 5-1　生产计划系统的一般结构图

二、生产计划的工作内容

生产计划工作是指确定和实现生产目标所需要的各项业务工作，包括具体编制计划、贯彻执行计划和检查调整计划三个主要部分。其主要内容如下：

（1）调查研究，摸清国家和社会对企业产品的需要，预测企业的外部环境条件，分析企业内部的生产条件，对各种资料和信息进行汇总、整理和综合分析。

（2）进行生产决策，确定生产计划指标。

（3）计算和核定生产能力，并进行平衡。

（4）安排产品的生产进度，确定各车间的生产任务。

（5）进行综合平衡，正式编制生产计划。

（6）落实措施，组织实施。

（7）检查、调查计划执行情况。

（8）考核、总结计划完成情况。

三、生产计划的编制步骤

编制生产计划的步骤大致如下：

1. 调查研究，收集资料，弄清情况

通过调查研究，主要摸清三方面的情况：一是国家和社会对企业产品的需要，二是企业生产的外部环境，三是企业生产的内部条件。根据调查研究，收集和掌握大量情报资料作为编制生产计划的依据。主要资料是：

（1）上级下达的国家计划任务。

（2）企业的长远发展规划及长期经济协议。

（3）国内外市场的经济技术情报及市场调查、预测资料。

（4）计划期产品的销售量、上期合同执行情况及产品库存量。

（5）上期生产计划完成情况及在制品结存情况。

（6）技术组织措施计划与执行情况。

（7）原材料、外购件、外协件、工具、燃料、动力供应情况以及库存量和消耗情况。

（8）计划生产能力及产品工时定额和分车间、分工种、分技术等级的工人数。

（9）分车间的设备数量及检修情况。

（10）产品价格目录及厂内各种劳务价格等资料。

根据上述资料，认真总结上期计划执行中的经验，分析存在的主要问题，制定在本期计划贯彻中进行改进的具体措施。

2. 拟定计划指标方案

企业根据国家、社会的需要和企业的经济效益，在统筹安排的基础上，提出初步生产计划指标方案，其中包括产品品种、质量、产量、产值和利润等指标，各种产品品种的合理搭配和出产进度的合理安排，将生产指标分解为各个分厂（或车间）的生产任务指标等。计划部门提出的指标方案应该有多个，并从多个方案中进行分析研究，通过定性和定量评价、比较，选择较优的可行方案。

3. 综合平衡，确定最佳方案

对计划部门提出的初步指标方案必须进行综合平衡，研究措施，解决矛盾，以达到社会需要与企业生产可能之间的相互平衡，使企业的生产能力和资源都能得到充分的利用，使企业获得良好的经济效益。生产计划的综合平衡有如下几个方面：

（1）生产任务与生产能力的平衡，即测算企业设备、生产场地、生产面积对生产任务的保证程度。

（2）生产任务与劳动力的平衡，即测算劳动力的工种、等级、数量、劳动生产率水平与生产任务的适应程度。

（3）生产任务与物资供应的平衡，即测算原材料、燃料、动力、外协件、外购件及工具等的供应数量、质量、品种、规格、时间对生产任务的保证程度，以及生产任务同材料消耗水平的适应程度。

（4）生产任务与生产技术准备的平衡，即测算设计、工艺、工艺装备、设备维修、技术措施等与生产任务的适应和衔接程度。

（5）生产任务与资金占用的平衡，即测算流动资金对生产任务的保证程度与合理性。

4. 编制年度生产计划表

年度生产计划表主要包括产品产量计划表、工业产值计划表及生产计划编制说明。生产计划编制说明应包括下述内容：

（1）编制生产计划的指导思想和主要依据。

（2）预计年度生产计划完成情况。

（3）计划年度产量、产值增长水平及出产进度安排。

（4）实现计划的有利条件和不利因素，存在的问题及解决措施。

（5）对各单位、各部门的要求。

第三节　综合生产计划与主生产计划

一、综合生产计划

综合生产计划又称“生产计划大纲”，它是企业根据市场需求和资源条件对未来较长一段时间内产出量、人力规模和库存水平等问题所做出的决策、规划和初步安排。综合生产计划一般是按年度来编制的，所以又叫“年度生产计划”。但有些生产周期较长的产品，如重型机械、大型船舶等，其综合生产计划可能是按两年、三年或更长时间来编制的。

1. 综合生产计划的主要目标

综合生产计划（见表5-2）的主要目标是如何充分利用企业的生产能力及生产资源，满足用户要求和市场需求，同时使生产负荷尽量均衡稳定，并控制库存的合理水平使总生产成本尽可能地低。

表 5–2 某自行车厂的综合生产计划

项目＼月份	1月	2月	3月
24 型产量（辆）	10000	15000	20000
28 型产量（辆）	30000	30000	30000
总工时（小时）	68000	68000	75000

这些目标之间既有一致性，又存在某种相悖的特性。例如，当可以通过增加库存来最大限度满足顾客的需求，做到按时交货、快速交货时，又会使库存增大、成本增加；当产品和服务出现较大的非均匀需求时，很难做到均衡生产和保持人员稳定；在需求量减少时解雇工人，需求量增加时就多雇工人会带来工人队伍的不稳定性，引起产品质量下降，造成一系列管理问题，这些都可能使成本上升、利润下降。因此，在综合生产计划的制定过程中，必须妥善处理好各种目标之间的矛盾，选择适当的策略加以解决。

2. 综合生产计划的任务

综合生产计划的任务是对计划期内应当生产的产品品种、产量、质量、产值和出产期等指标做出总体安排。

（1）产品品种指标是企业在计划期出产的产品品名、规格、型号和种类数。确定产品品种指标是解决“生产什么”的决策。产品品种指标反映了企业的服务方向和发展水平。

（2）产量指标是企业在计划期内应当生产的符合产品质量标准的实物数量或提供的服务数量。确定产量指标是解决“生产多少”的决策。产量指标反映了企业向社会提供的使用价值的数量和企业的生产能力水平。

（3）质量指标是企业在计划期内产品质量应当达到的质量标准和水平。质量指标通常包含两个方面的内容：一是产品的技术标准或质量要求，二是产品生产的工作质量。工作质量一般用综合性的质量指标来表示，如合格品率、一等品率、优质品率、废品率等。质量指标反映了企业产品满足用户需要的程度及企业的生产技术水平。

（4）产值指标就是用货币表示的产量指标，它综合体现了企业在计划期内生产活动的总成果，反映了一定时期内不同企业以及同一企业在不同阶段的生产规模、生产水平和增长速度。产值指标按其包含的内容不同，又分为总产值、商品产值和净产值。

（5）产品出产期是指为了保证按期交货确定的产品出产日期。产品出产期是确定生产进度计划的重要条件，也是编制主生产计划、物料需求计划、生产作业计划的依据。

对于备货型生产企业来讲，由于生产的产品是按已有的标准产品或产品系列生产，对产品的需求可以预测，产品价格事先是知道的，顾客一般直接从成品库提货，因此编制综合生产计划的核心是确定品种与产量，有了品种与产量就可以计算产值。但对于订货型生产企业而言，由于是按用户要求进行生产，可能是变型产品或是无标准产品，用户可能对产品提出各种各样的要求，这就需要通过协议与合同对产品的性能、质量、数量、交货期等进行确认，然后才能组织设计和制造，因此综合生产计划的核心是品种、数量、价格和交货期，即确定品种、数量和价格订货决策对出产进度安排而言尤为重要。

二、主生产计划

主生产计划（Master Production Schedule，MPS）是在综合生产计划的基础上制定的运作计划，是把综合计划具体化为可操作的实施计划，其目的是要确定企业生产的最终产品的出产数量和出产时间。最终产品是指对于企业来说最终完成，并具有独立需求特征的整机、部件或零件，它可以是直接用于消费的产成品，也可以是作为其他企业的部件或配件。主生产计划是 MRP（物料需求计划）的输入部分之一，与我国通常采用的产品出产进度计划在计划的时间单位上略有不同，我国的产品出产进度计划一般以月为计划时间单位，而主生产计划通常以周为单位。主生产计划的制定程序如图 5-2 所示。

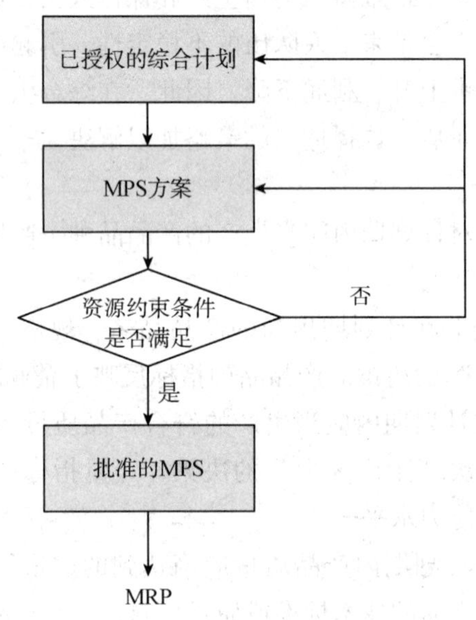

图 5-2　MPS 的制定程序

由图 5-2 可知，MPS 的制定首先从综合计划开始，是对综合计划的分解和细化。MPS 方案的制定也是一个反复测算的过程。当编制出一个方案后，需要对所拥有的资源进行平衡，如果超出资源条件（如设备能力、人员能力、外协能力等）的限制，就必须修改原方案，直到得到符合资源约束条件的方案。符合资源约束条件的 MPS 是物料需求计划 MRP 的主要输入，它既规定了 MRP 要实现的基本任务，又提供了 MRP 实现的条件，因此 MPS 是 MRP 系统成功运行的关键。编制主生产计划时应当注意以下问题：

（1）MPS 所确定的生产量必须等于综合计划确定的生产总量。表 5-2 和表 5-3 就是某个自行车厂的主生产计划和综合生产计划相对应的例子。其中综合生产计划安排 1 月份生产 24 型自行车 10000 辆，主生产计划安排各种型号（C、D、R 型）的产量分配到各周次的累计数量也是 10000 辆。

表 5-3 某自行车厂的 MPS

项目 \ 周次 \ 月份	1月				2月				3月			
	1	2	3	4	1	2	3	4	1	2	3	4
C 型产量（辆）		1600		16000		2400		2400		3200		3200
D 型产量（辆）	1500	1500	1500	1500	2250	2250	2250	2250	3000	3000	3000	3000
R 型产量（辆）	400		400		600		600		800		800	
月产（辆）	10000				15000				20000			

（2）MPS 中规定的出产数量可以是总需求量，也可以是净需求量。如果是总需求量，则要扣除现有库存量才能得到实际需要生产的数量。一般来说，MPS 中应列出净需求量。值得注意的是，MPS 中所列出的产品需求量是指按独立需求处理的最终产品的数量。在表 5-3 中，最终产品是三种型号的自行车，而不是车架或其他零件。当最终产品需求量定下来以后，就可以根据产品结构确定各层零部件的需求量。

（3）MPS 中应当反映出顾客订货与企业需求预测的数量和时间要求等信息。已订货的产品安排在计划期的近期，预计要生产的产品安排在计划期的后期，这样便于充分利用企业的生产能力。当有顾客订货时，就将原预测产量转为实际订货，及时满足顾客要求。当预测产量不能满足实际订货要求时，企业就要加班加点生产。

（4）MPS 的计划期一定要比最长的产品生产周期长，否则得到的零部件投入生产计划不可行。例如，若某种产品的毛坯准备、零件加工、部件装配及总装周期为 12 周，则 MPS 计划期长度至少要等于 12 周，最好大于 12 周。此外，MPS 的运行周期应与 MRP 的运行周期保持一致，即 MRP 每周运行一次，则 MPS 也应每周更新一次，以保持各层的连续性和一致性。图 5-3 就是 MPS 的计划期与生产周期关系图。

（5）MPS 中，决定生产批量和生产时间时必须考虑资源的约束条件，如与产量有关的约束条件有设备生产能力、人员能力、库存能力、空间大小、流动资金总量等。在制定 MPS 时，首先要准确掌握这些约束条件，根据产品的轻、重、缓、急来分配资源，将关键资源用于生产关键产品。

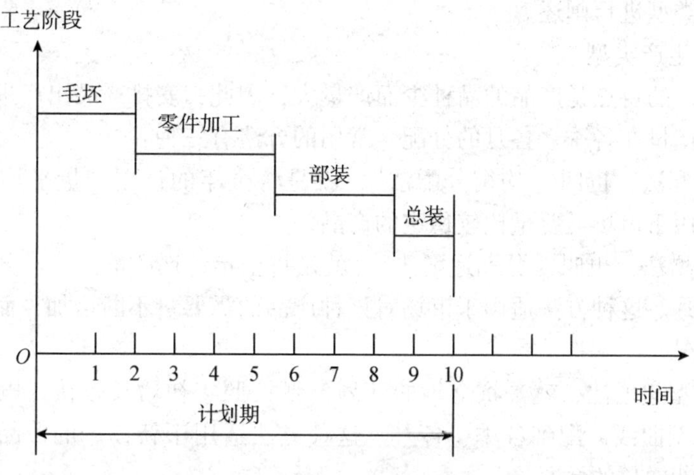

图 5-3 计划期与生产周期的关系图

MPS 的编制一般采用“试验法”进行，即先编制一个初步计划方案，看是否符合综合计划与资源约束条件的要求，若不满足再进行调整，直到合适为止。因此，MPS 的制定过程是一个反复测算的过程。

第四节 产品出产计划与生产能力计划

一、产品出产计划

（一）编制产品出产计划的要求

编制产品出产计划，就是将年度计划已确定的生产任务按品种、规格、数量具体地分配到各季、各月，并规定各车间的生产任务。

在编制产品出产计划时，为了合理组织生产，取得良好的经济效益，一般应考虑以下要求：

（1）订货合同规定的品种、质量、数量和交货期限，成套完成任务。在产品出产安排的次序上，应当先重点后一般，先计划内后计划外。

（2）尽可能保证全年各季各月均衡地出产产品，使设备和劳动力负荷均衡，使资金占用和资金回收相协调，使产值和利润逐步有所增长，避免大起大落。

（3）产品出产进度一定要与生产技术准备工作进度协调衔接，尽量不要仓促上马，以免因技术准备不周或原材料、零配件供应不及时而产生产品质量或生产中断等事故。

（4）对于市场需求有季节性的产品和原材料供应有季节性的产品，其出产进度一定要符合季节性要求，做到不误季节，及时生产。

（5）要尽可能往前赶。各计划期末都要留出一定的生产能力，为下一计划期的生产做准备，以保证各计划期的产品出产进度互相衔接。

（二）产品出产进度的安排方法

产品出产进度的安排方法取决于企业的生产类型、产量大小和产品的生产技术特点。下面按不同的生产类型进行阐述。

1. 大量大批生产类型

这类企业生产的特点是产品的品种少而产量大，因此，安排产品出产进度的主要内容是决定各种产品的产量在各季、各月的分配。常用的方法有三种：

（1）平均分配法，也叫“均衡分配法”，就是将全年的计划产量平均地分配到各季各月。这种方法适用于市场需要量比较稳定的产品。

（2）均匀递增法，也叫“分期递增法”，就是将全年计划产量分期、分阶段均匀递增地分配到各季、各月。这种方法适用于市场对该种产品的需要量不断增加，而企业的劳动生产率稳步提高的情况。

（3）抛物线型递增法，就是将全年的计划产量按照年初增长较快，以后增长较慢而形成的“抛物线”型曲线分配到各季、各月。这种方法适用于新投产的产品，且市场又对该产品的需要量不断增长的情况。

2. 成批生产类型

这类企业的特点是产品品种较多，而各种产品的产量大小不一。因此，产品出产进度的安排就不单纯是按季、按月分配，而要考虑如何组织好各种产品的合理搭配，以减少每季、每月生产的品种数，增大每种产品的批量，同时要使设备、劳动力的负荷比较均衡，以便合理利用人力、物力，提高经济效益。通常采用的方法有以下几种：

（1）将产量较大、季节性需求变动较小的产品按“细水长流”的方式每季、每月都安排一定的产量，尽可能使全年有比较均衡的生产，保持企业生产上的稳定性。

（2）对于产量较小的产品，实行“集中轮番”生产的安排方式。这种方式可以减少每月同时生产的品种数，加大产品的生产批量，在较短的时间内完成一种产品的生产，再轮换生产别的产品，这样可以减少生产技术准备和生产作业准备的时间和工作量。但这种方式可能会出现产品出产期与用户要求的交货期不一致的情况，会增加库存量，占用更多的资金或者影响按期交货。因此对集中在什么时间生产最为有利，要进行经济分析，权衡得失，再做决策。

（3）安排新老产品的出产进度时，应有一定的交叉时间。在这段时间内，新产品的产量逐步增加，老产品产量逐步减少。这样可以避免由于骤上骤下带来的产量过大波动，造成生产技术准备工作时松时紧，也有利于工人逐步提高生产新产品的熟练程度。

（4）精密产品与一般产品、高档产品与低档产品、复杂产品与简单产品、大型产品与小型产品均应合理搭配，以使各工种、设备及生产面积得到均衡负荷。

（5）安排各种产品品种搭配和先后顺序时，应当考虑生产技术准备工作的完成期限、技术组织措施的完成期限，以及关键原材料、元器件和外协件的供应期限等因素。

3. 单件小批生产类型

这类企业的特点是产品品种多，每种产品的数量很少，而且不重复或很少重复生产，主要是根据用户需要，按订货合同组织生产。因此安排产品出产进度时，首先要考虑保证订货合同规定的产品出产日期和数量，同时也要兼顾其他方面的要求。例如，同类型的产品集中安排，新产品和需要关键设备加工的产品按季分摊，错开安排等，以提高企业生产的经济效益。单件小批生产条件下，生产任务时紧时松，设备负荷忙闲不均的情况难以避免，此时安排产品出产进度可以考虑下述原则：

（1）对那些已经订货的，优先安排国家重点项目的产品，优先安排生产周期长、工序多的产品，优先安排延期交货罚款多的产品，优先安排原材料价值高和产值高的产品，优先安排交货期紧的产品。

（2）对那些已有初步协议的产品，可按概略的计量单位（吨位、千瓦、工时）做出初步安排，粗略地分配各季、各月的生产任务。随着各项订货的具体落实，通过季度、月度计划对原初步安排进行调整。

（3）安排产品出产进度时，要考虑与生产技术准备工作进度的衔接，尽量使人力、物力、财力充分利用，做好生产能力的核算平衡工作，保证各种订货按期投入生产。

二、生产能力计划

在市场经济条件下，企业要获得竞争优势，就不能只局限于运用现有的生产能力，还必须有一套积极发展生产能力的计划。

生产能力计划按计划期长短可分为长期生产能力计划、中期生产能力计划和短期生产能力计划。制定生产能力计划的目的是保证生产计划的实现。生产能力计划与生产计划的关系如图 5-4 所示。

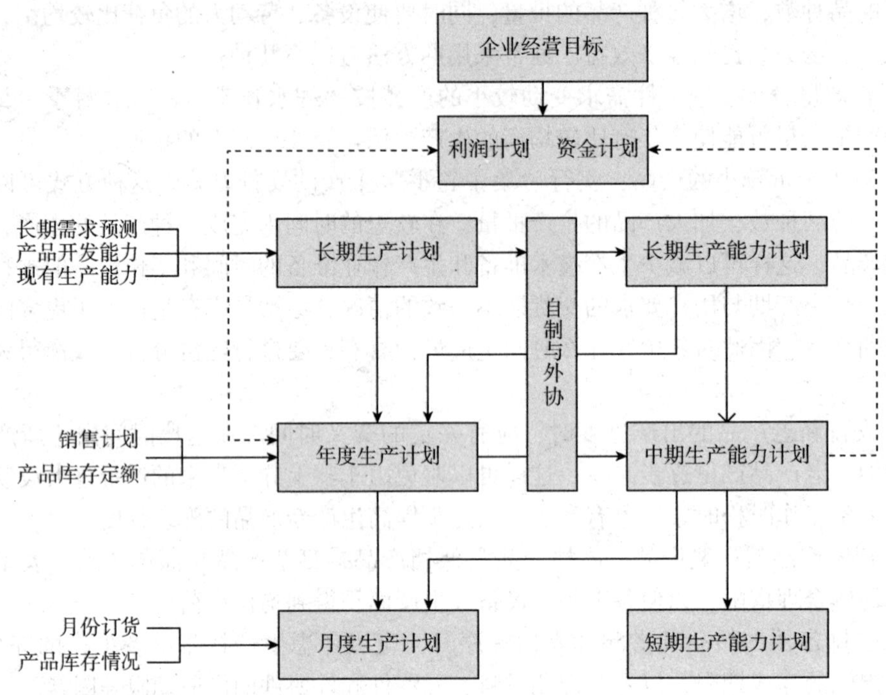

图 5-4　生产能力计划与生产计划的关系

1. 长期生产能力计划

长期生产能力计划具有战略性质，是在考虑长期需求预测、长期发展战略和产品开发计划的基础上，对企业生产能力做出的规划。长期生产能力计划具有风险性，需要周密研究，充分论证，谨慎决策。长期生产能力计划又可分为扩张型和收缩型两类。

（1）扩张型生产能力计划是企业在现有正常生产能力的条件下，为了满足未来需求，按照企业长远经营目标的要求，做出如何扩大生产能力的决策。扩大生产能力往往要进行投资、扩建厂房、增添设备、引进技术，同时还要招聘员工，进行教育培训。一般可以采取以下两种策略：

①一次扩张策略。这种策略是通过一次性投资购买设备、增加人员的方式来扩大生产能力，其好处是可以较快形成生产能力以出产产品，满足市场需求。但这种策略需要在短时间内筹集大量资金，而且风险较大，如果扩张后生产能力严重过剩，则会造成损失，提高成本。

②逐步扩张策略。这种策略是通过多次投资购买设备、逐步增加人员的方式来扩大生产能力。其优点是比较稳妥，风险较小，资本筹措比较容易；不足之处是有可能失去市场，造成机会损失。

（2）收缩型生产能力计划。当企业不能适应市场需求，经营状况不佳，面临严重经济困境时，应收缩生产能力。收缩是为了生存而被迫采取的决策。在收缩时，要尽可能地减少损失，力争在收缩中求得新发展，此时可采取以下两种策略：

①转产策略。这种策略是利用现有的生产能力（如设备、人员和有关资源）转向生产其他品种的产品，或转向生产相关行业的产品。如服装厂可以转向生产床上用品和居室装饰品，酒厂可转产饮料等。

②退缩策略。这种策略是逐步退出那些已经没有发展前途的行业或产品市场，收缩生产能力，有计划、有步骤地撤出资金、人员和资源；必要时可以出售设备，裁减人员，转让、变卖资源，以卸掉包袱，争取主动，为将来的发展创造条件。

2. 中短期生产能力计划

一年以内的生产能力计划称为“中短期能力计划”，它最大的特点是当年可供使用的设备、厂房等固定资产数量已经基本固定，即使当年投资增添固定资产，也很难在年内形成生产能力。因此要扩大生产能力可以从以下三个方面着手：

（1）提高设备利用率和生产效率。生产能力与设备工作时间是成正比的，许多企业是一班制或两班制生产，当生产能力不足时，首选方案就是增加班次，提高设备利用率。当工作班次已满负荷不能增加时，可以合理安排设备维修计划，减少设备停工检修时间，提高时间利用率；也可采用改进工艺，降低工时定额，提高设备生产效率的方式，从内涵发展上扩大生产能力。

（2）利用外部资源的方式。当生产能力短期不足时，可以采用外协、外购的方式来解决供需矛盾。如许多制造企业在生产能力不足时，将大量的零部件转让给外协加工厂生产，或购买其他厂的零部件，自己进行组装，出产成品。

（3）利用库存调节的方式。当企业生产的产品具有季节性时，往往旺季和淡季的销售量相差很大，如空调、电风扇、时装等，旺季时生产能力不足，淡季时生产能力过剩。用库存来调节能力与需求量之间的缺口是比较常用的方法，即淡季多生产一些储存起来，以弥补旺季生产能力的不足。

企业中短期生产能力调整是一项比较复杂而操作性又很强的工作，各种不同的能力计划都会对成本有很大影响，如增加班次要支付额外的工资奖金，外协、外购的成本往往高于自制，利用库存调节要占用大量流动资金，增加库存费用，等等。因此，究竟选择哪种方式，要进行费用分析，选择成本最低的能力计划方案。

第五节　车间作业计划

在车间生产管理中，制定车间作业计划是一项非常重要的工作。从作业计划的性质上看，它是厂级生产计划的子计划，是工厂生产计划在车间的具体化。通过 MRP 等方法制定出的厂级生产计划可确定出各车间或有关生产单位应完成的生产任务。在厂级生产计划的基础上，车间作业计划要同时考虑本车间的人员和设备状况及生产技术准备情况，制定出车间的作业计划，把车间生产任务落实到具体的班组、设备或操作者，还要规定各生产任务的投入时间和产出进度。作业计划的内容应详尽而具体，可以指导操作者的日常生产作业活动。

一、作业计划的职能

作业计划需要完成的职能主要包括以下几个方面：

（1）对各个工作点分配工作任务计划、工作相关设备和人员配备，在安排的过程中要实现需求能力和实际生产能力的基本平衡。

（2）根据优先的顺序安排完成工作任务的先后次序，决定生产的顺序。

（3）安排整个生产的进度和排程，根据排程完成工作任务，实施作业计划。

（4）对工作任务在各个工作点的情况进行跟踪和监督，进行事中的监控。

（5）在工作任务与计划发生脱节时进行及时的调整，使工作回到正常的轨道。

二、作业计划遵守的准则

为了实现以上几个方面的职能，在制定作业计划的过程中需要遵循以下几个准则：

（1）按时完成任务的原则。生产任务都有不同的交货期要求，管理人员要通过精心策划和安排，尽可能地满足所有任务的交货期要求。如果因生产能力的限制等因素而不能保证所有任务都按期完成时，也应使延期的损失最小。

（2）充分利用原则，减少工件和设备的等待时间。工件等待时间是指工件在某道工序完成之后，执行下一道工序的设备还在准备它的工件，工件要等待才能进入下一道工序的一段时间。而设备等待时间是指某个机器已经完成对某个工件的加工，但随后的工件尚未到达，使设备空闲的一段时间。这两种等待时间都会给企业带来一定的损失，为了保证对生产资源的充分利用，应该尽量减少这两种等待的时间。

（3）工件在车间的流程时间最短。工件在车间的流程时间也就是工件的停留时间，是从上一工序的工件到达车间起，直到被加工完毕离开车间为止的全部时间，一般包括到达车间后等待的时间（工件等待时间）和工件在机器上加工所花费的时间。由于工件的加工时间取决于技术性因素，一般是固定的，因此等待时间越短，工件在车间的停留时间也就相对越短。

（4）车间在制品的数量最少、停放时间最短。在制品是对从原材料到成品入库过程中尚未完工的所有毛坯、零部件、半成品、产品的总称。在制品是生产过程的物化。在制品数量越多或者在车间的停留时间越长，对资金的占用也就越多，流动资金的周转速度就越慢，企业损失也越大，因此在作业的安排上要考虑在制品的影响。

根据以上四条原则，可以编制出作业计划。好的作业计划往往能够比较好地实现以上几条准则，反之，作业计划的失败往往也是由于对其中某一条或几条准则的忽视而造成的。这些准则构成了我们下面讨论作业计划的基础。

三、作业排序

作业计划的编制往往面对的是几项不同的任务，如几种不同的工件，要在一台或一组设备上加工，每种工件都有各自的加工时间和要求完成的时间（即交货期）。由于设备是有限的，所以必须对每个工件的加工进行排序，安排在不同的时间进行生产，管理人员首先要解决的一个问题是如何安排这些工件的加工顺序，使整个作业计划能最大限度地满足上述 4 条基本原则的要求。

作业排序就是这种在生产作业过程中安排加工顺序，决定哪个作业首先开始工作的活动。作业排序是制定作业计划的一个中心环节，但它不等于作业计划，而是作业计划的一部分。排序只能确定各个工件在设备上加工的先后顺序，在此基础上再给定每一个工件加工的日程和进度，这些共同构成了一个完整的作业计划。

1. 作业排序的规则

作业排序根据的基本原则是优先调度规则，根据一些数据信息确定工件生产的顺序，优先调度的结果需要满足：

（1）满足顾客或下一道工序作业的交货日期。

（2）使流程时间（即作业）在工序过程中耗费的时间最短。

（3）使在制品库存最小化。

（4）使设备和工人的闲置时间最短。

其实，这四条标准和我们前面提到的四条准则是一致的。根据这样的标准，我们最常用的优先调度规则主要有下面十种：

（1）先到先服务（First Come，First Served，简称 FCFS）准则，按工件到达车间的先后顺序或者定单的先后顺序安排加工。

（2）最短作业时间优先（Shortest Operating Time，简称 SOT）准则，所需加工时间最短的作业优先安排，然后是加工时间第二短的，依此排列，一直到加工时间最长的那个工件。这个准则有时又被简称为 SPT（Shortest Processing Time）。

（3）交货期最早优先（Earliest Due Date，简称 EDD）准则，要求交货期早的工件优先安排，而交货期晚一些的工件则安排到后面。Date 指全部作业的交货期。

（4）开始日期先后准则，该准则是指交货期减去正常的提前期，即最早进入工序的作业最早完成。

（5）剩余松弛时间最少（Slack Time Remaining，简称 STR）准则。剩余松弛时间等于从当前时间起距交货期的剩余时间减去工件剩余的加工时间。按剩余松弛时间的长短，可从短到长安排作业顺序。

（6）后到先服务（Last Come，First Served，简称 LCFS）准则，即后运到车间的工件往往最先加工，所以称之为“后到先服务”。这个规则常常作为作业排序的缺省规则应用。

（7）随机安排准则，即管理人员或操作者随机地选择一个工件进行加工。

（8）每个工件的剩余松弛时间准则，是指每个工件的剩余松弛时间=（交货期前剩余的时间-剩余加工的时间）×剩余的作业。

（9）关键比率，是用交货期减去当前日期的差除以剩余的工作日数。

（10）排队比率，即计划中剩余的松弛时间计划中剩余的排队时间，排队比率最小的作业最先执行。

以上几个准则各有不同特点：FCFS 准则对工件比较公平；SOT 准则可使工件平均流程时间最短，从而减少了在制品量；EDD 准则使工件的最大延误时间最小；除此之外，SCR（Smallest Critical Ratio，最小临界比）是保证工件延误最少的准则；等等。管理人员应该根据不同的目标选择恰当的排序准则。

2. 同一台机床上的作业排序

下面对四个工件（见表 5-4）在同一台机床上加工的情况进行分析，同时对不同的调度规则进行比较。所有的定单需要在同一台机床上完成。

表 5-4　不同订单的时间和交货期

订单（按照到达的先后顺序）	加工时间（天）	交货期（天）
1	3	5
2	4	6
3	2	7
4	5	8
5	1	3

方案 1：运用 FCFS 准则流程时间的结果如表 5-5 所示。

表 5-5　方案 1 的结果

加工顺序	加工时间	交货日期	流程时间
1	3	5	3
2	4	6	7
3	2	7	9
4	5	8	14
5	1	3	15

可见，只有加工定单 1 的流程时间比交货日期少，而其他定单都无法在交货日期之前交货。总的流程时间是 48 天，平均流程时间是 9.6 天。

方案 2：运用 SOT 准则流程时间的结果如表 5-6 所示。

表 5-6　方案 2 的结果

加工顺序	加工时间	交货日期	流程时间
5	1	3	1
3	2	7	3
1	3	5	6
2	4	6	10
4	5	8	15

可见，总的流程时间为 35 天，而平均流程时间为 35/5 = 7 天，第 3 和第 5 个定单可以在交货日期之前完成，而其他定单会延迟交货。

方案 3：运用 LCFS 准则流程时间的结果如表 5-7 所示。

表 5-7　方案 3 的结果

加工顺序	加工时间	交货日期	流程时间
5	1	3	1
4	5	8	6
3	2	7	8
2	4	6	12
1	3	5	15

可见，总的流程时间为 42 天，流程平均时间为 8.4 天，定单 2、3、4 会延期交货。

方案 4：运用 D date 准则流程时间的结果如表 5-8 所示。

表 5-8 方案 4 的结果

加工顺序	加工时间	交货日期	流程时间
5	1	3	1
1	3	5	4
2	4	6	8
4	2	7	10
3	5	8	15

可见，总的流程时间为 38 天，流程平均时间为 7.6 天，定单 2、3、4 会延期。

不同方案之间的比较如表 5-9 所示。

表 5-9 不同方案之间的比较

实行准则	总的流程时间	平均流程时间
FCFS	48	9.6
SOT	35	7
LCFS	42	8.4
Ddate	38	7.6

经过上述比较发现，各种准则中，SOT 准则是最优方案，无论总的流程时间还是平均流程时间都是最短的，而且经过数学证明发现，在一台机器多个作业的情况下 SOT 始终是最优的。

3. *n* 个工件在两台设备上加工的作业排序

有 *n* 个工件，都要经过两台设备的加工，且它们流经这两台设备的工艺顺序是一致的，即都是先在第一台设备上加工，再转到第二台设备上继续加工。从第一个工件在第一台设备上开始加工算起，直到最后一个工件在第二台设备上加工结束为止的这段时间，称为这 *n* 个工件的“总加工周期”。作业排序的目标就是使这个总加工周期最短，以缩短生产周期，减少在制品的停放时间。

对于这个问题，往往采用约翰逊（Johnson）法来解决，约翰逊法解决这种问题分为四个步骤：

（1）列出每个作业在两台设备上的作业时间。

（2）选择最短的作业时间。

（3）如果最短的作业时间来自第一台机床，则首先进行这个作业；如果最短的作业时间来自第二台机床，则这个作业最后进行。

（4）对其他的作业任务，重复进行步骤 2 和 3，直到最后完成排序。

例如，某车间有 A、B 两台设备，本周要完成四个工件的加工任务。每个工件在设备上的加工时间可以用表 5-10 来表示，求总加工周期最短的作业顺序。

表 5-10　不同设备的作业排序

设备	加工任务 1	加工任务 2	加工任务 3	加工任务 4
设备 A	1	5	3	6
设备 B	3	6	8	2

根据约翰逊法，最少的加工时间是一个时间单位，它又是出现在设备 A 上。根据约翰逊法的规则，应将对应的加工任务 1 排在第一位，在剩余的加工任务中再找最小值。不难看出，最小值是两个时间单位，它是出现在设备 B 上的，所以应将对应的加工任务 4 在最后一位。重复这样的排序，得到的结果是：加工任务 1—3—2—4。

如果按照加工任务 1—2—3—4 的方式进行排序，得到的总加工周期是 19，用约翰逊法排出的作业顺序总加工周期是 17，显然后者的结果优于前者。

扩展后，还可以运用于 n 个作业任务三台机床的情况。然而，实际工作中遇到的更多还是多个工件在多台设备上加工的排序问题。随着设备数的增加，排序问题的复杂程度也随之增加，约翰逊法将无法得出最优的方案。

排序问题已经成为动态的，在下游的机床中会形成一系列的排队。

4. n 个作业 m 台机床的排序

实际中更常见的是 n 个作业 m 台机床的排序问题，如果这样的作业在机床上进行，那么有 nm！种方案可以选择，只有通过计算机的模拟才可以进行计算，但是总的原则还是我们前面所提供的。当然，在十种排序方法中，经过对车间作业任务的模拟发现，选取优先规则的原则是：

（1）优先规则是动态的，在作业的过程中要经过不断和经常的计算，对不断变化的现场情况进行及时的反映。

（2）优先规则应该考虑松弛时间，要注意交货期的一些常见特征。

经过不断的发展，目前最新的排序方法是在计算机上将模拟和人工结合进行排序。

第六节　服务业中的综合生产计划

许多服务业企业在做综合计划时，也采用前面所述的几种策略。在实际操作过程中，可能是同时兼顾几种策略，即采用综合策略。银行、旅游、快餐等行业在制定它们的计划时就是采用综合策略。

1. 餐饮业

在产品生产量大的公司（如餐馆）直接采用的计划策略包括：①均衡生产率；②确定劳动力水平；③控制需求以适应设备与劳动生产率的要求。常设立一定量的库存，以适应需求的高峰。

由于这些计划策略与制造企业的生产计划策略比较类似，前面介绍的几种传统的综合计划方法也同样适用于餐饮业。需要注意的是餐饮业的库存材料很容易腐烂，因此存储期很短。另外还应注意计划的时间段，一般餐饮业的计划时间段为“小时”，有时也可能是“分钟”。

2. 航空公司

另一大类服务业企业是航空公司，有些大的航空公司在世界各主要城市设有中转站，并在各地设有办事机构，提供多条航线的飞行服务。其综合计划的主要内容有：①每一中转站起飞与降落的航班数量；②所有航线的航班数量；③所有航线的旅客总数；④每一中转站所需的空姐与机组人员以及地面服务人员的数量等。

三、其他服务业

其他服务业如金融服务、医院服务、运输服务以及诸多娱乐服务等可提供大量的无形产品。这类服务的综合计划主要是安排人力资源以适应需求的变化，其目标主要是在需求低峰期与高峰期合理安排工作人员，保持较高的劳动生产率。

总之，综合计划在服务业中的应用也非常广泛，有些比较简单，有些则非常复杂，各有其特点，在制定服务业综合计划时应根据实际情况进行制定。此外，在制定综合计划时，还需要考虑生产能力方面的决策，如航空公司可对不同等级座舱内舱位的数量合理分配，以便获得最大的经济效益。

练习题

一、单项选择题

1. 生产能力的组成中，不包括以下哪项能力？（　　）

A. 设备能力　　B. 人员能力　　C. 采购能力　　D. 管理能力

2. 以下各项能力中，属于潜在能力的是（　　）。

A. 设计能力　　B. 查定能力　　C. 计划能力　　D. 设备能力

3. 作为生产计划基础的现实生产能力的是（　　）。

A. 设计能力　　B. 查定能力　　C. 计划能力　　D. 设备能力

4. 以下适合采用原料处理量为计量单位的是（　　）。

A. 钢铁厂　　B. 炼油厂　　C. 水泥厂　　D. 航空公司

5. 以下适合用投入量为计量单位的是（　　）。

A. 钢铁厂　　B. 炼油厂　　C. 水泥厂　　D. 航空公司

6. 中期生产计划的计划期是（　　）。

A. 5 年　　B. 3 年　　C. 1 年　　D. 半年

7. 物料需求计划属于（　　）。

A. 长期生产计划　　B. 中期生产计划　　C. 短期生产计划　　D. 临时生产计划

8. 在产品出产进度的安排中，大量生产企业对市场需要量比较稳定的产品适合采用（　　）。

A. 平均分配法　　B. 均匀递增法　　C. 分期递增法　　D. 抛物线型递增法

9. 在产品出产进度的安排中，大量生产企业对市场前景看好的新产品适合采用(　　)。

A. 平均分配法　　B. 均匀递增法　　C. 分期递增法　　D. 抛物线型递增法

10. 可以较快形成生产能力的是（　　）。

A. 一次扩张策略　　B. 逐步扩张策略　　C. 转产策略　　D. 退缩策略

11. 风险较小，资本筹措比较容易的是（　　）。

A. 一次扩张策略　B. 逐步扩张策略　C. 转产策略　D. 退缩策略

12. 对工件比较公平的准则是（　）。

A. FCFS　B. SOT　C. EDD　D. SCR

13. 工件平均流程时间最短的准则是（　）。

A. FCFS　B. SOT　C. EDD　D. SCR

二、判断题

1. 生产能力是指加工处理一定原材料的平均最大数量。（　）

2. 最大生产能力往往是最优生产能力。（　）

3. 生产能力使用效率是对有效生产能力的衡量。（　）

4. 备货型生产企业制定综合生产计划的前提是对产品的需求可以预测，产品价格事先是知道的。（　）

5. 订货型生产企业制定综合生产计划的核心是品种、数量、价格和交货期。（　）

6. EDD 准则可使工件平均流程时间最短，从而减少在制品量。（　）

7. SCR 准则可以保证工件延误最少。（　）

8. MPS 的计划期可以短于最长的产品生产周期。（　）

9. 产品出产进度计划一般以月为计划时间单位。（　）

10. 主生产计划通常以周为计划时间单位。（　）

三、简答题

1. 简述影响生产能力的因素。

2. 如何进行生产计划的综合平衡？

3. 简述综合生产计划的含义及目标

4. 编制主生产计划应当注意哪些问题？

5. 编制产品出产计划通常应考虑哪些要求？

6. 在编制中短期生产能力计划时，要扩大生产能力可采取哪些措施？

7. 制定作业计划的过程应遵循哪些准则？

案例分析

多型号研制与批产交叉并行的生产管理

湖北三江航天江河化工科技有限公司（简称“江河公司”），又名“国营八六一〇厂”，隶属于中国航天科工集团公司第六研究院，主要承担航天武器装备的复合固体推进剂配方研制、推进剂装药生产、型号发动机总装测试、地面静止试验和某型号战斗部总装、试验等任务。

江河公司面对航天武器装备的科研与批产任务重、型号品种多、协外产品急、资源条件有限、生产能力不足的复杂状态，及时开展管理诊断，制定总体目标；明确了“多型号研制与批产交叉并行”的生产管理思路，即通过优化资源配置，调整生产布局，细化工艺流程，强化管理职能，创新管理方法，夯实基础管理，细化生产计划，强化管控措施；实现在一条生产线上资源有限的条件下，及时完成航天武器装备生产任务，且实现了效益显著的经营管理目标。

一、建立“鱼刺形”的生产布局，重置生产流程

1. 梳理生产流程，整合资源，重置生产格局

江河公司在分析了40多种具体型号任务、产品结构、工艺特征、生产组织特征的基础上，对类型相同、生产资源相近的任务进行了资源整合，在专业车间对各类生产要素按型号任务或产品的工艺路线及生产周期进行布置，在一条生产线上各型号既交叉安排、交叉生产，又任务并行、节点并行，形成了“鱼刺形”生产布局，即多个生产单元交叉并行的生产格局。

2. 优化工艺流程，保障安全质量进度

江河公司成立了工艺攻关小组，结合实际对生产转运环节进行了工艺优化，把工艺流程相同的型号安排在一个工序上，节省了工艺时间，提高了生产进度；对于多个型号的流程合并提高了流转速度；对操作流程进行优化、操作细化，使之更具科学性和可操作性；将生产计划、工布、任务、操作等分化到具体人员，做到操作有规程、有记录、有追溯性；把安全质量责任落实到每一个操作者，避免了交叉重复流程，保障了产品质量，保障了安全和生产进度，提高了生产效率与任务完成率。

二、强化生产组织指挥与调度，提高生产管控能力

1. 优化机构管理职能，强化生产组织指挥

江河公司对部门职能进行了优化和调整，将科研处和生产调度处合并为科研生产处，设置了总经理（负总责）、主管科研生产的副总经理、型号总指挥、总调度长、生产计划调度、生产管理调度、生产综合管理等岗位，一线生产车间分设调度岗位，负责研制型号、批产型号、协外型号、外协型号的生产计划与调度，形成了自上而下、横向到边、纵向到底的生产组织指挥与调度系统，为提高生产管控能力提供了有力的组织保障。

2. 科学排产

在编排计划以及在实际生产过程中，按照“生产准备提前一步，安排工作紧前一步，掌握信息靠前一步，考虑问题超前一步”的生产管理方法，江河公司掌握了生产线上的每一个环节和生产节奏，充分发挥了生产调度的枢纽指挥作用。作为发动机装药生产企业，面临上游的壳体供应，下游的产品交付，生产过程的策划安排，多方配套单位的协调，靶场试验的安排，研制型号生产等复杂情况，江河公司通过“四个一步”方法进行统筹兼顾和谋划。在生产计划与过程管控中，按照“任务清，计划到位；节点清，协调到位；短线清，配置到位；措施清，落实到位”的方法，深入分析可能影响生产正常进行的因素，充分预估生产过程的突发情况并做好准备工作，科学合理地进行工作策划与计划排产。

生产管理部门实施任务时按照“外协优先，科研与批产并行”的原则进行计划。根据各类型号任务和生产要素的齐套性，把年度生产计划逐步分解到月生产计划下发至生产车间，生产车间把月生产计划分解为周生产计划、日生产计划，生产班组把日生产计划分解到完成工时。生产车间根据生产要素准备情况，模拟运算出最大产能信息，反馈给生产管理部门，生产管理部门再次对产能和负荷进行预估分析，按照松弛率进行分类计划排产，实现多约束条件下的计划与控制，产生可执行的月度生产计划下发到车间，并通过生产日报、月报、季报、生产协调会、现场跟踪等方式及时收集处理生产信息，进行生产能力平衡与计划调整，形成强制计划与实际产能的调整空间，应对在不可抗力情况下保障任务节点的生产调控能力。

3. 综合运用工具管理与项目管理优化生产调度

"工具管理"方法对任务不饱满、批生产的生产管理来说具有优势，生产效率高，然而要在一条生产线上同时完成近50种各类型号的科研、批产、外协的研制任务，在交织并行的生产状态下，工具管理方法满足不了多型号的时间节点要求；采用"项目管理"的方法生产调度难度较小，生产与管理流程畅通，但在多型号交织并行的生产状态下，往往会出现调度人员为尽快完成分管的型号项目而抢占生产资源的现象。为此，江河公司把上述两种管理方法结合在一起，一方面在资源条件允许的情况下，充分发挥"工具管理"方法的优势，提高紧急任务、批产任务的生产效率和保障节点，同时利用"项目管理"的系统性和流畅性，合理分配多型号并行生产要素，避免阶段性资源利用率不高的问题，使两种方法优势互补、扬长避短。

4. 建立任务松弛率预警机制，提高计划完成率

根据各型号节点时间、生产周期、工艺工序时间及各生产车间的具体生产状态，江河公司计算出了任务松弛率，把握住了生产进度，及时调整计划，提高了生产进度可控性。松弛率越大，可控性越强，完成临时紧急任务的可能性也就越高。当发现任务松弛率极小，或者出现影响生产进度和任务节点的问题时，公司立即启动生产预警机制，发出"红色预警单"或召开紧急协调会，迅速协调相关单位，调整生产计划，实现所有协同部门的快速响应，全力保障计划任务节点。

5. 严格考核，提高执行力

通过建立任务导向的多层级考核体系，江河公司突出了过程驱动性的考核力度及导向作用，共分三个层次：第一层次为考核过程，即生产进度考核，考核对象为各生产单位和直接相关的科研生产、工艺技术、质量检验、设备保障、动力保障等单位，设置生产进度奖励；第二层次为考核结果，即绩效与责任考核，考核对象为各单位，以每个月完成的生产计划任务为导向，设置绩效与责任考核指标和奖惩额度；第三层次为综合考核，即年度生产责任令考核，考核对象为各单位，根据下达的年度厂长责任令中各类指标的完成情况，进行年度生产协同管理考核奖惩。

三、强化安全管理，保障稳定生产

1. 分析与辨识安全风险

针对多型号科研与批产交叉并行的生产方式，江河公司充分辨识各种安全风险，做到了事先防范，重点监控易发生事故的部位和活动。通过安全技术预先研究，从源头上进行安全管控，特别是对"四新"（新材料、新配方、新技术、新设备）开展安全预测、安全评价，及时预测可能产生的新的危险源和不安全因素，并进行危险性评价和危险性确认，形成安全管理预警体系；通过完善设施、隐患整改、违章检查、应急演练等一系列手段，形成安全管理预控体系。

2. 建立安全行为素养的长效机制

一是建立现场管理机制，把好现场关。江河公司积极推进6S现场管理，避免意外伤害的发生；加大对厂房、设备色彩化和物品定置的管理，避免误操作；在工作场所设置爱心安全提示牌，让员工在无形中感到肩负安全责任。

二是建立安全监督检查机制，把好检查关。江河公司成立了专门的安全检查机构，并设立了"安全总监"，经常开展现场巡查，以及时发现和纠正违章，发现隐患立即通知责任单

位予以整改。强化班组兼职技术安全员的安全监督职责，实行安全生产控制点“三检制”(自检、互检与专检)，在班组成员之间开展自查、互查，制止违章，形成安全联保责任共同体。

三是建立作业标准化机制，把好流程关。江河公司成立了安全生产标准化达标工作领导小组，全面开展“操作标准化、管理规范化”工作，使各级人员充分理解和完全掌握了与本岗位有关的标准、规程、制度，并检查、督促落实。

四是建立安全培训机制，把好培训关。江河公司积极落实全员培训计划，严格学时，重点围绕岗位达标开展全员培训，侧重非正常情况下的应急处理技能培训，对新技术、新工艺、新设备、新材料在使用前进行安全教育培训。

五是开展安全技术防范，把好现场关。对投入 300 余万元完成了“安全传感器工程”建设，通过时时对现场温度、湿度、定员、释放静电和操作行为进行安全性监控与提醒，发现并纠正现场不安全行为、不安全因素，提高本质安全度。

六是建立人文关怀机制，把好情绪关。江河公司在班组集体成员之间努力营造诚信友爱、和谐共事的氛围，创造宽松和谐的人际关系，从细微之处关心员工，解决部分员工的困难。通过人文关怀，企业的“人本、人权、人性、人情”思想充分得到体现，使职工能够扎根山区，快乐工作，健康生活，为安全生产和完成生产任务奠定了良好的基础。

四、建立长效机制，确保产品质量

1. 确立质量核心理念和质量风险观念

根据多型号科研与批产交叉并行的生产方式，结合航天火/化工产品生产过程高危险性、不可逆性和集体作业的特点，江河公司确立了“工作无差错，产品零缺陷”的质量核心理念，以及“老实做人，照章办事，一次做对”的质量行为准则，树立了“一人出错，整体受损；一件报废，一批受阻；一个隐患，酿成灾难”的质量风险观。江河公司设置了“质量管理专栏”，开展“质量月”、“航天质量日”、质量案例展览等专题活动，利用工作简报、会议、板报、看板、警言警句等进行宣传教育，发动全员讨论；实施环节监督约束机制，设立质量问题曝光台，对典型不良质量行为进行曝光；开展评选“免检工序”“免检操作者”“免军检检验员”活动，以促进质量意识、素质行为逐步规范。公司还推行质量管理“三不法则”，即“不接收不合格产品，不加工不合格产品，不传递不合格产品”；推行“三个确认”，即“确认上道工序的产品质量，确认本工序工艺技术要求和生产质量，确认交付下道工序的产品质量”；执行“三不放过”，即“质量事故原因责任查不清不放过，整改措施不到位不放过，责任人未受到教育处理不放过”，最终达到了整改归零的状态。

2. 运用先进的检测技术保证产品质量

为提高产品质量，保障航天装备的安全可靠性，江河公司投入巨资建成了具有国内先进水平的“无损检测系统”（工业 CT)，对产品进行深层及断层检测：运用“质量质心测试仪”检测战斗部的质量质心合格率，使用“内窥镜技术”检查产品内部的表面表观合格率，使用“超声波技术”检查发动机绝热层的粘贴合格率，辅以国内最先进的计量理化分析设备。先进的前沿检测设备与检测技术一方面对提高产品质量有较大作用，另一方面对操作者提出了更加严苛的要求，对于创新质量管理方法、提高产品质量性能具有重大意义。

3. 开展质量提升活动

一是引导质控小组攻克质量技术瓶颈，通过积极引导和政策鼓励，使群众性质量管理活动开展得有声有色，攻克了一系列质量技术瓶颈，其中 16 项获评全国优秀成果，2 个质控小组晋级“国优”，企业获“全国质量管理小组活动优秀企业”称号。

二是推进班组质量建设和操作技能培养，开展“质量能手”“质量标兵”“质量过硬班组”“榜样工人”等创先争优活动。重视和不断加强员工的质量管理和操作技能教育培训，发挥生产班组中高技能人才的优势，采取“传、帮、带”、师带徒、培训、轮训、技术练兵及技术交流、选送班组人员参加国际交流和考察等活动，有针对性地对操作技能较差的人员进行培训。

五、建立与生产相匹配的保障体系，综合提升生产保驾能力

1. 完善物资供应，提速增效

加强物资管理部门的职能，形成与现行生产方式相匹配的物资供应链。具体来说，一是在上年底策划生产任务的同时谋划物资供应需求，由各部门提出原材料、设备等物资采购需求，按照任务节点提前完成采购和供应；二是根据产品总体设计要求和用户合同要求，及时建立军品物资合格供方目录，邀请供货商座谈，明确需求和供货时间节点，预测物资供应可能存在的问题并提出解决方案；三是根据生产现场或生产计划调整的需求特事特办，实施紧急采购流程，以保障供应；四是利用“物资管理信息”平台，让物资管理人员和各生产单位可以随时查询物资库存和流转状态，以便及时做出预判和调整计划及采购需求，不因物料供应而影响生产进度。

2. 利用信息系统掌控生产状态

江河公司根据科研生产和保密工作的实际需要，先后投入500余万元建成了涉密信息系统，开发了公文处理、PDM工艺技术文件处理、安全电子邮件、ERP生产物流信息管理、财务管理等应用系统，生产管理部门通过信息管理系统、内部电话等信息通道向各生产单位发送生产指令，各生产单位每日向生产调度部门报送任务进度和相关数据统计情况，以便生产管理部门及时掌握生产信息，做出任务松弛率判断，及时调整状态，为每月的科研生产讲评会、下一步决策和任务考核提供依据。

3. 设置备份动力保障系统

通过改造并建立双线供电系统、应急柴油发电机组等办法，江河公司保证了科研生产不受动力保障影响，同时长期建立与地方国家供电部门的联系与沟通机制，在大型装药地面试验时提前申请用电保障，防止因停电造成生产中断和不可挽回的损失。

4. 建立人力资源应急机制

由于现有人力资源有限，因此江河公司注重职工技能的培训和提升，实行“一岗多能、一人多证”的激励政策，根据生产任务需要，可通过人员借调、换岗、替岗、补岗、增援、突击队等方式解决人力资源短缺的问题，保障了生产的连续性和节点任务的完成。

（资料来源：http：//caselib. drcnet. com. cn)

思考题

1. 江河公司是如何提高生产管控能力的？
2. 为了保障产品质量，江河公司采取了哪些做法？
3. 江河公司是如何建立与生产相匹配的保障体系的？

第六章　库存控制

本章目标

通过对本章的学习，学生应熟悉库存的概念和分类，了解库存的作用和弊端，了解库存控制的主要目标的，掌握影响库存控制决策的主要因素，理解库存控制的三种基本方式，理解经济订货批量模型的运行原理，了解需求不确定的固定订货期系统的运行原理。

本章重点

掌握影响库存控制决策的主要因素。

本章难点

理解库存控制的三种基本方式，以及经济订货批量模型的运行原理。

引入案例

新金马连锁超市的库存管理

一、新金马连锁超市经营概况

新金马连锁超市是位于湖南省某市市中心的一家集批发、零售为一体的日用消费品流通企业，其经营范围主要有食品、饮料、粮油、熟食、生鲜、日用杂货、服装、文体用品、日化等。新金马超市提出的“天天低价，天天平价”口号吸引了众多消费者，且其物价水平波动不大，获得了新老顾客的信赖。经过长期的发展，新金马超市在该市各乡镇都开有分店，形成了一个小型的连锁型超市，并且在2014年以前一度成为该市最大的超市。但随着该市经济的发展，其他同类超市纷纷涌入，而新金马超市自身的管理水平却在下降，使其所能分到的“蛋糕”越来越小，对其市场份额造成了重大的冲击。

二、新金马连锁超市现存的库存管理状况

1. 各分店库存积压严重

新金马超市竞争力下降的一个很大原因就是存在大量的库存积压，增加了仓储成本，形成原因主要有：①换季的产品没有及时开展打折促销活动，销散货源；②过期或者不新鲜的商品，尤其是熟食、蔬果类产品未及时清理和换新；③超市员工缺乏对超市商品需求的实际调查或者调查力度不够，导致采购的很多商品上架后并不畅销，累积了很多滞销品；④商品未做到分类陈列，再加上导购员数量不足，增加了顾客选购商品的时间，容易造成顾客审美疲劳，降低了回客率。

2. 缺少先进的库存管理方法

由于新金马连锁超市是本地商人在外经商后在本地投资建立的私营企业，因此带有很强的家族企业色彩。在该超市现有的管理人员中，大多数是同姓氏或者来自于同一个地方。而且他们共同的特性就是平均年龄偏大，受教育程度偏低，缺乏甚至没有科学库存管理的意识，更不用说建立有效的库存管理系统了。此外，该超市并未引入工资绩效管理机制，使得员工的日工资水平高于该市同类超市的平均水平，这也是造成新金马超市存在库存管理成本高、效率低的重要原因。

3. 相关环节人员缺乏

新金马超市本来在商品分门别类、分区域陈列上就存在很大的缺陷，再加上人员的缺乏，未能做到像其他大型连锁超市那样实现分区人员管理，直接导致了商品缺货、断货信息反馈不及时，滞销品没有及时下架清理，畅销品无法及时补货，严重影响了商品的销售。另外，由于仓库管理人员缺乏盘点的重要性意识，他们一度认为实地盘点实施的难度大，就采用账面盘存数来代替实地盘存数。这种做法使得超市财务人员未能及时了解存货的真实信息，从而影响了会计信息的真实性，进而导致超市真实的经营状况和盈利状况并没有通过会计报表反映出来，最终误导超市管理层做出错误的决策，导致超市蒙受损失。

4. 与供应商之间的关系不够密切

理想中的超市与供应商的关系应该是一种在满足一定质量要求下的合理的供需关系，并能灵活适应市场需求的变动。新金马超市库存管理的信息化水平较低，目前基本仍采取人工管理方式，向供应商反馈订货信息严重滞后，增加了商品的流通成本。此外，超市缺乏对供应商的供货质量、价格、及时性等进行有效监督的渠道，采购时也做不到货比三家，难以实现成本最低化、质量最优化、效益最大化。

三、改善新金马超市库存管理的方案

1. 引进先进的库存管理方法

新金马超市现有的库存管理方式陈旧老套，跟不上行业的发展步伐。对此，一方面可以引进 ABC（Activity Based Classification）分类库存控制法，也叫“主次因素分析法”，目的是区分主次，分类管理。这种方法在库存管理中的实际操作就是将物配中心里的商品按其销售额所占比例的大小和品种数多少依次分为 A、B、C 三类。通常在配送中心，A 类商品应做重点管理，因为 A 类商品不仅品种多，而且它形成的销售收入占总销售收入的比重最大，因此必须保证其有充足的货源补充；对 C 类商品，因其商品总类少且销售额和资金所占的比例也较小，故可适当减少对这类商品的管理工作，以减少管理成本；对于 B 类商品的库存管理，则可折中介于 A、C 两者之间。采用这种管理方法的好处是，可分清管理对象的主次，降低库存量，减少仓储成本，并逐渐消除商品积压和缺货现象，提升管理效率，并最终提高超市的运营能力。

2. 提高员工的工作素质

单纯靠引进先进的管理技术还不够，还需要有高素质的管理人才进行有效实施。一方面，超市可从外面招聘有相关经验的管理人员和从业人员进行管理；另一方面，超市可邀请有关专家对超市的老员工进行专门的、有针对性的岗前知识培训，并且辅以实操训练，尤其是对那些年纪偏大、文化层次低的员工，更要加强对计算机使用技能的培训，力求做到仓储、供应、销售、财务各个环节的每一位员工都熟悉自己的岗位职责，并互相协调。

3. 建立存货信息管理系统

超市要积极运用条码技术，仓储人员在货物入库时使用编码和打印条码，根据货物的类别、属性、型号等相关信息进行明细的划分，并生成一个唯一的编码，录入电脑。例如，假设日化用品这一大类的代码为01，其中洗发水作为日化用品中的一小类，可归为01.001，而飘柔洗发水又是洗发水的一个具体品种，可归为01.001.0001，之后可根据不同净含量和功效的飘柔洗发水依此顺序类推。这种方式类似于在会计软件中设置会计科目，层层拨开，以做到对产品明细分类。运用这种方法，不仅可以随时查询库存状况，而且这个版块一旦真正实施起来，效率会远远高于传统手工模式。但值得提醒的是，超市在入库或者出库时，相关负责人员一定要核对相关单据和手续是否齐全且合法，系统中不同岗位不仅要设置自己专有的权限，进行职责分离，而且每个岗位至少要有一个以上的监督岗位，以保证流程的有效性。

4. 定期、及时地进行存货盘点

像沃尔玛这样成功的大型连锁超市一般采用年终盘点和月盘点，因为它的管理模式已经很成熟了。但目前大多数国内中小型连锁超市的管理还很混乱，所以建议新金马超市每一个类别区域的员工应该先每天抽取部分商品进行盘点，要求做到实物、库存管理系统和账簿三者核对，然后于每月25日再进行一次月盘点，这样既不会耽误月底企业做账的时间，也能及时找出差异产生的原因。

（资料来源：http：//caselib. drcnet. com. cn）

第一节 库存控制概述

一、库存的概念

对企业而言，库存是为了满足现在和将来的需求而储存资源，库存是指企业组织中存储的各种物品与资源的总和。企业的生产经过原材料购入、产品加工、组装等环节，由于供需双方在各自满足需求的速度上的不相同，存在空间上的距离、时间上的差异，因此要连续不断地供应是难以做到的，所以库存是必不可少的，不然生产就可能中断。在生产中，库存起了缓冲和调节供需的作用，并使双方的经营有足够的独立性。但是，库存是不产生收益的，并且增加了产品的成本，所以应该适时、适量地库存，减少资金占用，提高企业的经济效益。这就是库存控制的基本出发点。

库存在历史上曾被当作财富的象征。衡量一个商人的财富，是看他存有多少担粮食，多少头牛、多少匹布和多少两黄金白银。直到20世纪科学管理运动兴起以后，企业管理者才摒弃了一味生产存货的观点，开始重视存货的流动性，并最终将存货周转率作为衡量企业效率的重要指标。

库存周转率可用下式计算：

$$\text{库存周转率}=\frac{\text{年销售额}}{\text{年平均库存值}} \tag{6-1}$$

还可细分为以下三种：

$$\text{成品库存周转率}=\frac{\text{年销售额}}{\text{成品年平均库存值}} \tag{6-2}$$

$$\text{在制品库存周转率} = \frac{\text{生产产值}}{\text{在制品平均库存值}} \tag{6-3}$$

$$\text{原材料库存周转率} = \frac{\text{原材料消耗额}}{\text{原材料平均库存值}} \tag{6-4}$$

注意：上面各式分子分母数值均应是相同时间段内的数值。

库存周转率越快，表明库存管理的效率越高；反之，库存周转慢意味着库存占用资金大，保管等费用发生多。库存周转率对企业经营中至关重要的资金周转率指标也有极大的影响。但是在许多国家，库存周转率由于各方面条件的限制而呈现出很大的不同，很多北美制造业企业每年为6~7次，而一些日本企业每年可达40次之多，我国有的企业每年却仅周转2~3次。

二、库存的分类

从不同的角度，库存可以有多种不同的分类。

按其在生产和配送过程中所处的状态，库存可分为原材料库存、在制品库存和成品库存(见图6-1)，三种库存可以放在一条供应链上的不同位置。

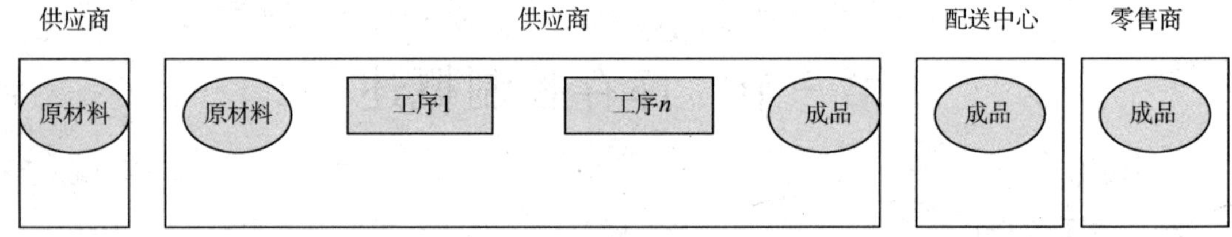

图6-1　不同形态的库及其位置

按作用，库存分为周转库存、安全库存、调节库存和在途库存。

(1) 周转库存：当生产或订货是以每次一定批量，而不是以每次一件的方式进行时，这种由批量周期性形成的库存就称为“周转库存”。成批生产或订货一是为了获得规模经济，二是为了享受数量折扣。由于周转库存的大小与订货的频率有关，所以如何在订货成本与库存成本之间做出选择是决策时主要考虑的因素。

(2) 安全库存：安全库存又称“缓冲库存”，是生产者为了应付需求的不确定性和供应的不确定性，防止缺货造成的损失而设置的一定数量水平的库存，如供货商未能按时供货，生产过程中意外停电停水等。安全库存的数量除受需求和供应的不确定性影响外，还与企业希望达到的顾客服务水平有关，这些是安全库存决策时主要考虑的因素。

(3) 调节库存：调节库存是为了调节需求或供应的不均衡、生产速度与供应速度的不均衡、各个生产阶段的产出不均衡而设置的一定数量的库存，如空调、电扇的生产商为保持生产能力的均衡而在淡季生产一定数量的产品置于调节库存，以备旺季（夏天）所需。有些季节性较强的原材料也需要设置调节库存。

(4) 在途库存：在途库存是指处于相邻两个工作地之间或是相邻两级销售组织之间的库存，包括处在运输过程中的库存，以及停放在两地之间的库存。在途库存的大小取决于运输时间和运输批量。

在具体的库存管理实践中，针对上述四种库存，为达到降低的目的，常采取以下基本策略和具体措施方案，如表 6-1 所示。

表 6-1 降低库存的策略和措施

库存类型	基本策略	具体措施
周转库存	减小批量	降低订货费用，缩短作业交替时间，利用相似性扩大生产批量
安全库存	订货时间尽量接近需求时间 订货量尽量接近需求量	改善需求预测工作，缩短生产周期与订货周期，减少供应的不稳定性，增加设备与人员的柔性
调节库存	使生产速度与需求变化一致	尽量拉平需求波动
在途库存	缩短生产–配送周期	标准品库存前置慎重选择供应商与运输商减小批量

按用户对库存的需求特征，分为独立需求库存和相关需求库存。

来自用户的对企业产品和服务的需求称为“独立需求”，其最显著的特点是需求是随机的，企业自身不能控制而由市场决定，与企业对其他库存产品所做的生产决策没有关系。正是由于独立需求的对象和数量的不确定性，它只能通过预测的方法粗略地估计。

相关需求也称“非独立需求”，它与其他需求有内在的相关性，可以根据对最终产品的独立需求精确地计算出来，是一种确定性的需求。例如，某汽车制造厂年产汽车 30 万辆，这是独立需求所确定的。一旦 30 万辆的生产任务确定之后，生产该型号汽车的原材料的数量和需求时间则可精确地计算得到。对零部件和原材料的需求就是相关需求，图 6-2 反映了生产过程中不同阶段库存项目之间的需求关系。

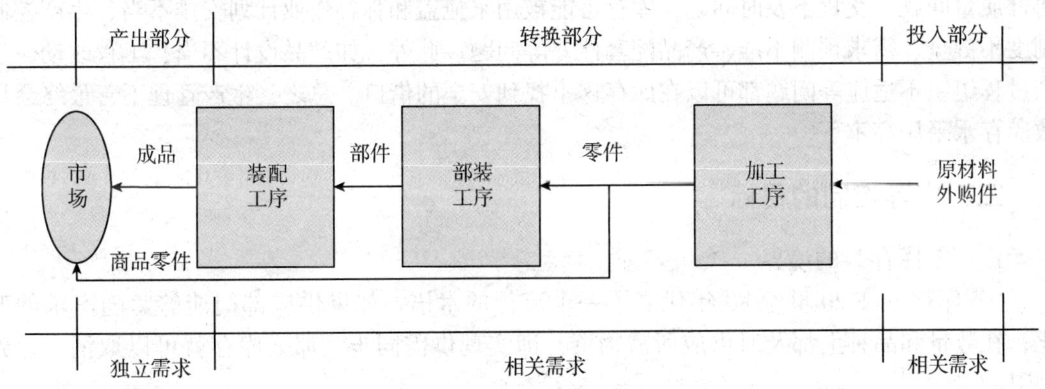

图 6-2 生产过程中的不同需求类型

二、库存的作用和弊端

库存是闲置的资源，不能立即为企业产生效益；但库存又是必须的，库存的作用主要体现在以下几方面：

（1）满足预期顾客的需求。一定的成品库存可以使顾客很快采购到他们所需要的物品。这样，可以缩短顾客的订货提前期，也有利于供应厂商争取预期顾客。

（2）平滑生产的均衡性。外部的需求总是波动的，而企业的生产要求具有均衡性。要满足需方的波动的需求，又要使供方的生产均衡，就必须维持一定量的库存。

(3) 分摊订货费用。订货需要费用，需要一件订购一件，将订货费用摊在一件物品上是不经济的。一次采购一批虽然会造成库存，但可以将订货费用分摊到各件物品上，因此是经济的。在生产过程中，采用批量生产加工可以分摊生产准备费用和结束整理费用。

(4) 防止缺货。维持一定量的库存可以防止缺货的产生。商店没有一定量的货物库存，顾客就买不到东西；酒店没有一定的床位库存，游客就不能入住；在生产过程中维持一定量的在制品可以防止生产因缺货而中断。

(5) 避免价格上涨。企业对有涨价可能性的物资会加大库存量，也会通过加大订货量以获取数量折扣。

库存虽具有重要的作用，但也有其不利的一面。例如，库存要占用资金，物资的库存要修建仓库，要维持库存物品不损耗、不老化，这都需要大量支出。不仅如此，大量的库存还可能掩盖某些管理中的问题。

库存具有上述几方面的重要作用，但是企业管理改进的方向是不断降低库存，而不是增加库存，因为库存是要付出代价的：

(1) 占用大量资金、场地。企业的资金是有限的，而仓库里的库存却是一堆堆静止不动的物资，不但不能给企业带来效益，而且要占用大量存储空间，产生很多费用，包括占用资金的利息、储藏保管费、保险费、库存物品价值损失费等。

(2) 掩盖企业经营、生产管理中存在的问题。库存可能被用来掩盖产品、零部件的质量问题。一般来说，当废品率或返修率较高时，企业会将加大生产批量、增加在制品或成品库存当作权宜之计；库存可能被用来掩盖工人的缺勤、技能训练差、操作不规范、劳动纪律松弛和现场管理混乱等问题；库存可能被用来掩盖供应商或外协厂家的原材料质量问题、外协件质量问题、交货不及时问题；库存可能被用来掩盖和弥补作业计划安排不当、生产控制制度不健全、需求预测不准、产品配套性差等问题。此外，如产品设计不当、工程改动、生产过程组织不适应等问题都可以在库存这里找到安全的借口。总之，生产管理不善最终会导致库存水平居高不下。

三、库存控制的目标

1. “零库存”的境界

“零库存”在 20 世纪 80 年代成了一个流行的术语。如果供应部门能够紧随需求的变化，在数量和品种上都及时供应所需物资，即实现供需同步，那么库存就可以取消，达到“零库存”。

有一项统计反映，美国拥有的存货价值超过 6500 亿美元，这些存货由于这样或那样的原因存放在仓库里。如果能将其中的一半解放出来用于投资，按比较保守的 10% 的收益率计算，将有 325 亿美元的年收入。因此，企业经营者将减少库存作为一种潜在的资本来源，将“零库存”作为一种追求，就不足为怪了。但是，由于需求的变化往往随机发生，难以预测，完全实现供需同步是不易做到的，而且由于供应部门、运输部门的工作也会不时地出现某些故障，因此完全的“零库存”只能是一种理想的境界。

2. 库存控制的目标

现代管理要求在充分发挥库存功能的同时，尽可能地降低库存成本，这是库存控制的基本目标。库存控制应实现以下几点：

(1) 保障生产供应。库存的基本功能是保证生产活动的正常进行，保证企业经常维持适度的库存，避免因供应不足而出现非计划性的生产间断，这是传统库存控制的主要目标之一。现代库存控制理论虽然对此提出了一些不同的看法，但保障生产供应仍然是库存控制的主要任务。

(2) 控制生产系统的工作状态。一个精心设计的生产系统均存在一个正常的工作状态，此时，生产按部就班地有序进行。生产系统中的库存情况（特别是在制品的数量）与该系统所设定的在制品定额相近。反之，如果一个生产系统的库存失控，该生产系统也很难处于正常的工作状态。因此，现代库存管理理论将库存控制与生产控制结为一体，通过对库存情况的监控，达到整体控制生产系统的目的。

(3) 降低生产成本。控制生产成本是生产管理的重要工作之一。无论是生产过程中的物资消耗还是生产过程中的流动资金占用，均与生产系统的库存控制有关。在工业生产中，库存资金常占企业流动资金的60%~80%，物资的消耗常占产品总成本的50%~70%。因此，必须通过有效的库存控制方法，使企业在保障生产的同时减少库存量，提高库存物资的周转率。

四、库存控制的基本决策

（一）库存控制决策的基本变量

1. 经常储备量

这是指在前后两批物资进厂的供应间隔期内，为保证生产正常进行所必要的储备量。这种储备是不断变化的。当物资进厂时达到最高储备量，随着生产的消耗，储备量逐渐减少，直到下一批物资进厂前为最小储备量。这样不断地消耗、不断地补充，形成了经常储备。其储备量可按下式确定：

$$Q_t = T M_0 \tag{6-5}$$

式中，Q_t 为经常储备定额（件），T 为进货间隔天数，M_0 为平均日消耗量（件/日）。

2. 保险储备量

保险储备量是指为了防止生产或供应可能误期而设置的储备量。它的计算方法有两种：一种是简单计算法，即以保险期乘以平均月需要量来求得。保险期的长短根据以往供应间隔期的历史资料确定。这种方法比较粗略，往往存在较大的误差，有时起不到应有的保险储备作用。另一种方法是统计分析计算法，它以对需要量变动值的统计分析为基础，用统计方法计算得到，这种方法比较合理。

保险储备量是一种缓冲和调解生产与供应或生产阶段之间供需发生脱节而建立的应急储备，故应常年保持，一旦动用应尽快补充，以防另一次紧急情况的发生。

3. 季节性储备

季节性储备是指由于季节性原因，不能组织正常进货而建立的物资储备。季节性储备由季节性储备月数（或天数），即季节性供应中断的时间（月或天）所决定。它的计算方法与保险储备量的计算方法相似，通过将季节性储备月数乘以平均月需要量而求得。

上述三种储备量加起来是物资的最高储备量，保险储备量是最低储备量。

（二）库存控制的决策内容

库存控制的决策目标是既保证生产需要，又不积压过多的物资和资金，为此，必须对物资的库存加以控制。而库存中的物资在不断地消耗，又不断地补充，这时要用平均库存水平代表库存量的多少。因此，物资的库存控制就是将物资的库存维持在预期库存水平上的一套管理技术。它的核心是如何确定这个预期的库存水平，以及如何经济而有效地维护这个库存水平。

平均储备量又称“平均库存水平”，它是衡量物资库存量的一种标志。因为物资的库存量是在不断变动着的，故需要按平均储备量来比较物资库存量的多少。

在需求率一定时，平均库存水平是由进货批量的大小或进货次数的多少决定的。当进货批量大而进货次数少时，平均库存水平高，即库存量大；当进货批量小而进货次数多时，平均库存水平低，即库存量小。

当然，在实际生产中，需求率不可能固定不变，库存量是随着生产的进行而不断变化的，如图 6-3 所示。货物进库后，随着不断领取，货物数量按一定的领取速率减少，要对这样一个变化着的库存量进行连续控制比较困难，因此我们可考虑简化的情况，即控制平均库存量。若库存量为 Q，则平均库存量为 $Q/2$，影响平均库存水平的决策与订货量、需求速度、进货速度有关。如每次订货数量大，则订货次数相应减少，进货速度也慢，平均库存水平却比较高。这也说明我们可以在需求速度一定的情况下，通过对进货速度的控制，将库存水平维持在一个期望的水准上，而进货速度可由进货批量与频率来共同决定。因此，库存控制的基本决策主要包括以下内容：

（1）确定两次订货的间隔时间。

（2）确定每次订货的订货批量。

（3）确定每次订货的提前期。

（4）确定库存控制程度，如满足用户需求的服务水平。

库存控制决策的目的是在企业现有资源约束下，用最低的库存成本满足预期的需求，最终实现企业的方针和目标。

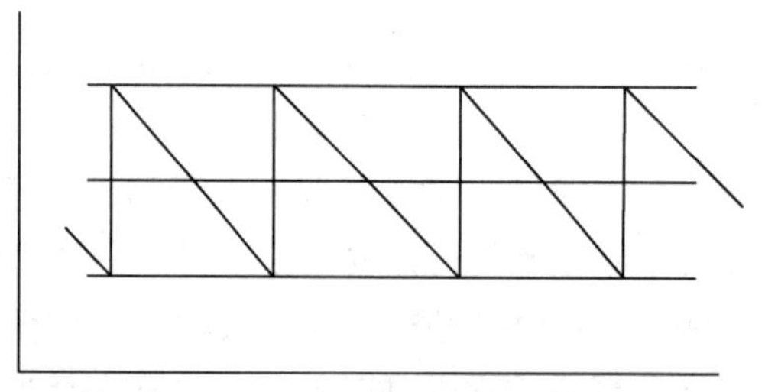

图 6-3　库存量变化图

（三）影响库存控制决策的因素

在众多影响库存控制决策的因素中，以下几个因素是不可忽视的：

1. 需求特性因素

（1）确定性需求和非确定性需求。需求可分为确定性需求和非确定性需求，确定性需求是指生产系统对物资的需求是可以预先确定的，反之则称为“非确定性需求”。确定性需求的生产系统的库存控制工作比较容易，管理者只需采用确定性的模型订货，保证进货的速度与需求消耗速度保持同步，便能维持合理的库存水平；而非确定性需求的生产系统的库存控制工作则比较复杂，由于需求情况频繁变动以及众多不确定性因素的影响，无法准确地预测，因此，管理者要采用随机性模型控制库存，并且在考虑正常的需求的同时，还要考虑保持一定的安全存量作为额外的库存储备。

（2）规律性变化需求、随机性变化需求。需求也可分为规律性变化需求与随机性变化需求两大类，如果生产系统的物资需求变化是有规律可循的，管理者在进行库存控制时，可以根据需求的变化规律进行库存，需求旺季增大库存，淡季则减低库存，使得系统的整体库存处于合理水平。如果生产系统对物资的需求是随机的，难以准确地预测，则需在设定正常性库存的基础上，进一步建立额外的安全库存，以防范突然出现的需求变化。

（3）独立性需求、相关性需求。需求还可分为独立性需求与相关性需求两大类。如果某种物资的需求独立于对其他物资的需求，则称之为“独立性需求”。例如，对汽车的需求独立于对计算机的需求，因此是独立性需求。而对汽车的需求与汽车轮胎的生产是有关的，因此是相关性需求。相关性需求是指某种物资的需求依赖于对其他物资的需求，正如我们看到的那样，对许多产品的需求都有依赖于对其他产品的需求，即各种产品的生产所耗用的各种物资间存在关联关系，因此在进行企业的生产计划编制时，应该考虑采用相关性需求技术。

2. 订货提前期

订货提前期是影响库存控制决策的另一重要因素，订货提前期是指从发出订货指令到订购物资进入仓库所需要的时间。显然，订货提前期的时间值越大，库房的储存量就越大。因此，在考虑订货的决策时，物资的订货提前期是必须考虑的因素。

3. 物资单价

产品物资的价格越高，库存资金数额也就越多，对这样的产品物资是不应该掉以轻心的，这时那些优秀的企业会增加采购次数，缩减库存量。这也是控制库存的手段之一。

4. 保管费用与订货费用

进行库存前需订购货物，每次订货都会发生一定的交易费用，如检验费用、手续费用、谈判费用、差旅费等，这些费用与订货次数呈正比，因此若订货费用大，应考虑减少订货次数。有了库存就必须进行保管，也就需要保管费用，显然保管费用数额与库存量呈正相关，所以对于保管费用高的产品，应该把库存控制在适当的水平上。

5. 服务水平

库存是为了满足用户需求而储存的资源，满足的程度可用服务水平来衡量。服务水平是指满足用户需求的百分比。当整个生产系统能够满足全部用户的订货需求时，则服务水平为100%；当能满足95%的需求时，则订货服务水平为95%，也可以说此时的生产系统缺货概率为5%。服务水平应该定位到一个合理的水平上，若订得太高，企业必须为此付出的代价是投入更多的资金，产生更大的成本，因此在进行库存控制决策时必须全面考虑。

（四）与库存成本有关的控制

库存控制的决策目标之一是减少资金占用，降低生产成本。为此，在研究库存控制问题时必须考虑库存的成本。与库存控制有关的成本有以下几项：

1. 订货成本

订货成本是指企业为了库存而进行订货时发生的各种费用之和，通常包括订货手续费、物资运输装卸费、验收入库费、采购人员差旅费以及通信联络费等。订货成本的费用仅与订货次数有关，而与订货批量不发生直接的联系，生产管理人员可以通过采用电子网络订货与支付的有效方法来降低生产系统的订货成本总值。

2. 保管成本

保管成本是指物资因妥善存储和维护而发生的成本，一般包括物资在存储过程中发生的自然损失费用（如变质、损失、丢失等）、物资处理成本、库存物资占用资金的成本（利息等）以及仓库运营的人工费和税金支出。保管成本的多少主要取决于库存物资的库存量多少与库存周期长短。考虑库存量时，不仅要考虑库存物资的体积、数量等指标，而且要考虑库存物资的价值，因为库存物资的情况不同，所需的人工费、场地占用、资金的占用成本等是不同的。显然，保管成本与库存量是成正比的。

3. 购置成本

购置成本即购买物资所用的贷款。许多供应商企业为了增加销售，当顾客购买的物资数量较多时，会采用差别定价策略，以较低的价格卖给顾客，即为用户提供批量折扣。对于大批订货给予折扣优惠是极为普遍的做法，买方可以通过增加每次订货的批量来降低总购置的成本。因此，购置成本是库存成本的一大组成部分。

4. 缺货成本

缺货成本是由于无法满足用户的需求而造成的损失。缺货成本可由两部分组成：其一是直接经济损失，包括企业为处理延误供货而付出的改变原计划而引起费用增加的成本，如加班费、为赶时间而改变运输方式增加的额外运费，误期交货罚款等；其二是间接经济损失，企业缺货无法满足用户的需求，必然会导致市场份额的减少，企业的名誉也会受到影响。

库存控制决策的主要目标是使库存总成本最低。显然，增大每次的订货批量，订货成本、购置成本、缺货成本是会降低的，但是订货批量的增加又会导致库存量的增加，引起保管成本的上升，因此合理选择库存量是较困难的，也是尤其重要的。

第二节　库存控制的基本方式

库存控制的基本方式分为三种：第一种是连续检查控制方式，即对库存量进行连续观测，看是否达到重新订货点来进行控制的；第二种是周期检查控制方式，即通过固定的时间周期检查库存量，以达到控制库存的目的；第三种是 ABC 控制方式，即通过对物资进行分类后，对不同类别的物资采用不同的控制策略。

一、连续检查控制方式

连续检查控制方式是在每次物资出库时，都盘点库存物资的余量，检查库存量是否下降到重新订货点 B，点 B 是预先设定的订货警戒线，如果低于订货警戒线，就要向供货厂商发出订货指令。由于从订货指令发出到新近订货加入仓库通常需要一段时间，直到库存储备量降到最低点、新订货物资到达时，库存储备得到补充，又达到最大值。上述库存储备量的变化周而复始，图 6-4 表明了连续检查库存控制方式下的库存变化情况。

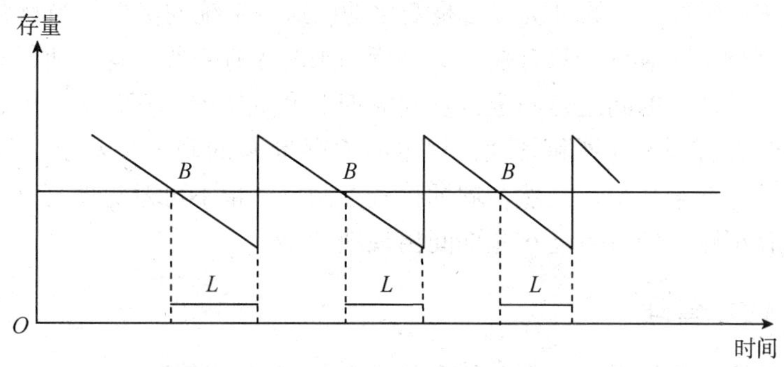

图 6-4　连续检查控制下的库存变化

连续检查控制方式的订货时间常采用收发卡片法或双堆法确定。

(1) 收发卡片法是用特制的收发卡片控制订货时间的方法。收发卡片上有物资代号、名称、规格、货位、最低库存储备量、物资进出库的时间、数量、颜料单位等信息，管理者可查看收发卡片上现有库存量与最低库存储备量等信息，决定是否订货、何时订货。

(2) 双堆法。每次进货时，需要将物资分成两部分储备：一部分作为订货点的库存储备，单独存放；另一部分作为常用备量，供日常发货之用。一旦在发货过程中发现常用储备量用尽时，则动用留做订货点的库存储备量，同时马上发出订货指令。双堆法是一种直观简单的方法。

二、周期检查控制方式

周期检查控制方式也称为“定期控制法”或“订货间隔期法”，是一种定期盘点库存和订货的控制方法。定期盘点库存后，根据库存量的多少，考虑下一计划期预计的需求情况，并确定每次的订货批量。如当前库存量较少或预计需求量将增加时，可以增加订货批量。反之则可以减少订货批量，图 6-5 表明了周期检查控制方式下库存量的变动情况。

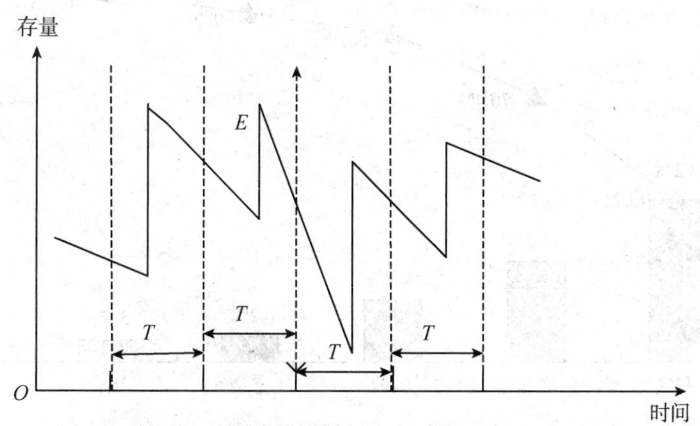

图 6-5　周期检查控制方式下库存量变动的模型

从图 6-5 中可见，每两次订货的时间间隔 T 是固定不变的，因此我们也称此控制方式为“固定订货期系统”。在这个系统中，按时间 T 检查库存量并同时提出订货，使库存量达

到规定的库存量 E，而且每次的订货批量是变化的。这一系统的优点是当物资出库后不需要对库存品种数量进行实地清点，只有在下次订货到来时才有必要，这又使得管理人员可以身兼数职，因为其主要面对的问题是确定订货间隔期 T 和规定的库存量 E。固定的订货期 T 通常按月或季来划分，有利于计划和管理；规定的库存量 E 的确定是基于订货间隔期 T 和订货提前期 L 期间的库存消耗量。当然，周期检查控制方法也不可避免地有其缺点，即在两次订货之间没有库存记账，则有可能在此期间出现缺货。

三、库存 ABC 管理

企业的库存物资种类繁多，对企业的全部库存物资进行管理是一项复杂而繁重的工作。如果管理者对所有的库存物资均匀地使用精力，必然会使其有限的精力过于分散，只能进行粗放式的库存管理，使管理的效率低下。因此，在库存控制工作中，应强调重点管理的原则，把管理的重心放在重点物资上，以提高管理的效率。ABC 分析法便是库存控制中常用的一种重点控制法。

（一）ABC 分析法的基本思想

意大利经济学家帕累托（Vilfredo Pareto）在调查 19 世纪意大利城市米兰的社会财富分配状况时发现，米兰市社会财富的 80%被占人口 20%的少数人占有，而占人口 80%的多数人仅占有社会财富的 20%。帕累托把其统计结果按从富有到贫穷的顺序排列，绘制了今天管理界所熟知的帕累托图。

后来人们发现，类似于帕累托图所显示的分布不均匀的统计现象不仅存在于社会财富的分布上，而且普遍存在于社会经济生活的许多方面，比如将某零部件不合理的原因分析制作成的帕累托图，如图 6-6 所示。

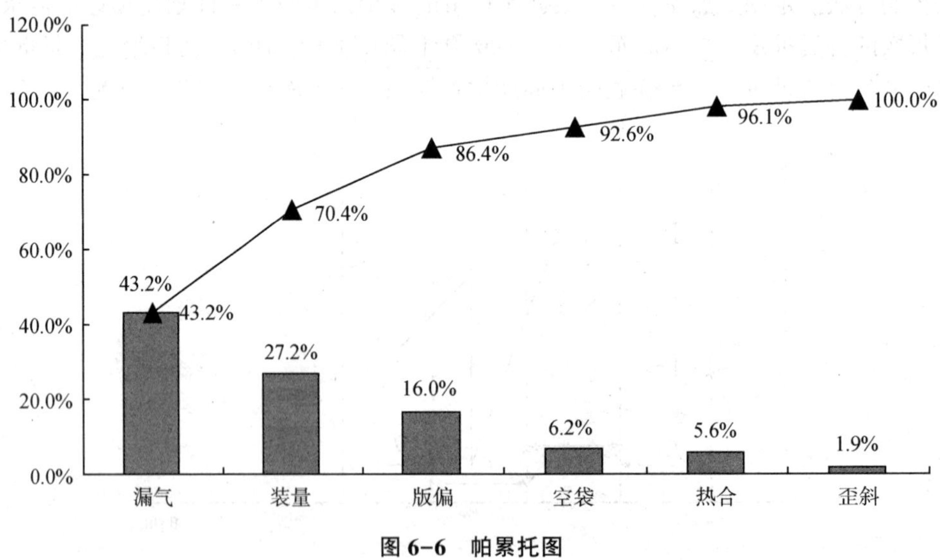

图 6-6 帕累托图

通过帕累托图，人们总结出了著名的“20-80 律”，也有简称为“2-8 律”的。ABC 分析法正是基于 20-80 律，即 20%左右的因素占有（带来）80%左右的成果。例如，在超市中，占品种数 20%左右的商品为企业带来了 80%左右的销售额，20%左右的员工为企业做出了 80%左右的贡献等。

库存管理的 ABC 分析法在 20-80 律的指导下，分析企业的库存，以找出占有大量资金的少数物资，并加强对它们的控制。这样，可以只用 20%左右的精力就可控制 80%左右的库存资金的管理，而对那些只占少量资金的多数物资则施以较轻松的控制和管理。ABC 分析法把企业占用 65%~80%的价值而品种数仅为 15%~20%的物资划为 A 类，把占用 15%~20%的价值而品种数为 30%~40%的物资划为 B 类，把占用了 5%~15%的价值而品种数为 40%~55%的物资划为 C 类。对 ABC 各类物资采用不同的管理方式，增强管理的针对性，可达到简化管理程序、提高管理效率的目的。

（二）ABC 分析法的实施

实施 ABC 分析法的具体步骤是：

（1）根据企业的库存物资信息，计算各库存物资占用资金情况，具体做法是把每一种物资的年使用量乘上单价，年使用量可以根据历史资料或本年预测数据来确定。为更好地反映现状，一般使用预测数据。

（2）把各库存物资按资金占用情况从多到少排列，并计算出各库存物资占用资金的比例（见表 6-2）。

表 6-2 某机器厂 2018 年库存物资资金占用统计表

物资代码	年使用量（件）	单价（元）	年资金占用量（万元）	资金占用比例（%）
K-8	400	20000	800	47.23
S-12	500	10000	500	29.52
S-8	2000	600	120	7.08
X-7	2500	400	100	5.90
W-30	4000	200	80	4.72
G-37	4000	100	40	2.36
G-23	2000	100	20	1.18
H-22	2000	80	16	0.95
H-44	5000	20	10	0.59
H-16	8000	10	8	0.47
合计			1694	100

（三）ABC 分析法的运用

对库存物资进行 ABC 分类后，企业可以对不同类别的物资采用不同的控制策略。

1. A 类物资

此类物资是控制的重点，应该严格控制其库存储备量、订货数量、订货时间。在保证需求的前提下，我们应尽可能地减少库存，节约流动资金。

2. B 类物资

此类物资可以适当控制，在力所能及的范围内，适度地减少库存。

3. C 类物资

此类物资可以简单控制，增加订货量，加大两次订货期间的时间间隔，在不影响库存控制整体效果的同时，减少库存管理工作的工作量。

需要注意的是，在实际的库存物资分类工作中，在考虑资金占用情况的同时，要兼顾供货和物资重要程度等因素。一些特别关键或供应较难保障的物资虽然占用资金不多，但仍需要按 A 类物资的标准来对待。

第三节 确定型需求的库存控制

库存控制模型可分为确定型需求库存控制模型和不确定型需求库存控制模型两类。确定型库存控制模型是假定物资的日需用量和每次订货周期是确定的，不确定型需求库存控制模型是假定物资的日需用量和每次订货周期是随机变动的。本节主要讨论确定型需求的库存控制模型。

一、经济订货批量模型

从上面的分析可知，对于连续检查控制方式，由于每日需用量和每次订货时间是不变的，因此无需保险储备，只要确定每次的订货批量即可。确定合理的订货批量是十分重要的。经济订货批量是在保证生产正常进行的前提下，以支出最低的总费用为目标，确定订货的批量。

经济订货批量模型是指当库存量下降到预定的最低库存量（订货点）时，按规定数量（一般以经济批量为标准）进行订货补充的一种库存控制方法，如图 6-7 所示。

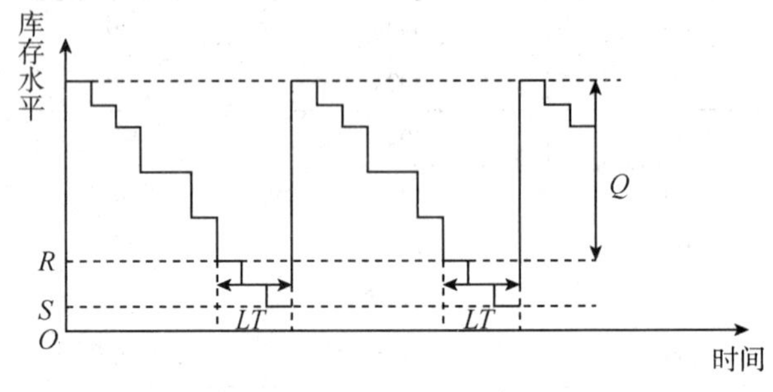

图 6-7 经济订货物批量模型

二、经济订货批量模型的基本原理

当库存量下降到订货点 R 时，即按预先确定的订购量 Q 发出订货单，经过交纳周期（订货至到货间隔时间）LT，库存量继续下降，到达安全库存量 S 时，收到订货 Q，库存水平上升。

该方法主要靠控制订货点 R 和订货批量 Q 两个参数来控制订货，以达到既最好地满足库存需求，又能使总费用最低的目的。在需要为固定、均匀的且订货交纳周期不变的条件下，订货点 R 由下式确定：

$$R=LT\times D/365+S$$

式中，D 是每年的需要量。依据条件不同，订货量的确定可以有多种方法。

1. 基本经济订货批量（Economic Order Quantity，EOQ）

基本经济订货批量是一种简单、理想的状态，通常订货点的确定主要取决于需要量和订货交纳周期这两个因素。在需要是固定均匀且订货交纳周期不变的情况下，不需要设安全库存，这时订货点为：

$$R=LT\times D/365$$

式中，R 为订货点的库存量，LT 为交纳周期，即从发出订单至该批货物入库间隔的时间，D 为该商品的年需求量。

但在实际工作中，常常会遇到各种波动的情况，如需要量发生变化，交纳周期因某种原因而延长等，这时必须设置安全库存 S。此时订货点则应用下式确定：

$$R=LT\times D/365+S$$

式中，S 是安全库存量。

订货批量 Q 依据确定经济批量（EOQ）的方法来确定，即总库存成本最小时的每次订货数量。通常年总库存成本的计算公式为：

年总库存成本=年购置成本+年订货成本+年保管成本+缺货成本

在不允许缺货的条件下，年总库存成本=年购置成本+年订货成本+年保管成本

即 $$TC=DP+DC/Q+QH/2$$

式中，TC 为年总库存成本，D 为年需求总量，P 为单位商品的购置成本，C 为每次订货成本，元/次，H 为单位商品年保管成本（元/年，$H=PF$，F 为年仓储保管费用率），Q 为批量或订货量。

经济订货批量就是使库存总成本达到最低的订货数量，它是通过平衡订货成本和保管成本两方面而得到的。其计算公式为：

经济订货批量： $$EOQ=\sqrt{\frac{2CD}{H}}=\sqrt{\frac{2CD}{PF}}$$

此时的最低年总库存成本： $$TC=DP+H\ (EOQ)$$

年订货次数： $$N=D/EOQ=\sqrt{\frac{DH}{2C}}$$

平均订货间隔周期： $$T=365/N=365EOQ/D$$

例如，甲仓库对 A 商品的年需求量为 30000 个，单个商品的购买价格为 20 元，每次订货成本为 240 元，单个商品的年保管费为 10 元，求该商品的经济订购批量、最低年总库存成本、每年的订货次数及平均订货间隔周期。

解：经济批量： $$EOQ=\sqrt{\frac{2\times240\times30000}{10}}=1200\text{（个）}$$

每年总库存成本： $$TC=30000\times20+10\times1200=612000\text{（元）}$$

每年的订货次数： $$N=30000/1200=25\text{（次）}$$

平均订货间隔周期： $$T=365/25=14.6\text{（天）}$$

三、批量折扣购货的订货批量

供应商为了吸引顾客一次购买更多的商品，往往会采用批量折扣购货的方法，即对于一次购买数量达到或超过某一数量标准时给予价格上的优惠。这个事先规定的数量标准称为“折扣点”。在批量折扣的条件下，由于折扣之前购买的价格与折扣之后购买的价格不同，因此需要对原经济批量模型做必要的修正。

在多重折扣点的情况下，先依据确定条件下的经济批量模型计算最佳订货批量（Q^*），然后分析并找出多重折扣点条件下的经济批量（见表 6-3）。

表 6-3　多重折扣价格表

折扣区间	0	1	…	t	…	n
折扣点	Q_0	Q_1	…	Q_t	…	Q_n
折扣价格	P_0	P_1	…	P_t	…	P_n

其计算步骤如下：

（1）用确定型经济批量的方法，计算出最后折扣区间（第 n 个折扣点）的经济批量 Q_n^* 与第 n 个折扣点的 Q_n 比较。如果 $Q_{n*} \geqslant Q_n$，则取最佳订购量 Q_n^*；如果 $Q_n^* < Q_n$，就转入下一步骤。

（2）计算第 t 个折扣区间的经济批量 Q_t^*。

若 $Q_t \leqslant Q_t^* < Q_{t+1}$ 时，则计算经济批量 Q_t^* 和折扣点 Q_{t+1} 对应的总库存成本 TC_t^* 和 TC_{t+1}，并比较它们的大小；若 $TC_t^* \geqslant TC_{t+1}$，则令 $Q_t^* = Q_{t+1}$，否则就令 $Q_t^* = Q_t$。

如果 $Q_t^* < Q_t$，则令 $t = t+1$ 再重复步骤（2），直到 $t = 0$，其中：$Q_0 = 0$。

例如，A 商品供应商为了促销，采取以下折扣策略：一次购买 1000 个以上的打 9 折，一次购买 1500 个以上的打 8 折。若单位商品的仓储保管成本为单价的一半，求在这样的批量折扣条件下，甲仓库的最佳经济订货批量应为多少？（$D = 30000$ 个，$P = 20$ 元，$C = 240$ 元，$H = 10$ 元，$F = H/P = 10/20 = 0.5$）。

解：根据题意列出：

（1）计算折扣区间 2 的经济批量：

经济批量：$$Q_2^* = \sqrt{\frac{2CD}{PF}} = \sqrt{\frac{2 \times 240 \times 30000}{16 \times 0.5}} = 1342\text{（个）}$$

$\because$ 1342<1500

（2）计算折扣区间 1 的经济批量：

经济批量：$$Q_1^* = \sqrt{\frac{2CD}{PF}} = \sqrt{\frac{2 \times 240 \times 30000}{18 \times 0.5}} = 1265\text{（个）}$$

$\because$ 1000<1265<1500

$\therefore$ 还需计算 TC_1^* 和 TC_2 对应的年总库存成本：

$TC_1^* = DP + HQ_1^* = 30000 \times 18 + 20 \times 0.5 \times 1265 = 552650$（元）

$TC_2 = DP_2 + DC/Q_2 + Q_2PF/2$

$= 30000 \times 16 + 30000 \times 240/1500 + 1500 \times 16 \times 0.5/2 = 490800$（元）

由于 $TC_2<TC_1^*$，所以在批量折扣的条件下，最佳订购批量 Q^* 为 1500 个。

四、分批连续进货的进货批量

在连续补充库存的过程中，有时不可能在瞬间就完成大量进货，而是分批、连续进货，甚至是边补充库存边供货，直到库存量最高。这时不再继续进货，而只是向需求者供货，直到库存量降到安全库存量，又开始新一轮的库存周期循环。分批连续进货的经济批量仍然是使存货总成本最低的经济订购批量，如图 6-8 所示。

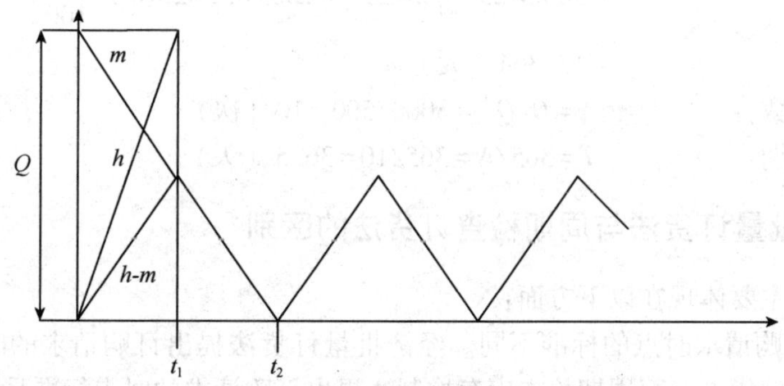

图 6-8 分批连续进货的进货批量

设一次订购量为 Q，商品分批进货率为 h（kg/天），库存商品耗用率为 m（kg/天），并且 $h>m$；一次连续补充库存直至最高库存量需要的时间为 t_1，该次停止进货并不断耗用量直至最低库存量的时间为 t_2。

由此可以计算出以下指标：$t_1=Q/h$；在 t_1 时间内的最高库存量为（$h-m$）t_1；在一个库存周期（t_1+t_2）内的平均库存量为（$h-m$）$t_{1/2}$；仓库的平均保管费用为［（$h-m$）/2］·［Q/H］·（PF）。

经济批量：

$$Q^*=\sqrt{\frac{2CD}{PF\left(1-\frac{m}{h}\right)}}$$

在按经济批量 Q^* 进行订货的情况下，每年最小总库存成本 TC^* 为：

$$TC^*=\sqrt{2CDPF\left(1-\frac{m}{h}\right)}$$

每年订购次数： $N=D/Q^*$

订货间隔周期： $T=365/N=365XQ^*/D$

例如，甲仓库对 B 种商品年需要量为 5000 kg，一次订购成本为 100 元，B 商品的单位价格为 25 元，年单位商品的保管费率为单价的 20%，每天进货量 h 为 100 kg，每天耗用量 m 为20 kg，要求计算在商品分批连续进货条件下的经济批量、每年的库存总成本、每年订货的次数和订货间隔周期。

解：经济批量：

$$Q^*-\sqrt{\frac{2CD}{PF\left(1-\frac{m}{h}\right)}}$$

$$= \sqrt{\frac{2\times5000\times100}{0.2\times25\times\left(1-\frac{20}{100}\right)}}$$

$$=500\ (\text{kg})$$

每年的库存总成本：$TC^*=DP+\sqrt{2DCPF\left(1-\frac{m}{h}\right)}$

$$=5000\times25+\sqrt{2\times5000\times100\times0.2\times25\times\left(1-\frac{20}{100}\right)}$$

$$=131364\ (元)$$

每年订货次数：　　$N=D/Q^*=5000/500=10$（次）

订货间隔周期：　　$T=365/N=365/10=36.5$（天）

五、经济批量订货法与周期检查订货法的区别

两者的区别主要体现在以下方面：

(1) 提出订购请求时点的标准不同。经济批量订货法提出订购请求的时点标准是库存量下降到预定的订货点，而周期检查库存控制法提出订购请求的时点标准是预先规定的订货间隔周期。

(2) 请求订购的商品批量不同。经济批量订货法每次请购商品的批量相同，都是事先确定的经济批量；而周期检查库存控制法在每个规定的请求订购期订购的商品批量都不相同，可根据库存的实际情况计算后确定。

(3) 库存商品管理控制的程度不同。经济批量订货法要求仓库作业人员对库存商品进行严格的控制和精心的管理，经常检查，详细记录，认真盘点；而用周期检查库存控制法时，对库存商品只需要进行一般的管理和简单的记录，不需要经常检查和盘点。

(4) 适用的商品范围不同。经济批量订货法适用于品种数量少、平均占用资金大、需重点管理的 A 类商品，而周期检查库存控制法适用于品种数量大、平均占用资金少、只需一般管理的 B 类、C 类商品。

关于 (3) 和 (4) 解释如下：

因为经济批量订货方式需要每次订货的时候检查库存是否减少到了订货点，因此需要经常了解和掌握库存的动态，也就是经常进行检查和盘点。正因如此，经济批量订货法的工作量大且花费时间多，如果对每种商品都经常进行检查盘点，就会增加库存保管成本，因此这种方式适合于少量的重要商品，即 A 类商品，而周期检查库存法则反之。

第四节　不确定需求的库存控制

一、需求不确定的固定订货系统

在现实的生产环境中，需求率与提前期都不是确定不变的，而是经常变化的。这样，上述库存控制模型就不再适用了。但为提供基本知识起见，我们把问题局限在需求不确定而提

前期仍为确定且已知的，同时不允许发生缺货，即需求不确定型的固定订货量系统。这时，为防止发生缺货，库存决策应做必要的修正。

由前面的连续检查库存系统的特点可知，它用订货点来控制订货时间，因此在订货点之前，不论需求如何变动，库存总由储备量来满足需要，不存在缺货问题。只有当进入订货点之后，如果需求率变大，超过平均需求，才有可能在下一批订货到达之前发生缺货。因此，这时要防止的是在提前期内不发生缺货。防止的方法是，在订货点上增加一部分储备量，即保险储备量。于是，需求不确定情况下的订货点应是提前期内平均需要量 Q_t 与保险储备量 Q_s 之和：

$$Q_l = Q_t + Q_s \tag{6-5}$$

这样，需求不确定问题中增加了一个新的决策变量：保险储备量 Q_s。

假设提前期内需求的变化服从正态分布（这对许多独立需求问题都相当符合实际），则保险储备量的确定取决于两个因素：一是需求分布的离散程度。需求变化的离散度越大，则必须设置越多的保险储备量来防止缺货。在正态分布中，用标准差来计量它的离散程度。于是，保险储备量应与标准差成正比例关系。二是要求的服务水平。服务水平越高，就意味着所设的保险储备量应覆盖越大的需求变化的累计概率密度。在正态分布中，累计概率密度大小是由概率因子 Z 值决定的，不同 Z 值下的累计概率密度可由正态分布表查到。

服务水平就相当于累计概率密度。这样，保险储备量又与概率因子 Z 有关。于是，得到保险储备量的计算公式如下：

$$Q_s = Z S_l \tag{6-6}$$

式中，$S_l = \sqrt{\sum (Y_i - Y_o)/n}$，$Y_i$ 为各期的实际需求量，Y_o 为各期的平均需求量，n 为统计提前期。若统计到的是每日需要量变化的标准差，则可用下式将它转化为提前期内的标准差：

$$S_l = S_o\sqrt{L} \tag{6-7}$$

式中，S_o 为日标准差，S_l 为在提前期内需求量变化的标准差，L 为提前期。

例如，某货品的需求率服从正态分布，其日平均需求量为 200 件，标准差为 25 件，订购的提前期为 5 天，要求的服务水平为 95%，求该货品的订货点。

解：提前期内的平均需求量 $= 200 \times 5 = 1000$ 件

与服务水平相应的 Z 值：　　$Z = 1.65$

保险储备量：　　$Q_s = 1.65 \times 25 \times \sqrt{5} = 92$ 件

订货点：　　$Q_l = 1000 + 92 = 1092$ 件

二、需求不确定的固定订货期系统

固定订货期系统的决策思路是，每隔一个固定的时间周期检查库存项目的储备量，根据盘点结果与预定的目标库存水平的差额确定每次的订购批量。这里假设需求为随机变化的，因此每次盘点时的储备量都是不相等的，为达到目标库存水平 Q，需要补充的数量也随着变化。这样，这类系统的决策变量应是检查时间周期 r 和目标库存水平 Q_o。

1. 订货周期的确定

订货周期一般根据经验确定，主要考虑制定生产作业计划的周期时间，常取月或季度作为库存检查周期，也可以借用经济订货批量的计算公式确定使库存成本最小的订货周期。订货周期＝1/订货次数＝Q/D。

2. 目标库存水平的确定

目标库存水平是满足订货期加上提前期的时间内的需求量。它包括两部分：一部分是订货周期加提前期内的平均需求量，另一部分是根据服务水平保证供货概率的保险储备量。

系统的保险储备量和订购批量都要比固定订货量系统的保险储备量和订购批量大得多。这是由于在固定订货期系统中需满足订货周期加提前期内的需求量，并加上防止在上述期间发生缺货所需的保险储备量。这就是为什么一些关键物资、价格高的物资不用固定订货期系统，而用固定订货量系统的原因。

练习题

一、单项选择题

1. 以下不纳入库存周转率计算的指标是（　　）。

A. 成品库存周转率　　B. 在制品库存周转率

C. 原材料库存周转率　　D. 在途商品库存周转率

2. 为了应付需求或供给的不确定性而需要的库存称为（　　）。

A. 周转库存　　B. 安全库存　　C. 调节库存　　D. 在途库存

3. 为了协调需求或供应的不均衡而需要的库存称为（　　）。

A. 周转库存　　B. 安全库存　　C. 调节库存　　D. 在途库存

4. 由批量周期性形成的库存称为（　　）。

A. 周转库存　　B. 安全库存　　C. 调节库存　　D. 在途库存

5. 与库存控制有关的成本不包括（　　）。

A. 订货成本　　B. 保管成本　　C. 购置成本　　D. 偶发成本

6. 前后两批物资进厂的供应间隔期内，为保证生产正常进行所必需的储备量称为（　　）。

A. 经常储备量　　B. 保险储备量　　C. 周期性储备　　D. 季节性储备

7. 为了防止生产或供应可能误期而设置的储备量称为（　　）。

A. 经常储备量　　B. 保险储备量　　C. 周期性储备　　D. 季节性储备

8. 以下哪项储备量是企业的最低储备量？（　　）

A. 经常储备量　　B. 保险储备量　　C. 周期性储备　　D. 季节性储备

9. 订货成本中不包含以下哪项费用？（　　）

A. 物资运输装卸费　B. 验收入库费　　C. 通信联络费　　D. 物资丢失费

10. 保管成本中不包含以下哪项费用？（　　）

A. 物资处理成本　　B. 库存物资占用资金的成本

C. 验收入库费　　D. 税金的支出

二、判断题

1. 库存周转慢意味着库存占用资金大，保管等费用发生多。（　　）

2. 独立需求是一种确定性的需求。(　　)

3. 相关需求是一种随机性的需求。(　　)

4. 订货提前期的时间值越大，库房的储存量就越大。(　　)

5. 保管费用数额与库存量呈正相关关系。(　　)

6. 通常情况下，订货服务水平设定在100%是有必要的。(　　)

7. 订货成本的费用与订货次数和订货批量都有直接的联系。(　　)

8. 连续检查控制方式是保险储备，也需要确定每次的订货批量。(　　)

9. 在缺货成本中，为赶时间而改变运输方式增加的额外运费属于直接经济损失。(　　)

10. 库存控制决策的主要目标是使库存总成本最低。(　　)

三、简答题

1. 库存的作用主要体现在哪些方面？

2. 简述库存控制的目标。

3. 库存控制的基本决策包含哪些内容？

4. 简述影响库存控制决策的因素？

5. 简述实施ABC分析法的具体步骤。

6. 简述经济批量订货法的基本思想。

7. 简述需求不确定的固定订货期系统的决策思路。

案例分析

控制库存，快速优化供应链

在市场需求日益碎片化的环境下，某企业供应链运作正面临诸多难题。该企业通过开展以库存控制为核心的供应链优化活动，取得了很好的效果。优化方案实施两周后，即实现了客户订单完全可以及时排产并回复交期，成品库存下降了10%，生产效率提高了50%。方案持续实施两个月后，成品库存下降达30%。

一、问题分析

该企业生产咸味食用香精，产品主要用于火腿肠、方便面、调味料等各种产品中，面向各类食品工业企业销售。企业生产过程是典型的流程生产，有多条产量大小不一的生产线。产品有1000余种，产品销量符合80-20原则，即少数的品种实现了大部分销量。企业供应链运作主要是库存生产模式，80%的需求按库存生产，20%的需求根据客户要求定制。市场需求淡旺季明显，每年4~10月是旺季。大客户在企业业务中占有较大比重，部分大客户需求量少的品种，企业也保有库存以提高服务水平。大部分原料可以就近供应，采购业务比较顺利。随着客户的需求日益多品种、小批量化，该企业供应链的运作也日益困难，逐渐难以满足客户的需求。主要有以下几方面的问题：

(1) 需求预测不准。由于很难掌握下游企业客户的需求信息，导致销售部门提供的预测信息很不准确，按月预测准确率低于50%，生产部门准备库存有很大的盲目性，库存与缺货都很大。

(2) 客户需求响应水平低。由于生产调味品，生产线切换需要彻底清洗，切换费时且影响产能。客户需求碎片化导致生产过程大量切换，并且客户的随机需求很难保证及时排产，导致部分客户流失。

(3) 库存过量。与客户需求无法满足相对应的是，部分品种过量储备，但是产品具有保质期，或者客户只接受很新鲜的成品，导致库存报废、损失巨大。

(4) 生产效率低。由于生产切换频繁，以及急单生产导致的停工待料，严重影响了工厂产能。工人工作时间延长，但是产量不高，影响工人收入，导致员工流失。

一、解决方案

该企业是典型的多品种小批量生产企业，采用库存生产模式。由于下游客户是工业企业，销售预测具有天然的难度，企业很难通过提升预测准确率来优化供应链，因此库存控制是供应链优化的关键，破解该企业供应链运作的入手点在于库存控制策略的优化设计。

1. 建立库存分类及备库策略

对库存进行分类是优化库存控制的基础。可按照通用方法对企业产品进行 ABC 分类：以销量为 ABC 分类的基础，累计销量占总销量 80%的产品为 A 类产品，累计销量占总销量 80%~95%的产品为 B 类产品，其余为 C 类产品。

目前，ABC 分类还不能直接用于设计库存策略，因为部分 A 类品种只有少数大客户订购，需求极不均衡，属于脉冲式需求，备库存会存在巨大风险。但是在 B 类品种中，有部分品种需求比较均衡，可以安全地备库存。基于以上特征，在 ABC 分类的基础上，可基于产品按周划分的历史数据，将产品分为 A1、A2、B1、B2、C 五个类别，并在此基础上制定备库存策略。品类划分依据是各个品种的波动系数和 0 需求周数，其中波动系数=需求标准差/周平均销量，0 需求周数是过去 12 周的销售历史数据中销量为 0 的周数。划分结果如表 6-4 所示。

表 6-4 库存分类及备货策略

ABC 分类	分类标准	ABC 子类	子类分类标准	备货模式
A 类	累计销量达到 80%的产成品	A1 类	◆波动系数小于等于 2.0，且 0 需求周数小于等于 6 周	加权平均安全库存及 min/max 法备货
		A2 类	◆剩余 A 类产成品	一品一策备货
B 类	累计销 80%~95%的产成品	B1 类	◆波动系数小于 1. 5，且 0 需求周数小于等于 6 周的 B 类产成品 ◆需要为客户备货的 BC 类专供产品 ◆波动系数小于 1，且 0 需求周数小于等于 6 周的 C 类产成品	直接平均安全库存及 min/max 法备货
		B2 类	◆剩余的 B 类产成品	被动式备货
C 类	累计销 95% ~ 100%的产成品	C 类	◆扣除波动系数小于 1，且 0 需求周数小于等于 6 周的 C 类产成品 ◆刚上市的新品	被动式备货

基于库存的精细化分类，为每个类别的品种设置了不同的备库策略，其中，对于 A1、B1 类，由于需求比较均衡，可以计算安全库存，并在安全库存的基础上备货；对于 A2 类，由于这类品种需求量大且不均衡，主要是由少数大客户订购，因此采用一品一策备货法，也就是由大客户的销售人员根据获取的客户信息下达备货指令，以减少风险。对于 B2 类和 C

类，这类品种需求量少且极不均衡，一般不备货，但是在有客户订单的情况下，可根据最小批量生产，或者确定一个目标备货数量，与客户订单一起生产，称为“被动式备货法”。

2. 建立库存控制模型

根据库存分类及备货策略，A1、B1 类产品需要储备库存，那么应该备多少库存呢？可采用标准安全库存模型计算：

$$SS = z\sqrt{\sigma_d^2(\bar{L}) + \sigma_L^2\ (\bar{d})^2}$$

式中，Z 为安全系数，d 为需求量平均值，σ_d 为需求量标准差，L 为供应提前期，σ_L 为提前期标准差。

Z 值取值与订单满足率有安全系数表（此处略）相对应。我们在应用中取 Z 为 1.65，对应库存对订单的满足率为 95%。安全库存的计算依赖于历史数据，取最近 12 周的销售出货数据作为历史数据计算需求量以及需求量标准差。产品的提前期即企业的生产提前期，包含生产周期和检验周期，平均约为 7 天。提前期标准差采取设定固定值的方式，设置为 1 天，即产品生产在 6~8 天的范围内可以交付。

安全库存还无法直接指导补货，在补货实现上采用 min/max 补货法，补货参数计算如下：

假设订单提前期为 M，生产间隔期为 N，周平均需求量为 Y，安全库存为 SS，则：

最大库存 = $(M+N) \times Y+SS$

最小库存 = $M \times Y+SS$

可用库存 = 仓库实时库存 + 在制品库存 − 待发订单

其中，仓库实时库存为公司库存实时数据，在制品库存为已经下达生产指令但是未入库的产品数量，待发订单为客户已经下单，但是仓库尚未发货的需求量。

基于上述补货参数，补货方案如下：

补货时点：当可用库存小于等于最小库存时，下达生产补货指令。

补货数量 = 最大库存 − 可用库存

补货方案如图 6-9 所示。补货间隔期为品种平均生产间隔时间，基于历史数据资料，取一周生产一次。在本模型中，也可以根据经济生产批量来确定最大库存，如采用经济生产批量，则：最大库存 = $M \times Y$ + 经济生产批量 + SS。

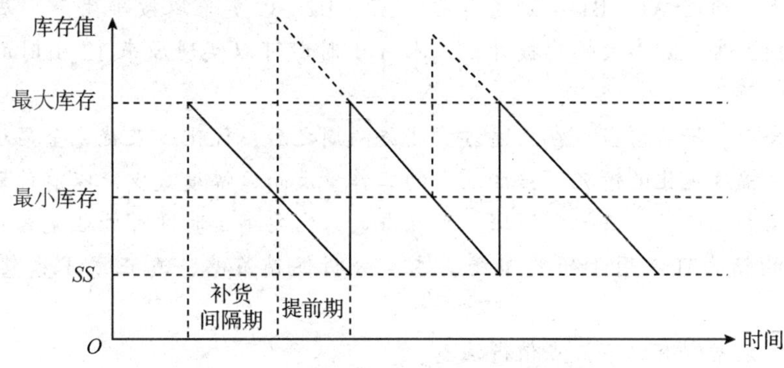

图 6-9 基于安全库存的补货模型示意图

3. 建立库存控制表

基于上述补货模型，以及A2、B2、C类补货策略，建立补货工作表。补货工作表需要输入多种基础信息（具体见图6-10），这些信息来自于企业的ERP系统。

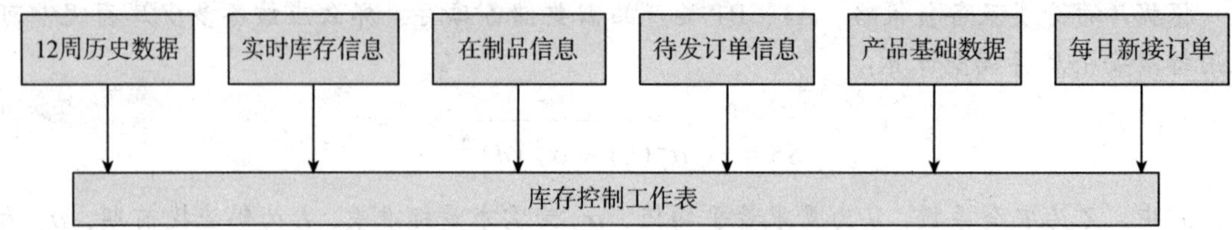

图6-10　库存控制工作表集成数据启示

库存控制工作表的操作分为两部分：第一，每周将上周最新的销售汇总数据导入，并计算新的安全库存以及最小和最大值；每周操作一次，实现动态安全库存。第二，每天导入最新的实时库存数据、在制品信息、待发订单信息、当日最新订单信息，计算可用库存以及需要补货的数量，形成每日生产指令。

4. 方案优化逻辑

方案实施两周后即实现了供应链极大优化，一是所有客户的订单都可及时排产并向客户承诺交期，二是成品库存明显下降，三是生产效率大幅度提升。

（1）对客户订单排产的影响：在每日补货操作中，如果要补货的品种数超过了每日可以生产的数量（每日生产品种数需要控制在35个以内），则优先保证A2、B2、C类品种的生产，延迟A1、B1类品种的生产，因为A1、B1类品种有安全库存保障需求。在客户需求的品种数较少时，则可以安排A1、B1成品的补库存，这就保证了客户订单都可以及时排产。

（2）如何实现库存显著下降：通过成品分类，为每一个类别的成品制定合理的备库策略，这是库存下降的主因。尤其是A2成品，按照销售人员的指示备货后，库存下降明显。对于A1、B1类别产品的库存，由于采用动态安全库存，库存水准合理。科学权衡了库存与缺货后，库存也有明显下降。

（3）如何实现生产效率的提升：企业原有的最大生产问题在于库存备库不合理，需要不断根据客户需求紧急插单生产，带来了大量切换，以及插单后的物料保障不到位致使停工待料。新模式下，通过A1、B1类别备库存，A2、B2、C类采取按单生产，基本消除了急单，减少了切换，生产效率大幅度提升。工人8小时即可以实现原来12小时的产量，且产能还略有富余。

由于方案合理，措施得当，在上述方案实施两周之后，优化效果就完全显现。值得注意的是，在业务大幅度优化的情况下，计划员的工作量反而大幅度减少，以前计划员每天要不断应对各种插单和调整，一直忙到下班；现在每天只需要半小时即可处理完客户订单和库存补货，有更多的精力可以用于研究市场需求，分析促销策略，真正成了销售部门的“参谋”。

总结一下，该案例有以下三点值得注意：

1. 需求预测不是破解此类供应链问题的方向

在面对与该企业类似问题的时候，很多企业把提高需求预测准确率作为解决问题的方向，通过考核等措施来提高预测准确性。但是，预测准确性基本上无法提高，所以这种解决思路基本上不会有效。本案例启示我们，解决类似问题最有效的突破方向是库存控制，销售预测是否准确并不重要，甚至不做预测也是可以的。

2. 精益生产为何无效

该企业也曾经大力开展精益生产，但是对于产量提升以及需求保障提升不大，主要原因是生产管理部门无法控制需求，大量的急单冲击了精益生产的努力，导致精益生产很难见到实效。相反，通过库存控制策略，缓冲了市场需求变化，使得订单稳定性增加，不需要对生产过程特别优化，生产效率自然就提高了。

3. 供应链优化最重要的是业务逻辑，而不是信息系统

很多企业希望通过实施新的系统来解决问题，但是系统并不必然蕴含解决问题的业务逻辑，反而花费更多。本项目只通过一个电子表格即实现了大部分系统很难达成的效果，因此优化业务逻辑才是最重要的。

（资料来源：http：//caselib. drcnet. com. cn）

思考题

1. 该企业的供应链运作主要存在哪些问题？
2. 为解决企业供应链运作的不足，该企业采取了哪些措施？

第七章　制造资源计划与企业资源计划

本章目标

通过对本章的学习，学生应了解订货点法在处理库存问题时的局限性，理解 MRP 的原理和目标，了解闭环 MRP 的处理过程，熟悉 MRPⅡ的含义及实施的基本条件，掌握 MRPⅡ的运行原理，了解 MRPⅡ的实施环境和实施效益，熟悉 MRPⅡ与现行计划方式的区别，了解 MRPⅡ在我国实施的现状、问题及对策，理解 ERP 的内涵，熟悉 ERP 的功能模块，掌握 ERP 实施的基本条件，了解 ERP 实施的基本步骤。

本章重点

掌握 MRPⅡ的运行原理以及 ERP 实施的基本条件。

本章难点

理解 MRP 的原理和目标以及 ERP 的内涵。

引入案例

一汽大众实施 ERP

今天，当您有机会走进一汽大众的办公环境时，会发现这里的办公方式有些“异样”：众多员工都是面对微机屏幕在苦苦思索，一会儿敲一阵键盘，一会儿又动动鼠标。若你看他们紧锁的眉头得以舒展，伸伸胳膊又伸伸腿时，那肯定是做完了一项重要的工作。这项工作可能就是对同屋同事一个数字的认可，可能是表达自己对一份方案的不同意见，可能是在查看当时的生产状况，可能是在评估本月销售的薄弱区域，也可能是与德国大众洽谈着某个项目。总而言之，员工们是在紧张地工作着。

这是一种高效率的工作方式，它不受上、下班时间的限制，也不必要求商讨问题时对方一定在现场；所查看的信息又都是实时的，不必担心有些书面报告中的数据可能受时间差的影响。全体员工都要按一个规则来进行游戏，各个不同部门的多层次员工的权力也被系统规定得清清楚楚。一汽大众的员工对此都交口称赞：R/3 系统为我们提供了科学的工作环境，提高了一汽大众的管理水平。应该说，一汽大众正在向电子化管理靠近，这种永不停息的管理创新精神给一汽大众带来了勃勃生机。

一、ERP 实施之初

1991 年成立的一汽大众汽车有限公司是我国第一汽车制造厂与德国大众汽车集团公司合作创建的。公司决定从零起步，每一件事都从头规划，如新厂区要实现“三通一平”，要采用现代化的生产管理系统 ERP，每项工作都力争赶超世界先进水平。根据公司的安排，

一、二级经理人员都要到德国大众公司接受4个月的培训。

明确的目标给经理们带来了巨大压力。在德培训期间，他们格外关注大众集团及其子公司的计算机系统，先后拜访了大众集团的相关部门和生产厂，调查了解了它们的计算机系统现状及使用情况。4个月下来，他们对发达国家大企业的计算机管理水平有了较为详细的了解，同时也深深体会到，在企业生产信息管理与控制方面，我国与发达国家相比有很大的差距。

二、ERP 软件的选择

1992 年 4 月，在德国学习的经理们参加了在汉诺威举办的一年一度的“世界计算机博览会”。在这个博览会上，德国的 SAP 公司给经理们留下了深刻的印象。SAP 公司的管理软件产品 R/2 和 R/3 是展厅内出现频率最高的。像 IBM、HP、Sun、Compaq 等世界知名的计算机硬件制造厂商都与 SAP 公司联手销售本公司的硬件设备及 SAP 的软件产品，似乎不能运行 SAP 软件的硬件设备就无人问津。

在德国大众协调人的安排下，一名来自 SAP-HP 联合设计中心的先生为经理们单独详细地介绍了 SAP 公司的 ERP 软件 R/3 的功能、结构、模式、现状与未来，SAP 公司的背景及发展史，R/3 软件开发人员的知识水准及软件开发过程。当时，R/3 软件是世界上第一家，也是唯一一家使用视窗技术的管理软件，让人看了赏心悦目。R/3 软件深深地吸引着经理们对它进行更深入的了解和研究。为此，他们专程访问了德国 SAP 总部，请专业技术人员解答了有关问题，还走访了大众集团的一家 R/3 用户。

到此为止，经理们对 R/3 软件的优点已经有了清楚的认识：与同类软件比较，R/3 软件具有最新、最科学的管理思想，使用它能提高企业的管理水平；R/3 软件的硬件平台选择了开放式的 Client/Server（客户机/服务器）结构，这是适合企业应用的最经济的架构；视窗界面让使用者心旷神怡；软件的应用开发方法彻底避免了低级管理思想电子化。综合比较，其他软件落后于 R/3 软件 3~5 年。

因此，根据公司制定的软件选型原则，一汽大众选择了 SAP 公司的 ERP 软件 R/3。

三、硬件平台的选择

确定了软件平台方案，那么硬件平台应该选择哪一家呢？20 世纪 80 年代以来，一汽集团一直选用 IBM 的产品。IBM 是计算机界的行业老大，产品质量好，又持久耐用。但是这次，一汽大众经过充分的调查，认为随着科学技术的发展，IBM 的封闭策略意识使他们不能满足科学技术的发展要求，IBM 的路将越走越窄。而 HP 公司的开放式道路、客户机—服务器架构正在被越来越多的企业所接受。各公司开放式系统市场份额方面，HP 公司为 49%，IBM 公司为 17%。公司售后服务满意度 HP 连续 5 年排名第一。再有，SAP R/3 软件就是在开放式的 HP 客户机—服务器上开发的，因此，一汽大众的硬件选型结果出台：选最适合运行 SAP 的 R/3 软件的 HP 设备为 ERP 的实施硬件平台。

四、ERP 项目实施机构

一汽大众在项目实施初期，成立了以中、德双方总经理为最高领导的阶段性临时机构项目组——IT 项目实施小组。ERP 实施方案由项目组提出，审批由 MIS（管理信息系统）执行委员会和由中德双方总经理代表的经管会把关。

IT 项目实施小组的作用是诱导、推动、协调 IT 项目实施工作，让全体员工对 IT 技术在企业中的应用从被动接受变为主动需要。项目组机构的组成是：

组长：中、德双方总经理

执行组长：管理服务部的中、德双方部长

财务组组长：财务管理部中、德双方部长

采购组组长：采购供应部中、德双方部长

物料组组长：生产管理部中、德双方部长

ERP 实施初期，IT 人员在各个组里做协调员的工作；后期，他们直接做技术支持工作。

第一期实施项目结束并转向系统运行后，还设置了一个永久性的机构——管理信息系统（MIS）执行委员会。MIS 执委会的作用是控制公司对 IT 的投资预算，推进 IT 项目实施向 MIS、ERP 的规范化转化。

MIS 执委会机构组成为：

主任委员：总经理（中）

副主任委员：副总经理（德）

常务委员：管理服务部部长（中、德）

委员：规划部部长（中、德）

控制部部长（中、德）

财务管理部部长（中、德）

常设机构：管理服务部组织系统室

机构职能：监督项目实施进度，检查系统运行情况，执行小组做工作报告，讨论并通过新项目实施方案，通过信息系统方面的规定。

ERP 项目实施机构的最高领导是中、德双方总经理。初期是林敢为总经理、德方沃尔夫先生为第一副总经理，后期是陆林奎总经理和塔珀先生。他们除了经常过问项目实施进度外，还要定期听取项目执行小组在管理信息系统执行委员会上的工作报告。

五、ERP 项目实施

在 ERP 的实施过程中，不同层次人员发挥着不同的作用：决策层高度重视 ERP 的实施并行使领导权，把握关键点，保证资金到位，监控全过程。广大员工积极配合，保证了 ERP 的顺利实施。

（1）各部门负责人直接领导和参与 ERP 的实施，保证了实施后系统的可用性。通过向部门领导灌输 ERP 思想，引导他们理解实施 ERP 过程中和使用 ERP 系统后领导人员的责任和权利；尽快让各部门领导认识到计算机辅助管理是工作方法的创新，是管理上不能少的一条腿，使部门领导尽快进入角色。

（2）努力做好企业过程再造（BPR）。一汽大众管理层认识到，良好的企业业务流程是实施 ERP 的基本条件之一，确定优良的企业业务流程是非常重要和必要的。虽然流程再造是一项艰巨的优化工作，但一汽大众领导非常重视这项工作。一汽大众的管理服务部与各业务部门共同研讨确定最终流程，管理服务部确定各部门在流程中的权力和责任，按同一标准描述企业的业务流程。

六、ERP 实施后的结果

通过一汽大众全体员工 6 年多的努力，公司内与生产密切相关的业务都已经在计算机系统上运行了。从产品技术文件的生成与更改管理、BOM 表的生成与维护、签订供货合同、物资的仓储管理、销售的需求计划、排产计划及分解、生产信息控制与准时化供货、整车与备件销售、财务核算与账务处理、投资项目管理、产品质量分析系统，一直到员工看病的健康中心管理，全部都纳入了计算机的管理信息系统之中。下面介绍两个方面：

1. 准时化供货

在长春，捷达与奥迪都有保险杠与电线束的供货厂商，保险杠是轿车装配的较大配套件之一。在准时化供货系统建成之前，供货厂商为确保一汽大众装车计划的完成，不得不以大库存作为保证。以保险杠供货厂为例，捷达车有十多种颜色，保险杠自然也要有十多种颜色。该厂以每种颜色200辆份保险杠库存作为保证，导致该厂厂区内全是保险杠，资金占用膨胀，库存面积不够，产品合格率下降，企业生产与摆脱不掉的这一问题日夜相伴，也正是这种局面促进了JIT技术的出现。

一汽大众根据JIT技术原理，编写了自己的具有准时化技术的生产信息控制系统，它为供货商带来的是柳暗花明又一村。该系统为保险杠、电线束供应商分别提供一汽大众生产信息控制系统的终端，终端位置设在供应商的生产计划部门。供应厂商的计划部门在系统上可直接看到一汽大众的生产计划及总装车间的装车顺序。看到装车顺序就意味着供应商已经知道应该为一汽大众提供什么颜色的保险杠。供应商的计划部门根据一汽大众的装车顺序安排生产，再根据供应商到一汽大众的距离计算出何时向一汽大众发货，这样就完美地形成了一条供应链。这种生产"供应链"自然地将供应商与整机厂串成一个整体。

2. 计算机系统规范着公司的运转

当企业建立起ERP系统之后，公司的运转将不再依赖长官意志，而主要靠融合了管理模式及管理规则的计算机系统来规范。系统不仅仅指导着员工们的工作，还可以代替管理者监督员工们工作的可行性。它明确了员工工作的权力和责任，增强了员工的工作主动性与责任心；减少了管理层次，使公司机构更加扁平化，有利于高层管理者对基层工作人员的工作质量、工作能力及工作效率的了解，人力资源可以得到最大限度的开发；增大了工作过程的透明度，有利于跨部门工作的连续性、一致性，大大提高了工作效率。

（资料来源：http：//caselib. drcnet. com. cn）

第一节 物料需求计划概述

物料需求计划（material requirements planning，MRP）是20世纪60年代发展起来的一种计算物料需求量和需求时间的系统，是对构成产品的各种物料的需求量与需求时间所做的计划，是企业生产计划管理体系中作业层次的计划。物料需求计划最初只是一种计算物料需求的计算器，是开环的，没有信息反馈，后来才发展成为闭环物料需求计划。

一、物料需求计划（MRP）

物料需求计划系统是专门为装配型产品生产所设计的生产计划与控制系统，它的基本工作原理是满足相关性需求。物料需求计划中的物料指的是构成产品的所有物品，包括部件、零件、外购件、标准件以及制造零件所用的毛坯与材料等。这类物料的需求性质属于相关性需求。其特点是：需要量与需要时间确定且已知；需求成批并分时段，即呈现出离散性；百分之百地保证供应。

由于企业中相关需求物料的种类和数量相当繁多，而且不同的零部件之间还具有多层"母子"关系，因此这种相关需求物料的计划和管理比独立需求要复杂得多。对于相关需求物料来说，很有必要采用已有的最终产品的生产计划作为主要的信息来源，而不是根据过去的统计平均值来制定生产和库存计划。而 MRP（物料需求计划）正是基于这样一种思路的相关需求物料的生产与库存计划。

（一）与物料需求计划相关的概念

在制定物料需求计划时，会涉及一些概念，如独立需求与相关需求、时间分段与提前期等。

（1）独立需求：企业外部需求决定库存量项目的称为"独立需求"，如产品、成品、样品、备品和备件等。

（2）相关需求：由企业内部物料转化各环节之间所发生的需求称为"相关需求"，如半成品、零部件和原材料等。

（3）产品结构树或物料清单（bill of materials），简称"BOM"，如图 7-1 所示，其提供了产品全部构成项目以及这些项目相互依赖的隶属关系。

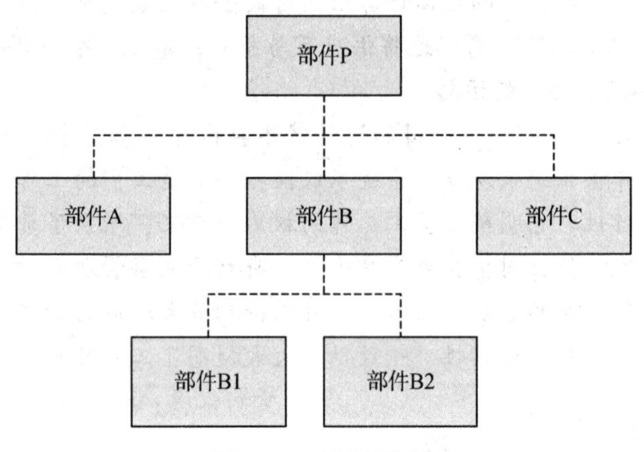

图 7-1 产品结构树

（4）时间分段：将连续的时间流划分成一些适当的时间单元，通常以工厂日历（或称"计划日历"）为依据，如表 7-1 所示。假定订货批量为 50，订货提前期为 2 周。

表 7-1 物料需求表

时间分段（周）记录项目		1	2	3	4	5	6	7	8	9
需求量		40	0	0	70	0	0	0	35	
库存量	60									
计划入库		0	0	0	50	0	0	0	50	
可供货量		20	20	20	0	0	0	0	15	
计划订单下达							50			

由表 7-1 可知，采用时间分段记录库存状态不但清楚地表明了需求时间，而且可大大

降低库存。

（5）提前期：不同类型和类别的库存项目其提前期的含义是不同的。如：外购件应定义采购提前期，指物料进货入库日期与订货日期之差。零件制造提前期是指各工艺阶段比成品出产要提前的时间。MRP 对生产库存的计划与控制就是按各相关需求的提前期进行计算实现的。

因此，MRP 基本理论和方法与传统的订货点法有着明显的不同，它在传统方法的基础上引入了反映产品结构的物料清单，较好地解决了库存管理与生产控制中的难题，即按时按量得到所需的物料。

（二）MRP 的原理和逻辑

1. MRP 的原理

1975 年，美国人约瑟夫·奥里奇编写了有关 MRP 的权威性专著，他针对订货点法的应用范围，提出了一些对制造业库存管理有重要影响的新观点，如：

（1）根据主生产计划确定独立需求产品或备件备品的需求数量和日期。

（2）依据物料清单自动推导出构成独立需求物料的所有相关需求物料的需求，即毛需求。

（3）由毛需求以及现有库存量和计划接收量得到每种相关需求的净需求量。

（4）根据每种相关需求物料的各自提前期（采购或制造）推导出每种相关需求物料开始采购或制造的日期。图 7-2 所示即为 MRP 的处理过程图。

净需求量=毛需求量-计划接收量-现货量（现有库存量）

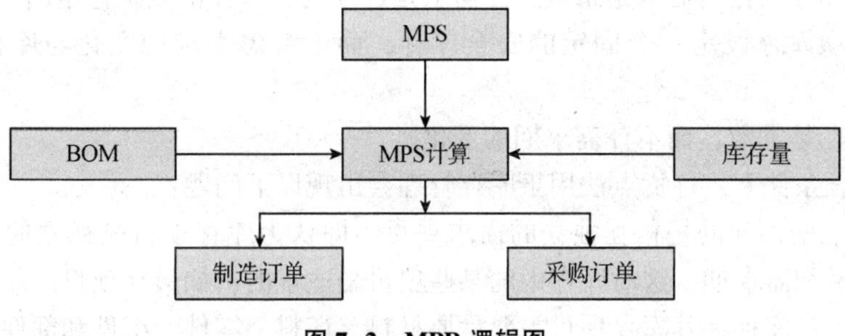

图 7-2 MPR 逻辑图

2. MRP 的目标

（1）及时取得生产所需的原材料及零部件，保证按时供应用户所需产品。

（2）保证尽可能低的库存水平。

（3）计划生产活动与采购活动，使各部门生产的零部件、采购的外购件在装配要求的时间和数量上精确衔接。

3. MRP 的输入信息

（1）主生产计划（MPS）。企业主生产作业计划是根据需求订单、市场预测和生产能力等来确定的，它规定在计划时间内（年、月）每一生产周期（旬、周、日）最终产品的计划生产量。

（2）库存状态。库存状态包括当前库存量、计划入库量、提前期、订购（生产）批量、安全库存量。

（3）产品结构信息。产品结构又称为“零件（材料）需求明细”。

4. MRP 的工作逻辑

在计算机中，MRP 的计算是以矩阵的形式展开。MRP 的计算是根据反工艺路线的原理，按照主生产计划规定的产品生产数量及期限要求，利用产品结构、零部件和在制品库存情况，各生产（或订购）的提前期、安全库存等信息，反工艺顺序地推算出各个零部件的出产数量与期限。由于它采用电子计算机辅助计算，因此具有以下三个主要特点：

（1）根据产品计划，可以自动连锁地推算出制造这些产品所需的各部件、零件的生产任务。

（2）可以进行动态模拟，不仅可以计算出零部件需要数量，而且可以同时计算出它们生产的期限要求；不仅可以算出下一周期的计划要求，而且可推算出今后多个周期的要求。

（3）计算速度快，便于计划的调整与修正。

二、订货点法

早在 20 世纪 40 年代初期，西方经济学家就提出了关于订货点方法的理论，并将其用于企业的库存计划管理。订货点方法的理论基础比较简单，即库存物料随着时间的推移而使用和消耗，库存效益逐渐减少，当某一时刻的库存数可供生产使用消耗的时间等于采购此种物料所需要的时间（提前期）时，就要进行订货以补充库存。决定订货时的数量和时间即为定货点。一般情况下，订货点时的库存量都已将安全库存量考虑在内。

订货点法是基于以下假设：

（1）假定库存项目的需求是常数，即需求是连续的，库存消耗是稳定的。

（2）对多项库存设定一个固定的安全库存，而不考虑需求的变化与库存项目之间的联系。

（3）提前期是常数，而不计需求期的变化。

在以上假设条件下，订货点法用于库存管理会出现以下问题：

（1）订货点法面向的是相互独立的需求项目，即认为库存项目是孤立的，每个项目可独立确定需求量和需求期。这对库存中的某些项目是适宜的，如最终项目产品和备件、备品等。然而，对生产库存，其库存项目主要是原材料、坯料、零件、组件和部件等，它们的需求量和需求期是相互牵制的。订货点方法认为，库存项目全部是独立的，自然会导致库存计划与控制上的不合理。

（2）定货点法的需求量和需求期是通过对库存历史数据资料的预测而得到的。这样，只有当这些规律在未来还会重演的情况下，预测才有意义。然而，实际情况是不可能的，这种使用历史数据的库存管理方法必然会带来较大的误差。

（3）订货点法假定需求是连续的，并按以往的平均消耗率间接地提出需求时间，保证库存在任何时刻都维持在一定水平。一旦库存低于订货点，就立即补充。其订货时间往往较需求时间提前，再加上安全库存，使仓库在实际需求发生以前就有较多的存货。

（4）为装配成产品，要求部件、组件、零件和原材料等各库存项目的数量必须配套；否则，即使每个基础上的供货率有保证，也不能保证总供货率是准确的。例如，假定各库存项目的供货率为 95%，则 10 个不同基础上的联合供货率只有 $0.95^{10}\approx0.6$，即 60%，可见按订货点法计划与控制库存，想要在总装时不发生短缺或者不突击加班，那只是碰巧了。

因此，用再订货点法来处理相关需求问题是一种很不合理、很不经济和效率极低的方法。它很容易导致库存量过大，需要的物料未到，不需要的物料先到，各种所需物料不配套等问题。

订货点法尽管有上述不足，但直到 20 世纪 60 年代中期还一直被广泛使用。直至 MRP 法出现，才基本被取代。

三、闭环 MRP

（一）闭环 MRP 的处理过程

基本 MRP 能根据有关数据计算出相关物料需求的准确时间与数量，对制造业物资管理有重要意义。但它还不够完善，如没有解决如何保证零部件生产计划成功实施的问题，缺乏对完成计划所需的各种资源进行计划与保证的功能，也缺乏根据计划实施情况的反馈信息对计划进行调整的功能。因此，在基本 MRP 的基础上，人们引入了资源计划与保证，安排生产、执行监控与反馈等功能，形成闭环的 MRP 系统，其处理过程的逻辑流程如图 7-3 所示。

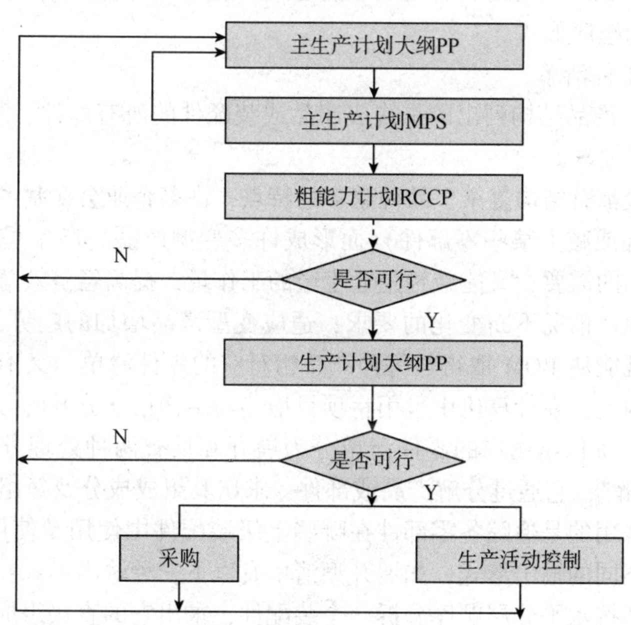

图 7-3 闭环 MRP 逻辑流程图

（二）生产数据库

建立生产数据库，是实施闭环 MRP 的基础。

1. 生产数据库的基础数据

在生产数据库中，组织、管理和基础数据主要有：

（1）产品定义数据。所谓“项目”可以定义为一种产品、一个部件或者一个零件，有时也可将原材料、消耗品等定义为项目。产品定义数据是企业管理信息系统中最基本的数据集合，企业的产品、部件或零件都有唯一的定义和数据描述，如项目号、项目名称、类型

(产品、部件、零件、标准件等)、计量单位、批量、安全库存、提前期（安全提前期）制造或采购代码、存放位置、低层代码、工艺路线号、所用材料标准及价格等。

（2）产品结构数据（BOM）。BOM 用于描述产品、部件和零件之间的装配关系与数量要求。

（3）加工工艺数据。加工工艺数据可以分两级建立与维护，即工艺阶段数据和工艺路线数据。制造过程按物流顺序可以划分为若干个工艺阶段。工艺阶段数据包括所在车间、提前期、起止工序、价格（或成本）增值及其他有关数据。工艺路线数据包括工序号、工序描述、完成该工序的工作中心号、可替代的工作中心号、有无工装、工装号、工序准备时间、到达工作中心作业或批量的运输时间、工时定额、工序提前期。

（4）工作中心（能力资源）数据。工作中心数据包括工作中心号、工作中心描述、每班可用机器数（或操作人员数）、工作中心利用率、工作中心效率、每班排产小时数、每天开动班次、工作中心一般排队时间、单位工时成本、单位台时成本和单位时间管理费等。

（5）工具数据。工具数据的主要内容是工具号、工具名、工具描述、在工具库中的位置、工具状态、可替代的工具号、工具寿命、已使用的时间累计值和工具寿命计量单位。

（6）工厂日历。工厂日历是将普通日历除去每周双休日、假日停工和其他不生产的日子，并将日期表示为顺序形式。

2. 产品结构及零件清单

（1）产品结构。产品结构列出的是构成产品或装配件的所有部件、组件、零件的组成，以及装配关系和数量要求。

制造业产品一般都有结构复杂、品种繁多的特点，许多企业会在基本型产品的基础上进行一些更改（如增加或减少某些零部件）而形成许多变型产品。产品基型少而变型品种多既能满足社会多方面的需要，又能减轻企业生产的工作量，提高经济效益。

为满足设计和生产情况不断变化的要求，适应变型产品增加的趋势，BOM 必须设计得十分灵活，使用户既能从 BOM 取得与每种产品相对应的零件清单，又不致在计算机中存贮大量重复的数据，因此，在计算机中采用将项目描述与结构描述分开的方法。

（2）零件清单。提供给用户的零件清单分为展开和反查两种处理方式。展开处理又称为“拆零”或“分解”，它通过分解产品或部件，求出其组成成分及每组份的数量。反查处理则与之相反，它采用的是追踪各零部件在哪些上级装配件中使用及使用数量多少的方式。每种处理方式又有不同的输出形式，如展开型清单有以下三种输出形式：

①单级展开，即按水平分层顺序分拆一个装配件，求出它的直接组成部分。

②层次展开，即按产品、部件的装配形态自上而下地分解装配件，直到最基本的零件为止。

③综合展开，即按产品汇总列出一个产品所需各种零部件总需要量的清单。

类似于展开型零件清单，反查型零件清单也有单级反查、层次反查和综合反查等输出形式。

（三）能力需求计划

在编制主生产计划时，一般要在总体上进行能力平衡核算，即能力计划工作。但是，对于多品种小批量生产的企业，生产的产品品种数量每月各不相同，生产能力需求也经常变化。当总负荷核算平衡时，每个生产周期、每个工作中心可能并不平衡，所以还要按较短的时间期、更小的能力范围（如工作中心）进行详细负荷核算与能力平衡，称为“能力需求计划”。闭环 MRP 的能力平衡反映在以下两个层次上：

首先，在主生产计划层次，需对独立需求物料用到的关键资源进行平衡。只有对关键资源平衡通过后，才进行 MRP 的运算。因此，主生产计划层次的能力平衡是先决条件，通常称此能力平衡为“粗能力计划”（rough cut capacity planning，RCCP）。

其次，在 MRP 层次需对相关需求中的所有自制物料要用到的工作中心（work center，WC）能力进行平衡，通常称为“能力需求计划”（capacity requirements planning，CRP）。闭环 MRP 就是在 MRP 系统的基础上，加上能力需求计划和执行计划情况的反馈，形成环形回路。闭环 MRP 已成为较完整的生产计划与控制系统。

能力需求计划处理过程如下：

（1）编制工序进度计划。用倒序编排法或工序编排法，利用订单下达（投入）日期（开工期）、计划订单入库日期（完工日期）及数量，进行工序进度计划编制。

（2）编制负荷图。当所有订单都编制了工序进度计划以后，以工作中心为单位编制负荷图。

（3）负荷与能力调平。如果大多数工作中心表现为超负荷或欠负荷，而且超欠量比较大，说明能力不平衡。引起能力不平衡的主要原因有：MPS 计划不全面，能力数据不准确，提前期数据不准确等。对上述因素应进行分析，找出原因，逐个纠正，如能力和负荷仍不平衡时，就要通过增加或降低能力、增加或降低负荷，同时调整能力和负荷等方法，将能力与负荷调平。

（四）生产活动控制

通过能力需求计划，使各工作中心能力与负荷需求基本平衡，为组织生产活动、安排作业（派工）打下基础。如何具体地组织生产活动、安排作业顺序和及时反馈信息，对生产活动进行调整与控制，使各种资源合理地被利用又能按期完成各项订单任务，是需要进一步讨论的问题。

1. 作业排序

如前所述，通过执行能力需求计划，已初步排定各工作中心每周期的具体工作任务。但是在同一周期，一个工作中心往往有多个任务等待完成。这时应该先加工哪一个零（部）件，后加工哪一个零（部）件，才能使整个任务加工时间短，保证按期完工，又使资源利用率高？这就是作业排序的任务。

2. 任务下达

任务下达过程如下：

（1）按工作中心建立可排序的作业集合。

（2）计算各作业的优先级。

（3）下达任务。

在工作中心排序的作业集合中，将最高优先级的作业分配给第一台可利用的机器，下一个优先级的作业分配给第二台机器，如此下去。当全部工作中心可利用的机器都安排了一个作业后，模拟时钟增加一个步距，在第一个工作中心再次开始，直到达到规定时间为止。根据作业分配的结果，输出作业分配表。现场操作人员根据作业分配表进行生产活动。

第二节　制造资源计划原理

一、制造资源计划的概念

制造资源计划的简称是 MRP Ⅱ。由于制造资源计划的英文是 manufacturing resources planning，缩写为 MRP，为了区别于“物料需求计划”（MRP），所以称物料需求计划为“MRP Ⅰ”或者“MRP”，而称制造资源计划为“MRP Ⅱ”。MRP Ⅱ究竟是什么？不同的人接触的角度不一样，对 MRP Ⅱ的了解和认识不同，可能会有各种不同的看法和认识，常见的说法是：“MRP Ⅱ是计算机辅助企业管理系统”或“MRP Ⅱ是计算机辅助企业管理软件”。MRP Ⅱ是一种适用于多品种、多级制造装配系统的，具有代表性的管理思想、管理规范和管理技术。

MRP Ⅱ的制造资源是企业的物料、人员、设备、资金、信息、技术、能源、市场、空间和时间等用于生产资源的统称。MRP Ⅱ的计划反映了它是以计划管理为主线的生产经营管理模式，其基本思路是让企业的制造资源在周密、客观的计划下得到最充分有效的利用。MRP Ⅱ贯穿于企业生产制造的全过程，充分体现了“三结合”原则，即把企业长远发展的宏观计划和企业接受订单确定要求的中层计划、产品计划、零部件和原材料等微观计划结合起来，把执行计划和阶段工作结合起来，把企业物流、信息流及资金流有机结合起来。

MRP Ⅱ是在生产实践中产生并不断完善，反过来指导实践，具有广泛的通用性。MRP Ⅱ与计算机的关系是相辅相成的，它们相互依赖、相互促进。

MRP Ⅱ的发展可分为四个阶段：

（1）MRP 阶段：作为一种库存计划方法的改进的物料需求计划。

（2）闭环 MRP 阶段：作为一种生产作业计划与控制系统的闭环需求计划阶段。

（3）MRP Ⅱ阶段：作用一种企业生产管理计划系统的制造资源计划阶段。

（4）ERP 阶段：是 MRP Ⅱ的新发展，它融合了多种现代管理思想和方法，反映在信息企业管理趋势的企业资源计划阶段。

二、制造资源计划实施的基本条件

实施 MRP Ⅱ除需要计算机硬、软件以外，还需要以下基本条件：

1. 客观需要是企业实施 MRP Ⅱ的动力

成功实施 MRP Ⅱ是企业适应市场经济的需要。为在市场竞争中取胜，企业有提高生产管理水平、提高生产效率、降低库存、缩短生产周期、改善用户服务水平的强烈愿望，而 MRP Ⅱ正是企业实现上述愿望的有效方式。只有这样，企业才能真正认真开发 MRP Ⅱ系统并坚持实施。

2. 组成以企业领导为首的资产决策机构，是实施成功的重要条件

MRP Ⅱ系统成功的关键所在是“人”。高层管理人员的参与程度，中层管理人员的积极性，以及员工对 MRP Ⅱ的态度，是企业成功实施 MRP Ⅱ的重要条件。

3. 完整和准确的数据是 MRP Ⅱ 实施的基础

MRP Ⅱ 系统需要大量的数据，这些数据应力求准确，否则运用 MRP Ⅱ 系统所做的决策就会失误，起不到提高生产效益、降低库存、缩短提前期和生产周期等的目的。

4. 通过教育培训提高员工队伍素质是实施 MRP Ⅱ 的主要保证

企业员工素质在现代企业中的作用愈来愈大，主要是因为现代企业生产中所运用的科学技术（包括管理技术），要求员工必须具备一定的文化水平和技术水平。对员工进行针对性的教育培训，让他们积极参与到 MRP Ⅱ 的开发和实施工作中，可使企业从领导到基层管理人员，从开发人员到用户齐心协力、互相配合，保证系统的顺利实施。

三、制造资源计划的原理

在由 MRP 发展到闭环 MRP 后，人们又认识到了闭环 MRP 的一些不足，如：①计划的源头是从生产计划大纲（PP）及主生产计划（MPS）开始，而对企业的高层、长远经营规划尚无考虑；②闭环 MRP 中包含了以制造为主线的物流和信息流，但企业中非常重要的资金流却无反映。

针对闭环 MRP 的不足和局限，在 20 世纪 70 年代末 80 年代初，有关专家在闭环 MRP 的基础上加入了企业的高层长远经营规划（宏观决策层）及企业的财务职能，形成了制造资源计划（MRP Ⅱ）。有关 MRP Ⅱ 与闭环 MRP 的主要区别可参见表 7-2。

表 7-2　MRP Ⅱ 与闭环 MRP 的主要区别

区别对象	计划源头	系统模块
闭环 MRP	生产计划大纲 PP	生产计划
MRP Ⅱ	经营规划 BP	生产计划与控制子系统 经营子系统 财务子系统

（一）制造资源计划的信息集成

制造资源计划最大的成就在于对企业经营的主要信息完成了集成，在物料需求计划的基础上向物料管理延伸，实施对物料的采购管理，包括采购计划、进货管理、供应商账务管理及档案管理和库存账务管理等。系统已经记录了大量制造信息，包括物料消耗、加工工时等，在此基础上扩展到产品成本的核算、成本分析。主生产计划和生产计划大纲的依据是客户订单，因此向前又可以扩展到销售管理业务，故已不能从字面上来理解制造资源计划的含义。

制造资源计划的通用软件所含有的数据库包括了企业最主要的数据，主要有客户数据、库存数据、工艺规程数据、BOM 表、物料数据、主生产计划、加工中心数据、物料需求计划、能力需求计划、工厂日历、工作指令数据、车间控制数据、采购数据和成本数据。制造资源计划软件所包含的模块也非常丰富，功能也越来越强，一般有关于销售管理、物料管理、财务管理、生产计划与控制以及报表等模块。

（二）制造资源计划系统的特点

制造资源计划系统的特点可从以下六个方面来说明，每一个特点都含有管理模式的变革和人员素质或行为规范的变革。

1. 计划的一贯性和可行性

MRPⅡ系统是一种计划主导型的管理模式，计划层次从宏观到微观，从战略到战术，由粗到细逐层细化，但始终保持与企业的经营战略目标一致。“一个计划”是MRPⅡ系统的原则精神，它把通常的三级计划管理统一起来，编制计划集中在厂级职能部门，车间班组只是执行计划、调度和反馈信息。计划下达前反复进行能力平衡，并根据反馈信息及时调整，处理好供需矛盾，保证计划的一贯性、有效性和可执行性。

2. 管理系统性

MRPⅡ系统是一种系统工程，它把企业所有与生产经营直接相关部门的工作联成一个整体，每个部门都从系统整体出发做好本岗位工作，每个人都清楚自己的工作同其他职能的关系。只有在“一个计划”下才能成为系统，条框分割各行其是的局面将被团队精神所取代。

3. 数据共享性

MRPⅡ系统是一种管理信息系统，企业各部门都依据同一数据库的信息进行管理，任何一种数据变动都能及时地反映给所有部门，做到数据共享，在统一数据库的支持下按照规范化的处理程序进行管理和决策，改变过去那种信息不同、情况不明、盲目决策、相互矛盾的现象。为此，要求企业员工用严肃的态度对待数据，由专人负责维护，保证数据的及时、准确和完整。

4. 动态应变性

MRPⅡ系统是一个闭环系统，它要求跟踪、控制和反馈瞬息万变的实际情况，管理人员可随时根据企业内外部环境条件的变化迅速做出响应，及时决策调整，保证生产计划正常进行。它可以保持较低的库存水平，缩短生产周期，及时掌握各种动态信息，因而有较强的应变能力。为了做到这一点，必须树立全员的信息意识，及时准确地把变动了的情况输入系统。

5. 模拟预见性

MRPⅡ系统是生产经营管理客观规律的反映，按照规律建立的信息逻辑必然具有模拟功能。它可以解决“如果怎样……将会怎样”的问题，可以预见相当长的计划期内可能发生的问题，事先采取措施消除隐患，而不是等问题已经发生了再花几倍的精力去处理。这将使管理人员从忙忙碌碌的事物堆里解脱出来，致力于实质性的分析研究和改进管理工作。

6. 物流、资金流的统一

MRPⅡ系统包罗了成本会计和财务功能，可以由生产经营活动直接产生财务数字，把实物形态的物料流动直接转换为价值形态的资金流动，保证生产和财会数据一致。财会部门及时得到资金信息用来控制成本，通过资金流动状况反映物流和生产作业情况，随时分析企业的经济效益，参与决策，指导经营和生产活动，真正起到会计师和经济师的作用。同时，也要求企业全体员工牢牢树立成本意识，把降低成本作为一项经常性的任务。

（三）制造资源计划实施的效益

当今，不同的企业在经营过程中所面临的共性问题有：

（1）资金短缺，原材料涨价，产品积压，库存资金占用多。

（2）应变能力差，用户服务水平差，不能保证交货期。

（3）信息反馈不及时，预测能力差，产品更新换代慢，市场竞争能力差。

（4）生产管理水平低，计划跨度长，设备利用率低，生产成本高，生产周期长。

（5）投标、竞标标能力差。

实施 MRP Ⅱ将会给企业带来许多方面的效益。具体如下：

（1）保证交货期，提高服务水平，缩短生产周期。

（2）增强应变能力，提高竞争力，减少资金占用。

（3）提高设备利用率，杜绝或减少物料短缺。

（4）监控成本，找出差异，明确责任，改进管理，降低成本，降低库存。

（5）提高市场预测能力，提高竞标、投标能力，充分有效地利用企业的各种资源。

MRP Ⅱ之所以能解决企业存在的问题，主要是由如下两方面所决定的：一是 MRP Ⅱ的手段功能；二是依靠计算机这一有力工具来统一数据，及时反馈，使企业管理人员做到心中有数，有预见性，对可能出现的问题采取相应的、及时的、有效的措施。

（四）MRP Ⅱ系统的实施环境

有相当多的企业虽然试用了 MRP Ⅱ系统，但并不是都取得了成功。其中的原因是多方面的，一个重要的原因是这些失败了的企业并没有提供一个合适的实施 MRP Ⅱ系统的环境。MRP Ⅱ系统并不是万能的，一般主要适用于具有下列特点的企业：

（1）产品的 BOM 层次较多。

（2）有较大的批量规模。

（3）需求量、生产工艺、生产能力以及供应商有一定的稳定性和可靠性。

（4）多品种、中小批量的生产组织形式。

MRP Ⅱ系统最独特的优势在于它的相关需求物料管理方法。当产品的 BOM 层次较多时，相关需求物料的种类和数量将非常庞大，它们的采购、加工和库存是企业管理中最复杂的一部分，也是最影响企业竞争力的因素。由于 MRP Ⅱ系统很好地解决了相关需求物料的管理问题，因此 MRP Ⅱ首先在机械、电子等行业得到了应用，这些行业的产品 BOM 层次一般较多。一般情况下，在使用 MRP Ⅱ的企业，BOM 的平均层次是 6 层以上。此外，当各种产品有一定批量时，MRP Ⅱ系统可发挥较大威力；而如果属于单件生产或极小批量生产，MRP Ⅱ就不一定能带来很大的效果。

MRP Ⅱ系统中逻辑计算的另一个前提是，计算所用到的粗需求、预计入库量、计划发出订货量等数据是现实的、可靠的，否则计算出来的东西就无任何意义。这就要求对需求的预测有一定的可靠性（如果主要是以订单生产，这一点就很容易保证），同时也要求生产工艺和生产能力有一定的稳定性，要求供应商的交货时间比较可靠。如果生产现场经常出废品，生产能力经常出现卡壳的瓶颈环节，外购件经常不能按时交货或经常出现质量问题，都会影响 MRP Ⅱ系统的正常运行。从这个意义上来说，企业要想实施 MRP Ⅱ，首先需要建立科学的管理基础。

最后，在生产组织方式上，采用中、少量成批生产方式的企业（即采用混合生产组织方式的企业），能够从 MRP Ⅱ的实施中获得更大的益处。这种企业通常有多种品种，每一品种有一定的批量，采取轮番生产的方式。这些特点不是成功实施 MRP Ⅱ系统所必需的，但在这种环境中，MRP Ⅱ系统能够被最好地应用，发挥其最大的优势。而在工艺对象专业化和产品对象专业化这两种极端的组织方式之下，MRP Ⅱ的优势就不那么明显。

总之，MRP Ⅱ的思想和管理观念具有广泛的适用性，但在具体方法的应用上，必须结合产品的工艺特点和需求特点来考虑，否则将事倍功半。当然，随着 MRP Ⅱ系统的继续发展，它将克服目前存在的许多约束，在更大范围内发挥其优势。但在任何情况下，MRP Ⅱ系统的实施都离不开对具体应用环境的仔细考虑和科学管理基础的建立。

（五）MRP Ⅱ系统的发展

随着社会经济和科学技术的进步，MRP Ⅱ也在不断发展。当前企业管理的目标是实现全球战略的国际化经营，提高企业在国际市场中的竞争地位。在这种形势下，MRP Ⅱ的实践与开发主要体现在以下几个方面：

（1）融合其他现代管理思想和方法来完善自身系统。特别是同准时生产制、全面质量管理、优化生产技术和同步生产等现代生产方式相融合，以提高系统的适应变化能力和优化生产过程。

（2）根据现代企业管理发展的需要，为生产厂同分销网点信息集成而开发的分销资源计划系统，为主机厂同配套厂信息集成而开发的多工厂管理系统，为建立供需双方业务联系的电子数据交换系统等，都将与 MRP Ⅱ系统集成。

（3）在企业内同其他管理系统和生产技术系统之间建立接口。例如，在计算机集成制造系统中，MRP Ⅱ同计算机辅助质量管理系统是管理领域的两项主要系统，它要同设计领域中的计算机辅助设计（CAD）、计算机辅助工艺设计（CAPP）和成组技术系统等接口；要同制造领域中的计算机辅助制造（CAPP）、柔性制造系统（FMS）和仓储自动化（AS/RS）接口，实现更大范围的集成。

MRP Ⅱ是以计划和制造为主线的管理信息系统，但计划和制造并不是企业管理的全部内容。

第三节　制造资源计划的综合分析

由前所述，MRP Ⅱ是社会经济和科学技术发展的产物，在西方发达国家中获得了广泛运用。但是 MRP Ⅱ的应用与我国现行计划方式有一定的区别，我们在运用 MRP Ⅱ时，只有了解其特点、应用条件和适用范围，才能成功应用。

一、MRP Ⅱ与现行计划方式的主要区别

由于 MRP Ⅱ是以计划为主线，其功能和特点很多体现在计划方面，所以从计划角度来加以对比将有助于理解其实质。

以前我国企业多数实行厂—车间—班组三级管理，也有企业实行总厂—分厂—车间—班组四级管理；企业计划层次除建厂纲领、五年规划等长期规划外，一般都分为年、季、月和旬几个计划层次。年度计划由人工编制需很多天，一般在年前一个月提出；季度计划编制一般需一个星期，季前半个月提出。由计划编制、完成和经过审批到开始执行（其中包括计划提前期和计划编制的时间）时间间隔较长，情况会发生变化，若信息反馈又不及时和完整，在车间执行计划时，需做较大调整。调整后的计划受时间限制，难以经过全厂统一平衡和考虑。所以，在执行车间计划时，难免会出现与统一计划和现实情况脱节的现象，从而带来不良影响。

采用 MRP Ⅱ 系统后，编制或重排一个主生产计划（MPS、独立需求物料计划，如产品、备件、赠品和展品等）或物料需求计划（MRP、非独立需求物料计划，如零部件、原材料等）时，根据产品结构和零部件、原材料数量和计算机性能不同，可能只需几分钟或数小时不等。由于计划提前期和计划本身所需时间大大缩短，计划所用数据都是最新的，反映的是最新的现行情况，所以可有较充分的时间进行全厂统一、综合平衡，大大改善和提高计划管理水平。两种计划方式的主要区别表现为：

1. 计划对象的区别

现行计划方式多数是按工号（台套）下达生产任务，而 MRP Ⅱ 则是按零部件组织生产。按零部件组织生产一方面可以根据需求日期和提前期组织成批生产，减少工时准备和其他成本；另一方面可以按零部件的生产周期（提前期）来计划、排产，可大大降低原材料消耗和库存半成品数量。

2. 计划时段区别

现行计划方式多数是按月、按旬下达生产任务，MRP Ⅱ 的计划时段却可根据需要精细到按周、按天，甚至按小时安排生产。计划时段越短，越易做好平衡、准确和及时地生产，同时计划的应变能力、适应性强，不到必要时不投料、不组织生产，可避免浪费和积压。

3. 计划编制方式的区别

现行计划编制方式多由销售、生产和供应等部门分头进行，沟通协调不够。MRP Ⅱ 要求计划体系统一，各级计划一脉相承，能及时和准确地反馈，对各项计划可以进行动态调整，提高计划的统一性。

二、MRP Ⅱ 与现行计划在效益方面的分析

作为计算机辅助企业管理信息系统的典型代表，MRP Ⅱ 在国内外 20 多年的应用中取得了明显的经济效益。MRP Ⅱ 系统的应用可使企业提高竞争能力，增强管理人员的现代化管理意识，为企业建成计算机集成制造系统（CIMS）打下基础。

MRP 的创始人之一奥利弗·莱特（Oliver W. Wright）对美国成功实施 MRP Ⅱ 的企业所获得的效益做过详细的调查，结果表明，企业实施 MRP Ⅱ 系统后比现行计划企业可在下面几方面获益：

1. 定量效益

库存量降低 15%~30%，按期交货率达到 90%~98%，劳动生产率提高 20%~40%，降低采购费用 5%，短缺物料减少 60%~80%，采购提前期缩短 50%，成本下降 7%~12%，利润增加 5%~10%。

2. 定性效益

（1）人力运用方面，管理人员把主要精力用于分析、研究和处理管理中的实质性问题，减少了大量简单、烦琐、重复的事务工作，提高了管理水平。

（2）领导能力方面，管理层次提高了计划能力，改善了集体工作能力和意识，加强了协作精神，大大提高了企业的整体团队意识。

三、MRP Ⅱ 系统对企业生产经营活动的影响

作为社会经济的细胞，企业是一个有机整体，它的各项活动相互关联、相互依存、相互

作用，应该建立一个统一的系统，使企业有效地运行。在以往，一个企业内往往有多个系统，如生产系统、财务系统、销售系统、供应系统和技术系统等。它们各自独立运行，缺乏协调，相互关系并不密切。在各个系统发生联系时，常常互相扯皮，出了问题又互相埋怨。由于 MRP Ⅱ系统能够提供一个完整而又详细的计划，使企业内部各个子系统协调一致，形成一个整体，这就使得 MRP Ⅱ系统不仅能作为生产和库存的控制系统，而且还能作为企业的整体计划系统，使得各部门的关系更加密切，消除了重复工作和不一致性，提高了整体的效率。从这个意义上来说，MRP Ⅱ系统统一了企业的生产经营活动。下面主要介绍 MRP Ⅱ系统是如何影响和改变企业各个部门的生产经营活动的。

1. 市场销售

MRP Ⅱ是企业的总体计划，它为市场部门和生产部门提供了从未有过的联合机会。市场部门不但负有向 MRP Ⅱ系统提供输入的责任，而且还可把 MRP Ⅱ系统作为它们极好的工具。只有当市场部门了解生产部门能够生产什么和正在生产什么，而生产部门也了解市场需要生产什么的时候，企业才能生产出更多适销对路的产品并投放到市场上。

市场部门对于保持住生产计划的有效性有着直接的责任。在制订主生产计划的时候，由市场部门提供的预测数据和客户订单是首先要考虑的信息。在对主生产计划进行维护的常规活动中，市场部门的工作也非常重要。这里的关键是通过及时的信息交流，保持主生产计划的有效性，从而确保主生产计划作为市场部门和生产部门协调工作的基础。

2. 生产管理

过去，生产部门因没有科学的管理工具而经常受到市场销售部门、财务会计和技术等部门的批评。反过来，生产部门也对其他部门不满。这些抱怨主要源于企业内部条件和外部环境的不断变化，导致生产难以按预定的生产作业计划进行：一方面，生产计划部门无法提供给其他职能部门所需的准确信息；另一方面，第一线的生产管理人员也不相信计划，认为计划只是“理想化”的东西，永远跟不上变化。有了 MRP Ⅱ以后，计划的完整性、周密性和应变性大大加强，使调度工作大为简化，工作质量得到提高。总之，从 MRP Ⅱ得到的最大好处在于从经验管理走向科学管理，使生产走向正规化。

3. 采购管理

采购人员有一个最难处理的问题，被称为“提前期综合征”，即一方面是供方要求提早订货，另一方面是本企业不能提早确定所需的物料的数量和交货期。这种情况促使他们早订货和多订货。有了 MRP Ⅱ系统，采购部门就有可能做到按时、按量地供应各种物料。而且，由于 MRP Ⅱ的计划期可以长达 1~2 年，产品所需的外购物料能提前相当长时间告诉采购部门，并能准确提供各种物料的“期”和“量”方面的要求，避免了盲目多订和早订。同时，由于 MRP Ⅱ不是笼统地提供一个需求的总量，而是按计划分期分批交货，这也为供方组织均衡生产创造了条件。

4. 财务管理

实行 MRP Ⅱ可使不同部门采用共同的数据。事实上，一些财务报告在生产报告的基础上是很容易做出的。例如，只要将生产计划中的产品单位转化为货币单位，就构成了经营计划。将实际销售、生产、库存与计划数相比较，就会得出控制报告。当生产计划发生变更时，马上就可以反映到经营计划上，可以使决策者迅速了解这种变更在财务上造成的影响。

5. 技术管理

过去，技术部门并未从企业整体经营的角度来考虑自己的工作，似乎超脱于生产活动以外。但是，对于 MRP Ⅱ这样的正规系统来说，技术部门提供的却是该系统赖以运行的基本数据。它不再是一种参考性的信息，而是一种作控制用的信息。这就要求产品的物料清单和加工路线必须正确，而且不能有含糊之处。同时，修改设计和工艺文件也要经过严格的手续，避免造成混乱。

四、MRP Ⅱ系统与我国传统管理模式的比较

从统计资料上看，我国应用 MRP Ⅱ的企业还很少，应用的效果还不甚理想。据有关部门调查，引进的 MRP 软件包只有 1/3 能正常应用，1/3 需修改后才能应用，还有 1/3 不能投入运行。因此，MRP Ⅱ是否适合我国国情，能否在我国广泛应用，是我国企业管理人员及计算机应用部门十分关注的问题。

MRP Ⅱ是一种组织现代化大生产的技术，一种科学的管理工具，它的应用有特定的背景及条件。我国工业企业要应用 MRP Ⅱ，应正视其背景因素，积极创造适合于国情的应用条件，才能发挥 MRP Ⅱ之功能。

我国传统企业有特定的背景，它基于我国国土面积大、资源丰富、劳动力充足的国情，以及受几千年“自给自足”小农经济思想的影响。在追求以产值为目标的外延式扩展模式时，以高于发达国家数倍的能源及原材料消耗，来维持庞大的“大而全”“小而全”的工业生产体系，整个经济处于投入多、产出少、消耗高、效益低的粗放型发展状态。

改革开放后，我国企业的经营机制由生产型向生产经营型转变，目前正处于完善社会主义市场经济体制的过程中。改革是一个相当长期的过程，我国企业中许多情况与 MRP Ⅱ的条件和假设相矛盾。传统生产模式与 MRP Ⅱ思维之主要差距如表 7-3 所示，我国企业管理现状与 MRP Ⅱ应用条件之差距如表 7-4 所示。

表 7-3 MRP Ⅱ系统与我国传统管理模式比较

功能		MRP Ⅱ系统	我国传统管理模式
确定生产的产品		追求利润最大化，以销售收入确定最佳产品组合，有准确的主生产计划表，以销定产	根据国家计划和市场需求决定产品组合，追求产值指标，以产定销
确定生产率		经营计划以及生产计划、主生产计划的协调，使生产均衡性高，与生产能力相符合	产品生产前松后紧，加班加点随机性大，产品质量以及配套率低
确定所需的物料		严格按计划投料，产品结构准确率在 98%以上，而且每项物料均有存货记录和产、供、销信息	按照定货点法确定物料，材料定额富裕度大，库存严重积压，资金周转率低
确定能力		生产能力需求计划严格排定工作中心负荷	生产能力供需不平衡，为了防止能力不足，一般多购置设备，负荷率一般只有 70%左右
执行材料计划	（一）自制项目	严密的专业分工与协作，自制项目追求增加产品的附加价值，一般只有 4~6 个加工层次，物料单简单明了	零部件自制率达 80%以上，加工层次多达 10 层左右，难于控制物料执行计划
	（二）外购件	有采购计划管理，也有严格的供货提前期及数量控制	由于受市场发育不全限制，外购件数量少，而且很少有期量标准

续表

功能	MRPⅡ系统	我国传统管理模式
执行能力需求计划	执行能力需求计划成为实现生产计划的保证，是整个企业价值的创造阶段	追求设备满负荷，生产工人每时每刻有活干，实现产值指标，而不顾市场需求
反馈信息	每日有输入输出报告在线处理，实时跟踪，动态调整	严重滞后，下月初才有上月末的生产统计资料，无法实现动态调查

表 7-4　MRPⅡ系统应用的条件与我国企业管理现状比较

项目		MRPⅡ系统应用的条件	我国企业管理现状
一、物料	（一）原材料供应	能及时从市场上买到	一般每年召开两次订货会议，用订货点法确立需求，尽可能多订货，代用料、代用件成为具体应变部分，且数目大
	（二）与供应商的关系	一般有多个供货来源，在供应商中选择价廉物美的原料	由国家物资部门或上级主管部门统管，企业获取原材料要凭关系，而且质量得不到保证
	（三）库存	每件物料需入库后再出库，有统一编码和确定的货位，库存准确率在95%以上	库存积压非常严重，仓库管理中没有固定货位，零部件盘亏盘盈工作复杂，账物不符
	（四）在制品	当工序发生问题时，允许在制品存在，以保证连续生产，目标是取消等待加工队列，实现零库存	在制品储备定额较高，而且定额工期不变，对在制品突破下限十分重视，而对超越上限则反映不灵敏。在制品积压多
	（五）产品质量	记录实际废品数，并且用一些公式来预测废品数，且能统计分析质量问题	允许有废品，但由于限额发料措施不严，工人可以多生产零部件以抵消废品，使产品质量难以控制，废品返工返修管理复杂
二、批量		用某种公式计算批量，一般对库存费用、生产准备费用以及物料需求计划的订单统筹考虑，以确定最佳经济批量	投料与批次有标准遵循，但在生产现场由操作工人控制的比重大，生产前松后紧且随机性大
三、生产周期		每个物料项均有准确的提前期和工序的通过时间、过渡时间，工时定额的准确率在95%以上。严格控制与执行提前期	工序长，零部件在多个车间周转；生产周期长，生产准备时间及生产等待时间没有标准，也难以控制。提前期越长越好，多数车间及采购部门希望提前期加长而不是缩短
四、设备能力		工作中心的能力工时统一核算，考虑设备维修的需求	设备落后，超期服役的多，工时数据难以确定，设备维修量大
五、反馈信息		以日为单位统计物料、能力、进度，进行实时跟踪、动态调整	生产作业统计以日为单位核算，工单由工人管理，零件完工、流转、废品以及返修品信息有不真实的因素
六、工人素质		对生产工人的技术水平要求高	工人的技术素质低，无法从事多工种的工作

我国实施MRPⅡ的过程中，要逐步缩小差距，这将有助于企业从粗放型管理方式向集约型方式转变，主要工作表现在以下几方面：

1. 从以产定销到以销定产

MRPⅡ根据以销定产安排计划，是对传统计划经济下以产定销安排计划的彻底否定，这对促进市场经济的发展起到了积极的推动作用。

过去，企业注重产值指标，以设备或者其他制造资源为中心组织生产，追求设备的满负荷，追求每个工人每时每刻必须有活干，不注重产品的生产价值向商品价值的转化，造成产成品积压。而市场上急需的商品却生产不够，供需脱节严重。MRP 是严格按照市场需求的数量及交货期限来组织生产的；在生产系统内部，各部门、各工序严格按照计划订单的数量及日期来安排组织生产，既不鼓励超前，也不鼓励拖后。上道工序按下道工序的要求进行生产，前一生产阶段为后一生产阶段服务，整个企业以销售为中心，以服务为宗旨，展开一切活动，最终达到按期为顾客提供合格的产品和服务的目的。

我国近几年来一直强调以销定产的经营思想，这种强调的重点往往落实在企业针对市场的界面上。按照系统的观点，企业内部机制的运行中，各部门环节都是以销定产主线的延伸。MRP Ⅱ的实施能使企业彻底摆脱过去的生产管理方式的影响，实现生产经营机制的转变，促进管理的科学化、现代化。

2. 严格按生产计划和作业计划组织生产

MRP 严格按照计划集中管理，与传统的以实施为中心的管理形成了鲜明对比，要保证生产系统的正常高效率运行，企业必须完善计划体系，严格按计划管理组织生产。

传统生产管理常以加大库存量来保证交货期和实现均衡生产，会造成成品贮存、在制品积压、流动资金周转慢和生产周期长等一系列后果。用缺货单或临时督促、加班加点等方法进行调度和调节管理效率低。采用 MRP Ⅱ后，对生产能力及负荷进行粗平衡和细平衡可使在每个时间区间负荷上与能力协调一致，计划按时间滚动，在任务下达条件具备时，按优先顺序安排任务，使物流畅通无阻，保持现场在制品量最低，创造出文明的生产环境。

3. 打破产品品种界限，按零部件最佳批量安排生产

传统生产模式是按产品品种组织生产，生产管理人员按产品划分管理界限。但现代生产中，产品愈来愈多，不同产品间有许多共用件、通用件，按产品台套封闭式的管理方式既不科学，也不经济，且在生产管理上会引起很多矛盾。MRP 是按零部件最佳经济批量组织生产，管理人员要打破原有按产品各自分工的界限。

4. 实现数据的综合管理

实现 MRP Ⅱ后，企业主要信息由数据库统一集中管理，由各部门共享，在同一数据基础上做出生产计划、供销计划、成本计划，为实现统一指挥、统一计划和控制的生产体系打下基础。

综上所述，可以看到 MRP 的实施与企业的深化改革、转轨变型是一个相辅相成的过程，是建立现代企业制度的一项重要内容。

第四节　制造资源计划在我国的应用

一、MRP Ⅱ在我国的应用

MRP Ⅱ在我国的应用并非一帆风顺。我国最早的 MRP Ⅱ用户是沈阳一家大型企业，1984 年引进了 IBM 的 COPICS 系统，之后上海飞机制造厂、北京内燃机总厂、沈阳第一机床厂、上海冶金矿山机器厂等几十家企业先后引进了 MRP Ⅱ系统。

我国企业采用的MRPⅡ系统主要以引进为主，自行开发为辅，应用情况差异很大。有一些企业成功了，如广东科龙电器股份有限公司，于1995年通过了国际权威机构的全面考核，成为中国第一家应用MRPⅡ的A级企业。但也有许多企业仅在局部范围内实施应用，并未达到应有的实施效果，也有个别企业应用失败。由于国内首批应用MRPⅡ的企业在应用效果上与国外相差甚远，因此使许多准备开发管理信息系统的企业在决定是否选用MRPⅡ系统的问题上举棋不定。而且，国内还流传着对MRPⅡ的种种说法：一种认为MRPⅡ是为了搞计算机系统而产生的纯理想化的模式，与实际管理相异；另一种认为MRPⅡ系统是国外引进的软件包，不适合于中国的管理模式和国情等。这些看法主要是由于对MRPⅡ的基本思想、运行原理、内部功能缺乏充分了解，以及MRPⅡ系统在我国的应用实例中成功率较低引起的。因此，我国在引进MRPⅡ系统上，曾一度处于停滞状态。

近年来，随着改革开放的加深，许多企业对管理提出了较高的要求，MRPⅡ的应用又进入了一个新的发展阶段，应用范围也从原来以机械制造行业为主扩展到化工、烟草和制药等行业，其中外资、合资企业的应用发展较快，并获得了较好的效益。

结合MRPⅡ系统的原理与本质，总结国内外应用MRPⅡ的成功经验与失败教训，我们可以得出以下一些结论：

（1）MRPⅡ是主要运用于制造业企业的先进管理思想与管理信息系统，是根据企业管理的需要而产生发展起来的，其管理模式适合于制造业企业的一般管理要求，同样也适合于中国企业的普遍管理模式和要求。

（2）成功实施MRPⅡ的前提之一是及时和准确的数据支持，所以，为了成功实施MRPⅡ，首先必须把重点放在基础信息的健全和管理业务的规范化上，而不是引入现成的软件。许多企业实施MRPⅡ失败并非由于管理模式不同，而主要是因为企业的管理基础差（没有足够的工艺、工作标准等基础数据），又不肯花足够的力量来改善。

（3）国外引进的MRPⅡ软件包集成化程度高，对企业的管理要求也较高，同时，由于是封闭式，二次开发难度大，再加上通用软件的人机界面不及自行开发的那样理想，其中丰富的功能是通过建立原型及各种定义来实现的，对实施的技术要求较高，这是应用国外MRPⅡ系统的一大障碍。

（4）国外引进的软件包大多以小型机为系统开发环境，系统本身的价格与支持费用也较昂贵，一次性投资费用较高，一般中小企业无力承受。即使某些企业有实力购置，但如果不能在短期内顺利应用并取得效益的话，也是得不偿失的。因此，选用MRPⅡ系统必须慎重，不能不顾企业的基础与条件，也要考虑经济承受能力，不能一味追求所谓“先进”而盲目引进。

（5）与国内大型、集成式管理信息系统开发的成功率较低一样，大型信息管理系统开发过程中的风险在MRPⅡ中也同样存在。“三分技术、七分管理、十二分数据”的问题更集中地在MRPⅡ中反映出来。同时，自行开发的系统可能会有总体虽失败、局部尚可用的结果，而MRPⅡ搞得不好，往往会有全局失败的危险。因此，只有那些管理基础好，人员素质高，领导又有充分胆识和决心的企业，才具备实施MRPⅡ的条件。

（6）MRPⅡ的系统功能丰富，数据结构严密，设计思想合理，的确是一个优秀的集成化软件，除了某些人机界面不及自行开发的软件以外，其他方面都可作为我国软件开发的借鉴，通过学习其系统设计思想、模块划分、数据库结构、系统功能，可以提高我国信息管理系统软件的设计水平。因此，如何融合 MRP Ⅱ的先进思想和合理的模块结构，开发出适合企业需求、系统设计合理、柔性强、人机界面友好的优秀 MRP Ⅱ系统，是我国生产管理人员和管理信息系统软件开发者今后的主要课题之一。

二、MRP Ⅱ在我国实施的现状、问题及对策

MRP Ⅱ产生于美国，是当今制造业企业的一种先进的有效管理模式。它将现代管理思想与计算机技术、现代制造技术有机融为一体，构成计算机辅助企业管理系统。自 20 世纪 90 年代以来，我国许多制造企业开始采用 MRP Ⅱ系统来辅助管理，改善了企业的生产运作体系，实现了企业的突破性发展。

（一）MRP Ⅱ在我国实施的现状及其存在的问题

市场竞争压力和提高管理水平的需要，使越来越多的制造企业从关注到步入了积极筹划或开发本企业 MRP Ⅱ系统的轨道。20 世纪 80 年代初，我国制造业领域开始引入和推广 MRP Ⅱ系统，通过近 20 年的努力，目前已有近千家企业开始应用 MRP Ⅱ软件来加强企业内部管理。当前，MRP Ⅱ在我国实施的现状主要表现在以下三个方面：

1. MRP Ⅱ系统的应用呈波浪式普及

领导素质高、经济效益好的新兴企业是应用 MRP Ⅱ系统的主流。受前几年 MRP Ⅱ系统失败阴影的影响，企业投资于 MRP Ⅱ系统时是慎重的，观望的多，处于考察阶段的多。一些老 MRP Ⅱ企业正进行 MRP Ⅱ系统的更新，后续的企业也被带动进入了 MRP Ⅱ系统领域，这决定了我国企业的 MRP Ⅱ系统应用呈波浪式展开，分成三个层次：

第一层次是跑在前头的 MRP Ⅱ历史型用户，这些企业有 5 年以上的 MRP Ⅱ系统应用经验，占前几年应用客户的 5%左右，其日常管理已经离不开 MRP Ⅱ。

第二层次是处于中游的企业，称为“小 MRP 加财务型”，这类企业已经实施了 MRP Ⅱ系统的销售库存、主生产计划、应收应付账等功能，但是忽视了能力需求计划、实际成本核算以及生产期量标准的深入应用。其有待于向 MRP Ⅱ纵深方向发展，形成闭环 MRP Ⅱ系统。

第三层次的客户是新加入的企业，由前两类企业带动跟进 MRP Ⅱ系统应用领域。这类客户没有历史包袱，能够获取价格低廉的软硬件设备，还可以借鉴 MRP Ⅱ发展的历史经验，有咨询公司帮助最终用户培训，实施一步到位，周期短。

2. MRP Ⅱ模块没有得到充分的利用

大多数企业只在局部或一定的范围内使用了 MRP Ⅱ的有关模块，除库存模块全部使用外，其他大部分基本模块只有部分被使用。其中主生产计划模块使用率只有 70%左右，物料需求计划模块使用率只有 80%左右，能力需求计划模块使用率只有 40%左右，财务分析模块使用率只有 50%左右。

3. 我国应用 MRP Ⅱ系统成功的企业大多是合资或外资企业，中小型企业占比重较小

尽管 MRP Ⅱ在我国运用已有近 20 年的历史，取得了一系列成功经验，但在实施过程中仍存在一系列问题，影响 MRP Ⅱ的推广。

（1）企业在 MRP Ⅱ项目实施过程中过分强调企业原有的管理方式。MRP Ⅱ在实施过程中常会与企业原有的管理方式发生矛盾，管理人员对 MRP Ⅱ的运用通常采取抵制的态度，单纯强调自己的应用过程和手段，而不是去努力改善以适合 MRP Ⅱ的要求。传统的企业管理是粗犷的、经验式的手工管理，没有统一的、规范的标准去约束管理人员的行为，既使有

也很难严格执行。而MRP Ⅱ是一种规范化的管理系统，它要求各级管理者有严肃的工作作风，并以严谨的态度对待各种信息。因此，企业必须改革那些陈旧落后、阻碍企业发展的管理方式。企业只有按照MRP Ⅱ的要求制定管理规范和规章制度，并且得到了很好的贯彻执行，MRP Ⅱ的正常运行才有基本保证。

（2）企业的信息化建设没有与企业的投资建厂同步发展，MRP Ⅱ在企业中的成长存在先天不足。西方发达国家在企业建立初期就开始规划MRP Ⅱ系统的投资与人员安排。MRP Ⅱ系统的建立先行于机器设备安装、厂房建设，企业一开始投产就能够做到物流、资金流和信息流的统一。而我国一些企业的厂长、经理往往对MRP Ⅱ系统的认识有限、片面，在投资建厂时忽视信息系统的建设，企业必须花大力对多年来手工管理积累的企业资源进行再造，相当于在MRP Ⅱ系统里重塑一个企业。此外，MRP Ⅱ系统的实施不但涉及企业的行政权力重新分配、员工的工作改进，而且涉及信息部门的地位、信息系统的失败风险等复杂问题。因此，大多数企业的MRP Ⅱ系统在与手工系统并存时没有迅速扩大运用的效果，在企业迅速成长的同时MRP Ⅱ系统本身没有得到同步成长。

（3）我国的MRP Ⅱ咨询专家与复合型MRP Ⅱ人才缺乏。MRP Ⅱ系统缺乏专家指导与培训，导致实施周期长，售后服务费用居高不下。一方面，大多数顾问公司没有利用MRP Ⅱ系统的管理哲理辅助企业的管理咨询。我国有近500家管理顾问公司，大多数顾问公司停留在理性经营思想的灌输及普通的员工教育培训上，没有像安得信等国际知名顾问公司那样利用MRP Ⅱ系统的管理哲理来辅助企业的管理咨询，也就没有承接MRP Ⅱ售后服务的项目，导致MRP Ⅱ售后服务费用居高不下，使企业追加投资的承受能力减弱。另一方面，培养的既懂计算机又懂企业管理的MRP Ⅱ复合型人才少，满足不了企业的需求。

（4）领导不能完全到位，企业面向MRP Ⅱ应用的培训工作跟不上。MRP Ⅱ实施应用是一个典型的进行项目管理的工程，项目组的人员构成对项目的实施应用效果有极大的相关影响，尤其是项目的主管是“一把手”的比例仅有60%左右，远远达不到国内企业现状及应用环境所要求的100%的水平。同时，国内实施MRP Ⅱ的企业面向应用的培训工作跟不上。

（5）企业管理基础工作较为薄弱。许多引进了MRP Ⅱ系统的企业仍处于一种粗放管理状况，如市场预测不准确，生产过程的组织形式和方法不尽合理，物流不畅，基础数据不全，规章制度不健全，执行力度不到位，现场管理不规范等。这些存在的管理问题严重阻碍了MRP Ⅱ的顺利实施，导致许多企业不能按时获取准确的数据或难以获取数据，使系统运行较难甚至无法运行。

（二）企业成功实施MRP Ⅱ的对策

MRP Ⅱ在我国的推广应用已有近20年的历史，近千家企业在各自取得一些应用成效的同时也饱尝了酸甜苦辣，但这并不是MRP Ⅱ本身的错误。通过对MRP Ⅱ的认识和理解，结合MRP Ⅱ的应用现状及其存在的问题，并通过对已成功实施MRP Ⅱ的国内企业进行分析，可找出其成功的经验，总结出以下几条有效实施MRP Ⅱ的对策，给那些将要或正在实施MRP Ⅱ的企业提供一点借鉴。

1. 要真正实施好MRP Ⅱ，必须转变管理思想与观念

MRP Ⅱ系统不是一个单纯的计算机系统，而是一个以计算机为工具的人机系统。要使这个系统真正有效地发挥作用，必须涉及人的观念转变，包括市场观念、时间观念、质量观念、成本意识、信息共享和集成意识、整体优化意识等。有些企业实施MRP Ⅱ的效果不大，

其原因之一就是他们误认为只要花上几百万元，选取最好的软件系统，购置最先进的电脑，学会操作就大功告成了。实践证明，不转变人的观念，就无法成功实施 MRP Ⅱ。

2. 企业领导应直接参与，加强对 MRP Ⅱ实施的支持度

MRP Ⅱ的开发实施是一项投资大、风险大、实施难度大的系统工程，从一定意义上讲，是企业管理模式、机制、机构、管理模式和方法的重大变革。这将涉及企业各有关管理部门和车间等单位，需要在统一的计划下，协调地开展工作。因此，这项工作单凭计算机中心的技术人员进行指挥调度是极为困难的，需要具有调控大权的高层领导参与。实施 MRP Ⅱ效果的好坏与企业高层领导的作用密切相关，“一把手原则”必须贯穿始终。

在推行过程中要特别注意以下几个方面：领导要经常关心系统的推行进展情况，并积极参与；领导要虚心学习；领导要协调好各部门的工作；领导要经常检查工作，督促指导。

3. MRP Ⅱ实施过程中应严格遵循 MRP Ⅱ的逻辑流程，并充分发挥各应用层次的功能

MRP Ⅱ从系统工程的观点出发，将企业看成一个系统，利用计算机、通信等信息技术，对企业的全部制造资源（包括物料、设备、人力、资金和信息五大资源）进行全面规划和优化控制，使企业中的产、供、销和存等整个生产经营过程以及与之有关的所有财务活动形成一个有机整体，因此实施过程必须严格遵循 MRP Ⅱ的逻辑流程，保证生产按计划、有秩序地进行，充分发挥企业资源的效能。MRP Ⅱ的逻辑流程可划分为五个层次，各层次间一脉相承，逐级细化，互为因果。各层次突出的共性就是都要解决三个基本问题，即打算生产什么？能够生产什么？怎样解决需求与能力之间的差异？充分发挥各层次的功能，解决好以上三个问题是 MRP Ⅱ成功实施的前提。

4. 健全项目管理组织

项目管理组织有三个层次，即领导小组、实施小组和职能组。工作是人来做的，组织不健全会直接影响项目进展。领导小组一般由企业一把手负责，与系统有关的厂领导和项目经理组成，为 6~7 人，定期召开例会，及时研究和解决实施中存在的问题，起项目指导作用。实施小组由各部门业务骨干组成，小组负责人（项目经理）是一个极其重要的人选，必须熟悉企业管理中的问题，富有改革创新、钻研学习和任劳任怨的奉献精神，思维敏捷，善于以理服人，与人团结共事，有较强的组织能力。为了方便协调各个业务部门的工作，项目经理的级别应高于一般中层管理人员，如副厂级或厂级助理，便于领导工作。一个企业的 MRP Ⅱ系统成功率的大小，从项目经理的任命就可以看出端倪。职能组由各个职能部门的主管负责，如果主管人员不挑担子，即使派得力的业务骨干参加实施小组工作，最后还是不能推行到底，往往功亏一篑。

5. 建立数据库维护责任制，加强基础数据管理

基础数据的质量是衡量 MRP Ⅱ系统实施效果的量化评价标准，企业在实施 MRP Ⅱ的过程中应主要从以下几个方面加强基础数据管理，确保 MRP Ⅱ的成功实施。

（1）坚定不移地推行 ISO 9000，进行业务流程重整，使业务流程结构化、规范化，使基础数据记录反映企业业务活动的实际情况。

（2）对基础数据的收集、整理、完善和维护工作实行责任制与考核挂钩。只有职责分明辅以相应的奖罚措施，基础数据的正确、完备和及时才能有制度保障。而且，必须要求实施人员（特别是业务人员）要有全局观念，有为下一环节服务的良好意识，这样 MRP Ⅱ系统作为一个整体才能顺利地运行。

(3) 尽可能使业务部门参与。在试运行前，以 MRP Ⅱ实施人员牵头组织，发动业务部门收集整理、输入和校对基础数据，通过大会战的方式进行。为提高输入与校对的效率，尽量采用直接数据库的输入、输出及其他处理方式。在试运行过程中由实施人员逐步移到业务部门相应人员，但必须为业务部门提供尽可能方便的基础数据，维护软件并做技术上的支持，参与大量数据在 MRP Ⅱ中的修改，正式运行后由业务部门唱主角。

6. 商品软件用户化

不同的企业各自的规模、产品结构、工艺流程和生产组织管理等诸多方面不尽相同，即使同一企业，市场的变化、技术的进步、企业的发展等也会使不同时期的管理手段和方法有所改变。因此，想原封不动地使用现成的商品化软件系统是不切实际的，必须对之进行必要的用户化修改以适应管理上的要求。

(1) 修改和增加系统功能。MRP Ⅱ系统虽提供了丰富的功能，但这些功能是为共性而设置的。其中有些功能和很多数据录入的屏幕格式必须修改后才能方便地使用，而有些企业需要的功能和数据录入的屏幕格式 MRP Ⅱ系统没有提供，需要补充完善。

(2) 不合理的改变应予以抵制。MRP Ⅱ是来源于制造业的，经过提炼加工的闭环生产管理信息系统，是标准模式，经过了长期的实践检验，被众多管理者认为是正确的。因此，项目组收到修改需求后要及时做出分析，如果一项关键性改变会破坏 MRP Ⅱ的思想和方法，或不利于 MRP Ⅱ模式的贯彻和企业管理水平的提高，或对于企业的运营和 MRP Ⅱ的实施是非本质的，则均应予以抵制。太多的改变会影响 MRP Ⅱ的实施，也会提高 MRP Ⅱ的实施成本。抵制不合理的改变，逐步使现场管理适应 MRP Ⅱ逻辑，是提高企业管理水平的重要途径。

7. 加强培训，提高管理人员素质

MRP Ⅱ是一种管理哲理，是一种解决问题的方法，单靠一套 MRP Ⅱ系统是不能改变企业管理状况的，更重要的是用 MRP Ⅱ的思想和方法去教育管理人员，尤其是企业高层和中层管理领导，提高他们的业务素质和管理水平，让他们知晓 MRP Ⅱ和企业各自的工作关系。只有企业各部门的业务骨干，尤其是关键部门的骨干了解 MRP Ⅱ，会使用计算机，MRP Ⅱ才会得到更好的应用。

第五节　企业资源计划概述

一、企业资源计划的内涵

作为一种管理工具，企业资源计划（Enterprise Resource Planning，ERP）是一套先进的计算机管理系统；作为一种企业管理思想，它又代表了一种新型管理模式。

（一）企业管理内涵

(1) 与 MRP Ⅱ相比，ERP 扩展了管理信息集成的范围。除财务、库存、分销和生产运作管理外，还集成了企业的其他管理功能，如人力资源、质量管理、决策支持等。

(2) ERP 既着眼于供应链上各个环节的信息管理，又能满足同时具有多种生产运作类型企业的需要，扩大了软件的应用范围。

（3）ERP 是一个在市场经济体系下为外部需求所驾驭的系统，能使企业在需求的驱动下，对自身的人力、资金、动力、设备、原材料、产品运输、各种污染治理等随时进行企业资源的优化配置，满足社会需求和实现企业自身的目标，使企业的利润最大、成本最低，或使几个目标的组合达到最佳。采用的优化模型分为系统模型和用户模型两种，前者由软件供应商提供，后者则是用户根据系统模型建立的应用模型。

与当前的“速度经济”相对应的企业生产运作新模式更强调市场的力量，强调对客户需求的快速反应。为此，企业必须从整体供应链的角度进行定位和再造，重视创建和发挥自己的核心能力，重视建立、发展与供应链有关的企业的相互支持配合的良性互动关系。由于企业管理范围超出了企业自身的围墙，扩大到了由供应链联系起来的虚拟企业群，因此 ERP 系统也随之向供应链管理等系统延伸。

（二）信息科学内涵

目前，国内外市场上有上百种 ERP 型企业管理系统或软件，统称“商用 ERP 软件”，但差别很大。严格地说，真正的 ERP 型系统或软件不仅要符合前述的 ERP 企业管理内涵，还必须具有下列信息科学内涵：

（1）必须采用最新的信息技术，如网络技术（LAN/WAN），图形用户界面技术（GUI），面向对象的关系数据库技术（ORDBMS），第四代语言和开发工具（4GL/CASE），第二代客户机/服务器技术（B/S），Java，网络服务器，Internet/Intranet 技术，支持 Internet、Intranet 和电子商务，等等。

（2）必须能对系统各项配置的优化提供线性规划计算方法和相应软件，因为没有优化机制的系统不能成为 ERP。

二、ERP 的功能模块

一般来说，ERP 系统主要包括四大部分，即财务管理、生产制造管理、分销与后勤管理及其他模块。

（一）财务管理

1. 财务会计

用于一般分类账、支付款和其他由用户定义的子分类账的自动管理和汇报，具体包括以下功能模块：总分类账、付款、收款、专用分类账、合法兼并、会计信息系统。

2. 管理会计

描述公司的成本和收入情况，具体包括以下功能模块：成本中心会计、工作预定会计、项目会计、产品成本分析、获利分析、活动费用、企业控制。ERP 系统强化了财务管理，其总账、应收账、应付账、固定资产管理各模块的功能更加完善。

（二）生产制造管理

1. 资产管理

用于管理和督导复杂资产中的单个因素，具体包括以下功能模块：技术资产管理和工厂维护、投资控制、传统资产会计、投资管理。

2. 项目管理

支持目标明确的长期复杂项目的规划、控制和监督，加速工作和数据的流程，并减少常规任务，具体包括以下功能模块：基金和资源管理、质量控制、时间管理、项目管理信息系统。

3. 工作流程

通过应用交叉技术、工具和设备，连接集成的 ERP 应用模块。工作流程是所有模块的支持工具。

（三）分销与后勤管理

1. 销售与分销

优化涉及所有的任务和活动，具体包括以下功能模块：预销售支持、查询过程、应用过程、定购过程、分发过程、记账、销售信息系统。

2. 人事管理

人事管理是应用中的规划和控制等个人活动的完整集成系统，具体包括以下功能模块：个人管理支付会计、个人计划和发展、人力资源信息系统。

3. 工厂维护

支持工厂维护任务的规划、进行和完成，帮助跟踪维护的花费和资源，提供决策信息，具体包括以下功能模块：未计划任务的运行、设施管理、有关时间或花费的维护注意事项、维护计划、维护的原料、工厂维护信息系统。

4. 物料管理

支持日常商业操作发生的购买等功能，具体包括以下功能模块：原料购买、存货管理、重定购过程、发货确认、原料估价、货物售价、额外服务管理、购买信息系统和存货控制信息系统。

（四）其他模块

1. 行业方案

综合了 ERP 应用模块和附加的具体行业的应用，具体包括以下功能模块：包装货物、设施和通信方式、健康、细节、银行、过程行业、油气、高技术和电子、汽车。

2. 生产计划

用于规划和控制一个公司的制造活动，具体包括以下功能模块：原料单、流程、工作中心、销售和操作系统、主要产品时间表、商店楼层控制、产品订单、生产花费和活动花费、重复制造、生产过程的规划。

3. 质量管理

质量管理是一个支持质量规划、监测以及制造、花费和过程控制的质量控制和信息系统，具体包括以下功能模块：质量检测、质量规划、质量管理信息系统。

例如，德国 SAP 公司的著名产品 R/3 以实现了业务流程、业务数据和组织元素集成、应用集成和技术集成的突出优点而处于世界领先地位，极具代表性。

三、ERP 实施的基本条件

ERP 的实施应用需要实现企业在管理思想上的革命（revolution）、在管理流程上的重组（reengineering）以及管理手段上的更新（reform），简称“3R”。有人将技术、数据和人作为 ERP 系统的三个关键因素，这也构成了 ERP 实施的基本条件。

1. 计算机的支持

ERP 系统是伴随计算机技术的发展而产生和发展的，没有计算机，也就不会有 ERP。计算机对 ERP 的支持是不言而喻的。

2. 及时和准确的数据

ERP 系统最终的运行效果有赖于完整、及时和准确的数据输入。“输入的是垃圾，输出的一定也是垃圾”，在 ERP 系统中也不例外，这充分说明了数据的重要性。ERP 系统所需的大量数据产生在企业生产经营活动的各个阶段，与很多部门和人员有关，为了确保其符合完整性、及时性和准确性的要求，必须建立和严格执行数据整理与录入的规章制度和处理规程，做好有关责任人员的教育与培训，以减少工作失误；采取行之有效的方法和手段加强和改进数据的检查、校验工作，同时促进不同部门的沟通，以消除同一数据的误差。

3. 人的因素

在 ERP 系统的所有因素中，人是最重要的因素。实践证明，企业高层管理人员的亲自参与、中级管理人员的积极配合、全体员工的大力支持，都是 ERP 系统获得成功的关键所在。一句话，ERP 系统不仅是一个计算机系统，更是一个人的系统，只有企业的各级人员对 ERP 系统有充分的理解和支持，它才能走向成功。这是因为，ERP 系统作为一种新的管理方式，不仅与众多部门有关，而且涉及复杂的流程、利益关系的调整，经常与许多传统管理观念和方法相抵触。如果思想不统一，没有主动实施 ERP 系统的积极性，一旦遇到问题，项目就有可能半途而废。所以，人的因素的重要性怎样强调都不过分，正如人们所说的那样：“三分的技术，七分的数据，十二分的人。”

四、ERP 实施的基本步骤

分析总结 ERP 的大量实践后可知，要保证 ERP 系统的成功实施，必须坚持由易到难、由简单到复杂、由单一到综合的指导原则，严格按照科学的工作程序，实现 ERP 系统的逐步升级。其具体实施的一般步骤是：

1. 先行教育

先行教育的对象包括两种：一种是企业的总经理和主管生产运作、技术、营销和财务的副总经理等高层领导，另一种是企业的生产运作、计划、采购、营销、技术、数据处理部门的负责人，其目的在于使企业的高层和相关部门领导了解 ERP 是什么，它是如何工作的，对企业有什么好处，并澄清认为 ERP 就是“零部件订购的计算机系统”的错误观点，使他们充分认识企业实施 ERP 的重要意义，从而寻求他们在实施 ERP 的项目决定、资金投入、工作指导、矛盾协调等方面的广泛理解、参与和支持。

2. 实施 ERP 的项目论证和立项

实施 ERP 本身是一个项目，要在认真分析和评价其成本投入、产生的效益以及其他间接效果的基础上，做出是否实施 ERP 的决策。一旦决定实施，则应形成一份正式的书面文件，明确一个大致的时间和成本投入框架。

3. 成立实施 ERP 的项目小组

项目小组由今后负责 ERP 具体运作的主要人员组成，除少数专职人员外，大部分由各部门领导兼任。项目小组主要开展以下工作：制订项目计划，报告计划执行情况，及时发现项目实施过程中的问题，适时做出关于任务优先级、资源调整等决定，向企业高层领导提出有关建议，其他必要的工作。

4. 确定专职的项目负责人

必须选择素质好、能力高、实践经验丰富、在企业担任中层以上领导职务并具有较高声望的专职人士担任。要特别注意防止以下错误做法：

(1) 将 ERP 作为纯粹的计算机系统来理解，凭想象选择计算机系统人员或专家；

(2) 迷信“外来和尚会念经”，聘请企业外的人员；

(3) 片面理解和强调 ERP 的创新方面，盲目挑选缺乏实施 ERP 和企业运作与管理经验的新手；

(4) 对实施 ERP 的工作量和复杂性认识不足，选择兼职人员。

5. 成立项目指导委员会

项目指导委员会由总经理、副总经理和专职项目负责人组成，其职责是对项目执行给予原则指导，检查项目执行情况，发现项目存在的问题，采取适当措施（如调整项目计划、重新安排资源、理顺各种关系等）来解决问题，以确保项目的顺利实施。

6. 教育和培训

教育和培训与前面的先行教育既有联系，又有区别：一方面，教育和培训参加的对象扩大到了企业全体员工；另一方面，除了认识 ERP 到底是什么和对企业的意义外，主要是增加人们的知识，改变人们的行为，以适应和掌握引入 ERP 系统后的实际运作。

7. 基本 ERP 试点

试点分为三个层次——计算机试点、模拟试点和现场试点，各自的具体目的如表 7-5 所示。现场试点时，如果主生产计划切实可行，系统能预见缺货的发生，产生正确的订单下达建议和自信地承诺客户订单，就说明系统能够正常运行，达到了目的。

表 7-5　基本 ERP 试点的三种类型

试点类型	关键人员	物料	数据	目的
计算机试点	数据处理人员 项目小组部分成员	虚拟	虚拟	在计算机上运行并调试软件学习和了解软件
模拟试点	主生产计划员 物料计划员 项目小组部分成员	真实	虚拟	使用户彻底了解软件 验证软件适合企业业务
现场试点	主生产计划员 物料计划员	真实	真实	

8. 实现闭环 MRP 和 MRP Ⅱ

按照循序渐进、认真试点的方式逐步增加车间作业管理、能力需求计划、生产运作控制、采购控制等功能，直至形成闭环 MRP，进而引入财务子系统和模拟功能，实现 MRP Ⅱ。

9. 实现 ERP

引入供应链管理和虚拟企业的概念，扩展 MRP Ⅱ 的功能，实现 ERP。

10. 持续改进和提高

树立永不满足的理念，不断改进和完善 ERP 系统，提高 ERP 系统的级别，以适应企业发展的需要，为企业获取强大的竞争优势提供有力支持。

五、ERP 实施的综合评级

为了掌握 ERP 的实施效果，分析其运行的状况，从而指导进一步改进企业的 ERP 系统，必须全面检测和科学评价 ERP 的运行情况，明确其所处的级别。美国 IBM 公司的奥利弗·莱特提出的“ABCD 检测表”方法得到了广泛认同。该方法将 4 个方面、25 个检测问题以检测表的形式系统地列出，按照每题 4 分、最好者得 4 分的标准进行评分，并根据总分的不同范围划分成 A、B、C、D 四个级别。

ABCD 检测表的具体内容如下：

1. 技术方面

（1）主生产计划和物料需求计划编制的周期应当是周或者更短。

（2）主生产计划与物料需求计划每周至少运行一次。

（3）系统包含确认计划订单和跟踪功能。

（4）以直观的方式管理主生产计划，而不是自动处理。

（5）系统包括能力需求计划的编制。

（6）系统包括日调度单。

（7）系统包括投入/产出控制。

2. 数据完整性方面

（1）库存状况文件准确性达 95%以上。

（2）物料清单文件准确性达 98%以上。

（3）工艺路线准确性达 95%以上。

3. 教育方面

（1）80%以上的员工接受了初步教育。

（2）有长期的教育计划。

4. 系统的使用方面

（1）已经取消了缺件单。

（2）供方按期交货率达 95%以上。

（3）供方的计划编制在规定的提前期之前已完成。

（4）车间按时交货率达 95%以上。

（5）主生产计划完成率达 95%以上。

（6）定期召开（至少每月一次）由总经理、工程设计、生产运作与库存管理、现场管理、市场和财务人员参加的生产运作计划会议。

（7）有成文的、必须遵循的主计划编制原则。

（8）系统不仅用于订单编制，也用于安排生产。

（9）生产制造、市场、工程设计、财务和上层管理部门的关键人员对 ERP 有深入的理解。

（10）管理人员确实用 ERP 进行管理。

（11）产品工艺改变时，能及时变更作业计划。

（12）在减少库存、提高生产率和用户服务水平三方面至少有两个方面同时得到明显改进。

（13）已用于财务计划的编制。

若得分在90分以上属于A级，其基本特征是：企业全面使用ERP系统的各项功能，包括物料需求计划、能力需求计划、车间作业计划和控制、订货和供货管理系统等，并把财务系统和生产运作系统结合起来，以统一的数据来经营企业。企业的高级和中级管理人员使用ERP系统处理企业的各项业务，95%以上的人员了解ERP系统，各部门和人员之间按ERP计划和控制要求协调地工作，取得了巨大的经济效益。

若得分为70~90分属于B级，其基本特征是：企业使用ERP的计划与控制的部分功能（物料需求计划、能力需求计划和车间作业计划，采购管理尚未使用）。企业的高级管理人员批准使用ERP系统，中级管理人员使用ERP系统进行大多数业务活动，80%以上的人员了解ERP，并取得了明显的经济效益。

若得分为50~70分属于C级，其基本特征是：将ERP作为一种库存订单编制技术，而不是作为一种计划排产技术。车间的排产计划仍是根据缺料单来做，没有形成一个闭环的生产运作管理系统。部分中级管理人员使用ERP系统，高级管理人员不重视，60%以上的人员了解ERP，取得了有限的经济效益（局限在库存减少方面）。

若得分在50分以下属于D级，其基本特征是：ERP实际上只在数据处理部门运行（如用于统计方面）。库存记录准确性很差，如果有一个主生产计划，也是粗略的和管理不善的。只有中级以下的管理人员使用ERP系统，只有60%以下的人员了解ERP，基本上没有经济效益。具有讽刺意味的是，除了教育方面，他们可能已花了几乎与A级同样多的钱，基本占总开支的80%，但却没有达到相应的效果。

分析总结国内外企业实施ERP的成败经验，可以概括出企业成功实施ERP的十大因素：

（1）领导始终如一地全面、大力支持。

（2）高度重视数据的准确性，并通过建立必要的责任制度加以保证。

（3）确立系统的目标，并据此衡量系统的性能。

（4）不要将没有经验的人放到关键的岗位上。

（5）不要压缩人员培训的费用，事实上，和忽视培训付出的代价相比，培训费用要少得多。

（6）积极寻求专家的帮助，以防止因错误的决策和行为付出数倍甚至数十倍于聘用专家的费用。

（7）不要照搬手工系统的工作方式，切不可企图修改ERP系统来模仿现行的不适当的手工方式。

（8）既要把握机会，抓紧实施，又要结合实际，稳妥推进。切忌盲目行动，欲速则不达。

（9）树立全员参与的意识。

（10）ERP虽然可以有效改善企业管理，但不是医治百病的灵丹妙药。要提高企业的竞争能力，ERP应该和其他现代管理方法结合起来，最重要的是企业管理者的管理思想和意识的创新。

练习题

一、单项选择题

1. 按水平分层顺序分拆一个装配件，求出它的直接组成部分的清单输出形式是（　　）。

A. 单级展开　　B. 层次展开　　C. 反查展开　　D. 综合展开

2. 按产品和工件的装配形态自上而下分解装配件，直到最基本的零件为止的清单输出形式是（　　）。

A. 单级展开　　B. 层次展开　　C. 反查展开　　D. 综合展开

3. 物料需求计划的缩写是（　　）。

A. MRP　　B. MRP Ⅱ　　C. ERP　　D. CIM

4. 制造资源计划的缩写是（　　）。

A. MRP　　B. MRP Ⅱ　　C. ERP　　D. CIM

5. 企业资源计划的缩写是（　　）。

A. MRP　　B. MRP Ⅱ　　C. ERP　　D. CIM

6. 实施 MRP Ⅱ的动力是（　　）。

A. 客观需要　　B. 决策机构的建立

C. 完整和准确的数据　　D. 教育培训

7. 实施 MRP Ⅱ成功的重要条件是（　　）。

A. 客观需要　　B. 决策机构的建立

C. 完整和准确的数据　　D. 教育培训

8. 实施 MRP Ⅱ的基础是（　　）。

A. 客观需要　　B. 决策机构的建立

C. 完整和准确的数据　　D. 教育培训

9. MRP Ⅱ中，编制计划由以下哪个组织完成？（　　）

A. 厂级职能部门　　B. 分厂计划科　　C. 车间　　D. 班组

10. MRP Ⅱ实施的效益不包括以下哪项？（　　）

A. 保证交货期　　B. 增加销售收入　　C. 增强应变能力　　D. 提高设备利用率

11. 以下哪类企业可从 MRP Ⅱ中获得最大的收益？（　　）

A. 大量生产　　B. 中量生产　　C. 单件生产　　D. 以上所有

12. MRP Ⅱ作为一种管理信息系统，是以以下哪项为主线的？（　　）

A. 计划和营销　　B. 计划和制造　　C. 制造和营销　　D. 制造和物流

二、判断题

1. 制定能力需求计划需要按较短的时间期进行详细负荷核算与能力平衡。（　　）

2. 闭环 MRP 中包含了以制造为主线的物流、信息流和资金流。（　　）

3. MRP Ⅱ对于单件生产或极小批量生产常常能带来很大的效果。（　　）

4. MRP Ⅱ是根据以销定产安排计划的。（　　）

5. MRP Ⅱ按照产品品种组织生产。（　　）

6. ERP 的项目小组成员应主要由专职人员组成。(　　)

7. 计算机试点的关键人员是数据处理人员。(　　)

8. 模拟试点的关键人员是物料计划员。(　　)

9. 在 ERP 的生产制造管理系统中，资产管理模块涉及的内容有技术资产管理和工厂维护、投资控制、传统资产会计、企业控制等。(　　)

10. MRP Ⅱ既是一种管理哲理，也是一种解决问题的方法。(　　)

三、简答题

1. 订货点法应用于库存管理会出现哪些问题?

2. 简述 MRP 的基本工作原理。

3. 简述 MRP Ⅱ实施的基本条件。

4. 简述 MRP Ⅱ系统的特点

5. MRP Ⅱ系统的应用场合是什么?

6. 论述实施 MRP Ⅱ能给我国企业带来的好处。

7. 试述我国企业应用 MRP Ⅱ出现的主要问题。

8. 试述企业成功实施 MRP Ⅱ的对策。

9. 简述实施 ERP 的基本条件。

案例分析

京东集团 ERP 系统的构建

一、京东集团简介

京东集团（以下简称“京东”）于 2014 年 5 月正式上市，上市地点为美国纳斯达克证券交易所。经过近 20 年的发展，京东已成为我国最大的自营式电商企业之一。京东多媒体网更名为“京东商城”后，开始进军国内 B2C 市场，2007 年 10 月在北上广三个地域启用移动 POS 上门刷卡服务，从而开创了中国电子商务的新形态。随后，京东在网络零售服务、物流配送服务、金融服务、电商云服务等领域推行了一系列变革举措，最后统一了信息流、资金流与物流三大体系，使企业 ERP 系统得到了进一步优化。

二、京东 ERP 系统的构建

对于电商企业，最重要的就是信息流、资金流和物流。信息流包括营销、经营和数据，资金流包括财务，物流包括仓储和配送。京东自成立起就积累了许多关于信息流、资金流和物流的数据和技术经验，通过云化的形式，构建了京东的 ERP 系统。

1. 信息流体系

2013 年 8 月，京东发布了“7 年三步走”战略，第一步就是支撑京东内部云化。2014 年，京东云平台率先发布了电商云解决方案，将电商云扩展至能够支持 B2B、B2C、B2B2C、O2O 等多种业务需求。京东主要采用了以下三种大数据分析模型：

（1）大半模型和浮标模型。大半模型有一套统一又公平的准入标准，由此可以实现面向不同行业的商家，还能够对商家的经营情况进行定期测量和跟踪；而浮标模型则能够预测店铺在各季度对资金不同的需求，从而预先发现商家的需求，并能预先观测到店铺所处的生命周期，以便随时修改贷款额度，提高贷后预警的可靠性。

（2）供应商评级。通过分析以前的产业链数据，京东将所分析出的定性与定量信息输入模型，将供应商分为 A~E 五个级别，再由各个级别来决定供货商能获得的融资额度。

（3）用户评分。京东的大数据征信模型体系从以下六个维度对用户进行刻画：身份特征画像、个人用户评估、履约历史评价、关系网络评估、网络行为偏好及信用风险预测。

由于各种资源被云化，京东的成本比业界平均水平要低，而效率却比业界平均效率高。京东凭借互联网高效、灵活、迅速地收集整合资料，从开发、运行、维护三个层面降低了系统成本，提升了系统的稳定性，通过网络策划、网络营销及促销向消费者传播京东的信息，又通过完善的售后服务掌握了来自消费者和供应商的意见及需求，这样来获取有竞争力的大数据，继续完善自身系统。

2. 资金流体系

京东的资金流体系包括京东众筹、京东白条、京东钱包、京东小金库等，具体分为以下三个方面：

（1）供应链金融。供应链金融作为京东盈利极为重要的一部分，同时也是京东推出最早的金融服务。京东供应链金融主要包括两个产品，分别是“京小贷”和“京保贝”。2013 年 12 月 6 日，京东上线了 3 分钟融资到账业务——“京保贝”，其运用京东自有资金，供应商凭借采购、销售等财务数据可以直接获得融资，放款周期仅为 3 分钟。“京保贝”可以自动完成审批和风险控制，有效地提高了企业的营运资金周转。“京小贷”和“京保贝”各自面向不同的商户，“京小贷”是面向京东平台商户的，而“京保贝”则是面向京东供应商的。

（2）消费金融。白条和“白条+”等业务都包含于消费金融中。2015 年 9 月，“京东白条资产证券化”项目获得证监会批复，由华泰证券完成发行。京东白条是面向个人的信用支付产品，相当于京东的赊购卡，主要使用户的消费能够分期付款。京东通过在线评估客户的信用度，最长可以选择 30 天延期付款，或者 3~24 个月的分期付款两种付款方式，最高额度为 15000 元。通过大数据（用户的消费、配送、退货、评价等）来评估用户的信用。

（3）众筹。京东众筹包括两大类，分别是股权众筹与产品众筹。股权众筹“东家”平台属于非公开股权融资，采用的模式为“领投+跟投”，京东的佣金是成功项目融资总额的 3%。

京东资金流的构建成功地实现了电商业务和金融业务的数据共享，还可以为京东其他方面提供资金来源。

3. 物流体系

物流体系是京东最为看重的体系。京东之所以能保持其物流高效率的运转能力和强大的管理能力，是基于其采用的智能化物流系统——青龙系统所提供的支持。

从 2008 年起，京东自建了物流配送系统。根据不同的物流服务需求，可以采用以下几种方式：

（1）自建物流。目前，京东有六大物流中心，分别在北京、上海、广州、成都、武汉、沈阳，在天津、杭州等 23 座城市建立了城市配送站（见表 7-6）。2010 年，京东在上海建立了“亚洲一号”国际化超大物流仓储中心，是亚洲最大的单体库房，以此支撑京东自营配送体系。京东的自主配送已经达到了 90%以上。

表 7-6 京东物流中心布局情况

物流中心	覆盖省份
北京	北京、天津、河北、山西、内蒙古、山东、陕西、甘肃、青海、宁夏、新疆
上海	江苏、浙江、上海、安徽
广州	广东、广西、福建、海南
成都	四川、重庆、贵州、云南、西藏
武汉	湖北、湖南、江西、河南
沈阳	辽宁、吉林、黑龙江

（资料来源：京东商城官方网站）

（2）自建物流+第三方物流。考虑成本投入和二、三线城市的利润，京东采取了与二、三线城市的其他快递公司合作完成产品配送的模式。在配送较大的商品时，选择与厂商合作，利用厂商在各城市的售后服务网点和厂商的配送伙伴来完成配送。

（3）高校代理。高校的学生们因上课时间等原因经常导致不能及时收货，快递公司也存在不能长时间等待的问题。为此，京东在全国各大高校招募了代理人，为高校的教职工和学生提供货到付款、送货上门、售后服务等工作。

作为 ERP 的一部分，仓储物流系统是系统化的，在打包系统、挑拣货物系统等方面都要求实行专业化以及流程化。由于京东物流体系的构建，超过 85%的自营订单可当日或次日送达。高效的物流体系有效提升了客户体验，提高了客户的回头率。

4. “三流”的统一与 ERP 系统

京东的 ERP 系统是根据自身需求自主开发的，与购买的系统相比更适合京东自身的业务流程，且包含京东商城大部分的管理系统，如客户管理、商品管理、订单管理等，可以对不同级别的工作人员开启不同权限进行管理。其 ERP 系统可以跟踪每一件商品的详细信息，包括物流方面的配送及仓库、货架、物流单号、发货人员、配送人员等，信息流方面的客户详细信息及售后评价等，资金流方面的供应商、进价等。

（资料来源：http：//caselib. drcnet. com. cn）

思考题

1. 为实现内部云化，京东的主要措施是什么？
2. 京东的资金流体系由哪些部分组成？
3. 京东构建的物流体系采用了哪些物流模式？

第八章　生产现场管理

本章目标

通过对本章的学习，学生应理解生产现场管理的内涵和特点，了解加强生产现场管理的必要性；熟悉生产现场管理的任务和要求，掌握生产现场管理的内容；理解搬运管理的原则和方式，掌握搬运分析的内容；了解推行5S活动的目的和作用，掌握5S活动的内容和实施方法；理解定置管理的基本原理和程序，了解定置管理的原则及应注意问题；熟悉目视管理的概念及优点，掌握目视管理的内容和方法；了解现场安全生产的特点和任务，掌握安全生产管理的内容和关键环节；了解生产现场诊断的调查研究内容，理解生产现场诊断的系统分析方式。

本章重点

掌握生产现场管理的内容、搬运分析的内容、5S活动的内容和实施方法、目视管理的内容和方法，以及安全生产管理的内容和关键环节。

本章难点

理解生产现场管理的内涵和特点，搬运管理的原则和方式，定置管理的基本原理和程序，以及生产现场诊断的系统分析方式。

引入案例

湖北石油公司：定置管理定出高效益

“整洁、方便、有序、合理，这是定置化管理给我们带来的切身感受。”谈及定置管理，站长们说：“整洁是脸面，方便是快捷，有序是标准，合理就是胖瘦都合适。四者结合就是养成良好的习惯，员工习惯成自然了，我们自然省心了。”以往站长什么事都必须搂在怀里、挂在嘴边，往往是磨破了嘴、跑断了腿还看不到效果。实施定置管理后，站长们工作起来得心应手了。

定置化管理的推行悄悄改变着一切。以往员工工作用具随意乱丢，实施定置管理后，什么东西该放在什么地方都有明确规定，做起事来方便多了；以往班组之间吃“大锅饭”，责任不明晰，谁都怕吃亏，实施定置管理后，什么地方由什么人负责都明确了，各人管好各自的责任田，干起活来更顺心了，员工干劲更足了；以往ME既要管商品又要管资金，还要顾现场，一人管十来个站，工作照看不到的时候常常发生。实施定置管理后，ME再也不像过去“水里面按葫芦”按住这边鼓起那边那样了，而是可以安心地将主要精力放在提升销量上，任务完成了，员工得了实惠，企业取得了效益。继2010年湖北石油公司零售彻底摆脱在销售系统摆尾的局面后，2011年又赢来了1~2月份同比增长33.6%，排名销售公司第二的良好开局。

建立实施标准

大企业就要有大企业的标准、大企业的形象，要实现规范有序，在检查中就必须形成统一的标准。对加油站而言，80%的工作在现场，80%的人员在现场，80%的问题在现场，80%的事故在现场，这就决定了抓定置管理的根在现场。

湖北石油公司充分调研不同地域、不同销量等级的加油站，并同优秀管理人员座谈后，坚持定置管理与岗位标准化建设相结合，修订完善了《岗位标准化管理实用手册》中涉及站长、领班、加油员等6个岗位的工作标准。按照“物定位、人定岗、岗定责”的要求，拟定了《加油站定置管理实施标准》。该项标准明确规定：定置管理“有区必有图，有图必有物，有物必挂牌，有牌必分类；按图定置，按类存放，账物一致”。

在实施过程中，根据不同站的不同情况，确定了“定标准、不定形式，求实效；定时限、不定进度，求质量；定责任、不定考核”的“三定三不定”思路。湖北石油公司对照定置管理要求，清理站内多余物品，规定加油现场可摆放的物品主要为清洁物品、消防器材，以及油品展示台、价格台、宣传品发放架、移动式广告牌等。通过对经营现场中的人、物、场所三者之间的关系进行科学的布局，使之达到最佳结合状态。定置管理不但树立了加油站形象，也让员工养成了良好的习惯，“脏、乱、差”的现象明显减少，员工也在不知不觉中改变了陋习，以前用过的物品随意乱丢的现象少了，员工们的工作效率得到了提高。

加油站进行定置管理，湖北石油公司对机关办公楼也提出了更高的要求，从非办公区的门前、大厅、走道、楼梯、电梯、卫生间，到办公区的各种办公用品、会议室、报刊、特殊物品都一一进行定区域定标准，小到卫生间纸篓必须放置于便池右后方，洗手间拖把放置于冲洗池旁都一一进行定置管理。尤其着重要求的是，办公桌上除上班时可按规定位置摆放电脑显示器、电脑键盘、鼠标、电话机、笔筒、文件篮、上班所用文件、资料等外，下班后文件和资料必须进文件柜或文件架等处，使过去杂乱的桌面显得非常整洁，给人一种赏心悦目的规整感。

有序推进流程

围绕定置管理，湖北石油公司认真制定出《湖北石油加油站定置管理实施方案》。以“送培训进片区”的方式，组织专题宣讲，培训到每个员工，并结合实际汇编了一套定置管理资料，发放到一线员工手里，对大家进行定置管理理念的全面洗脑。以“典型引路、示范先行、以点带面、全面推进”为工作思路，从“管理基础好、服务质量优”的加油站中精选了青菱站、狮子山站、昌明路站作为试点站和样板站，抓定置设计、物品定位，打造全省样板站示范站。

在示范站成功试点后，按“合规范，严要求，高起点，高标准”的要求，抓推广，以点带面，全面铺开。实施中下发了《加油站定置管理实施流程示意图及关键节点样例》，将定置管理体系建设细分为12个步骤，精心绘制流程图，并对其中的关键节点编制样例模板，使加油站对照流程图该做什么、怎么做一目了然，从而实现了全区加油站定置管理“模式统一化、执行规范化、考核标准化”，而且每座加油站必须经过“建设—验收—整改—复验收—合格”五道关。

有序的流程推进，让营业执照、成品油零售经营批准证书、化学危险品经营许可证、便利店营业执照、卫生许可证等证照统一到了营业室后墙，再也不乱放乱丢了，证照丢失情况也没有了。过去从未正视过的厨房也得到良好的改观，餐桌有了固定位置，不使用时也盖上了保鲜膜或防虫罩，菜刀、锅铲等厨具使用完毕也有橱柜或专用盒子归放，调味盒、食用油、酱油、醋等整齐有序摆放，就连煤气罐必须远离煤气灶 2 米处也得到了明确定置，安全得到了进一步保证。

灵活考核奖励

一个好的管理需要一套有效的奖励机制来促进，湖北石油建立起了严格的定置管理评价体系，由省公司零售中心、地市分公司零售管理部、片区经理、加油站站长及加油站员工形成五级复查监督体系，采取定期和不定期相结合的方式对下级按照评分标准进行检查和评价，复查各级定置管理工作执行情况的全面性、真实性和有效性；推行了定置管理执行的好坏与各级员工薪酬挂钩 15%~25%的薪酬挂钩体系；落实了以定置管理的评价排序结果作为员工工作能力和工作态度评价依据，作为岗位调整、年终奖励、先进推荐标准的考核评价体系；创新了联动连带体系，将上一级对所属下一级考核的挂钩薪酬的 20%，作为再下一级的薪酬联动奖励或连带处罚，并且对连续排名靠前的员工作为后备干部重点培养，而对于连续排名靠后的员工，以及给予了相应行政处罚的员工，设立了退出机制。

有了完善的考核奖励体系，加油站积极开展“每班一讲，每周一评”活动，班组与班组之间进行评比，员工与员工之间进行评比，加油站每天对员工各个部位的工作进行评价、打分和排序，片区每 10 天对各站进行一次检查、评分和排序，零售管理部每月在联合督察时对片区抽查不少于 10%的加油站进行检查、评分和排序，省公司零售中心对各分公司零售管理部进行定期检查、评分和排序。

湖北黄石石油分公司充分发挥制度约束作用，将定置管理硬性定为片区经理巡站必检内容，将定置区域的定置效果纳入黄票警告范畴。片区经理巡站时，发现加油站定置实施不到位的，可对相应区域的定置责任人和监督人开具黄票，根据情节轻重予以处罚。武汉石油分公司充分发挥月度、季度绩效考核作用，将定置管理纳入绩效考核，加油站在二次分配中联系定置管理考核分值、每日巡查评分、月末汇总排名，员工按当月排名实行考核计酬。片区对加油站的定置管理情况进行定期检查和抽查。对定置率、定置合格率每提高一个百分点的加油站奖励 200 元；反之，对定置率低于片区平均水平的加油站，每少一个百分点给予相应处罚。

湖北石油公司还推行以市州公司为单位，每月对加油站定置管理情况进行抽查，每个片区抽查 2~3 座加油站，其中每位片区经理至少抽检一座加油站。检查结果作为片区经理及片区月度、季、阶段性绩效考核的依据。多管齐下的考核机制促使大家树标杆、对标杆，员工也实现了由“让我定置”到“我要定置”的全新转变。

（资料来源：http：//caselib. drcnet. com. cn）

第一节 生产现场管理概述

一、生产现场管理的内涵

生产现场管理是生产运作管理的重要组成部分，是企业管理的落脚点，是创造社会财富的源泉，是企业开拓销售市场的基础和后盾。生产现场管理水平直接影响产品质量和企业的经济效益，并最终影响企业的市场竞争力。因此，加强生产现场管理，实现生产现场管理的规范化、科学化，就成为了企业生产运作管理的重要环节。

现场一般指作业场所。生产现场就是从事产品生产、制造或提供生产服务的场所，即劳动者运用劳动手段作用于劳动对象，完成一定生产作业任务的场所，也就是基本作业单元。它既包括各基本生产车间的作业场所，又包括各辅助生产部门的作业场所，如库房、实验室、锅炉房等。

生产现场管理就是运用科学的管理思想、管理方法和管理手段，对生产现场的各种生产要素如人（操作者、管理者）、机（设备）、料（原材料）、法（工艺、检测方法）、环（环境）、资（资金）、能（能源）、信（信息）等进行合理配置和优化组合的动态过程，通过计划、组织、控制、协调、激励等管理职能，保证生产现场按预定的目标，实现优质、高效、低耗、均衡、安全、文明的生产作业。

二、生产现场管理的特点

现场管理从本质上来说是一种综合性管理，在理论和实践上具有鲜明的特点。一般来说，现场管理的特点主要表现在以下几个方面：

（1）综合性。从生产现场管理的内容可以看出，生产现场既是人、机、料、法、环等诸生产要素的结合点，也是生产、技术、质量、成本、物资、设备、安全、劳动、环境等各项专业管理的落脚点。因此，企业的现场管理具有十分鲜明的综合性，是一项纵横交错的立体式的综合性管理。

（2）基础性。现场管理属于作业性质的基层管理，是企业管理的基础。从生产现场管理的要求可以看出，它以管理基础工作为依据，离不开标准。定额、计量、信息、原始记录、规章制度和教育等基础工作充分体现了现场管理的基础性。所以，加强现场管理可以进一步完善管理的基础工作。

（3）动态性。现场各生产要素的配置是在一定的生产技术组织条件下，在投入与产出的转换过程中实现的，这是一个不断变化的动态过程。现场管理应根据变化了的现状，不断提高生产现场对环境变化的适应能力，从而不断提高企业的市场竞争能力。

（4）直观性。由于现场是企业各项专业管理的集结点，是从事生产活动的主要场所，因而它是一个开放性的系统，能够综合反映企业的素质。企业的各方面素质优劣在现场均处于“曝光”状态。

（5）全员性。现场管理的核心是人。现场的一切活动都要由人去掌握、操作、完成。这就要求与生产现场有关的所有员工参与管理，积极开展各项民主管理活动，实行自我管理、自我控制，不断提高员工的素质，发挥广大员工的积极性和创造性。

三、加强生产现场管理的必要性

为什么要加强现场管理，这个问题可以从以下四个方面来分析：

（一）从管理理论上分析

生产现场是企业生产力的载体，是员工直接从事生产活动、创造价值与使用价值的场所。企业向社会和市场提供的商品要通过生产现场制造出来；员工的精神面貌、道德、作风要在生产现场培养和体现出来，投入生产的各种要素要在生产现场优化组合后才能转换为生产力，所有这些都要通过现场有效的管理才能实现。现场管理水平的高低直接关系到产品质量好坏、消耗与效益的高低，以及企业在市场竞争中的适应能力与竞争能力。由此可见，优化现场管理是企业整体优化的重要组成部分，是现代化大生产不可缺少的重要环节。它对于加强企业管理、提高企业素质和提高企业的经济效益有着重要的意义。

（二）从管理实践上分析

我国工业企业对生产现场管理历来是重视的，并积累了不少好经验。“一五”时期，机械工业部通过调查认识到，应“根据企业不同生产类型，采用不同的管理方法”，提出要“以生产作业计划为中心加强企业管理”，强调要“管好在制品”。20 世纪 60 年代，大庆油田创造了许多现场管理经验，如建立生产人员、基层干部和领导干部与机关工作人员的岗位责任制，做到“事事有人管，人人有专责，办事有标准，工作有检查”，把生产现场的工作同广大职工建设社会主义的积极性结合起来。强调机关科室要为生产现场服务，实行“三个面向”（面向群众、面向基层、面向生产）、“五到现场”（生产指挥、思想工作、材料供应、科研设计、生活服务到现场）。在仓库管理中实行“四号定位”与“五五化摆放”，即对仓储的各种器材规定出固定的摆放位置，按库号、架号、层号、位号对号入座，并按五个为一个记数单元进行摆放。为培养职工队伍，提出“三老”（当老实人，说老实话，办老实事）、“四严”（严格要求，严密组织，严肃态度，严明纪律）、“四个一样”（黑天和白天、坏天气和好天气、领导在场和不在场、有人检查和没人检查一个样）的作风等。

改革开放以来，特别是深化企业内部改革，实行了承包经营责任制以来，许多企业从实际出发，在新形势下创造了许多优化现场管理的新经验。例如，南京第二机床厂用 10 年时间，坚持不懈地抓现场管理，形成了“现场管理优化 11 法”和“现场管理 40 条”，促进了企业发展。哈尔滨锅炉厂从长远发展战略出发，对生产现场进行综合治理，优化系统，形成了良好的文明秩序，保证了各项经济技术指标连续几年大幅度增长。第二汽车制造厂从日本引进现场管理经验，建立以现场为中心的综合管理体系，形成“一个流”生产方式，成为挖掘生产潜力，提高经济效益的好方法。还有很多企业在加强现场管理方面摸索创造了各具特色的好经验，如山东博山水泥厂的“规范化工作法”，上海金陵无线电厂的“模特法”，黑龙江阿城继电器厂的“定置管理”，石家庄第一塑料厂的“满负荷工作法”等。

尽管有一批现场管理搞得相当好的企业和车间，也积累了不少具有先进水平的管理经验，但从全局看，许多企业的现场管理水平同国外先进水平相比还有一定的差距。有些企业近几年来注意了抓市场，忽视了现场，管理重心外移而不是内沉。有些新发展起来的中小企业整体素质差，还不知道什么是科学的现场管理。现场管理落后集中反映在现场纪律松弛，生产效率低，质量差，投入多产出少，效益低，生产不能适应市场变化的需要等上，具体表现在以下几方面：

1. 现场生产秩序混乱

如员工干活无计划，操作无标准；职责分工不明，遇事推诿扯皮，规章制度不能严格执行；供应不及时，生产不均衡，工时利用率低，安全、质量事故频繁。

2. 现场存在浪费现象

如用人过多，有人没活干，有活没人干，停工等待，无效劳动；生产过剩，库存积压，资金周转慢；物料消耗高，产品档次低，不必要的装卸搬运，大量的废品和不良品；长明灯，长流水，到处“跑、冒、滴、漏”。

3. 现场环境“脏、乱、差”

如设备布局、作业路线不合理；物料、半成品乱堆乱放，工具箱、更衣箱参差不齐；门上有尘土，地面有油污，杂物堆积，通道堵塞，作业面积狭窄，环境条件达不到规定标准的要求。

4. 现场人员的素质亟待提高

必须改变人们不符合大生产和文明生产要求的旧观念、旧习惯，克服有惰性、作风散漫和纪律松弛等毛病，增强凝聚力，提高思想和技术业务素质。有人认为，当前困扰企业的主要问题是企业外部环境的影响，许多企业的领导者忙于搞“外交”，抓市场，筹资金，顾不上抓现场管理，即便抓了也认为是“远水解不了近渴”。在市场经济条件下，企业生产经营必须以市场需求为导向，抓市场是完全必要和应该的，问题是不能把抓市场同抓生产现场割裂开来，这两者是相互关联、相互制约、密不可分的。企业要在激烈的市场竞争中求生存、求发展，就必须向市场提供质量好、品种多、价格便宜、能按期交货的产品，而这些产品是在生产现场制造出来的，要靠现场管理来保证。因此，现场管理水平的高低决定着企业对市场的应变能力和竞争实力。

为什么在同样严峻的外部环境中，有些企业的经济效益连连滑坡，生产难以为继；而有些企业则应付自如，其产品仍能在市场上畅销不衰？原因之一就是这些企业有一个良好的后方基地，注重现场管理，能及时地调整产品结构，开发新产品和不断地提高产品质量。所以，企业的领导者要一手抓市场，一手抓现场，不能抓了市场丢了现场，也不能只顾现场忘了市场，要以市场促现场，用现场保市场，通过加强现场管理去适应外部环境的不断变化。

（三）加强现场管理是企业技术进步的需要

新产品的开发与研制，老企业的技术改造，设备更新，采用新技术、新材料、新工艺，以及引进技术的消化吸收与推广应用，这些都要具体落实和体现在生产现场。如果没有先进的现场管理，先进技术就很难充分发挥作用，技术进步的成果就不能很快变成现实的生产力。有些企业引进了国外先进的技术设备，但由于现场管理水平低，迟迟不能投产或投产后不能达标，就是明显的例证。

（四）加强现场管理是提高企业素质，实现企业管理整体优化的需要

现场管理与企业管理是相辅相成、相互促进的，两者是“局部与整体”的关系。作为区域性的子系统，现场管理要服从企业管理整体优化的要求，保证企业生产经营总目标的实现，优化各项专业管理。同时，企业管理也要以现场管理优化为基础，把管理的重点放在现

场，各职能科室要主动地为生产现场服务，为现场提供良好的工作条件。现场管理搞好了，企业管理的整体优化才有可能。提高对现场管理重要性和必要性的认识，目的是增强搞好现场管理的自觉性，把优化现场管理这项工作扎扎实实地开展起来。

四、生产现场管理的任务

生产现场管理的任务，就是运用计划、组织、控制的职能，把投入生产过程的各种生产要素有效地结合起来，形成一个有机的整体，以实现优质、高效、低耗、均衡、安全、文明的生产，即按照最经济的方式生产出满足社会需要的产品。具体包括以下内容：

（1）以市场需求为导向，生产适销对路的产品，全面完成生产计划规定的任务，包括产品品种、质量、产量、成本、安全等生产经济技术指标。

（2）控制生产成本，消除生产现场浪费现象，科学组织生产，采用新工艺、新技术，开展技术革新和合理化建议活动，实现生产的高效率和高效益。

（3）优化劳动组织，搞好班组建设和民主管理，不断提高现场人员的思想与技术业务素质。

（4）加强定额管理，降低物料和能源消耗，减少生产储备和资金占用，不断降低各种消耗。

（5）优化专业管理，完善工艺、质量、设备、计划、调度、财务、安全等专业管理保证体系，使它们在生产现场协调配合，发挥综合管理效应，有效地控制生产现场的投入与生产。

（6）组织均衡生产，实行标准化管理，严格执行技术标准、管理标准、工作标准。

（7）加强管理基础工作，做到人流、物流运转有序，信息流及时、准确，出现异常现象能及时发现和及时解决，使生产现场始终处于正常、有序、可控的状态。

（8）治理现场环境，改变生产现场“脏、乱、差”的状况，确保安全生产和文明生产。

四、生产现场管理的要求

生产现场管理主要有以下七项要求：

（1）环境整洁。厂区和车间应做到地面整洁，道路畅通，标志明显，生产环境达到作业要求，环保符合国家规定，消除现场“脏、乱、差”的状况，保持文明整洁的生产环境，达到文明生产的要求。

（2）纪律严明。这包括工艺规程、操作规程和安全规程齐全、合理并得到严格执行；关键生产岗位、特殊工种实行持证上岗，劳动保护用品按规定配备齐全，使用得当；职工坚守岗位，严格遵守劳动纪律。

（3）设备完好。机器设备是生产要素的主要组成部分，必须遵守设备操作维护和检修规程，各类设备及附件保持齐全、完整、整洁，运行正常。

（4）物流有序。生产现场流动物必须实行定量化管理，按规定及时转库或入库，减少或消除各种不合理的放置和流动。各种物品摆放整齐，标志明显，账、卡、物相符。各种设备、物品实行定置管理。

（5）信息准确。信息是资源，是生产现场管理的主要依据之一，生产现场的各种原始记录、台账、报表必须规范化。原始数据记录要工整、准确，信息传递要及时。

（6）生产均衡。均衡生产是生产管理的指导原则之一，它要求工艺布局、劳动组织合理，岗位责任明确，生产技术准备充分，按工艺流程、期量标准有节奏地进行生产，生产设施的负荷波动达到最低限度。

（7）文明安全。安全生产是生产管理的基本原则，文明生产是现代社会对企业生产的要求。

五、生产现场管理的内容

生产现场管理的内容可以从管理的要素（对象）和系统管理两个角度来阐述。

1. 管理的要素或对象

从管理的要素或对象来阐述，一般认为现场管理包括以下内容：

（1）“人”，包括现场管理的组织领导者、技术人员、管理人员及操作工人、辅助工人。人是现场管理中最关键的因素。

（2）“机”，即生产现场的工具、设备，包括工、夹、量、模、刃具及机械设备、电器设备、运输设备和检测装置等。这是组成现场生产力的重要因素。

（3）“料”，这是指生产现场需用的各种原材料、辅料、配套件、在制品、半成品等。它们是组成现场生产力的重要要素，也是现场管理中数量大、变化多、难度最高的关键因素。

（4）“物”，这是指生产现场需用的其他辅助性物品和生活设施，如工具箱、更衣箱、饮料箱、消防器材、电风扇等，是现场管理中比较繁杂但又不可忽视的内容之一。

（5）“法”，这是指组织现场生产所必需的各种制度、法规、标准和技术工艺等，也是现场管理必须具备的各种工艺规范和检测方法的制定及其实施。

（6）“环”，这是指现场作业环境，包括厂房、场地、通道、作业区域的划分及通风照明，也包括尘毒、噪声等安全和劳动卫生方面的环境。

（7）“资”，这是指投入生产现场的固定资金和流动资金的总和。加强成本控制，减少资金占用，降低生产成本，提高生产现场的经济效果，是现场管理的内容之一。

（8）“能”，这是指生产现场所需要的油、电、水等动力资源。节约各类能源消耗，降低能耗成本也是现场管理的重要内容。

（9）“信”，这是指生产现场经常进行的信息交流与信息反馈。要求信息渠道畅通，信息反馈迅速，能如实反映生产现场的实际状态。

2. 系统管理

从系统管理的角度，生产现场管理主要包括以下几个方面的内容：

（1）现场生产组织管理，包括现场生产组织形式的确定及改善、生产作业计划的编制、现场生产调度、生产进度的统计分析等。

（2）现场技术工艺管理，包括技术图纸、工艺文件及工艺规程执行情况的检查、考核，以及工艺流程的确定和工艺的改革、技术改革等的管理。

（3）现场质量管理，包括现场质量把关、检测控制及质量保证体系的运行、现场文明生产的组织实施等。

（4）现场设备管理，包括设备的维护、保养、修理和设备的合理利用、安全操作等。

（5）现场物资管理，包括对一切生产需用的原材料、辅料、在制品-半成品和工具、夹具、工装模具、刃具、量具、工位器具、料架等及其他非生产用的物品的管理。

（6）现场劳动管理，包括劳动力的调度和安排、劳动定额的修订和实施、劳动技能的训练和提高、劳动纪律的执行等的管理。

（7）现场安全管理，包括安全纪律、安全设施、防尘防毒、防火防汛及防暑降温等的管理。

（8）现场环境管理，包括厂房、场地、通道、作业区域、作业环境、厂容厂貌、通风、照明、色标等的管理。

（9）现场成本管理，包括生产批量的确定，生产周转速度的加快，材料定额和工时定额的执行、控制、统计与分析，原材料的合理利用，节约节能工作的开展等。

由上述内容可以看出，现场管理几乎包括了企业的所有部门。因此，现场管理也是一个全面的管理概念。

第二节 搬运管理

厂内物料搬运是指物料在生产工序、工段、车间（分厂）、仓库之间进行运送转移，以保证连续生产的搬运作业。按其工作的地点分，有从厂外运达以后的搬运作业、车间之间和车间内部的搬运作业；按其所搬运的物料分，有原材料、毛坯、半成品、外购件、成品搬运作业等。搬运作业是生产现场的一项重要活动，是连结各项生产活动的纽带。为了有效地组织好物料搬运，必须遵循搬运的原则，采用科学合理的搬运方式和方法，不断进行搬运分析，改善搬运作业。

一、搬运原则

1. 便于搬运方面

便于搬运方面的原则主要有：便于物料搬运，物料集中堆放，物料体积大小适中，最大搬运单位，排除二次搬运，托盘式搬运方式，用拖车运输。

2. 搬运自动化方面

搬运自动化方面的原则主要有重力化、机械化、接力化。

3. 减少等待和空载方面

减少等待和空载方面的原则主要有协同工作，均衡搬运，钟摆方式搬运，定时搬运，提高运转率。

4. 提高作业效率方面

提高作业效率方面的原则主要有排除潜在搬运，减轻疲劳。

5. 搬运路线方面

搬运路线方面的原则主要有合理配置，搬运中工料不受损，安全，减轻自重，设备及时更新报废，标准化。

二、搬运方式

从技术发展上，搬运分为人力搬运、简单工具搬运、机械化搬运和自动化搬运四种方式。

（1）人力搬运就是依靠员工体力，用手搬肩扛。这种方式比较简单，但效率低，人工费用高，员工容易疲劳。一般只适用于物体小、数量少、重量轻、搬运距离短的情况。

（2）简单工具搬运即利用手推车、工位器具搬运。这种方法简便，搬运效率较前者高，员工不易疲劳。一般适用于件小量大、搬运距离短的情况。

（3）机械化搬运即利用火车、轮船、汽车、叉车、电瓶车、起重机和吊车等设备进行搬运。这种搬运方式灵活、效率高、运输量大、节省人力、费用低和适用范围广，既可以运大件，也可以运小件；既可以长距离运输，也可以短距离搬运。

（4）自动化搬运即利用机械手、传送带、悬挂链和滑道等进行搬运，一般不使用人力。这种搬运方式效率更高，费用更少，一般也只适用于物件小、数量大、重量轻、距离短的情况。

从对在制品进行管理方面，搬运分为送货和取货两种方式。

（1）送货方式。按工艺顺序，上道工序加工完后，要把在制品按时、按质、按量送往下道工序。这种方式中在制品顺流而下，容易了解加工进度，但占用在制品量多。

（2）取货方式。这是后道工序向前道工序提取必要的物料。这种方式可以严格控制在制品的数量，一般适用于产品质量比较稳定的大量大批生产类型。

除上述搬运方式以外，还可以从提高工时和设备利用率来划分，分为单向往返、单向连续、双向连续、双向双车连续和环形运输五种方式；也可按发运时间和发运量划分，分为定量定时搬运、定时搬运和定量搬运三种方式。至于企业具体选择何种运输方式，则应根据实际情况，选用合适的搬运方式。

三、搬运分析

搬运分析是以加工对象的搬运距离、搬运数量及搬运方法为对象，分析加工对象在空间放置的合理性，目的在于改进搬运工作，减轻人员劳动强度，提高作业效率。

1. 搬运方便系数分析

搬运方便系数分析亦称“搬运活性系数分析”，是以搬运工序为对象，对各道工序之间搬动方式的分析。物件在搬运前一般应集中存放，装入容器或车内，使之处于随时即可运走状态。搬运前后要有一段处理时间，处理时间的长短是由物件的放置状态决定的。

搬运方便系数用于表示物品搬运的难易程度，用数字 0~4 表示。系数大，表示物品需要处理的时间短，搬运方便；系数小，表示物品需要处理的时间长，搬运不方便。利用搬运方便系数来分析物品的放置状态，从中发现问题，求得改善，这对提高搬运效率，减少搬运时间，节省人力，保证物品质量都很有好处。

2. 无效搬运分析

这是为了减少无效搬运（即空运）所进行的一种分析，它利用无效搬运系数来表示，计算公式如下：

$$无效搬运系数=（总搬运距离-有效搬运距离）/有效搬运距离$$

无效搬运系数越小越好，一般应为 1 或 1 以下。分析方法如图 8-1 和表 8-1 所示。

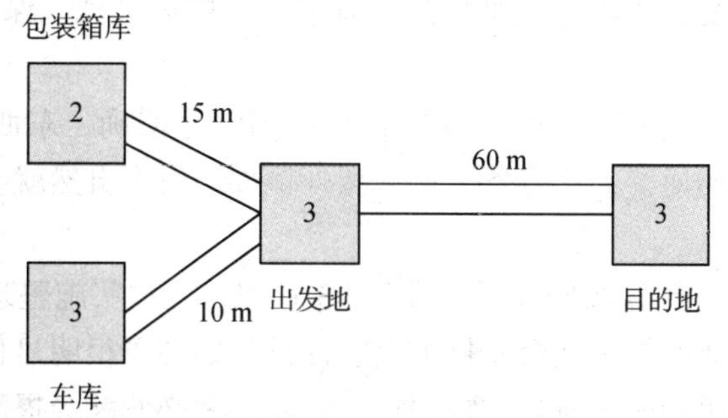

图 8-1 无效搬运系数分析图

表 8-1 无效搬运系数分析表

人和车的移动说明				
人和车的移动	说明	移动距离（m）		
		无效	有效	合计
①-③-①	司机到车库取车，空车回到出发地	10×2＝20		20
①-②-①	司机开车到仓库取包装箱，回到出发地装货	15×2＝30		30
①-④	司机开车送货到目的地		60×1＝60	60
④-①	司机开车回到出发地（空车）	60×1＝60		60
①-③-①	司机开车入车库，人回到出发地	10×2＝20		20
合计		130	60	190

这个案例表明，无效搬运系数太大，需要改善。可以把车库和包装箱库移到出发地，则无效搬运系数就合格了。

第三节 5S 管理

“5S”管理起源于日本，因日语中的整理（seiri）、整顿（seiton）、清扫（seiso）、清洁（seiketsu）、素养（shitsuke）这 5 个词的罗马拼音均以“S”开头，所以简称“5S”管理。开展“5S”活动能造就安全、清洁、舒适、明亮的工作环境，培育员工真、善、美的品质，从而为塑造企业良好的形象，提升企业的核心竞争力打下良好的基础。

一、推行 5S 活动的目的

（1）提高工作和生产效率。有良好的工作环境和工作氛围，再加上有修养的合作伙伴，员工们就可以集中精神，认认真真地干好本职工作，必然就能大大地提高效率。试想，如果员工始终处于一个杂乱无序的工作环境中，情绪必然就会受到影响。情绪不高，干劲不大，就谈不上经济效益，所以推动 5S 是促成效率提高的有效途径之一。

（2）改善产品品质。优良的品质来自优良的工作环境。通过经常性的清扫、点检和检查，不断地净化工作环境，能够有效地避免污损东西或损坏机械，保证设备的性能和效率，提高产品的生产品质。

（3）保障安全生产。整理、整顿、清扫必须做到储存明确，东西摆放在定位上，工作场所宽敞、明亮，通道畅通，工厂有条不紊，意外事件的发生自然就会相应地大为减少，当然安全就会有了保障。

（4）缩短作业周期，确保按期交货。推动5S管理，通过实施整理、整顿、清扫、清洁来实现标准的管理，企业的管理就会一目了然，使异常的现象很明显化，人员、设备、时间就不会造成浪费。企业生产能相应地非常顺畅，作业效率必然就会提高，作业周期必然相应地缩短，能够确保按期交货。

（5）改善和提高企业形象。整齐、整洁的工作环境，容易吸引顾客，让顾客心情舒畅；同时，由于口碑的相传，企业会成为其他公司的学习榜样，从而能大大提高企业的威望。

（6）改善零件在库周转率，需要时能立即取出有用的物品，供需间物流通畅，就可以极大地减少那种寻找所需物品时所滞留的时间，因此能有效地改善零件在库房中的周转率。

（7）降低生产成本。企业通过实行或推行5S管理，能极大地减少人员、设备、场所、时间等这几个方面的浪费，从而降低生产成本。

（8）改善员工精神面貌，使组织活力化。企业通过推行5S管理，可以明显地改善员工的精神面貌，使组织焕发一种强大的活力。员工都有尊严和成就感，对自己的工作尽心尽力，并带动改善意识形态。

二、推行5S管理的作用

推行5S管理有8个作用：亏损、不良、浪费、故障、切换产品时间、事故、投诉、缺勤8个方面都为零，有人称之为“八零工厂”。现分别简述如下：

（1）亏损为零。5S是最佳的推销员，5S的推动能够使企业成为最干净和整洁的代表。没有缺陷，没有所谓的“不良”，配合度非常好的声誉、口碑在客户之间相传，忠实的客户就会越来越多，知名度也会提高，很多人都会慕名来参观此企业，人们都会抢着购买这家工厂所生产的产品。整理、整顿、清扫、清洁和修养维持得很好，相应地就会形成一种习惯，以整洁作为追求目标之一的工厂具有更大的发展空间。

（2）不良为零。5S是品质零缺陷的“护航者”，产品严格地按标准要求进行生产；干净整洁的生产场所可以有效地大大提高员工的品质意识；机械设备的正常使用和保养可以大为减少次品的产生；员工明了并做到事先就预防发生问题，而不能仅盯在出现问题后的处理上；环境整洁有序，异常现象一眼就可以发现。

（3）浪费为零。5S是节约能手，5S的推动能减少库存量，排除过剩的生产，避免零件及半成品、成品的库存过多。若工厂内没有5S，则势必因零件及半成品、成品的库存过多而造成积压，甚而致使销售和生产的循环过程流通不畅，最终企业的销售利润和经济效益的预期目标将难以实现。

（4）故障为零。5S是交货期的保证。工厂无尘化，无碎屑、屑块、油漆，机械经常擦拭和进行维护保养，使用率会提高；模具、工装夹具管理良好，调试寻找故障的时间会减少，设备才能稳定，它的综合效能就可以大幅度地提高。

（5）切换产品时间为零。5S 是高效率的前提。模具、夹具、工具经过整顿随时都可以拿到，不需费时寻找，可以节省时间；整洁规范的工厂机器正常运作，作业效率可以大幅度地提升；彻底贯彻 5S，让初学者和新人一看就懂、一学就会。

（6）事故为零。5S 是安全的软件设备。整理、整顿后，通道和休息场所都不会被占用；工作场所的宽敞明亮使物流一目了然，人车分流，道路通畅，减少事故；危险操作警示明确，员工能正确地使用保护器具，不会违规作业；所有的设备都进行清洁、检修，预防、发现存在的问题，消除了安全隐患；消防设施的齐备，灭火器放置定位，逃生路线明确，万一发生火灾或者地震，员工的生命安全必然会有所保障。

（7）投诉为零。5S 是标准化的推动者。人们能正确地执行各种规章制度，去任何岗位都能规范地作业，明白工作该怎么做；工作既方便又舒适，而且每天都有所改善，并有所进步；每天都在清点、打扫、进步。

（8）缺勤为零。5S 可以创造出快乐的工作岗位。一目了然的工作场所没有浪费，无勉强而不拘束，岗位明确、干净，没有灰尘、垃圾，工作已成为一种乐趣，员工不会无缘无故地旷工。

三、5S 活动的内容

5S 活动的主要内容就是 5 个方面：整理、整顿、清扫、清洁、素养。

1. 整理

整理是区分要与不要的东西。生产现场只保留需要的东西，将不需要的东西坚决清理出现场。整理是现场改善的开始，效率和安全始于整理。整理的目的在于改善和增大作业面积，保持现场行道通畅，减少磕碰机会，消除管理上混放、混料等差错事故，塑造有条不紊的工作场所。

2. 整顿

整顿是将整理后需要的物品进行科学、合理的布置和摆放，其内容是将物品分门别类放置，排列整齐，以最少的寻找时间和工作量来安置这些物品。整顿的目的在于使物品摆放有固定的地点和区域，以便于寻找和消除因混放而造成的差错，同时使物品摆放地点科学合理，物品摆放目视化，实现工作场所环境明亮、宽敞、清洁、整齐。

3. 清扫

清扫是指把生产现场打扫干净，包括机器、工具、地面、墙壁、天花板及其他工作场所。生产现场在生产过程中会产生灰尘、油污、垃圾等，从而使生产现场变脏，脏的现场会使设备精度丧失，故障多发，影响产品质量，还会影响人们的工作情绪和身心健康，因而清扫变得越来越重要。清扫的目的在于消除脏污、尘埃，保持生产现场、工作场所干净、明亮，减少污染对员工健康的损害。

4. 清洁

清洁是对经过整理、整顿、清扫以后的生产现场状态进行保持，它所追求的是对良好状态的持之以恒。清洁包括生产现场的环境整齐、美观、整洁，生产现场设备、工具、物品干净整齐，没有垃圾、噪声和污染源，生产现场各类人员着装、容貌整洁，员工的精神积极向上。

5. 素养

素养是一种作业习惯和行为规范，也是推行5S的最终目标。无论是对手企业还是员工个人，素养都是非常重要的。提高素养就是逐步让员工养成良好的作业习惯、行为规范和高尚的道德品德，自觉遵守各项规章制度，着装整洁，提高产品质量、工作效率，语言礼貌，举止文明，积极开朗，最终达到完善。

整理、整顿、清扫、清洁、素养这5S之间不是相互独立的，而是相辅相成的。整理是整顿的基础，整顿又是整理的巩固，清扫是显现整理、整顿的效果，而通过清洁和素养，则使企业形成一个整体的改善气氛。其关系如图8-2所示。

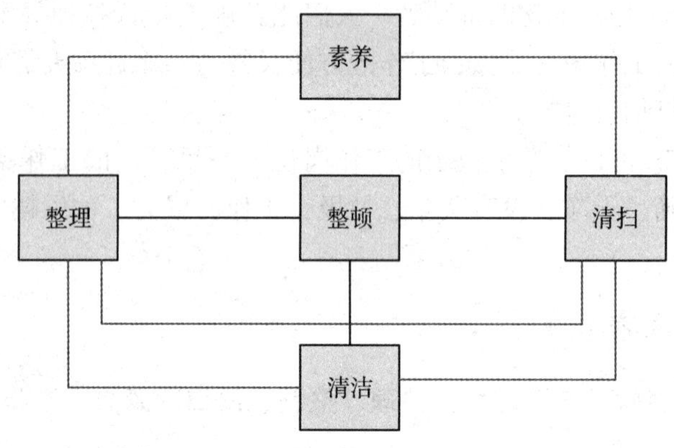

图8-2　5S关系图

四、5S活动的实施方法

（一）整理的实施方法

1. 现场检查

对工作现场进行全面检查，包括看得见和看不见的地方，特别是不引人注意的地方，如设备的内部、桌子底部、文件柜的顶部等位置。

2. 区分必需品和非必需品

整理必需品和清除非必需品同样重要。首先要判断出物品的重要性，然后根据其使用频率决定管理方法。如已清除了非必需品，则应该用恰当的方法保管必需品，使之便于寻找和使用。

必需品是指经常使用的物品，没有它就必须购入替代品，否则会影响正常工作。而非必需品可分为两种：一种是使用周期较长的物品；另一种是对目前的生产或工作无任何作用的、需要报废的物品。

3. 清理非必需品

清理非必需品，把握的原则是看物品现在有没有“使用价值”，而不是原来的“购买价值”，同时需注意以下几个着眼点：

（1）在进行整理前，首先考虑为什么要清理及如何清理，规定定期进行整理的日期和规则，在整理前要预先明确现场需放置的物品；其次区分要保留的物品和不需要的物品，并向员工说明保留物品的理由，划定保留物品安置的地方。

（2）对暂时不需要的物品进行整理时，如不能确定今后是否还会有用时，可根据实际情况来决定一个保留期限，先暂时保留一段时间，等过了保留期限后，再将其清理出现场。对这种情况要进行认真的研究，判断这些保留的物品是否有保留的价值，并弄清保留的理由和目的。

4. 处理非必需品

（1）如果该物品有使用价值，但可能涉及专利或企业商业机密的，应按企业具体规定进行处理；如果该物品只是一般废弃物，在经过分类后可将其出售。

（2）如果该物品没有使用价值，可根据企业的具体情况进行折价出售或作为培训、教育员工的工具。

5. 标示现场

整理后的现场一目了然，这对整理来说是最为理想的。它首先取决于标志的明了、清楚。为使整理后的现场直观醒目，要准备好现场示意图，清楚地标明各项物品的放置地点，标明物品的适当库存量、存放位置和取放顺序，要使每个人都能准确无误地取放物品。可以使用贴有标签的指示板，用彩色塑料笔标记；指示板可固定安装在货架上或悬挂在天花板上且可移动。

6. 每天循环整理

整理是一个永无止境的过程。现场每天都在变化，昨天的必需品在今天可能是多余的，今天的需要与明天的需要也会有所不同。如果偶尔突击整理一下、做做样子的话，就失去了整理的意义。

总之，进行整理活动应分清必需品和非必需品，对整理后的现场进行清楚的标示，这样才能保障生产安全，消除混料差错，提高产品质量。

（二）整顿的实施方法

1. 分析现状

在现场作业时，员工可能会出现寻找物品的时间过长的现象。其可能的原因包括：①不知道物品存放在哪里；②不知道要取的物品的名称；③存放地点太远；④存放地点太分散，需往返多次；⑤物品太多，难以找到；⑥不知道是否已用完或别人正在使用。

2. 物品分类

根据物品各自的特征，把具有相同特点或性质的物品划为一个类别，并制定标准和规范，为物品正确命名、标示。其步骤如下：①制定标准和规范；②确定物品的名称；③标记物品的名称。

3. 实施定置管理

物品的存放通常采用“定置管理”方法。

4. 实施整顿

（1）定置工作场所。要制定标准比例的定置图，清楚地标示生产场地、通道、物品存放区，明确各区域的管理责任人，零件、半成品、设备、消防设施、易燃易爆的危险品等均用鲜明直观的色彩或信息牌显示出来。凡与定置要求不符的现场物品一律清除。

（2）定置生产现场设备工序、工位、机台。首先，必须制作各工序、工位、机台的定置图，安置相应的图纸文件架等资料文件的定置硬件，工具、仪表、机器设备、材料、半成品及各种用具在工序、工位、机台上的停放应有明确的定置要求。其次，附件箱、零件货架的编号必须同零件账、卡、目录相一致。

（3）定置仓库。要设计库房定置总图，物品按指定地点定置。对于那些易燃、易爆、易污染、有储存期要求的物品，要按要求实行特别定置。有储存期限要求的物品的定置，在库存报表上要有对时间期限的特定信号或标志，库存账本应有序号和物品目录，注意账物相符。

（4）定置检查现场。要检查现场的定置图，并对检查现场划分不同的区域，以不同颜色加以标志区分，并区别对待检查区、良品区、废品区、返修品区、待处理品区。

总之，通过整顿，可以减少寻找物料而造成的时间损失，并且用固定的、醒目的标志标明不同的场所和物品，可以避免放错地方和物品混乱。

（三）清扫的实施方法

1. 清扫准备

（1）安全教育。对员工做好清扫的安全教育，对可能发生的事故（触电、挂伤、碰伤、洗涤剂腐蚀、坠落砸伤、灼伤）等不安全因素进行预防和警示。

（2）设备常识教育。对设备的老化出现的故障，可以用减少人为劣化因素、减少损失等方法进行教育。通过学习设备的基本构造，了解其工作原理，能够对设备出现尘垢、漏油、漏气、震动、异音等状况的原因进行分析。

（3）技术准备。指导及制定相关指导书，明确清扫工具、清扫位置、加油润滑的基本要求，以及螺钉卸除和紧固的方法及具体顺序步骤。

2. 清扫地面、墙壁和窗户 .

在对作业环境的清扫中，对地面、墙壁和窗户的清扫是必不可少的。在清扫时，要探讨作业场地的最佳清扫方法，了解过去清扫时出现的问题，明确清扫后要达到的目的。清理整顿地面放置的物品，处理不需要的东西。全体人员清扫地面，清除垃圾，将涂料和油污等污垢清除，并分析地面、墙壁、窗户的污垢来源，想办法杜绝污染源，改进现有的清扫方法。

3. 清扫和改进设备

设备一旦被污染，就容易出现故障，并缩短使用寿命。为了防止这类情况的发生，必须杜绝污染源。因此要定期地进行设备和工具及其使用方法等方面的检查，经常细心地进行清扫。通过清扫，把污秽、油渍、灰尘、原材料加工剩余物清除掉，这样漏油、裂纹、松动、变形等设备缺陷就会暴露出来，就可以采取相应的措施加以弥补。

4. 查明污垢的发生源

即使每天进行清扫，油渍、灰尘和碎屑还是无法杜绝。要彻底解决问题，还须查明污垢的发生源，从根本上解决问题：首先要将窗户密封，避免灰尘等杂物从外界吹入；在搬运碎屑和废弃物时要小心，尽量不要撒落；在运送水和油料等液体时，要准备合适的容器；在作业现场要检查各种管道，以防止泄漏；对擦拭用的棉纱、材料、工具等要定点放置。

5. 明确责任，制定基准

对于清扫，应该进行区域划分，实行区域责任制，责任到人。制定相关清扫基准，明确清扫对象、方法、重点、周期、使用工具等项目并进行定期检查。

6. 检查清扫结果

在清扫结束之后要进行清扫结果的检查，检查项目有以下几个方面：①是否清除了污染源；②是否对地面、窗户等地方进行了彻底的清扫和破损修补；③是否对机器设备进行了从里到外的、全面的清洗和打扫。

总之，进行清扫活动可以使工作现场干净、整齐，并且对设备的清扫相当于一次点检过程，既打扫了设备，又对其进行了检查，避免了设备故障的发生。

（四）清洁的实施步骤

1. 确定清洁的标准

清洁的标准包含干净、高效、安全三个要素。在开始时，要对清洁度进行检查，制定出详细的明细检查表，以明确清洁的状态。

2. 进行员工教育

企业上下必须统一思想才能共同朝着同样的目标奋斗，所以，企业必须将5S的基本思想向全体员工进行必要的教育和宣传。如果每个人对清洁的理解不同，就可能无法贯彻实施清洁计划，从而使清洁活动中止。

3. 进行整理

经过了必要的教育，实施人员应来到现场，将目前所有的物品整理一遍，并调查它们的使用周期，将这些物品记录下来，征求现场作业人员的意见，区分必需品和非必需品，并将非必需品迅速从岗位上撤走。

4. 进行整顿

撤走了非必需品并没有完成任务，实施人员还必须根据实际条件、作业者的作业习惯和作业的要求，合理地规定摆放必需品的位置，使作业者取放方便，便于运送。

5. 清扫并明确责任人，定期检查

在整顿结束后，要将作业现场进行清扫，划分出各个责任区，并确定责任人，以便于管理和检查，此时检查的重点不单是清洁度，还要检查高效的程度，效率是定期检查的重点。

6. 环境色彩化

色彩化是指厂房、车间、设备、工作服都采用明亮的色彩，这样，一旦产生污渍就很容易被发现。明亮的工作环境不仅有利于保持清洁，而且有利于调动员工的工作情绪，这种潜在影响不容忽视。

（五）提高素养的步骤

1. 明确素养的目的

企业通过实施素养活动，应打造一个积极向上、富有合作精神的团队。其目的是：全体员工高标准、严要求地维护现场环境的整洁和美观，自愿实施整理、整顿、清扫、清洁等活动，培养遵守规章制度和具有良好习惯的人才。

2. 制定相关的规章制度

规章制度是员工的行为准则，是让员工达成共识、形成企业文化的基础。制定相应的《语言礼仪》《行为礼仪》及《员工守则》等，以保证员工的素养达到最低限度，并努力来提高。

3. 实施员工培训

公司应向每一位员工灌输遵守规章制度、工作纪律的意识，此外还要创造一个具有良好风气的工作场所。如果绝大多数员工对以上要求付诸行动的话，个别员工和新员工就会抛弃坏的习惯，转而向好的方面发展。此过程有助于员工养成遵守规章制度的习惯，改变员工只理会自己、不理会集体和他人的潜意识，培养员工对公司部门及同事的热情和责任感。

4. 检查素养效果

开展素养活动之后，要对素养活动的各个方面进行检查，查看效果如何。素养活动的检查内容包括以下方面：

（1）日常活动。如企业里是否已经成立 5S 小组；全公司是否经常开展有关 5S 活动方面的培训；企业领导是否对 5S 很重视，并率先推广等。

（2）员工行为规范。如检查是否做到举止文明，能否遵守公共场所的规定，是否做到工作齐心协力，是否遵守工作时间等。

（3）服装仪表。如检查是否穿戴规定的工作服上岗，服装是否干净整洁，厂牌等是否按规定佩戴整齐，鞋子是否干净，是否勤修指甲，是否勤梳洗头发等。

总之，素养可以持续推动 5S，直至成为全员的习惯；素养还可使每位员工严守标准，按标准作业；也可净化员工心灵，形成温馨明快的工作氛围。员工通过对整理、整顿、清扫、清洁、素养的学习和遵守，不仅可以使自己成为一个有道德修养的公司人，也会改变整个公司的环境面貌。

五、推行 5S 的工作程序

在企业中实施 5S 活动并不难，难的是长期坚持，使之真正成为企业日常经营活动的一部分。要想达到满意的效果，企业必须大力促进 5S 活动的推行。一般来说，促进 5S 活动的程序包括以下几个方面：

1. 建立推行组织

公司成立 5S 推行委员会，委员会设主任委员、副主任委员、干事、执行秘书各一名，委员及代理委员若干名，各成员必须明确其具体的工作职责。

2. 拟定工作计划

（1）日程计划，一般包括宣传计划、大扫除运动计划、整理整顿作战计划等。

（2）资料的收集。委员会干事、秘书应收集整理下列资料：①5S 方面的书籍；②推行手册；③海报标语；④经典案例。

（3）制定 5S 活动实施办法由 5S 委员会干事负责草拟，经全体委员讨论，由主任委员核准。其主要包括：①活动时间、目的；②必需品与非必需品的区分办法；③5S 活动评鉴方法；④5S 活动奖惩方法。

3. 开展造势活动

（1）说明与教育。说明和教育的内容主要包括 5S 活动目的说明、全员 5S 训练、管理人员 5S 训练等活动。

（2）开展宣传活动，一般用 5S 内容征文比赛、演讲比赛、标语比赛等活动开展宣传活动。

（3）其他造势活动，如观摩模范厂、专家的心理建议、最高主管发表宣言等。

4. 试行 5S 活动

（1）前期作业准备。前期作业准备主要包括以下工作：①分配责任区域；②制定“需要”和“不需要”物品基准书；③制定基准的说明；④准备道具和方法。

（2）评价检讨。评价检讨主要包括以下工作：①制定评分标准表；②由5S委员会委员担任评分员；③考核中见缺点先描述，然后再逐一核对扣分；④评分考核开始时每日一次，一个月做一次汇总；⑤将缺点项目加以统计，开出整改措施表；⑥责任部门按期整改并使之验证合格。

5. 实施5S活动导入及查核

（1）实施5S活动导入包括：①将试行的结果经过检讨修订，确定正式的实施办法；②召集相关人员，公布正式导入时间及期望；③由5S委员会公布5S活动的推行办法、时间；④推行委员会召开委员及各级管理会议，说明活动方法和相关事项；⑤各部门依办法实施全面导入。

（2）活动查核包括：①各部门委员应定期进行自我查核、纠正；②由推行委员会组织或由上级主管指定查核小组，定期或不定期到现场巡查；③发生问题及时纠正，对优秀部门予以表扬。

总之，若想使5S活动真正有效地在企业内开展起来，企业的最高管理者必须首先予以重视，并开展一系列的促进活动，使5S的观念和做法深入人心。只有这样，才能真正发挥5S活动的效用，改进企业的管理水平。

第四节 定置管理

定置管理是对生产现场中的人、物、场所三者之间的关系进行科学的分析研究，使之达到最佳结合状态的一种科学管理方法。

定置管理是以生产现场为研究对象，通过整理、整顿，把与生产现场无关的物品清除干净，把需要的物品放在规定的位置，以物在场所中的科学定置为前提，以定置的信息系统为媒介，使各生产要素有机结合，达到生产现场管理的科学化、规范化和标准化，在保障操作人员安全和身心健康的条件下，充分提高作业效率和生产效率的目的。

一、定置管理的基本原理

在生产现场活动中，构成生产工序的要素有材料、半成品、机械设备、工夹模具、操作人员、工艺方法、生产环境等，归纳起来就是人、物、场所、信息等因素。定置管理的目的是使人、物、场所处于最佳的结合状态，实现人、物、场所在时间和空间上的优化组合。因此，定置管理着重于处理好人与物、物与场所以及信息媒介与定置的关系。

（一）人与物的关系

在生产过程中，构成生产活动的要素有人、物、场所、信息等因素，其中最基本的是人与物这两个因素。只有人与物的有效结合，才能使生产活动有效地进行。人与物的结合可归纳为以下三种基本状态：

（1）A状态，即人与物处于能够立即结合并发挥效能的状态。例如，操作工人使用的各种工具由于摆放地点合理而且固定，当操作者需要时，能立即拿到或者做到得心应手。这是生产中的理想状态。

（2）B 状态，即人与物处于寻找状态或尚不能很好发挥效能的状态。例如，生产现场物品乱丢乱放，造成需要用时找不到，结果因寻找而浪费时间。再如，一些半成品堆放不合理，当加工时每次都需要弯腰一个个捡起来，这样既会影响工时消耗，又会增加工人的疲劳强度。B 状态在企业内是经常能见到的。

（3）C 状态，即人与物失去联系的状态。这种物品与生产已无关系，不需要人去同该物结合。例如，生产现场中存在的已经损坏的设备、工具、模具，生产中产生的垃圾、废品、切屑，以及同生产现场无关的工人生活用品等。这些物品放在生产现场，势必占用作业现场和空间，而且影响工人的工作效率及安全。

可见，当人与物处于 A 状态时，人与物马上结合，使物的价值立即发挥出来；而当人与物处于 B 状态时，人与物不能马上结合，物的作用发挥不出，价值就不能实现，需要人花费一定的时间来寻找物，花费的时间越多，人与物的结合成本就越大。因此，在处理人与物的结合状态时，应采取一切措施和方法，坚决取消 C 状态，积极分析 B 状态，使之转化为 A 状态，让生产现场人与物都处于 A 状态，这是定置管理所追求的目标。

（二）物与场所的关系

物与场所的有效结合是实现人与物合理结合的基础。研究物与场所的有效结合，就是对生产现场、人、物进行作业分析和动作研究，使对象物品按生产需要、工艺要求科学地固定在某场所的特定位置上，达到物与场所的有效结合，缩短人取物的时间，消除人的重复动作，以促进人与物的最佳结合。

1. 场所状态

实现物与场所的合理结合，首先要使场所本身处于良好的状态。场所本身的布置可以有以下三种状态：

（1）A 状态（良好状态），即良好的工作环境，场所中的作业面积、通风设置、恒温设备、光照、噪声、粉尘等符合人的生理、工厂生产、安全要求的状态。

（2）B 状态（需要改善的状态），即工作环境需要不断改善。在这种状态下，作业场所的布局不尽合理，或只满足人的生理要求，或只满足生产要求，或两者都不能满足。

（3）C 状态（需要彻底改造的状态），即需消除或彻底改造的工作环境。这种场所对人的生理要求及工厂生产、安全要求都不能满足。定置管理的任务就是要把 C、B 状态改为 A 状态。

2. 定置方法

实现物与场所的结合，就是要根据物流运动的规律性，科学地确定物品在场所内的位置，即定置。定置方法有两种基本形式：

（1）固定位置，即场所固定、物品存放位置固定、物品的信息媒介物固定。这种“三固定”的方法适用于那些在物流系统中周期性地回归原地，在下一生产活动中重复使用的物品，主要是那些用作加工手段的物品，如工、检、量具，工艺装备，工位器具，运输机械，机床附件等。这些物品可以多次参加生产过程，周期性地往返运动，因此适用“三固定”的方法，固定存放位置，使用后要回复到原来的固定地点。例如，模具平时存储在指定的场所地点，需用时取来安装在机床上，使用完毕后，从机床上拆卸下来，经过检测、验收后，仍搬回到原处存储，以备下次再使用。

（2）自由位置，即相对地固定一个存放物品的区域，至于在这个区域内的具体放置位置，则根据当时的生产情况及一定的规则来决定。同上一种相比，这种方式在规定区域内有一定的自由，故称“自由位置”。这种方法适用于物流系统中那些不回归、不重复使用的物品。例如，原材料、毛坯、零部件、产成品，这些物品的特点是按照工艺流程不停地从上一工序向下一工序流动，一直到最后出厂。所以，对每一个物品（如零件）来说，在某一工序加工后，除非回原地返修，一般就不再回归到原来的作业场所。由于这类物品的种类、规格很多，每种的数量有时多、有时少，很难就每种物品规定具体位置，对这类物品就采用规定一个较大范围区域的办法来定置，如在制品停放区、零部件检验区等。在这个区域内存放的各个品种的零部件，则根据充分利用空间、便于收发、便于点数等规则来确定具体的存放地点。

（三）信息媒介与定置的关系

信息媒介就是在人与物、物与场所合理结合过程中起着指导、控制、确认等作用的信息载体。由于生产中使用的物品品种多、规格复杂，它们不可能都放置在操作者手边，如何找到，需有一定的信息来指引；许多物品在流动中是不回归的，它们的流向和数量也需有信息来指导和控制；为了便于寻找和避免混放，也需要有信息来确认。因此，在定置管理中，完善而准确的信息媒介是很重要的，它能影响人、物、场所的有效结合程度。

在生产现场寻找某物时，就会有一系列问题随之出现：“该物在何处”“该处在哪里”。相应的回答是：“该处在这儿”“此物就是要寻找的该物”。这些问题可以用以下四种信息媒介来表示：

（1）位置台账。它告诉人们“该物在何处”。通过查看位置台账可以了解所需物品的存放场所。如有的企业位置台账是按四号定位（库、架、层、位）来编码的，从台账上可以明确地表示出所需要物品的所在地。

（2）定置图。它体现“该处在哪里”，在定置图上可以看到物品存放场所的具体位置。

（3）场所标志。它表明“这儿就是该处”，是指物品存放场所的标志，通常用名称、图示、编号等表示。

（4）物品标示。它表明“此物即该物”，是物品的自我标示，一般用各种标牌表示，标牌上有货物本身的名称及有关事项。

前两种媒介物表示的信息称为“引导信息”，后两种媒介物表示的信息称为“确认信息”。可见，在定置管理中各种信息媒介是很重要的。实行定置管理必须重视和健全各种信息媒介物，良好的定置管理要求信息媒介物达到五个方面的要求：场所标志清楚，场所设有定置图，位置台账齐全，存放物的序号、编号齐备，信息标准化。

二、定置管理的程序

1. 深入生产现场，调查研究

调查研究应以推行定置管理的主管人员为主（一般为车间主任），组织有经验的管理者和现场有关人员成立调查小组，对生产现场进行调查。调查内容一般包括：生产现场人机联系情况，物流情况，工人操作情况，生产作业面积和空间利用情况，原材料、在制品管理情况，半成品库和中间库的管理情况，工位器具的配备和使用情况，生产现场物品摆放情况，生产现场物品搬运情况，设备运转和利用情况，生产中的消耗情况等。调查应有侧重点，在调查的基础上，找出现场存在的主要问题，明确定置管理的方向。

2. 分析问题，提出现场改善方案

调查人员应主要分析以下几个问题：人物结合情况，现场物流状况及搬运状况，现场信息流状况，工艺路线和工艺方法状况，现场利用状况等。分析方法就是利用工业工程方法，具体讲就是生产作业分析、作业研究、动作分析及时间分析等。

3. 进行定置管理设计

（1）定置设计。其表现形式就是各类定置图，其实质是工厂布置的细化过程。所以，定置设计必须符合工厂布置的基本要求。主要有：单一的流向和看得见的搬运路线，最大限度地利用空间，最大的操作方便，最短的运输距离和最少的装卸次数，切实的安全防护保障，最少的改进费用和统一标准，最大的灵活性及协调性。

（2）信息媒介物的标准设计。主要包括：各种区域、通道、流动器具的位置信息符号的设计；各种料架、工具箱、生活柜、工位器具等物品的结构和编号的标准设计；位置台账、物品确认卡片的标准设计；结合各种物品的专业管理方法，制定出各种物品进出、收发的定置管理办法的设计等。

4. 定置管理方案的实施

定置实施是理论付诸实践的阶段，也是定置管理工作的重点，包括以下三个步骤：

（1）清除与生产无关之物。生产现场中，凡与生产无关的物都要清除干净。清除与生产无关的物品应本着“双增双节”精神，能转变利用便转变利用，不能转变利用时可以变卖，化为资金。

（2）按定置图实施定置。各车间、部门都应按照定置图的要求，将生产现场、器具等物品进行分类、搬、转、调整并给予定位。定置的物要与图相符，位置要正确，摆放要整齐，存储要有器具。可移动物（如推车、电动车等）也要定置到适当位置。

（3）放置标准信息名牌。要做到牌、物、图相符，设专人管理，不得随意挪动。要以醒目和不妨碍生产操作为原则。

5. 定置检查与考核

定置管理的检查与考核一般分为两种情况：一种是定置后的验收检查，检查不合格的不予通过，必须重新定置，直到合格为止；另一种是定期对定置管理进行检查与考核，这是要长期进行的工作，它比定置后的验收检查工作更为复杂，也更为重要。

定置考核的基本指标是定置率，它表明生产现场中必须定置的物品已经实现定置的程度。其计算公式是：

$$\text{定置率}=\frac{\text{实际定置的物品个数(种数)}}{\text{定置图规定的定置物品个数(种数)}}\times 100\% \tag{8-1}$$

例如，检查某车间 3 个定置区域，其中合格区（绿色标牌区）摆放 15 种零件，其中有 1 种没有定置；待检区（蓝色标牌区）摆放 20 种零件，其中有 2 种没有定置；返修区（红色标牌区）摆放 3 种零件，其中有 1 种没有定置。试确定该场所的定置率。

解：$\text{定置率}=\frac{(15+20+3)-(1+2+1)}{15+20+3}\times 100\%=89.47\%$

三、定置管理的原则及应注意的问题

1. 定置管理的原则

（1）定置必有图，即在开展定置管理时，必须有定置图来辅助进行。

（2）有图必有物，即要把生产现场存在的各种物品都反映在定置图上。

（3）有物必有区，即划区进行管理堆放，区域明确。

（4）有区必有牌，即发挥信息媒介的作用，让各区都有鲜明标志，并使信息标准化，标牌的颜色、规格、文字、数字的字体大小，全厂要统一规定。

（5）有牌必挂牌，即将同一类别的物品放在各自一定的区域内，按类存放，不能乱放，做到各就各位，并且不能占用通道。

（6）账（图）物必一致，即各类台账或定置图与实物一致。

2. 推行定置管理需注意的问题

（1）定置管理涉及面广，工作量大，领导必须重视，只有这样才能使这项工作发挥作用。如果把它视为是厂区卫生工作，当作是后勤部门的事，则定置管理工作是无法搞好的。

（2）定置管理要从班组抓起，班组是管理的基本单位，没有班组的积极性，就没有过硬的现场管理。

（3）推行定置管理，应从本企业的实际情况出发，不宜生搬硬套，不使用统一模式，目的是使生产中的人、物、场所实现科学合理的结合。

（4）推行定置管理要力求节俭，实行定置管理需要一定的资金条件，要量力而行。

（5）推行定置管理贵在坚持，它在技术和管理上并不是难度很大，但要长期坚持使职工养成习惯、成为自觉行动是比较难的。抓好这项工作不可能是一劳永逸的，必须常抓不懈。

第五节 目视管理

目视管理既是现场管理的内容之一，也是一种有效的定置管理方式。它可以直接观测定置管理的效果，对于改善生产环境、建立正常的生产秩序、调动并保护职工积极性、促进文明生产和安全生产，具有其他方式不可替代的作用。

（一）目视管理的概念及优点

目视管理是利用形象直观、色彩适宜和各种视觉感知信息来组织现场生产活动，以提高劳动生产率的一种管理工作。

同其他管理工作相比，目视管理具有独特之处：其一，它以视觉信号显示为基本手段，大家都能看得见；其二，它以公开化为基本原则，尽可能地将管理者的要求和意图让大家都看见，借以推动自主的管理及自我控制。所以，目视管理是一种以公开化和视觉显示为特征的管理方式，也可称之为“看得见的管理”。这种管理方式可以贯穿于现场管理的各个领域之中。

目视管理是一种很简单又很有效果的管理方法，其优点主要表现在以下几个方面：

1. 形象直观，简单方便，工作效率高

现场管理人员组织指挥生产，实质是在发布各种信息；操作工人有秩序地进行生产作

业，就是接受信息后采取行动的过程。在机器生产条件下，生产系统高速运转，要求信息传递和处理要快而准。如果与每个操作工人有关的信息都要由管理人员直接传达，那么不难想象，拥有成百上千工人的生产现场，将要配备多少管理人员。目视管理为解决这个问题找到了简捷之路。它告诉我们，迄今为止，操作工人接受信息最常用的感觉器官是眼、耳和神经末梢，其中又以利用视觉最为普遍。可以发出视觉信号的手段有仪表、电视、信号灯、标志牌、图表等，其特点是形象直观，容易认读和识别，简单方便。在有条件的岗位，充分利用视觉信号显示手段，可以迅速而准确地传递信息，无须管理人员现场指挥，即可有效地组织生产。

2. 透明度高，有利发挥激励与协调作用

实行目视管理，对生产作业的各种要求可以做到公开化。干什么、怎么干、干多少、什么时间干、在何处干等问题一目了然，这就有利于人们配合默契，互相监督，使违反劳动纪律的现象不容易隐藏。例如，根据不同车间和工种的特点，规定穿戴不同的工作服和工作帽，很容易使那些擅离职守、串岗聊天的人陷入众目睽睽之下，促其自我约束，逐渐养成良好的习惯。又如，有的企业实行了挂牌制度，单位经过考核，按优秀、良好、较差、劣等四个等级挂上不同颜色的臂章，不合格者无标志。这样，目视管理就能起到鼓励先进、鞭策后进的激励作用。总之，大机器生产既要求严格的管理，又需要培养人们自主管理、自我控制的习惯与能力，目视管理为此提供了有效的具体方式。

3. 能够科学地改善生产条件和环境

对于改善生产条件和环境，人们往往比较注意从物质技术方面着手，而忽视现场人员的生理、心理和社会因素产生的要求。例如，控制机器设备和生产流程的仪器、仪表必须配齐，要按照规定进行检修，这是加强现场管理不可缺少的物质技术条件。不过，如果要问哪种形状的刻度表容易认读，数字和字母的线条粗细、高低与宽窄的比例怎样才最好，白底黑字是否优于黑底白字等，人们对此一般考虑不多。然而这些却是降低误读率、减少事故所必须认真考虑的生理和心理需要。又如，谁都承认车间环境必须干净整洁。但是，不同车间(如机加工车间和热处理车间)其墙壁是否均应“四白落地”，还是采用不同颜色？什么颜色最适宜？诸如此类的色彩问题也同人们的生理、心理和社会特征有关。目视管理的长处就在于，它十分重视综合运用管理学、生理学、心理学和社会学等多学科的研究成果，能够比较科学、完善地改善同现场人员视觉感知有关的各种环境因素，使之既符合现代技术要求，又适应人们的生理和心理特点，产生良好的生理和心理效应，调动并保护工人的生产积极性。

(二) 目视管理的内容

目视管理作为问题暴露的道具，它可用于对物品、作业、设备、质量、安全等多方面的管理。其内容如下：

1. 物品的目视管理

物品的目视管理是对工装夹具、计量仪器、设备的备用零件、能源消耗品、原材料、在制品、成品等各种物品进行管理。目视管理的目标就是知道“什么物品、在哪里、有多少”及“必要的时候，必要的物品，无论何时都能快速地放入或取出”。

为了达到上述目标，进行目视管理时首先要明确各物品的不同名称和用途，用一定的分类标志加以标示，如用各种带颜色的标示物、标示牌；其次决定物品的放置场所，可采用红、绿、黄等区域线加以区分；再次考虑物品的放置方法，要方便放入和取出，符合先入先出的原则；最后还要标志出每一种物品的合理数量，尽量使生产现场既保存足够的数量又防止缺货。做出一系列标示后，就可以使生产现场物品的状况一目了然、一清二楚。

2. 作业的目视管理

通过作业的目视管理，要能容易地明白各作业的运行状态及是否有异常情况发生。作业的目视管理要注意：第一，了解作业计划进度，可利用一些图表或管理模板来检查实际进度与计划是否一致；第二，检查作业是否按要求正确地实施；第三，让异常及时显示出来，可安装异常警示灯等工具来帮助发现异常。

3. 设备的目视管理

设备的目视管理是以能够正确地、高效地实施清扫、加油、紧固等日常保养工作为目的，以求达到设备的“零故障”目标。设备的目视管理要做到：①清楚明了地表示出应该进行维护保养的机能部位（如管道、阀门）；②清楚明了地表示出设备是否正常运转、供给（如在排气扇上绑一根小飘带或小饰物）；③能迅速发现发热异常；④使驱动装置始终处于看得见的状态之中；⑤标示出计量仪器类的正常范围和异常范围。

4. 质量的目视管理

质量的目视管理可有效地防止一些人为影响因素，提高产品质量。可以将产品按合格品与不合格品分开摆放，用颜色加以区分，合格还是不合格一看颜色就知道了，如绿色区域表示合格品，红色区域表示不合格品。

5. 安全的目视管理

安全的目视管理是将不安全的事、物予以暴露，刺激人的视觉，提高人的安全意识，防止事故、灾难的发生。安全的目视管理要做到：用荧光色或油漆的方式来表现高低、凸起之处，车间或仓库间的交叉、转弯之处要用一定的字样或指示灯标注，一些设备、设施不能轻易触及的要加以标示，在危险品（或危险处）要用法律（或专业）规定的醒目标志表示出来。

（三）目视管理的方法和形式

1. 生产任务和完成情况要公开化、图表化

现场是协作劳动的场所，因此，凡是需要大家共同完成的任务都应公布。计划指标要定期层层分解，按车间、班组和个人落实，并列表张贴在墙上；实际完成情况也要相应地按期公布，并用图表法，使大家看出各项计划指标完成中的问题和发展趋势，以促使整个集体和个人都能按质按量按期完成各自的任务。

2. 规章制度要公布于众，展示清楚

为了维护统一的组织和严格的纪律，保持大工业生产所要求的连续性、比例性和节奏性，提高劳动生产率，实现安全生产和文明生产，与现场工人密切相关的规章制度、标准、定额等都需要公布于众；与岗位工人直接有关的部分应分别展示在岗位上，如岗位责任制、操作程序图、工艺卡片等，并要始终保护完整、齐全、正确和洁净。

3. 与定置管理相结合，落实定置设计

在定置管理中，为了消除物品混放和误置，必须有完善而准确的信息显示，包括标志线、标志牌和标志色。因此，目视管理在这里便自然而然地与定置管理融为一体。它应按定置设计的要求，采用清晰的、标准化的信息显示符号，将各种区域、通道、各种物品的摆放

位置鲜明地标示出来；机器设备和各种辅助器具（如料架、工具箱、工位器具、生活柜等）均应运用标准颜色，不得任意涂抹。

4. 生产作业控制手段要形象直观、使用方便

为了有效地进行生产作业控制，使每个生产环节、每道工序都能严格按照期量标准进行生产，杜绝过量生产、过量储备，要采用与现场工作状况相适应的、简便实用的信息传导方法，以便在后道工序发生故障或由于其他原因停止生产，不需要前道工序供应在制品时，操作人员看到信号，能及时停止投入。例如，“看板”就是一种能起到这种作用的信息传导手段。各生产环节和工种之间的联络也要设立方便实用的信息传导信号，以尽量减少工时损失，提高生产的连续性。例如，在机器设备上安装红灯，在流水线上配置工位故障显示屏，一旦发生停机即可发出信号，巡回检测工看到后就会及时前来修理。

生产作业控制除了期量控制外，还有质量和成本控制，也要贯彻目视管理的要求。例如，质量控制要求在各质量管理点要有质量控制图，以便清楚地显示质量波动状况，及时发现异常，及时处理。车间要利用板报形式，将“不良品统计报告”公布于众，当天出现的废品要陈列在展示台上，由有关人员会诊分析，确定改进措施，防止再度发生。

5. 现场各种物品的码放和运送要标准化

物品码放和运送的标准化有助于过目知数。例如，各种物品实行“五五摆放”，各类工位器具（包括箱、盒、盘、小车等）均应按规定的标准数量盛装，这样，操作、搬运和检验人员清点数量既方便又准确。

6. 统一规定现场人员的着装，实行挂牌制度

现场人员的着装不仅起劳动保护的作用，在机器生产条件下，也是正规化、标准化的内容之一。它可以体现职工队伍的优良素养，显示企业内部不同单位、工种和职务之间的区别，因而还具有一定的心理作用，使人产生归属感、荣誉感、责任心等，对于组织指挥生产也可创造一定的方便条件。

挂牌制度包括单位挂牌和个人佩带标志。按照企业内部各种检查评比制度，将那些与实现企业战略任务和目标有重要关系的考评项目的结果，以形象化、直观化的方式给单位挂牌，能够激励先进单位更上一层楼，鞭策后进单位奋起直追。个人佩带标志，如胸章、胸标、臂章等的作用同着装类似。另外，还可同考评相结合，给人以压力和动力，达到催人进取、推动工作的目的。

7. 现场的各种色彩运用要实行标准化

色彩是现场管理常用的一种视觉信号，目视管理要求科学、合理、巧妙地运用色彩，并实行统一标准化管理，不允许随意涂抹。

第六节 现场安全管理

安全生产的基本含义是生产必须注意安全的完整概念，离开了安全就不能正常进行生产。生产在生产现场中具有重要的“生命”地位，安全才能促进生产，安全与生产是不可分割的，离开了生产去讲安全没有任何意义。

安全生产管理是为了预防和消除生产过程中的工伤事故、职工中毒与职业病、燃烧与爆

炸、工程倒塌等而采取的组织措施和技术措施，是企业发展生产的必要保障。

一、现场安全生产特点

1. 预防性

安全工作必须树立“预防为主”的思想，必须把安全生产工作做在发生事故之前，尽一切努力来杜绝事故的发生。预防性是安全生产工作极为显著的特点。

2. 长期性

任何企业只要生产活动还在进行，就有不安全的因素存在，就必须做好安全工作。长期性的特点决定了安全生产是一项长期的、经常的、艰苦细致的工作。

3. 科学性

安全工作有它的规律性，各种安全制度、规章都是实践经验的总结。安全生产工作具有科学性的特点，随着社会化大生产的发展和科学技术的发展，已越来越明显了。为此，只有不断学习有关安全的科学知识，采取科学的预防措施，才能掌握安全生产的主动权。

4. 群众性

安全生产是一项与广大劳动群众切身利益密切相关的工作，具有极为明显的群众性特点。所以，安全生产必须建立在广泛的群众基础上，只有人人重视安全，安全才有保障。

二、现场安全生产的任务

安全生产管理的任务就是在国家安全生产法规政策的指导下，正确认识和分析生产过程中所存在的不安全因素，发挥人的主观能动性和创造精神，在组织上和技术上采取综合措施，消除不安全因素，从而既保证完成生产任务，又保证人的安全与健康。

现场安全生产的具体任务如下：①贯彻执行国家有关劳动保护与安全生产的方针政策、法律条例、规章制度，组织和检查生产中的安全工作；②根据本企业的情况，制定现场安全生产制度和安全操作规程；③建立各级、各部门安全生产责任制，对现场全体职工，尤其是全体操作人员进行安全生产知识教育和安全技术培训，牢固树立安全生产思想，不断提高企业的安全技术素质；④编制和审定现场安全技术措施，并促进有关岗位、班组贯彻执行；⑤对现场一切生产活动进行安全检查，包括综合性检查、季节性检查和经常性检查，针对生产中的不安全因素，研究并采取有效措施，消除生产中的不安全因素，防止安全事故发生；⑥实事求是地统计安全事故伤亡情况，及时上报政府安全生产管理部门，并认真调查事故原因，采取有效措施妥善处理。

三、安全生产管理的内容

1. 现场安全技术管理

安全技术管理是指在生产过程中，为了防止与消除伤亡事故和保护职工安全而采取的各种技术措施和组织措施。它的主要内容一般包括以下几个方面：

（1）机器设备的安全管理。机器设备的安全主要是避免机器设备在使用过程中发生事故，伤害工人。为此，凡是暴露在机器外部的传动带、齿轮、飞轮等危险部分，都要安装保护装置；机器的转动摩擦部分，都要有自动加油装置和冷却装置等。同时，还要加强机器设备的检查、保养、维修，以切实保证机器设备的安全。

（2）电器设备的安全管理。电器设备的安全主要是保障电器设备的安全运转，防止火灾和触电事故。为此，电器设备都要有可熔保险器和自动开关；电动工具在使用前必须采取保护性接地措施，要有良好的绝缘性，接线处或其他明露的接线点要用护罩保护好；高压线路经过的地方必须有安全设施和警告标志等。

（3）动力锅炉的安全管理。动力锅炉的安全主要是防止锅炉爆炸事故。为此，每个锅炉都要装有准确有效的压力表、水位表和安全阀；要加强动力锅炉的保养和维修，采取硬水软化的措施，防止水垢的产生和加强水垢的清理工作。

（4）建筑企业的安全管理。建筑企业的安全主要包括建筑工程安全和工地临时设施安全两个方面。建筑工程的安全最主要的是防止坍塌事故的发生，其中包括土方坍塌、脚手架坍塌，以及模板、楼板的塌落，应采取各种必要的措施和编制严密的施工方案来防止坍塌事故的发生。工地的临时设施包括生产、生活、办公用的各种临时设施，要有足够的强度和稳定性，保证坚固、安全。

2. 现场工业卫生管理

工业卫生管理是指在生产中，为了改善劳动条件，避免有毒有害物质危害职工健康，防止发生职业中毒和职业病而采取的技术措施和组织措施。它主要是解决对职工身体健康有威胁的问题，是重要的安全管理内容。职工在从事生产活动过程中，生产工艺过程、劳动过程及外界环境的各种因素对劳动者肌体的机能状态和健康水平可能产生一定的影响，所有这些因素统称为“职业因素”。当职业因素对劳动者的健康和劳动能力产生一定毒害作用时，就称为“职业毒害”。由职业毒害所引起的疾病称为“职业病”。职业毒害的种类随着生产技术的发展而不断增加，但也随着科学技术的发展而逐渐被人们所认识，并加以控制和消灭。目前所知的主要职业毒害，按其特性可分为以下几种情况。

（1）与生产过程有关的毒害。

①化学因素及物理化学因素引起的职业病，这是职业病防治的重点。其因素主要有：生产性毒物，如铅、汞、苯、砷、磷、酚、氯、有机碱、氮氧化合物及硫的化合物等；生产性粉尘，如矽尘、煤尘、石棉尘及金属粉尘等；放射性元素，如铀等。

②引起职业病的物理因素主要是：不良气象条件，如高温、高湿及烈日下的劳动作业；不正常的气压；电磁辐射，如红外线、紫外线；电离辐射（X 射线）；噪声、震动等。

③生物学因素引起的职业病主要指某些微生物病或寄生虫病等。

（2）与劳动过程有关的职业毒害主要包括：过长的作业时间，过大的作业强度，不合理的劳动制度及不合理的劳动组织。

（3）与作业场所的卫生条件、卫生技术及生产工艺设备的缺陷有关的毒害主要包括：废料、垃圾未及时处理；缺少通风、采暖设备；缺少防尘、防毒、防暑的各项设备，或设备不完善；照明有缺陷；安全防护设备有缺陷。

（4）预防职业病和职业毒害的措施。

①改组生产与改进工艺过程。例如，将产生有害物质的生产集中在一起，则可缩小影响范围，也便于集中力量加以解决。改进工艺过程就是改革生产技术和改进生产加工方法，从而消除卫生上的不利因素。

②开展爱国卫生运动，搞好工地的整洁卫生。在建筑工地开展爱国卫生运动不仅能改善一般卫生条件，而且可以减少有害物质的污染。

③加强个人防护。加强个人防护是预防职业病的重要辅助措施，应根据需要配备个人防护用品，如使用防护衣、手套、鞋、口罩、帽、眼镜等，以防止有害物质进入体内。

④加强医疗预防措施。加强医疗预防措施对于慢性病与多发病的防治，以及职业中毒的早期发现、早期诊断、早期治疗、及时处理、及时预防均有重要意义。

⑤体育运动预防措施。例如，参加工间操及各种体育活动可以增强职工体质，从而提高肌体对疾病的抵抗能力，对于预防职业病有着十分重要的意义。

3. 现场劳动保护

职工的安全和健康不仅同安全技术和工业卫生方面的问题有关，也同劳动保护制度有关。劳动保护是安全生产的重要保障条件，如果劳动保护制度不健全，同样会引起劳动者过度疲劳，损害劳动者健康和导致伤亡事故的发生。因此，建立和执行正确的劳动保护制度是劳动保护的一项重要内容。概括来说，劳动保护制度主要包括以下两个方面：

（1）生产行政管理制度，如安全生产责任制度、安全教育制度、安全生产的监督检查制度、工伤事故分析处理制度、加班加点审批制度、卫生保健制度、劳动用品发放制度等。

（2）生产技术管理制度，如安全技术规程、安全技术操作规程、安全生产工作条例及设备维护检修制度等。

四、安全生产管理的关键环节

1. 建立安全生产责任制

安全生产责任制是企业现场岗位责任制的一个重要组成部分，是安全生产管理的一项基本制度。它把安全与生产从组织领导上统一起来，把“管生产必须管安全”的原则从制度上固定下来，明确规定了企业各级领导和全体职工在生产中各自应负的安全责任。其中，企业生产部门和现场各级领导对本单位安全工作负总的责任；各级工程技术人员、职能科室和生产工人在各自的职责范围内对安全工作应负相应的具体责任。

（1）安全生产责任制对领导的要求。经常分析研究本单位的安全生产情况，找出问题，对症下药，及时解决；把安全生产作为安排、检查、评比、总结生产工作的一项重要内容，领导要带头抓好安全生产工作；企业发生重大事故时不仅要及时上报，更要组织各部门和生产工人认真分析事故的原因，总结教训，制定防范措施，提高对安全生产的认识，改进工作。

（2）对其他职能部门和现场管理人员的要求。政工部门要围绕安全生产方面存在的问题积极开展思想政治工作；技术部门要搞好安全技术工作，预防工伤事故的发生；人保部门要搞好安全防火工作，杜绝火灾、爆炸事故的发生，严防不法分子的破坏。

（3）对现场职工的要求。要提高警惕，防止事故；自觉遵守规章制度和劳动纪律，禁止违章操作；爱护和正确使用机器设备、工具和个人劳保用品；积极参加有关安全生产的各项活动等等。

2. 加强安全生产教育

安全生产教育是帮助职工正确认识安全生产的重要性，增强职工实现安全生产的责任心和自觉性，更好地掌握安全生产科学知识，提高安全操作水平，保证安全生产的重要工作。一般来说，安全生产教育的内容主要包括以下方面：

（1）思想政治教育。思想政治教育包括三个方面：一是思想教育，教育职工提高对安全生产的认识，正确处理安全和生产的关系，自觉搞好安全生产；二是劳动纪律教育，教育职工严格遵守劳动纪律；三是劳动保护政策和制度教育，教育职工了解劳动保护政策和有关制度，认真贯彻执行，保证安全生产。

（2）安全技术知识教育。安全技术知识教育主要包括生产技术知识教育、安全技术知识教育和专业安全技术知识教育、典型经验和事故教育等方面。

①生产技术知识教育的主要内容包括：企业基本生产概况，施工技术过程，各工种作业方法，各种机械设备的性能及其基本知识，工人在生产中积累的操作技能和经验，以及建筑工程类型、结构等基本知识。

②安全技术知识教育的主要内容包括：危险设备、区域及其安全防护基本知识，有关电器设备的基本安全知识，起重机械和现场运输的有关安全知识，高层建筑施工和“洞口”“临边”作业的安全防护知识，有毒有害物质的安全防护基本知识，一般消防制度和规则，个人防护用品的正确使用知识等。

③专业安全技术知识教育的主要内容包括：工业卫生技术知识和专业的安全技术操作规程、制度，如锅炉、起重机械、电气、焊接、防爆、防尘、防毒、噪声控制等。

典型经验和事故教育是用安全生产的先进经验和发生的典型事故进行教育，可以使职工从正反两方面的对比中深刻认识安全生产的重要性，推动安全生产工作的深入开展。

（3）安全生产教育的形式和方法。安全生产教育的形式和方法主要有三级教育、特殊工种专门训练、各级生产管理人员培训、经常性安全教育等。

①三级教育。第一级是入厂教育，即对新入厂的工人或调动工作的工人，在没有分配到工区或工作地点之前所进行的初步安全生产教育；第二级是工区（车间）教育，即对新工人或调动工作的工人分配到工区（车间）以后所进行的安全教育；第三级是岗位教育，即对新工人或调动工作的工人到固定工作岗位开始工作以前所进行的安全教育。

②特殊工种专门训练。如电气、起重、锅炉等操作工人必须进行专门的安全操作技术训练，经过严格的考试，取得合格证后，才能准许操作。

③各级生产管理人员培训。通过培训，提高各级生产管理人员对安全生产的认识和责任感，杜绝违章指挥，加强安全管理。

④经常性安全教育。主要有安全活动日教育、班前班后会安全教育、安全会议、安全技术交底、节日前后安全教育和季节性安全教育等。

3. 强化现场文明生产

企业现场文明生产包括三个基本方面，即文明的人、文明的管理和文明的环境。这三个方面相互联系、不可分割，因为只有文明的人实现文明的管理、创造文明的环境，才能实现文明的生产。

（1）文明的人是指那些有理想、有职业道德、有文化知识，能够自觉遵守纪律的生产者和管理者。作为文明的人，应具备以下三个条件：①要具有强烈的事业心和高度的责任感，积极工作，维护企业的利益，能够团结同事，密切协作，敢于同不文明的现象作斗争；②要具有科学技术知识和科学管理知识，掌握本岗位工作“应知应会”的内容，具有完成本岗位工作的技能，能够尽职尽责；③要有良好的作风，做到“三老”“四严”“四个一样”。“三老”是指对待岗位工作时要当老实人，说老实话，做老实事；“四严”是指对待工作要有严格的要求、严密的组织、严肃的态度、严明的纪律；“四个一样”是指工作中要认真做到夜班和白班一个样，坏天气和好天气一个样，领导不在场和在场一个样，没有人检查和有人检查一个样。

（2）文明的管理有两个方面的要求：一是管理的科学化，即在科学的管理理论指导下，运用科学的方法和手段进行管理；二是管理的民主化，即要实现民主的管理，充分发挥职工的积极性和创造性。

（3）文明的环境就是严格按照预先设计好的现场平面布置图堆放材料、构件和搭设临时设施，做到工完料尽，保持现场整洁。一切进入现场的车辆必须按照规定的路线行驶，不准随意停放。现场的排水渠道要保持畅通，雨期、冬季施工要有相应的技术措施。夜间生产时现场要有足够的照明。危险作业区要有可靠的防护设施和明显的警戒标志。消除施工现场的粉尘、噪声，防止污染和作业区的相互干扰，为生产施工提供安全、有序、整洁的作业环境。

第七节　生产现场诊断

优化生产现场管理，首先要发现问题，提出改进的目标，然后对症下药，提出相应的改进措施，为此需要进行生产现场管理的诊断。

一、现状和问题的调查研究

深入进行调查研究，掌握生产现场管理的现状和问题是确定现场管理优化方向和措施的前提。生产现场管理诊断的调查方法主要有现场观察，同企业各级领导人面谈，请员工填写意见调查表等。

（一）现场观察

现场观察就是到生产现场进行实地观察、询问，以调查了解生产现场管理的现状和存在的问题。主要包括以下方面：

1. 安全文明生产

安全文明生产包括企业环境卫生、厂容、车间和工作地的整洁，各种物品的定置情况，安全设施和安全规章的执行情况，有无“跑、冒、滴、漏”情况等。

2. 目视管理

生产现场目视管理主要指岗位责任制的公布，工作任务和完成情况的公布，作业规程和标准的公布，定置图的公布，各种物品的彩色标志，安全生产的标志，人员着装的情况等。

3. 劳动条件

生产现场劳动条件主要指照明、粉尘、温湿度、噪音、通风和劳动强度等。

4. 工艺和质量

工艺和质量主要指生产工艺的机械化和自动化水平，产品或零部件的工艺技术精度和难度，产品或零部件的成品率和返修率，有无工艺文件、检验标准及其执行的严格程度和变动程度，操作人员的技术水平和熟练程度，工序质量控制点的管理状况等。

5. 物流管理

物流管理主要指采用何种生产的空间组织形式，设备布置的合理性，物流路线和运输路线是否合理等。

6. 作业计划和调度

作业计划和调度主要指有无分车间的月、旬、周短期进度计划，作业计划下达的及时性，生产均衡率、配套率，有哪些期量标准及执行的严格程度，计划变动的频繁程度，调度制度及调度的权威性等。

7. 设备管理

设备管理主要指设备的新度、精度以及对产品质量和任务的保证程度，通过现场设备的使用、停放、维修、润滑和擦洗等判断设备的使用、保养和抢修的状况与质量等。

8. 工艺装备

工艺装备主要指工具、量具、模具、夹具的装备数量和复杂程度，能否保证产品质量的需要，工位器具的装备和使用情况，工具箱的管理，模具库的管理，搬运活性系数的大小等。

9. 劳动组织

劳动组织主要指作业班组的规模（平均人数），作业组的形式，维修、电工和搬运等辅助作业组的组织方法，开工班次，轮班组织形式，各班人员配备的均衡程度及服务工作等。

10. 定额管理

定额管理主要指有无明确的岗位定员、工时定额、材料消耗定额和资金占用定额等，定额水平的高低，定额的实际使用情况及超额的平均水平等。

11. 员工工作热情

员工工作热情指操作者的性别、年龄与生产技术要求是否一致，员工的精神状态、劳动热情、效率和工作紧张程度，生产现场劳动纪律的遵守状况。利用瞬时观察法可概略估算现场人员的工时利用水平。

12. 设备开工率

设备开工率是指利用瞬时观察法概略估算设备的大体开工率。

13. 搬运

搬运主要指观察了解生产中的搬运工具、方法、道路、批量和人员等合理程度。

14. 在制品管理

在制品管理主要指车间在制品的质量、数量及检验方法，合格品、次品的堆放与隔离，在制品的堆放位置、方法、数量和转移手续。

15. 仓库管理

仓库管理主要指原材料、半成品和产成品在库房的存放数量、方法、位置和分处隔离状况，物品出入库手续和存放条件是否合适，物料和台账及卡是否齐全等。

16. 生活设施

生活设施主要指了解车间的休息室、衣帽柜设施状况，企业食堂、澡堂和交通车等条件及其对员工生产、生活的影响程度。

现场管理的调查应把定性分析和定量分析结合起来。通过上述各个方面的调查，可以对各个方面的工作做出定性的判断。在此基础上采用简便实用的定量计算方法，将各个分项调查的判断综合起来，做出对生产现场管理的综合评价。有了综合评价，就可以对各车间、各单位进行横向的比较。

下面介绍一种填写现场调查记录卡的方法（见表8-2），它是一种简便的定量调查方法。表8-2列出了现场管理16个方面的内容。调查人员在调查过程中就每一个方面分别打分。打分的方法一般采用5分制，即最差为1分，一般为2分，较好为3分，很好为4分，最优为5分。然后根据这16个方面在生产现场管理中的重要程度，分别规定其加权系数（比重系数），在表中用Z表示。表中的N表示企业中生产现场单位数，X表示每项的评分得数。利用此表，可以对各生产现场管理综合水平做出定量比较，即用各生产现场（车间）得分小计进行比较；还可以就现场管理和各项工作在各车间进行比较，即各车间水平同全厂综合水平（各车间的平均值）进行比较，从而可以看出各车间水平是处在平均水平之下还是在平均水平之上。

当有多人参加调查时，表8-2可以由每个调查人员分别填写一张，然后将各人的记录卡汇总起来，求出平均值，即为所有参加调查人员的总评价。这样做可以在一定程度上消除个人主观因素差异的影响。

表8-2 现场调查记录卡

序号	项 目	比重系数（Z）	得分值（X）	得分小计（$\sum X$）	加权得分（$Z\sum X$）	平均总分
1	安全文明生产					
2	目视管理					
3	劳动条件					
4	工艺和质量					
5	物料管理					
6	作业计划和调度					
7	设备管理					
8	工艺装备					
9	劳动组织					
10	定额管理					
11	员工工作热情					
12	设备开工率					
13	搬运					
14	在制品管理					
15	仓库管理					
16	生活设施					
小计						

（二）同企业领导人面谈

个别谈话是一种重要的调查研究方法，它侧重于定性调查，有利于揭示事物现象深层次原因及各现象之间的内在联系。这种方法就是调查人员邀请企业厂部、车间以及同生产现场管理关系密切的各方面管理人员，围绕生产现场管理存在的问题和解决这些问题的措施，谈谈个人的看法。谈话一般都是个别进行，访谈前应拟定提纲，并通知谈话者，使之有所准备。提纲一般包括两个方面的内容：一是共同性的问题，它对各级管理人员都适用；二是同谈话人身份有关的专业性问题。

1. 共同性的问题

（1）根据行业的特点和现状，你认为本企业（或本车间）生产现场管理现在达到何种水平？是国内先进水平、中等水平还是较差水平？

（2）你认为本企业（或本车间）的生产现场管理在哪些方面还存在着差距？具体表现在哪里？优化现场管理上要应当抓什么工作？

2. 专业性问题

应根据领导人分管专业的不同而分别拟定。

（1）同车间主任谈话：

①你认为本车间在作业管理上存在的主要问题是什么？原因何在？如何改善？

②你认为本车间在文明生产和安全生产方面存在的主要问题是什么？应如何改进？

③你认为厂部各职能科室在为生产现场管理服务方面做得如何？存在什么问题？哪些亟待改进？

（2）同生产计划科长谈话：

①请介绍各车间生产作业计划的编制方法存在什么问题？应如何改进？

②企业及各车间的生产均衡性和配套率水平如何？改进的目标及措施是什么？

③企业及各车间的生产调度工作如何？在作业统计、中间库管理、调度指挥等方面存在哪些问题？改进的措施是什么？

（3）同质量管理科长谈话：

①本企业在质量管理方面建立了哪些规章制度？贯彻执行情况如何？应如何改进？

②企业员工和领导层的质量意识如何？存在什么问题？如何改善？

③本企业产品检验系统的组织机构人员素质如何？废品率、返修率等质量工作指标的现状如何？

（4）同设备动力科长谈话：

①请介绍本企业设备综合管理各项规章制度贯彻的情况存在什么问题？应如何改善？

②本企业设备的技术状况、役龄状况以及适应生产的程度如何？

③本企业煤、电、油和水的消耗现状是什么？与同行业企业相比有何差距？如何改善？

与其他方面管理人员的谈话提纲可依此拟定。

（三）员工意见调查

员工意见调查是运用科学的方法，在较短的时间内，了解员工对企业管理的意见、问题、愿望和要求。在现场管理调查中，采用员工意见调查与上述同管理人员面谈的调查方法结合起来，有利于更好地弄清现场管理的现状和问题。

员工意见调查属于抽样调查，调查的人数视企业总人数而定，一般占全企业总人数的5%~20%。原则上，每个车间、班组以及同生产现场管理关系密切的各个科室的各类不同专业人员都要有1~2人参加，并填写调查表。调查表不记姓名，但要注明填表人所在单位、职务、性别、年龄和文化程度等，以便进行分析。

（四）生产现场管理的评价标准

有些行业（或部门、地区）为了比较客观地评价和确定生产现场的实际管理水平，制定了统一的评价标准。有了这个标准，不仅可以比较客观、准确地评价生产现场管理目前所处的水平，还可以明确与先进管理水平的差距，找到优化现场管理的方向。

1. 普及型

以整齐、清洁、安全和优美的目标水平为主，要求一般企业达到此型标准，作为提高现场管理水平的第一步。

2. 先进型

以现场要素的初步优化组合为主，要求先进企业达到此型标准，作为提高现场管理水平的第二步。

3. 优化型

以现场要素的最优组合、具有现代化水平为主，要求一流企业达到此型标准，作为提高现场管理水平的第三步。

这一标准的具体评价方法是：

（1）按每一项指标分别评定，符合标准的为合格项，不符合的为不合格项。每一指标必须“三型”都进行判定。如先进型判为合格项，则前一级的普及型也判为合格项；如优化型判为合格项，则前两个等级也要判为合格项。如前一个等级判为不合格项，后一个等级也必然判为不合格项（例如先进型判为不合格，则优化型当然也被判为不合格）。

（2）每一型必须有 85%以上的指标合格，才算此型合格。合格指标总数＝评价指标总数×85%。

（3）取达到合格型中较高的一型作为现场管理的定型，如普及型、先进型都合格，则定为先进型。

（4）为了突出重点，每型中应确定单项否决项目，此项不合格者不能定型。

二、系统分析

通过调查研究，了解和掌握了生产现场管理的各个方面及其总体水平，找到同先进管理水平的差距后，该如何进行改善、优化，这就需要运用系统分析方法，对各个问题点及其相互之间的内在联系，进行深入地分析，找出主要矛盾和解决矛盾的关键性措施。

（一）系统分析的特点

系统分析就是为了指挥系统的整体功能，实现系统的目标，运用逻辑的方法，对系统加以详细地分析、比较、考察和试验，从而拟订一套经济有效的处理步骤或程序，或对原有系统提出改进方案的过程。系统分析是研究事物现象的一种方法和对策。在若干既定目标条件下，分析构成该事物（现象）组成部分的功能及其相互关系，寻求发挥系统整体功能的最佳对策或方案。

系统分析方法的主要特点是：

（1）以整体效益为目标。系统分析必须考虑系统整体的最高效益，不能局限于个别子系统的效益，更不能顾此失彼。

（2）以问题为重点。系统分析必须以能求得特定问题的最佳解决方案为重点。

（3）运用科学的计量方法。不能单凭想象、臆断、经验或直觉下判断、做结论。

（4）凭借价值进行判断。决定和选择最佳方案时要以价值为依据。

（二）运用系统分析方法优化现场管理的实例

例如，某减速机生产企业一车间运用系统分析方法优化现场管理，取得了良好效果，成为机械电子系统的一个先进典型。该企业的具体做法是：

1. 从系统调查入手

该企业将生产现场管理划分为6个子系统进行调查，找出问题。

（1）工艺管理子系统的调查，分以下3个环节进行：

一是执行环节。企业确定的工艺执行率为95%，车间执行情况最差的为87%，两者相差8%。据对这8%进行调查，分析归纳出11个问题。其中有：人与操作方法方面的问题6个，设备问题3个，材料问题2个。

二是管理环节。调查中发现存在4对矛盾不好解决：其一为工艺要求与生产任务之间的矛盾，表现为工艺人员同生产管理人员之间的矛盾；其二是工艺要求与现有设备水平、材料质量之间的矛盾，这个问题实际上已超出了工艺人员的权限；其三为上下认识不一致的矛盾，只是工艺人员在抓，班组长和操作人员缺乏认识；其四是检查问题与解决问题之间的矛盾，只是查出问题而不能有效地解决问题。总的来看，问题关键在于执法不严，职责不清，结合不佳，缺乏标准。

三是立法环节。调查中发现工艺要求有10处不利于实际操作，其原因有3条：生产条件变了，工艺未能及时修正；工艺制定脱离现场实际；新工艺确立不及时。

归纳起来，工艺管理子系统共查出3个方面的25个问题。

（2）质量管理子系统的调查。围绕提高质量，对全车间17道工序逐项调查，查出问题91个。其中属于车间自己能解决的问题41个，占45%；属于需同工艺、检验和设备部门配合解决的问题29个，占32%；需要其他有关部门解决的问题21个，占23%。

（3）生产管理子系统的调查，分别按准备、加工和产出3部分共17个环节进行调查。

①生产前准备阶段：分别对计划能力、材料准备、计划进料和材料保管4个环节进行调查；②加工阶段：分别对调度、计划考校、加工顺序、统计核算、费用考核、设备维修、安全生产、质量管理和工艺管理9个环节进行调查；③产出阶段：对入库结算、在制品储备、盘点统计和资金分配4个环节进行调查。

3个阶段共查出47个问题。经分类，其中属于管理型问题21个，占45%，这些问题里又有12个属于需要与相关部门配合解决的；属于厂技术型问题9个，占19%；属于习惯型问题10个，占21%；其他问题7个，占15%。

（4）设备管理子系统的调查。在调查中归纳出4个因素：设备完好率未达标、设备维修率过高、部分设备精度欠佳、操作人员对设备基础知识掌握差。这4个因素共查出问题47个，其中属于管理型的问题21个，占45%；属于突击操作造成的问题11个，占23%；属于设备本身的问题9个，占19%；其他问题7个，占5%。

（5）资金管理子系统的调查。从材料费用、可变费用和工时利用率3方面入手，共查出问题21个，全部属于管理问题。

（6）思想政治工作子系统的调查。调查是围绕政治、经济工作一体化的问题，即思想政治工作的保证作用来进行的。共归纳出党的建设、员工教育、班组管理 3 方面共 26 个问题。

另外，各子系统之间相互衔接不好而产生的其他问题共 8 个。

2. 对查出的问题进行分类排队和深入分析

（1）对查出的 256 个问题分别进行纵向分类和横向分类（见表 8-3 和表 8-4）。

表 8-3 纵向分类

项目	件数	占总件数的比例（%）
管理方面	92	36
技术方面	35	14
基础方面	28	11
人的因素	79	31
其他	22	8
累计	256	100

表 8-4 横向分类

项目	件数	占总件数的比例（%）
车间问题	63	25
相关问题	128	50
科室问题	40	16
外部影响问题	25	9
累计	256	100

（2）在分类排队的基础上，进行以下 4 个方面的分析：

①对查出的问题进行 ABC 分析。从纵向分类表看，属于 A 类的是人的因素和管理方面的问题；从横向分类表看，属于 A 类的是相关问题。由此可以得出两点结论：一是在众多的问题中，管理方面的问题是重点，具有相关性质的问题是主要方面，这就要求领导者把工作的重点放在管理方面，同时要树立整体意识去认识和解决问题；二是提高现场管理水平的关键在于人员管理。

②通过对问题的分析和筛选，进一步明确问题的关键所在。上述分析表明，重点问题是人的因素和管理问题。对这两个重点问题进一步分析和筛选，就可以找出问题的关键所在。在管理方面的 92 个问题中，应该重点抓好 3 个关键点：

其一，要解决职责不清、标准不明，尤其是各专业管理协调和接口处的标准不健全，或有一定的职责标准但缺乏执行考核的问题。

其二，要解决对物流的控制问题，主要原因在于对信息流缺乏一套科学的管理手段。

其三，要解决车间管理与各职能部门的衔接问题。

在人的因素方面的 79 个问题中，应该突出地抓好 4 个关键点：

第一，要解决现场人员事业心、责任心问题，这是做好一切工作的根本。

第二，要抓技术、业务素质的提高，想方设法增强员工搞好工作的本领。

第三，要解决有章不循的问题，强调合理的制约。

第四，要关心员工生活，增强凝聚力，减少逆反心理。

③对管理各子系统之间的关系进行分析。通过分析、摸索经验，该厂认为各专业管理子系统之间的关系是：在现场管理这个系统中，生产管理是主干线，离开它，其他管理工作将失去存在的意义；质量管理是各项管理的落脚点；工艺管理则是现场管理的基础；设备管理是现场管理的重要组成部分；安全管理是现场管理的一大前提；思想政治工作则起保证作用，它将调动人的积极性，推动各项管理工作的顺利开展。通过分析，抓住了主要矛盾，确立了现场管理系统优化的模型。

④对人员素质进行分析。由于人的因素是关键因素，有必要将这个问题作为重点进一步进行分析。

首先，对车间管理人员和班组长的分析表明，现有管理人员 16 名，班组长 17 名，其中经过专业培训、具有中专以上水平的仅 8 名，占 24%，他们大部分从事技术工作；余下的 25 人占 76%，只具有初中文化水平，没有受过专业培训，而他们分别担任生产、设备、安全和班组等管理工作。由此可见，车间的工艺和质量管理比较得力，而生产、设备管理却是薄弱环节。这 76%的人员既是培训的重点，又是车间管理潜力之所在。

其次，对员工队伍素质的分析。这几年员工队伍的文化素质有所提高，但从总体来看仍不能适应生产发展的需要，必须大力进行系统的、有针对性的教育培训。

（3）确定系统优化的方针和目标。在多层次深入分析的基础上，围绕关键问题，该车间提出现场管理系统优化的总方针是：以提高投入产出一次合格率为重点，以工艺为突破口，以人的管理为中心，旨在提高现场管理的整体功能。根据这个总方针，该车间提出了目标体系，包括长远目标和当前目标。现场管理的长远目标体系就是创一流车间的“六要”方针目标：安全要保、质量要好、产量要超、效益要高、管理要优、面貌要新。为实现“六要”目标，车间又进一步提出了 7 个管理子系统各自的具体目标（见表 8-5）。

表 8-5　长远目标体系

总目标	子系统	子目标
六要方针	工艺管理	创一流工艺样板车间
	质量管理	消灭不良品，创产品信得过车间
	生产管理	创一流先进管理样板
	设备管理	实现系列化、档案化、标准化
	安例管理	以防为主，建立标准，消灭“双违”
	资金管理	加强控制，提高“三率”
	思政工作	实现思想政治工作、经济工作一体化

现场管理的当前目标体系，就是当年“双提高”的优化总目标，即“提高产品质量、提高工作质量”。为了保证实现这个总目标，7 个管理子系统也分别确定了自己的具体目标（见表 8-6）。

表 8-6 当前具体目标

总目标	子系统	子目标
提高产品质量 提高工作质量	工艺管理	巩固、提高工艺样板车间水平
	质量管理	优化管理手段，提高实物质量
	生产管理	纳入科学管理，确定了“3-4-3”的均衡率
	设备管理	建立系列标准，采纳科学管理，提高完好率
	安例管理	健全措施，事故频率达标
	资金管理	加强物流控制，提高材料利用率
	思政工作	提高质量，疏通渠道，立足具体

（4）在系统分析的基础上，从以下 5 个方面实现现场管理功能的系统优化：

①以工艺为突破口，优化产品质量。

②从定置管理入手，优化生产秩序。

③以设备管理为重点，优化加工手段。

④以标准化为主体，优化基础管理工作。

⑤以人为中心，优化员工队伍素质。

练习题

一、单项选择题

1. 以下不属于生产现场管理特点的是（　　）。

A. 综合性　　B. 基础性　　C. 动态性　　D. 偶发性

2. 适合物体小、重量轻的搬运方式是（　　）。

A. 人力搬运　　B. 简单工具搬运　　C. 机械化搬运　　D. 自动化搬运

3. 适合件小量大、搬运距离短的搬运方式是（　　）。

A. 人力搬运　　B. 简单工具搬运　　C. 机械化搬运　　D. 自动化搬运

4. 适合运输量大、费用低的搬运方式是（　　）。

A. 人力搬运　　B. 简单工具搬运　　C. 机械化搬运　　D. 自动化搬运

5. 适合物件小、数量大的搬运方式是（　　）。

A. 人力搬运　　B. 简单工具搬运　　C. 机械化搬运　　D. 自动化搬运

6. 在 5S 管理中，区分要与不要的东西是属于（　　）。

A. 整理　　B. 整顿　　C. 清扫　　D. 清洁

7. 将物品进行科学、合理的布置和摆放是属于（　　）。

A. 整理　　B. 整顿　　C. 清扫　　D. 清洁

8. 把生产现场打扫干净是属于（　　）。

A. 整理　　B. 整顿　　C. 清扫　　D. 清洁

9. 追求对良好状态的持之以恒是属于（　　）。

A. 整理　　B. 整顿　　C. 清扫　　D. 清洁

10. 人与物处于能够立即结合并发挥效能的状态称为（　　）。

A. A 状态　　B. B 状态　　C. C 状态　　D. D 状态

11. 人与物处于寻找状态或尚不能很好发挥效能的状态称为（　　）。

A. A 状态　　B. B 状态　　C. C 状态　　D. D 状态

12. 人与物失去联系的状态称为（　　）。

A. A 状态　　B. B 状态　　C. C 状态　　D. D 状态

13. 以下不属于定置管理中“三固定”方法的是（　　）。

A. 场所固定　　B. 人员固定

C. 物品存放位置固定　　D. 物品的信息媒介物固定

14. 属于安全生产工作中极为显著的特点是（　　）。

A. 预防性　　B. 长期性　　C. 科学性　　D. 群众性

15. 以下属于引起职业病的化学原因的是（　　）。

A. 生产性毒物　　B. 不良气象条件　　C. 红外线　　D. 噪声

16. 以下属于引起职业病的物理原因的是（　　）。

A. 生产性粉尘　　B. 放射性元素　　C. 有机碱　　D. 紫外线

二、判断题

1. 处理非必需品时，如果该物品是一般废弃物，应按企业具体规定进行处理。（　　）

2. 车间是定置管理的基本单位。（　　）

3. 机器设备的安全主要是避免机器设备在使用过程中发生事故，伤害工人。（　　）

4. 动力锅炉的安全主要是防止锅炉爆炸事故。（　　）

5. 金属粉尘属于引起职业病的物理因素。（　　）

6. 电离辐射属于引起职业病的化学因素。（　　）

7. 寄生虫属于引起职业病的生物学因素。（　　）

8. 生产现场管理时，以整齐、清洁，安全和优美的目标水平是先进性评价标准。（　　）

9. 生产现场管理中，以现场要素的初步优化组合为主属于普及型评价标准。（　　）

10. 设备开工率就指可利用瞬时观察法概略估算设备的大体开工率。（　　）

三、简答题

1. 什么是生产现场管理？

2. 从技术发展上看，搬运主要有哪些方式？

3. 推行 5S 活动的主要目的是什么？

4. 简述整理的实施方法。

5. 定置管理的基本程序是什么？

6. 什么是目视管理？其主要内容有哪些？

7. 简述目视管理的优点。

8. 简述安全生产管理的关键环节。

9. 简述系统分析方法的主要特点。

案例分析

提升现场管理的良方

“设备摆放更加规范，员工操作更加标准，队伍管理更加科学”，大庆钻探加强现场规范化管理以来，各方面的工作水平得到了大幅提升。

大庆钻探钻井一公司70150钻井队，是一支打深井的队伍，走进其井场，板房、设备摆放得就像用尺子量的一样，规范整齐。板房前的花园里，花蕾不时露出笑脸，迎接着来往的宾客。

“如今的井队变化真大!”这些年来，大庆钻探各基层钻井队的变化，让大家看在眼里、夸在嘴里。

“问渠哪得清如许，为有源头活水来。”近年来，现场规范化管理如一泉清水，让大庆钻探500多支基层队伍焕发出无限生机。

完善举措，构建长效机制

现场规范化管理是大庆钻探推进“六定六化”管理的一项重要内容，更是强化“三基”工作的一项重要举措。这个公司就是要通过现场规范化管理，进一步提高基层建设起点，提高现场规范化管理水平，提升保障力和竞争力，建设一支适应国内和国际市场需要的员工队伍。

“要齐头并进抓好配套制度、措施，以及标准的落实、完善和提高，形成长效机制”，大庆钻探总经理钟启刚在施工现场规范化管理研讨会上再次这样强调。针对现场规范化管理，他们及时组织专家会审，查问题、清思路、定措施，从根本上解决了抓什么和怎么抓的问题。

“液气分离器进液管线要采用硬管线连接，确保液位在分离器筒体高度的30%左右。”6月13日，大庆钻探井控管理中心副主任宋瑞宏带领技术人员认真指导井队现场规范化管理工作时这样说道。

井控管理与钻井安全生产密不可分。检查104支基层队、抽查31支井队，一段时期以来，大庆钻探井控管理中心对现场规范化管理下足了功夫，如编写了《井控设备现场标准化、规范化安装》教材，开展有针对性的专项培训，制定下发了《大庆钻探工程公司钻具管理办法》《大庆钻探工程公司重点井（工程）包保规定》等，一系列举措为基层现场规范化管理打下了好基础，在钻井队生产中形成了“井控不达标准不施工，施工方案不靠实不施工，技术器材不到位不施工，关键环节、技术要点不培训不施工”的良好氛围。

安全、生产、设备等部门加快现场规范化管理步伐，身子下沉，脚步下移，对现场规范化管理做足了文章。

HSE监督站制作了检查问题分布图，把井控管理、用电管理、“三违”行为等8项都用百分比做出标示，加大了现场检查和治理力度。同时，他们还统一规范了涉及安全范围的现场标准，让像吊卡销子、放喷管线支墩、高压管线连接卡子的小物品都实现了现场统一。

生产运行处每个月对30%以上的生产现场进行检查，研究制定了钻井现场规格化管理规范模拟光盘，对生产物品摆放、生活生产区域划分、钻井逃生路线等每个细节都做了科学的规划部署。

掀起高潮，为基层注入“新血液”

大庆钻探从上至下掀起了现场规范化管理的高潮，他们从思想上对现场规范化管理有着特殊的感触。

近年来，随着中国石油集团公司建设综合性国际能源公司和大庆油田“走出去”战略步伐的不断加快，对国际化队伍建设提出了新的挑战。以往，很多队伍都在国内自家门前打井干活，缺乏对标准的认知，也存在着习惯性违章、经验性管理的工作态势。

"要通过推进现场规范化管理，实现基层站队安全预防、设备摆放、员工操行，更加具有先进性、科学性、实用性、针对性，真正让队伍与国际标准接轨。"大庆钻探党政领导一语中的，阐明了现场规范化管理的真实内涵。

现场规范化管理的不断推广，也为基层建设注入了新鲜血液

大庆钻探 15504 钻井队井架工李博告诉记者，他负责各种吊卡卡瓦等工具，哪个吊卡放在哪里，什么时候要用，先用的放上面，后用的放下面，都要做好安排，这样才能在需要时做到得心应手。

在大庆钻探钻井三公司 15147 钻井队，趁着钻井机会，钳工张志伟拿着棉纱和抹布擦洗着栏杆和司钻房，井架工章晓东正在捆绑液压缸护套，副司钻罗笑夏拿着铁锹清理着井台……

"现场规范化、标准化，不仅让我们看着顺眼，而且干起活儿来也舒服。在 3 月我们就实现了 9 开 8 完，进尺近万米。"副队长闫永恒感慨地说。

作为打探井的一支队伍，70150 钻井队对现场规范化管理有着更深的体会。

开展现场规范化管理以来，这个队实行了"定人、定机、定岗位"责任制。司钻提前对钻台安全进行安检，内钳工早早就把工具擦拭干净……每名员工肩上都扛着责任。在大家的努力下，安全通道堵塞、工具丢失、钻台一片油污的现象慢慢都消失了。

如果这些变化让人感叹的话，那么还有让人更为惊讶的。

在 70150 钻井队粮食储存库房，连韭菜都一根根齐刷刷地摆放着，物品实际数量、标签和台账记录全都实现了"对号入座"。

在现场规范化管理的推动下，70150 钻井队打井速度也取得了新佳绩，仅用 69 天就钻了一口 4920 米的探井。

"打造国际化的工程技术服务公司"是中国石油集团领导寄予大庆钻探人的期望，保障大庆油田 4000 万吨持续稳产，在国际化道路上实现走出去、走进去、走上去是大庆钻探勇担大责的奋斗目标。实现这一目标就需要一支敢打硬仗、能打胜仗、熟悉国际标准的基层队伍。现场规范化管理无疑就是大庆钻探加强基层队伍建设、实现国际化发展的一剂妙药良方。

（资料来源：http：//caselib. drcnet. com. cn）

思考题

1. 大庆钻探公司提升现场管理水平的主要做法是什么？
2. 服务性企业可从该案例中获得哪些启示？

第九章　质量管理

本章目标

通过对本章的学习，学生应了解质量的概念、特性和决定因素，理解提高产品质量的意义，掌握全面质量管理的含义、特点和内容，理解PDCA循环的基本原理，了解常用的7种统计质量控制方法，了解ISO 9000系列标准产生的时代背景，熟悉ISO 9000：2000系列标准的主要内容，了解质量认证的概念和内容，了解质量认证的意义和8种类型。

本章重点

掌握全面质量管理的含义、特点和内容。

本章难点

理解提高产品质量的意义，以及PDCA循环的基本原理。

引入案例

安徽三只松鼠电子商务公司服务质量管理的问题及对策

一、三只松鼠公司服务质量管理中存在的主要问题

（一）对产品质量和服务质量管理缺少明确的认识

消费者对服务质量是否认同，对服务的满意程度会起到直接的影响。

三只松鼠公司着重关心两种产品的发展：一种是关系残疾人康复的公益产品，另一种是对广大消费者的产品服务。对公益产品的相关工作，经营管理人员投入了过多的精力，而忽略了对产品和服务质量的管理，缺少明确的处理服务质量的认识和作为。

（二）以产品成本定价缺乏动态弹性

三只松鼠公司对产品的定价都是与生产所需要的成本所比对，产品没有新鲜感且品种较单一，在市场运作方面与普通的零食店无异，自主研发的产品很少。顾客对产品价格的要求要合理，但是对促销产品还是较赞同的，如果产品质量不能高于其他企业，那么通过促销产品的销量会有很大的提高。

（三）服务管理非顾客便捷取向

从三只松鼠公司的营业额可看出，网上的销量与实体店的销量差不多。但是，网上销售减少了店面的租金和水电费等成本，需要的员工也比实体店少得多。当前，网店非常适应人们的需求，网上购物非常便捷，物流速度也非常快。只要消费者不是追求独特的产品，网上购买的选择性非常高，不用出门就可以买到自己所需要的产品。

三只松鼠公司经过多年的发展，资产实力和工作人员的能力都有了很大的提高，拥有大量固定客户，并且客户中有很大一部分都是企业白领和生活水平较高的人。虽然有一些固定的客户，但是只有在每年的节假日期间这些客户才会大批量购买，平常这些固定的客户并没有过多购买公司的产品，使平常的销量难以提高。

二、三只松鼠公司服务质量管理问题的对策

（一）明确公司服务质量战略

明确服务质量方向，对企业所在市场有一个正确的定位，根据不同的市场因素，及时调整和改变管理制度。

1. 仔细区分产品所在的服务领域

根据对目前顾客的消费情况分析，属于高端的产品绝大多数都是年轻的消费者在购买。由于年龄的原因，他们对所需产品的品位和质量有着很高的要求。而一些价格低廉的产品所面对的消费者大部分都是年龄较大的人群，他们不追求产品的时尚性，价格低才是这些消费者所喜爱的。公司应针对不同的人群制定不同的服务措施，对待年轻消费者的服务要有朝气，对待年龄较大的消费者服务就要有耐心、细心。

2. 明确产品的消费者需求定位

通过对企业服务质量的仔细研究，并且与三只松鼠公司的当前情况相结合，公司方面认为产品市场不能大部分局限于一些固定消费者，也不能只限于服务质量的提高和产品的品位性。如果只是注重高端的消费者，那么就远离了公司成立时关爱残疾人士的初衷，对一些低端的顾客就更不能适合。

三只松鼠公司要有明确的市场定位，不只对固定消费者提供较高的服务质量，对一些不固定或初次消费者也要提高服务质量。公司对高端产品要继续提高质量。年龄较大的消费者和年轻消费者有不同的服务需求，因此要有不同的服务方式，对低端的消费者也要制定服务准则。

（二）加强产品质量和服务营销质量管理

加强产品质量管理和服务质量管理的前提就是要对消费者的需求有一个正确的定位，要及时根据消费者的需求对产品进行创新，不能仅限于单一的、没有新鲜感的产品。同时，在产品创新的同时，也要加强对制作成本的控制，以追求合理利润。要让消费者在购买产品的同时从中感到价格合理，及时满足消费者的需求。根据消费者提出的要求，对公司内部的管理加以改善，全方位提高服务质量，时时刻刻让购买产品的消费者得到满足。只有一直满足消费者的需要，不断提高服务质量，在面对当前市场的激烈竞争时，才不会被其他企业所挤压，才能在市场中赢得一席之地。

公司在提高服务质量的同时，还要提高产品质量。保障产品安全，对内部工作人员要有严格的要求，要制定严格的制作工艺，厂房的环境卫生问题和产品的素材选择方面要达到检测的标准，不能让有害物质和不符合检测标准的材料加入其中。操作流程一定要严格，所生产的产品要精心挑选，要按照程序进行检测，不达标的产品严禁对外出售。生产的产品要根据消费者的需求，深入市场做调查，获取信息及时调整产品、改进产品，保证产品满足消费者的要求。

公司要适当地对产品做宣传，但宣传时不能夸大产品的功能，以避免消费者对产品报有大的期待。而实际上产品不能满足消费者的期望，让顾客对产品感到失望，给产品带来不良影响。合理地根据产品状况去宣传，是对产品价值观一个良好的体现。对未购买产品的消费者要进行正确的引导，不能因为急求效益而进行虚假的产品宣传，这样只会给公司带来问题。经常做市场调查，以便时刻了解消费者的满意情况，这样做对提高消费者的回头率、提高消费者对产品的青睐有着积极的作用。

（三）促进产品与服务外在形象的提升

当前，消费者对商品的使用价值和功能性已无法简单地满足，而是到了更愿意追求更高的价值层次。在消费者完成产品的购买价值后会觉得身心愉快，这也是自我实现和社会认同的独到体验，而这种体验已然成了消费者价值追求的主要发展潮流。因此，企业有必要建立全面的体验店，开展公共活动让消费者进行体验。

随着我国经济的发展与变革、社会转型进程加快，人们的消费方式和习惯也都发生了巨大的改变。市场竞争越来越激烈，产品服务和技术的变革也越发呈现出显著的传播速度的均匀性。技术创新有助于促进生产效率的提升，而销售与生产活动则使得独特的个性体验逐渐遭到抹杀。市场竞争力和质量竞争力的发展取决于企业自身的优势，最大限度地让消费者体验，以适应消费者的心理需求。

资源和三大公共服务平台的优势在三只松鼠公司得到了很好的融合。利用文字将参与公益活动的体验表达出来，进而带动忠实消费者进行口碑传播，有助于扩大消费者群的影响力。三只松鼠公司可尝试以最初的小饼干领域规模生产和专业培训基地，旗舰店的建设经验，集成的饼干、生日蛋糕生产，好的经验和专业培训，学习简单的知识，满足消费者的好奇心和动手操作及自我实现的需求，满足他们的心理体验完整的核心使命、责任和价值，进而得到更为广泛的认同与口碑，增强公司的积极社会影响，提升品牌形象，凝聚忠诚的消费者。

（四）实施服务产品价格和服务促销策略

以消费者价值为导向，加强公司成本和内部管理，给予团队灵活适度的价格定位，及时掌握动态的市场变化，进而实施适当的促销策略。产品市场价格敏感，供消费者选择价格因素起着关键的作用。总体来说，增加公司新产品的研发投入，努力引进更多的市场差异化的产品来对目前的产品加以创新；在市场上要对产品进行正确的定价和进行合理的促销，以便增加产品的增值服务。公司的重要工作人员要接受合理的授权，以便建立一个严格的体系来应对价格变化。

丰富产品结构，定期或不定期向市场推出差异化的新产品，提升产品文化内涵的服务。将差异化产品推向市场，可满足消费者求新、求品位、追求时尚的心理。如果产品的创新中加入了产品的背景因素，对企业的文化内涵也会提升许多。定期推出创意新产品，使公司产品保持新鲜性。

（五）促进员工归属感和满意度的提升

以员工满意度和消费者满意度为导向，深化企业内部管理、全面质量管理的持续改进。消费者是企业利润的来源。在市场竞争越来越激烈的形势下，公司要生存和发展，实现战略目标，就必须尽可能地满足消费者的需求，提高消费者的满意度。而消费者满意度与员工满意度正相关，相互作用，互为因果，是动态的、复杂的相互作用。

促进员工满意度提升的方法是：改善员工的各种生理和心理的收入感知价值；为员工增加培训和学习的机会；通过制度建设和企业文化建设，形成良好的、积极的、和谐的人际关系；对建立了感知价值的员工尽量降低运营成本；通过系统设计，使有效载荷的员工身体和精神维持在一个相对合理的状态。

（资料来源：http：//caselib. drcnet. com. cn）

第一节　质量管理概述

一、质量的概念及其演变

1. 质量的概念

根据国际标准化组织在 ISO 9000：2000《质量管理体系——基础和术语》中的定义：质量是指“一组固有特性满足要求的程度”。这里并没有将质量限定于产品或服务，而是泛指一切可单独描述和研究的事物，它可以是活动或过程，可以是产品或服务，也可以是组织、体系或人以及上述各项的任何组合。因此，质量概念既可以用来描述产品和活动，也可以用来对过程、人员甚至组织进行描述。

定义中的“要求”既可以是明确表述出来的，如商务活动中买卖双方通过契约所作的约定，在诸如核能利用等特殊场合由法律所作的规定等；也可以是隐含的、不言而喻的，如人们对绝大多数的消费品的需要一般并不特别明示出来。为了有效地满足这种隐含的需要，应当尽可能地对之加以明确和定义。定义中的特性是指事物可以区分的特征。

固有特性是指事物本来就有的，尤其是永久的特性，如功能、使用寿命、安全性、可靠性等，而价格则是赋予特性。

2. 质量概念的演变

应该说，人们对质量概念的认识经历了一个不断发展和深化的历史过程。质量概念所描述的对象早期大多仅仅局限于产品，以后又逐渐延伸到了服务领域，而如今则不仅包括产品和服务，而且还扩展到了过程、活动、组织乃至它们的结合。

美国质量管理专家克劳斯比（P. B. Crosby）的“符合性质量”观点是早期一种较有影响的观点。他认为，质量就意味着对于规格或要求的符合，这种“合格即质量”的认识对于质量管理的具体工作显然是很实用的，但其局限性也显而易见。

美国的另外一位著名的质量管理专家朱兰博士从顾客的角度出发，提出了著名的“适用性”（fitness for use）观点。他指出：“适用性”就是产品使用过程中成功地满足顾客要求的程度。“适用性”概念普遍适用于一切产品或服务。对顾客来说，质量就是适用性，而不是“符合规格”。最终用户很少知道“规格”是什么，质量对他而言就意味着产品在交货时和使用中的适用性。适用性观念对于重视顾客、明确企业存在的根本目的和使命无疑具有极为深远的意义。

与前述质量概念有显著不同的另一种产品质量概念表述，是以日本质量工程师田口为首的田口学派的表述。田口学派认为，产品质量是指“产品出厂后给用户与社会带来的损失的大小”。所谓“损失”，是指使用费用、故障损失、重新购置损失等。用“损失”表达产品质量特性，并用“质量波动损失函数”表达损失大小，使概念本身更加定量化、科学化了，这也是与现代质量观念“质量即给顾客带来价值的多少”相一致的。

正是在以上这些概念的基础上，才形成了目前 ISO 9000 中这个得到普遍共识的定义。需要指出的是，与质量概念密切相关而又常常引起混淆的一个概念是对等级的认识。当人们在习惯上用质量这一词汇来表述卓越程度时，例如将五星级酒店同街道小旅馆相比较时，有时会引起歧义。在这种场合下，使用“等级”这一概念将有助于避免分歧。等级反映了同一用途或功能的事物为了满足不同档次的需要而对质量要求所作的有意识的区分。不同的等级意味着不同的购买能力或消费层次，质量的比较只有针对同一等级时才是有意义的。从这个意义上而言，五星级酒店并不必然等同于服务质量的卓越，而小旅馆同样也可以提供非常优质的服务。

二、质量特性

从广义上讲，质量是指一种产品或服务持续地满足或超过顾客需要的能力。质量就意味着得到了与你所支付的对等的价值。质量的本质是用户对一种产品或服务的某些方面所做出的评价，因此也是用户通过把这些方面同他们感受到的产品所具有的品质联系起来以后所得出的结论。事实上，在用户的眼里，质量不是一件产品或一项服务的某一方面的附属物，而是产品或服务各个方面的综合表现特征。

尽管在不同的产品及同一件产品或一项服务的不同方面之间，质量的内涵存在一定差别，但是，一般说来，质量的内涵包括以下方面：

(1) 性能——产品或服务的主要特性。

(2) 美学性——外观、感觉、嗅觉和味觉。

(3) 特殊性能——额外特性。

(4) 一致性——一件产品或一项服务满足顾客要求的程度。

(5) 安全性——危险、伤害或有害性。

(6) 可靠性——产品所具备性能的稳定性。

(7) 寿命——产品或服务正常发挥功能的持续时间。

(8) 合意质量——对产品质量的间接评价（例如声誉）。

(9) 售后服务——顾客提出问题的解决，并核实顾客已经满意。

表 9-1 以具体例子说明了这些内涵。当涉及的是一件产品时，顾客有时仅就前四个内涵来判断产品是否适用。

表 9-1 产品或服务质量内涵举例

序号	内涵	产品（汽车）	服务（汽车修理）
1	性能	每个部件的运行情况、匹配和装饰	全部修复、价格合理、友好、周到
		乘坐、操作及使用材料的等级技术过硬、快捷	
2	美学性	内部装饰、软接触	清洁的工作/待修区
3	特殊性能：便利	校准和控制的设置	位置、就绪后联络
	特殊性能：高科技	车载电话、CD 唱机	计算机诊断
4	安全性	反锁刹车、空气包	单独的待修区
5	可靠性	故障率	车况良好、保修
6	寿命	有效公里数、防锈蚀	故障间平均工作时间
7	合意质量	极品车	获奖服务部门
8	售后服务	处理服客抱怨或提供必要的资料	处理顾客抱怨

三、质量的决定因素

一件产品或一项服务能否成功地完成它预定的使命取决于四个主要因素，它们是：设计质量，质量符合设计的程度，便于使用，售后服务。

设计阶段是达到最终质量水平的起点。设计就是规定有关一件产品或一项服务诸如大小、形状和位置的特殊性能。质量设计是指设计人员对产品或服务的一些性能所做出的接受或拒绝的选择。例如，现在市场上有很多不同式样的汽车，它们在大小、外观、宽敞程度、油耗、舒适性和材料使用上互不相同。这些不同反映了质量设计人员的意图。最终设计必须把顾客的要求、生产和服务的能力、安全性和可靠性（两者贯穿于制造和交货后使用两个阶段）、成本以及其他类似的因素考虑在内。

低劣的设计可能导致产品难以生产和服务不能提供的后果。例如，原材料可能难以得到，难以达到要求的规范或者制造过程难以实现。此外，如果对于特定环境，一项设计有缺陷或不适当，那么，即使用世界上最先进的工艺来生产，也无法达到期望的质量。如果提供的工具和工艺不合适，企业也不能奢望工人能够生产出满意的产品。同样，先进的设计往往不能弥补拙劣的工艺。

质量对设计的符合是指产品或服务符合（即实现）设计人员意图的程度。这一程度受到诸如所用设备的能力、工人的技能、培训和激励、设计所考虑到的生产过程的范围（程度）、确保产品质量符合设计的监控过程以及必要时所采取的纠正措施（例如解决出现的问题）等因素的影响。

产品或服务提供给顾客以后，仍要继续关注质量问题。使用户使用起来感到方便并提供用户使用指南都是重要的。这些措施不但可以保证产品得以正确使用，同时增加了在正确使用产品的前提下安全地持续发挥其功能的机会。服务等行业的情况与此类似。顾客、患者、商户或其他用户应被明确地告知他们应该做什么或不应该做什么，否则他们的某些做法可能会影响产品或服务的质量。如医生可能会疏忽告诉患者吃药的时间（饭前或是饭后）且不能与某些饮料一同服用，律师可能会由于疏忽而忘记告知客户提出赔偿要求的时效。实际中，一般采取书面说明书和标签的形式告知顾客应知应会的项目。

有许多原因可导致产品不能正常发挥它们的功能或者顾客不能得到优良的服务。无论什么原因，从质量观点来看，重要的是要予以补救，即采取一切必要的措施使产品或服务达到规定的标准。补救措施包括收回并修理产品、调整更换或回购。对服务来说，补救就是改善服务，如汽车制造厂实施的“召回制度”。

四、提高产品质量的意义

产品质量是任何一个企业赖以生存的基础，提高产品质量对于提高企业竞争力、促进企业的发展有着直接而重要的意义。

（1）质量是企业的生命线，是实现企业兴旺发达的杠杆。一个企业有没有生命力，在经营上有没有活力，首先是看它能否生产和及时向市场提供所需要的质量优良的产品。生产质量低劣的产品必然要被淘汰，企业也就不能兴旺发达。

（2）质量是提高企业竞争能力的重要支柱。无论在国际还是国内市场中，竞争都是一条普遍的规律。市场的竞争首先是质量的竞争，质量低劣的产品是无法进入市场的。可以说，质量是产品进入市场的通行证。企业以质量开拓市场，以质量巩固市场，提高产品质量是企业管理中的一项重要战略。

（3）质量是提高企业经济效益的重要条件。提高产品质量大多可以在不增加消耗的条件下向用户提供使用价值更高的产品，以优质获得优价，走质量效益型道路，使企业经济效益提高。如果粗制滥造，质量低劣，就必然导致产品滞销，无人购买，这就从根本上失去了提高经济效益的条件。经验也表明，只有高的质量，才可能有高的效益。

（4）产品质量是保持国家竞争优势和促进人们生活水平提高的基石。优质产品能给人们的生活带来方便与安乐，能给企业带来效益和发展，最终能使社会繁荣、国家富强；劣质产品则会给人们的生活带来无数烦恼以致灾难，造成企业的亏损以致倒闭，并由此给社会带来各种不良影响，直接阻碍社会的进步，乃至造成国家的衰败。因此，优质的产品可以被看成是保持国家竞争优势和促进人们生活水平提高的基石。美国著名质量管理专家朱兰博士曾形象地把“质量”比拟为人们在现代社会中赖以生存的大堤，要保证质量大堤的安全，就必须对质量问题常抓不懈。

当今经济是一个竞争性的、开放性的经济，制造商和服务提供者的成败在很大程度上取决于其提供产品和服务的质量。质量水平的高低是一个国家经济、科技和教育水平的综合反映。对于企业而言，质量是企业赖以生存和发展的基础，是开拓市场的根本依靠。在当今市场中，用户对产品和服务的质量要求越来越高，这样，企业必须将提高产品和服务的质量作为重要的生产经营战略之一，因为低质量会给企业带来相当大的负面影响：它会降低公司的竞争力，增加生产产品或提供服务的成本，损害企业的公众形象。

随着全球经济一体化的发展，以质量取胜已成为企业生存发展、国家增强综合国力和国际竞争力的必然要求。随着我国进一步推动质量工作与国际通行做法接轨，加强质量管理、坚持以质量取胜就更显迫切。总之，提高质量的意义非常重大。

五、质量管理的发展过程

“质量管理”这一概念诞生于20世纪初，伴随着企业管理与实践的发展而不断完善，随着市场竞争的变化而发展。在不同时期，质量管理的理论、技术和方法都在不断地发展和变化，并且有不同的发展特点。从一些工业发达国家经过的历程来看，质量管理的发展大致经历了以下三个阶段。

1. 产品质量的检验阶段（20世纪20~30年代）

20世纪初，美国企业出现了流水作业等先进生产方式，提高了对质量检验的要求，随之在企业管理队伍中出现了专职检验人员，组成了专职检验部门。从20世纪初到40年代之前，美国的工业企业普遍设置了集中管理的技术检验机构。

对于工业生产来说，质量检验无疑是一个很大的进步，因为它有利于提高生产率，有利于分工的发展。但从质量管理的角度看，质量检验的效能较差，因为这一阶段的特点就是按照标准规定，对成品进行检验，即从成品中挑出不合格品。这种质量管理方法的任务只是“把关”，即严禁不合格品出厂或流入下一工序，而不能预防废品产生。也就是说，质量检验可以防止废品流入下道工序，但是由废品造成的损失已经存在了，是无法消除的。

1924年，美国贝尔电话研究所的统计学家休哈特博士提出了“预防缺陷”的概念。他认为，质量管理除了检验外，还应做到预防。解决的办法就是采用他所提出的统计质量控制方法。与此同时，同属贝尔研究所的道奇（H. F. Dodge）和罗米格（H. G. Romig）又共同提出，在破坏性检验的场合采用“抽样检验表”，并提出了第一个抽样检验方案。此时，还有瓦尔德（A. Wald）的序贯抽样检验法等统计方法。但在当时，只有少数企业（如通用电器公司、福特汽车公司等）采用他们的方法，并取得了明显的效果，而大多数企业却仍然搞事后检验。这是由于20世纪30年代前后，资本主义国家发生了严重的经济危机，在当时生产力发展水平不太高的情况下，对产品质量的要求也不可能高。所以，用数理统计方法进行质量管理未被普遍接受。因此第一阶段，即质量检验阶段一直延续到20世纪30年代。

2. 统计质量管理阶段（20世纪40~50年代）

第二次世界大战中，特别是军需品的大量生产，暴露了质量检验工作的弱点，检验部门成了生产中最薄弱的环节。由于事先无法控制质量以及检验工作量大，军火生产常常延误交货期，影响前线军需供应。这时，休哈特防患于未然的控制产品质量的方法及道奇、罗米格的抽样检查方法被重新重视起来。美国政府和国防部组织数理统计学家去解决实际问题，制定了战时国防标准，即《质量控制指南》《数据分析用的控制图法》《生产中质量管理用的控制图》。这三个标准是质量管理中最早的标准。

在美国战时的质量管理方法的研究中，哥伦比亚大学的“统计研究组”做出了较大的贡献。该组是作为政府机关的应用数学咨询机构而成立的。在其许多的研究成果中，具有特殊意义的是瓦尔德提出的逐次抽检（序贯抽检）法。

第二次世界大战后，美国的产业界顺利地从战时生产转入到和平生产，统计方法在国民工业生产中得到了广泛的应用，随后在欧美各国企业相继推广开来。这一阶段的手段是利用数理统计原理，预防产生废品并检验产品的质量。在方式上是由专职检验人员转过来的专业质量控制工程师和技术人员承担。这标志着将事后检验的观念转变为预防质量事故的发生并事先加以预防的概念，使质量管理工作前进了一大步。但是，这个阶段曾出现了一种偏见，就是过分强调数理统计方法，忽视了组织管理工作和生产者的能动作用，使人误认为“质量管理好像就是数理统计方法”，“质量管理是少数数学家和学者的事情”，因而对统计的质量管理产生了一种高不可攀、望而生畏的感觉。这种倾向阻碍了数理统计方法的推广。

3. 全面质量管理阶段（20世纪60年代至今）

从20世纪60年代开始，各国进入了全面质量管理（total quality management，TQM）阶段。20世纪50年代以来，由于科学技术的迅速发展，工业生产技术手段越来越现代化，工业产品更新换代也越来越频繁。特别是出现了许多大型产品和复杂的系统工程，质量要求大大提高了，特别是对安全性、可靠性的要求越来越高。此时，单纯靠统计质量控制已无法满足要求，因为整个系统工程与试验研究、产品设计、试验鉴定、生产准备、辅助过程、使用过程等每个环节都有着密切关系，仅仅靠控制过程是无法保证质量的。这样就要求从系统的观点出发，全面控制产品质量形成的各个环节、各个阶段。

另外，由于行为科学在质量管理中的应用，其中主要内容就是重视人的作用，认为人受心理因素、生理因素和社会环境等方面的影响，因而必须从社会学、心理学的角度去研究社会环境、人的相互关系以及个人利益对提高工效和产品质量的影响，发挥人的能动作用，调动人的积极性，去加强企业管理。同时，认识到不重视人的因素，质量管理是搞不好的，因而在质量管理中，也相应地出现了“依靠工人”“自我控制”“运动”和“QC小组活动”等。

“保护消费者利益”运动的发生和发展还迫使政府制定法律，制止企业生产和销售质量低劣、影响安全、危害健康等的劣质品，要求企业对提供产品的质量承担法律责任和经济责任。制造者提供的产品不仅要求性能符合质量标准规定，而且在保证产品售后的正常使用过程中，还要使用效果良好、安全、可靠、经济。于是，质量管理中提出了质量保证和质量责任问题，这就要求在企业建立全过程的质量保证系统，对企业的产品质量实行全面的管理。

基于上述理由，美国通用电器公司的费根堡姆（A. V. Feigenbaum）首先提出了全面质量管理的思想，或称“综合质量管理”，并且在 1961 年出版了《全面质量管理》一书。他指出，要想真正搞好质量管理，除了利用统计方法控制制造过程外，还需要组织管理工作，对生产全过程进行质量管理。他还指出，执行质量职能是企业全体人员的责任，应该使全体人员都具有质量意识和承担质量的责任。费根堡姆还同朱兰等一些著名质量管理专家建议用全面质量管理代替统计质量管理。全面质量管理的提出符合生产发展和质量管理发展的客观要求，所以很快被人们普遍接受，并在世界各地逐渐普及和推行。经过多年实践，全面质量管理理论已比较完善，在实践上也取得了较大的成功。

第二节　全面质量管理

全面质量管理是指在全社会的推动下，企业的所有组织、所有部门和全体人员都以产品质量为核心，把专业技术、管理技术和数理统计结合起来，建立起一套科学、严密、高效的质量保证体系，控制生产全过程影响质量的因素，以优质的工作、最经济的办法，提供满足用户需要的产品（服务）的全部活动，简言之，就是全社会推动下的、企业全体人员参加的、用全面质量去保证生产全过程的质量活动，其核心就在“全面”二字上。

一、全面质量管理的特点

全面质量管理是一个具有丰富内涵的理论，贵在一个“全”字，体现为以下四方面的特点：

（1）全过程的质量管理，即将质量管理活动贯穿产品质量产生、形成和实现的全过程，全面落实预防为主的方针，涉及产品市场调查、设计试验、工艺制订、工装准备、物资供应、生产制造以及售后服务等所有环节。这个全过程可由米兰的“质量螺旋上升过程图”来表达，如图 9-1 所示。

（2）全面质量的管理。全面质量不仅是产品质量，而且还包括与产品质量有关的工序质量和各项工作质量。要从抓好产品质量的保证入手，用优质的工作质量来保证产品质量，以求优质、经济地及时交货，服务周到，一切使用户满意。

（3）全员参加的质量管理。产品质量是企业活动的各个环节、各个部门全部工作的综合反映。企业中任何一个环节、任何一个人的工作质量都会不同程度地、直接或间接地影响产品质量。因此，只有将企业内所有人员的积极性和创造性充分调动起来，不断提高各级员工的素质，人人关心质量，才能生产出用户满意的产品。质量控制小组、全员把关、质量教育是全员参加质量管理的根本途径。

（4）全社会推动的质量管理。所谓“全社会推动的质量管理”，指的是要使全面质量管理深入持久地开展下去，并取得好的效果，就不能把工作局限于企业内部，而需要全社会的重视。需要质量立法、认证、监督等工作，进行宏观上的控制引导，即需要全社会的推动。全面质量管理的开展要求全社会推动。这一点之所以必要，一方面是因为一个完整的产品往往是由许多企业共同协作来完成的。例如，机器产品的制造企业要从其他企业获得原材料、各种专业化工厂生产的零部件等。因此，仅靠企业内部的质量管理无法完全保证产品质量。另一方面，来自于全社会宏观质量活动所创造的社会环境可以激发企业提高产品质量的积极性和认识到它的必要性。例如，通用优质优价等质量政策的制定和贯彻，以及实行质量认证、质量立法、质量监督等活动以取缔低劣产品的生产，使企业认识到，生产优质产品无论对社会还是对企业都有利，而质量不过关则企业无法生存发展，从而让企业认真对待产品质量和质量管理问题，使全面质量管理得以深入持久地开展下去。

二、全面质量管理的内容

全面质量管理是生产经营活动全过程的质量管理，要将影响产品质量的一切因素都控制起来，其中主要应抓好以下几个环节的工作：

（1）市场调查。市场调查过程中要了解用户对产品质量的要求，以及对本企业产品质量的反应，为下一步工作指出方向。

（2）产品设计。产品设计是产品质量形成的起点，是影响产品质量的重要环节，设计阶段要制定产品的生产技术标准。为使产品质量水平的确定先进合理，可利用经济分析方法，根据质量与成本及质量与售价之间的关系来确定最佳质量水平。

（3）采购。原材料、协作件、外购标准件的质量对产品质量的影响是很显然的，因此，要从供应单位的产品质量、价格和遵守合同的能力等方面来选择供应厂家。

（4）制造。制造过程是产品实体形成过程，制造过程的质量管理主要通过控制影响产品质量的各种因素，即操作者的技术熟练水平、设备、原材料、操作方法、检测手段和生产环境来保证产品质量。

（5）检验。制造过程中同时存在着检验过程。检验在生产过程中起把关、预防和预报的作用。把关就是及时挑出不合格品，防止其流入下道工序或出厂；预防是防止不合格品的产生；预报是产品质量状况反馈到有关部门，作为质量决策的依据。为了更好地起到把关和预防等作用，同时考虑减少检验费用，缩短检验时间，所以要正确选择检验方式和方法。

（6）销售。销售是产品质量实现的重要环节。销售过程中要实事求是地向用户介绍产品的性能、用途、优点等，防止不切实际地夸大产品的质量，影响企业的信誉。

（7）服务。抓好对用户的服务工作，如提供技术培训，编制好产品说明书，开展咨询活动，解决用户的疑难问题，及时处理出现的质量事故，为用户服务的质量直接影响着产品的使用质量。

三、全面质量管理的基本工作程序——PDCA 循环

在质量管理活动中，要求把各项工作按照做出计划、计划实施、检查实施效果，然后将成功的做法纳入标准中，不成功的留待下一循环去解决，这就是质量管理的基本工作方法，实际上也是企业管理各项工作的一般规律。这一工作方法简称为“PDCA 循环”，其中 P（plan）是指计划阶段，D（do）是指执行阶段，C（check）是指检查阶段，A（action）是

指处理阶段。PDCA 循环是美国质量管理专家戴明博士最先总结出来的，所以又称“戴明环”。

现对 PDCA 工作方法的 4 个阶段简述如下：

第一阶段为 P 阶段，就是要适应顾客的要求，并以取得经济效果为目标，通过调查、设计、试制，制定技术经济指标、质量目标以及达到这些目标的具体措施和方法。这是计划阶段。

第二阶段为 D 阶段，就是要按照所制订的计划和措施去实施。这是执行阶段。

第三阶段为 C 阶段，就是对照计划，检查执行的情况和效果及时发现和总结计划实施过程中的经验和问题。这是检查阶段。

第四阶段为 A 阶段，就是根据检查的结果采取措施，巩固成绩，吸取教训，以利再干。这是总结处理阶段。

在具体工作中，PDCA 工作方法的 4 个阶段又进一步分为以下 8 个步骤：

第 1 步，调查研究，分析现状，找出存在的质量问题。

第 2 步，根据存在问题，分析产生质量问题的各种影响因素，并逐个因素加以分析。

第 3 步，找出影响质量的主要因素，并从主要影响因素中着手解决质量问题。

第 4 步，针对影响质量的主要因素，制订计划和活动措施。计划和措施应尽量做到明确和具体。

以上 4 个步骤就是 P 阶段的具体化。

第 5 步，按照既定计划执行，即 D 阶段。

第 6 步，根据计划的要求，检查实际执行结果，即 C 阶段。

第 7 步，根据检查结果进行总结，把成功的经验和失败的教训总结出来，对原有的制度、标准进行修正，巩固已取得的成绩，同时防止重蹈覆辙。

第 8 步，提出这一次循环尚未解决的遗留问题，并将其转到下一次 PDCA 循环中去。

以上第 7、8 步是 A 阶段的具体化。

PDCA 循环有以下 3 个特点：

（1）大环套小环，互相促进。PDCA 循环不仅适用于整个企业，而且也适用于各个车间、科室和班组以致个人。根据企业总的方针目标，各级各部门都要有自己的目标和自己的 PDCA 循环，这样就形成了大环套小环、小环里边又套有更小的环的情况。整个企业就是一个大的 PDCA 循环，各部门又都有各自的 PDCA 循环，依次又有更小的 PDCA 循环，具体落实到每一个人。上一级的 PDCA 循环是下一级 PDCA 循环的依据，下一级 PDCA 循环又是上一级 PDCA 循环的贯彻落实和具体化。通过循环把企业各项工作有机地联系起来，彼此协同，互相促进（见图 9-1）。

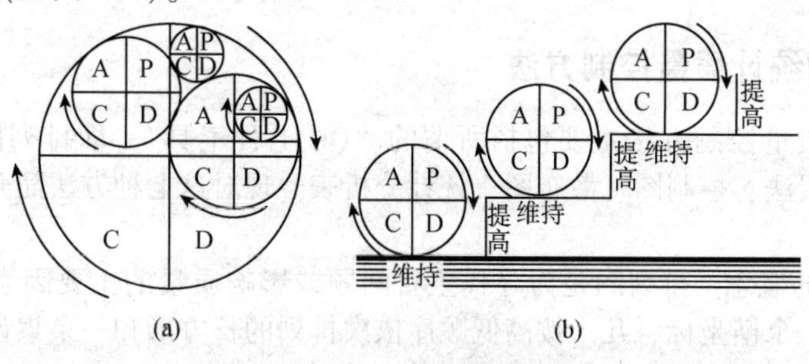

图 9-1 PDCA 循环图

（2）不断循环上升。4个阶段要周而复始地循环，而每一次循环都有新的内容和目标，因而就会前进一步，解决一批问题，质量水平就会有新的提高。就如上楼梯一样，每经过一次就登上一级新台阶，这样一步一步地不断上升提高。

（3）推动PDCA循环关键在于A阶段。所谓“总结”，就是总结经验，肯定成绩，纠正错误，提出新的问题以利再干。这是PDCA循环之所以能上升、前进的关键。如果只有前三个阶段，没有将成功经验和失败教训纳入有关标准、制度和规定中，就不能巩固成绩，吸取教训，也就不能防止同类问题的再度发生。因此，推动PDCA循环，一定要始终抓好总结这个阶段。

PDCA循环实际上是有效进行任何一项工作的合乎逻辑的工作程序。在质量管理中，PDCA循环得到了广泛的应用，并取得了很好的效果，因此有人称PDCA循环是质量管理的基本方法。

第三节　统计质量控制

一、统计质量控制方法

统计质量控制方法以1924年美国的休哈特提出的控制图为起点，近一个世纪以来有了很大发展，现在包括很多种方法，这些方法可大致分为以下三类：

（1）常用的统计管理方法又称为“初级管理方法”，主要包括控制图、因果图、相关图、排列图、直方图等。运用这些工具，可以从经常变化的生产过程中，系统地收集与产品质量有关的各种数据，并用统计方法对数据进行整理、加工和分析，进而画出各种图表，计算某些数据指标，从中找出质量变化的规律，实现对质量的控制。日本著名的质量管理专家石川馨曾说过，企业内95%的质量管理问题可通过企业上上下下全体人员通过质量管理七种工具得到解决。全面质量管理的推行也离不开企业各级、各部门人员对这些工具的掌握。

（2）中级统计管理方法，包括抽样调查方法、抽样检验方法、官能检查方法、实验计划法等。这些方法不一定要企业全体人员都掌握，主要是有关技术人员和质量管理部门的人使用。

（3）高级统计管理方法，包括高级实验计划法、多变量解析法。这些方法主要用于复杂的工程解析和质量解析，而且要借助于计算机手段，通常只是专业人员使用这些方法。

由于中级和高级统计管理方法涉及大量的数理统计知识，而且这些数理统计在概率论与数理统计学、运筹学等相关学科中都已经有详细叙述，故本书叙述范围仅限于常用的质量管理统计方法。

二、常用的统计质量控制方法

常用的统计质量控制方法主要包括所谓的“QC七种工具”，即排列图、因果分析图、直方图、数据分层法、控制图、散布图、统计分析表。现对这七种方法简介如下：

1. 排列图法

（1）排列图的概念。排列图是为寻找主要问题或影响质量的主要因素所使用的图，它由两个纵坐标、一个横坐标、几个按高低顺序依次排列的长方形和一条累计百分比曲线所组成。它的基本图形如图9-2所示。

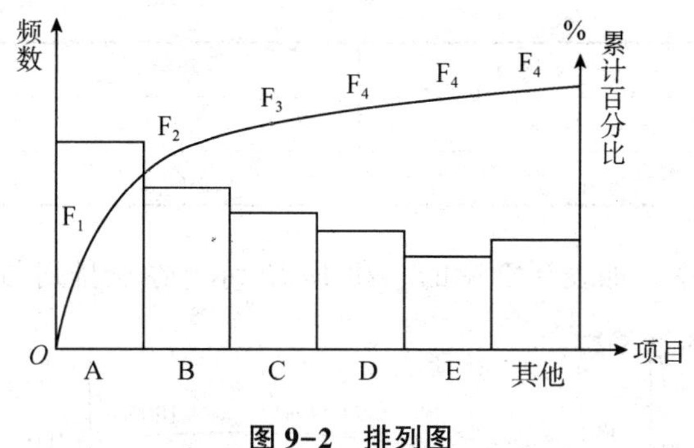

图 9-2　排列图

排列图又叫“帕累托图”，它是由意大利经济学家帕累托提出的，帕累托在分析社会财富分布状况时发现，少数人占有绝大多数财富，而绝大多数人却只有少量财富。在资本主义社会，这种少数人占有着绝大多数财富左右着社会经济发展的现象即所谓“关键的少数，次要的多数”的关系。后来由美国质量管理专家朱兰引入质量管理中，成为一种简单可行、一目了然的质量管理重要工具。

（2）排列图的作图方法步骤如下：

①将用于排列图所记录的数据进行分类。分类的方法有多种，可以按工艺过程分、按缺陷项目分、按品种分、按尺寸分、按事故灾害种类分等。

②确定数据记录的时间。汇总成排列图的日期，没有必要规定期限，只要能够汇总成作业排列图所必须的足够的数据即可。

③按分类项目进行统计。统计按确定数据记录的时间来汇总成表，以全部项目为 100% 来计算各个项目的百分比，得出频率。

④计算累计频率 C。

⑤准备坐标纸，画出纵横坐标。注意纵横坐标要均衡匀称。

⑥按频数大小顺序绘制直方图。

⑦按累计比率绘制排列曲线。

⑧记载排列图标题及数据简历。

填写标题后还应在空白处写清产品名称、工作项目、工序号、统计期间、各种数据的来源、生产数量、记录者及制图者等项。

例如，某厂铸造车间生产某一铸件，质量不良项目有气孔、未充满、偏心、形状不佳、裂纹、其他等项。记录一周内某班所生产的产品不良情况数据，并分别将不良项目归结为表 9-2 中的①和②项。

表 9-2　缺陷频率表

①缺陷项目	②频数	③频率	④累计频率
气孔	48	50. 53	50. 53
未充满	28	29. 47	80. 00
偏心	10	10. 53	90. 53
形状不佳	4	4. 21	94. 74
裂纹	3	3. 16	97. 90

续表

①缺陷项目	②频数	③频率	④累计频率
其他	2	2.1	100
合计	95	100	

计算频率和累计频率，如表 9-2 中的③和④项所示。绘制排列图如图 9-3 所示。

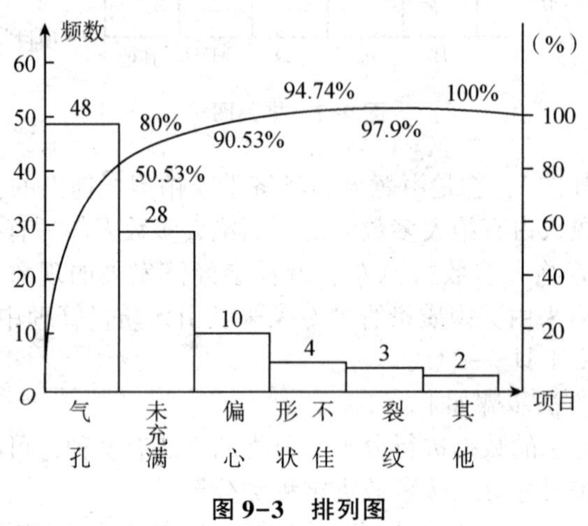

图 9-3　排列图

（3）排列图分析。绘制的排列图的目的在于从诸多的问题中寻找主要问题，并以图形的方法直观地表示出来。通常把问题分成三类：A 类属于主要或关键问题，在累计百分比 80%左右；B 类属于次要问题，在累计百分比 80%～95%之间；C 属更是次要，在累计百分比 95%～100%之间。但在实际应用中，切不可机械地按 80%来确定主要问题，它主要是针对“关键的少数、次要的多数”的原则，给予一定的划分范围而言。ABC 三类应结合具体情况来选定。

排列图把影响产品质量的主要问题直观地表现出来，使我们明确应该从哪里着手来改进产品质量。集中力量解决主要问题可以收效显著。上例中主要问题是气孔和未充满，若将气孔问题解决了，就解决了问题的一半；再将第二项未充满的问题解决，那么，80%的问题都得到了解决。排列图不仅解决产品质量问题，其他工作如节约能源、减少消耗、安全生产等都可以用排列图改进，提高工作质量。

2. 因果分析图法

（1）因果图。质量管理的目的在于减少不合格品，保证和提高产品质量，降低成本和提高效率，控制产品质量和工作质量的波动，以提高经济效益。但是，在实际设计、生产和各项工作中，常常出现质量问题。为了解决这些问题，就需要查找原因，考虑对策，采取措施，解决问题。然而，影响产品质量的因素是多种多样的。若能真正找到质量问题的主要原因，便可针对这种原因采取措施，使质量问题得到迅速解决。因果图就是用来分析影响产品质量各种原因的一种有效的方法，对影响产品质量的一些较为重要的因素加以分析和分类，并在同一张图上把它们的关系用箭头表示出来，以对因果做明确系统的整理。因果图又称“鱼刺图”或“特性要因图”。

（2）因果图的构成及画法。因果图由质量问题和影响因素两部分组成。图中主干箭头所指的为质量问题，主干上的大枝表示大原因，中枝、小枝、细枝表示原因的依次展开。

因果图的画法：

①确定待分析的质量问题，将其写在右侧的方框内，画出干，箭头指向右端，如图 9–4 所示。

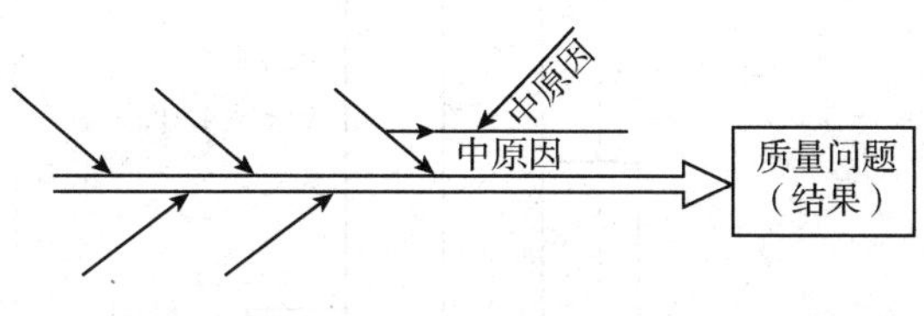

图 9–4　因果图

②确定该问题中影响质量原因的分类方法。一般分析工序质量问题时，常按其影响因素，如人、设备、原材料、方法、环境等分类，也有的按加工工序分类。作图时，依次画出大枝，箭头方向从左到右斜指向主干，在箭头尾端写上原因分类项目，如图 9–5 所示。

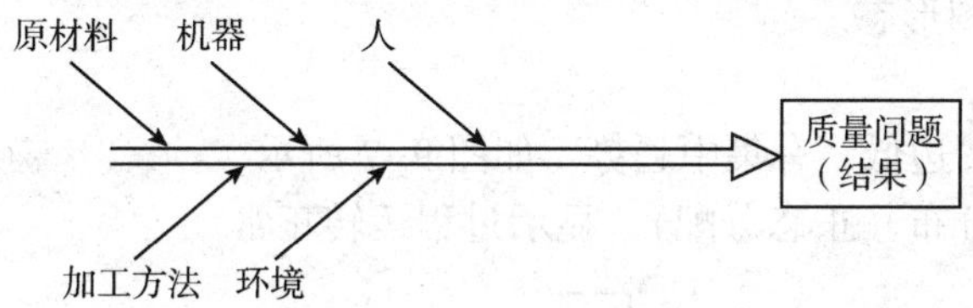

图 9–5　五因素因果图

③将各分类项目分别展开，每个中枝表示各项目中造成质量问题的一个原因。作图时，中枝平行于主干，箭头指向大枝，将原因记在中枝上下方。

④将原因再展开，分别画小枝，小枝是造成中枝的原因，依次展开，直至细到能采取措施为止。

⑤分析图上标出的原因是否有遗漏，找出主要原因，画上方框，作为质量改进的重点。

⑥注明因果图的名称、绘图者、绘图时间、参加分析人员等。

（3）注意事项

①分析大原因时应根据具体情况，适当增减或另立名目，除人、设备、原材料、方法、环境等因素外，有时还包括其他因素如动力、管理、计算机软件等。

②发扬民主，集思广益，畅所欲言，结合别人的见解，改进自己的想法。

③主要原因可用排列图、投票或试验验证等方法确定，然后加以标记。

画出因果图后，就要针对主要原因列出对策表，包括原因、改进目标、措施、负责人、进度要求、效果检查和存在问题等。排列图、因果图和对策表统称为“两图一表”，在质量管理中用得最普遍。

3. 直方图

（1）直方图的含义。直方图是将所收集的测定值、特性值或结果值分为几个相等的区间作为横轴，并将各区间内所测定值依所出现的次数累积而成的面积用柱形排起来形成的图表。因此，直方图也叫“柱状图”（见图 9–6）。

（2）使用直方图的目的：了解分配的形态，研究制程能力或计算制程能力，过程分析与控制，观察数据的真伪，计算产品的不合格率，求分配的平均值与标准差，用以制定规格界限，与规格或标准值比较，调查是否混入两个以上的不同群体，了解设计控制是否合乎过程控制。

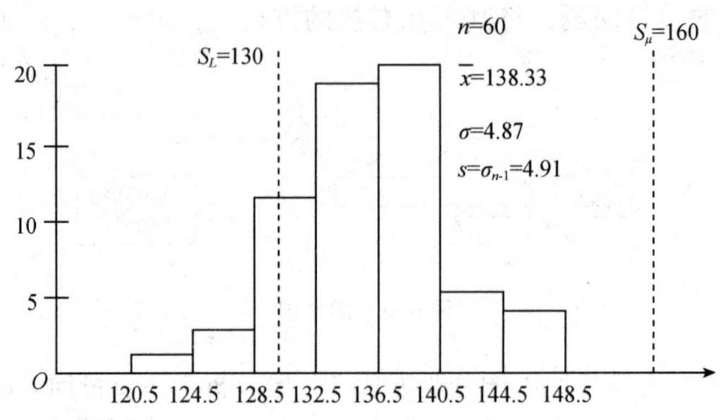

图 9-6　直方图的形式

（3）常见的直方图形态

1）正常型

说明：中间高，两边低，有集中趋势，如图 9-7 所示。

结论：左右对称分布（正态分配），显示过程运转正常。

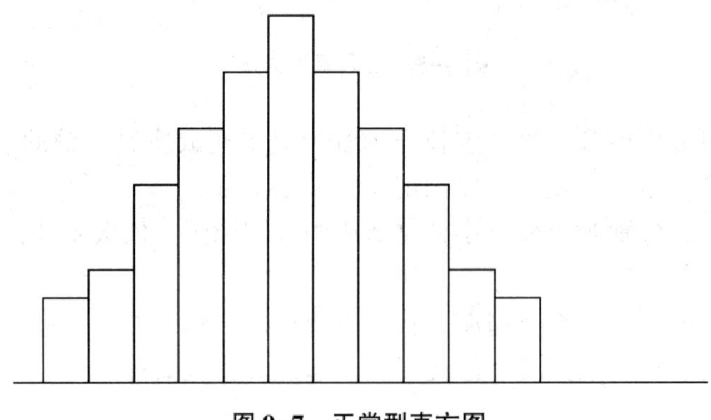

图 9-7　正常型直方图

2）缺齿型（凸凹不平型）

说明：高低不一，有缺齿情形。不正常的分配由于测定值或换算方法有偏差、次数分配不妥当所形成，如图 9-8 所示。

结论：检验员对测定值有偏好现象，如对 5、10 之数字偏好，或是数据造假。测量仪器不精密或组数的宽度不是倍数时也有此情况。

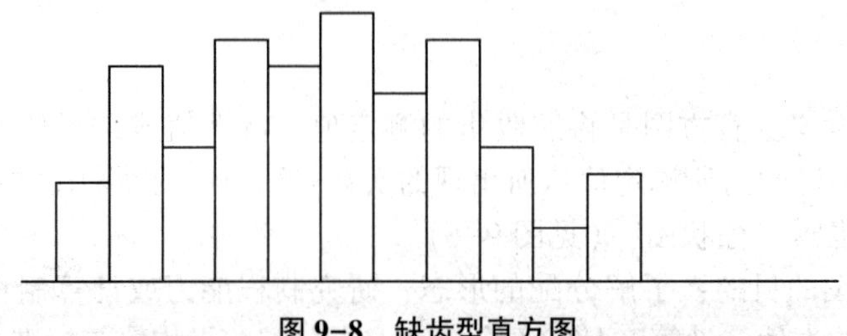

图 9-8　缺齿型直方图

3）切边型（断裂型）

说明：有一端被切断，如图 9-9 所示。

结论：原因为数据经过全检，或过程本身经过全检会出现的形状。若剔除某规格以上时，则切边在靠近右边形成。

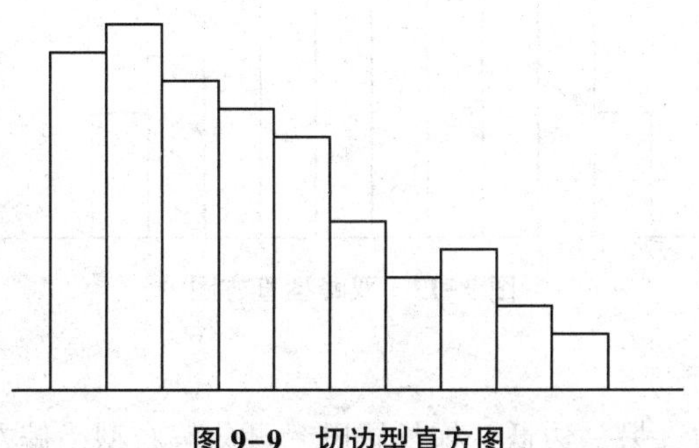

图 9-9 切边型直方图

4）离岛型

说明：在右端或左端形成小岛，如图 9-10 所示。

结论：测量有错误或由工序调节错误、使用不同原料所引起。出现这种情况一定有异常原因存在，只要去除，就可满足过程要求，生产出符合规格的产品。

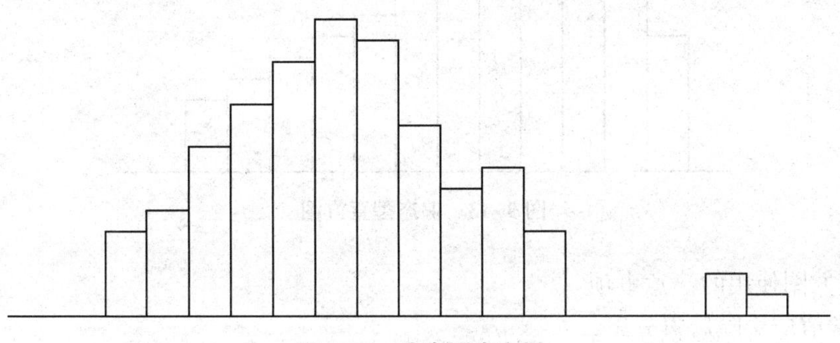

图 9-10 离岛型直方图

5）高原型

说明：形状似高原状，如图 9-11 所示。

结论：不同平均值的分配混在一起，应分层后再做直方图比较。

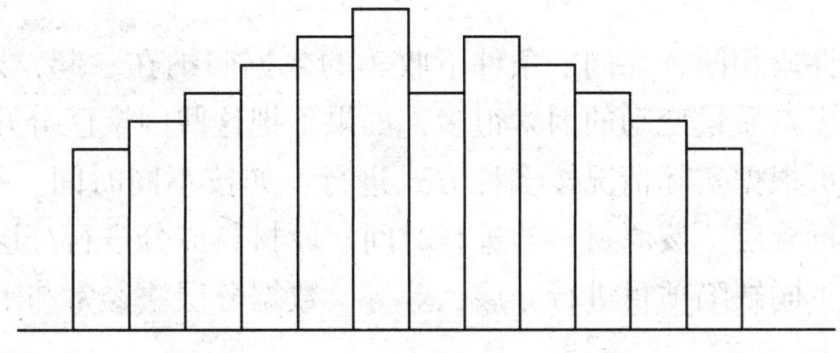

图 9-11 高原型直方图

6）双峰型

说明：有两个高峰出现，如图 9-12 所示。

结论：有两种分配相混合，例如两台机器或两家不同供应商有差异时会出现这种形状，如因测量值不同的原因影响，应先分层后再作直方图。

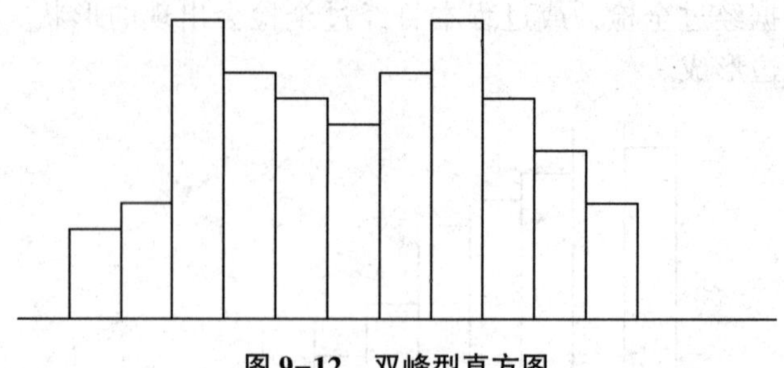

图 9-12　双峰型直方图

7）偏态型（偏态分配）

说明：高处偏向一边，另一边低，拖长尾巴。可分偏右型、偏左型，如图 9-13 所示。

偏右型：例如微量成分的含有率等，不能取到某值以下的值时所出现的形状。

偏左型：例如成分含有高纯度的含有率等，不能取到某值以上的值时所出现的形状。

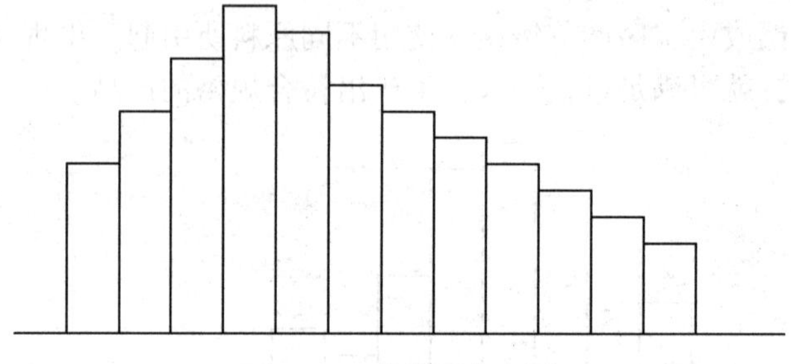

图 9-13　偏态型直方图

（4）直方图使用的注意事项

1）异常值应去除后再分组。

2）从样本测量值推测群体形态，直方图是最简单有效的方法。

3）应取得详细的数据资料（如时间、原料、测量者、设备、环境条件等）。

4）进行过程管理及分析改善时，利用层别方法将更容易找出问题的症结点，对于质量的改善有事半功倍的效果。

4. 数据分层法

数据分层就是把性质相同、在同一条件下收集的数据归纳在一起，以便进行比较分析。因为在实际生产中，影响质量变动的因素很多，如果不把这些因素区分开来，则难以得出变化的规律。数据分层可根据实际情况按多种方式进行，如按不同时间、不同班次进行分层，按使用设备的种类进行分层，按原材料的进料时间、原材料成分进行分层，按检查手段、使用条件进行分层，按不同缺陷项目进行分层，等等。数据分层法经常与下述统计分析表结合使用。

5. 控制图

（1）控制图的含义和分类。控制图又称为“管理图”，如图 9-14 所示，它是一种有控制界限的图，用来区分引起质量波动的原因是偶然的还是系统的，可以提供系统原因存在的信息，从而判断生产过程是否处于受控状态。控制图按其用途可分为两类：一类是供分析用的控制图，用于分析生产过程中有关质量特性值的变化情况，看工序是否处于稳定受控状态；另一类是供管理用的控制图，主要用于发现生产过程是否出现了异常情况，以预防产生不合格品。

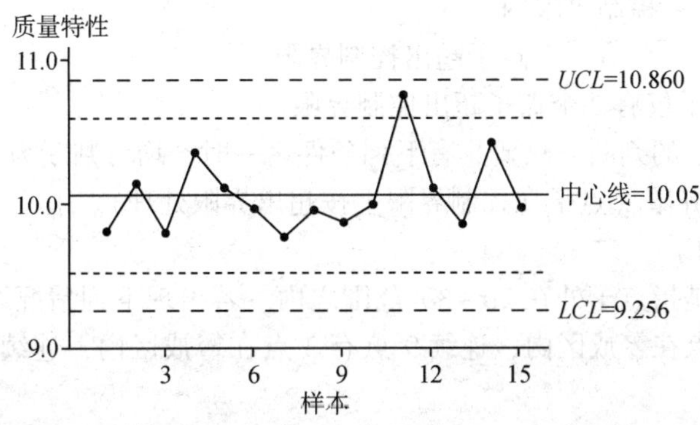

图 9-14 控制图的基本形状

控制图通常以样本平均值 x 为中心线，以上下取 3 倍的标准差（$x+3\sigma$）为控制界，因此用这样的控制界限做出的控制图叫作“3σ 控制图”，也是休哈特最早提出的控制图。

控制图根据数据的种类不同，基本上可以分为两大类：计量值控制图和计数值控制图。计量值控制图一般适用于以长度、强度、纯度等为控制对象的场合，属于这类的控制图有单值控制图、平均值和极差控制图、中位数和极差控制图等。计数值控制图以计数值数据的质量特性为控制对象，属于这类的控制图有不合格品率控制图（P 控制图）和不合格品数控制图（Pn 控制图）、缺陷数控制图（c 控制图）和单位缺陷控制图（u 控制图）等。

（2）控制图的制作步骤

1）收集数据。

2）建立一个抽样计划。

3）控制图设置。

4）计算每一个子组的样本的控制统计量。

5）将控制统计量画到控制图上。

6）建立控制限。

7）确定控制图的中心线和控制限。

8）统计受控的解释。

9）分析极差图上的点。

10）识别并标注特殊原因（极差图）。

11）重新计算控制限（极差图）。

12）识别和处理特殊原因（均埴图）。

13）重新计算控制限（均值图）。

（3）控制图的观察分析。所谓“控制图的观察分析”是指工序生产过程的质量特性数据在设计好的控制图上标点后取得工序质量状态信息，以便及时发现异常，采用有效措施，使工序处于质量受控状态的质量控制活动。

①工序稳定状态的判断。工序是否处于稳定状态的判断条件有二：

a. 点子必须全部在控制界限之内。

b. 在控制界限内的点子排列无缺陷，或者说点子无异常排列。

如果点子的排列是随机地处于下列情况，则可认为工序处于稳定状态：

c. 连续 25 个点子在控制界限内。

d. 连续 35 个点子，仅有一个点子超出控制界限。

e. 连续 100 个点子仅有 2 个点子超出控制界限。

②工序不稳定状态的判断。只要具有下列条件之一时，均可判断为工序不稳定。

a. 点子超出控制界限（点子在控制界限上按超出界限处理）。

b. 点子在警戒区内。

点子处在警戒区是指点子处在 $2\sigma \sim 3\sigma$ 范围之内。若出现下列情况之一，均判定工序不稳定：连续 8 点有 2 点在警戒区内，连续 9 点有 3 点在警戒区内，连续 10 点有 4 点在警戒区内。

有时点子虽在控制界限内，但排列异常。所谓“异常”是指点子排列出现链、倾向、周期等缺陷之一，此时，即判定工序不稳定。具体包括以下内容：

a. 连续链。连续链是指在中心线一侧连续出现点子。链的长度用链内所含点数的多少衡量。当链长大于 7 时，则判定为点子排列异常。

b. 间断链。间断链是指多数点在中心线一侧，连续 14 点有 12 点在中心线一侧，连续 17 点有 13 点在中心线一侧，连续 20 点有 16 点在中心线一侧。

c. 倾向。倾向是指点子连续上升或下降，如连续上升或下降点子数超过 7 时，则判定为异常。

d. 周期。周期是指点子的变动呈现明显的一定间隔。若点子出现周期性，则判断较复杂，应当慎重决策。通常应先弄清原因，再做判断。

对上述判断工序异常的现象，可用概率论中的小概率事件加以解释，本节不做定量描述。

（3）控制图的两类错误。控制图是判断异常因素是否出现的一种图形化的检验工具。由于控制图的控制限是基于 3σ 原则，因此，根据正态分布理论，有：

$$P(\mu-3\sigma<x<\mu+3\sigma)=0.9973$$

上式说明，当工序质量特性值 x 的均值 μ 和标准差 σ 在工序生产过程中并未发生变化时，仍有 $\alpha=0.27\%$ 的点子超出控制界限而发出工序异常的不正常信号。我们称这种不正常虚发信号为控制图的“第 I 类错误”，记为 α。

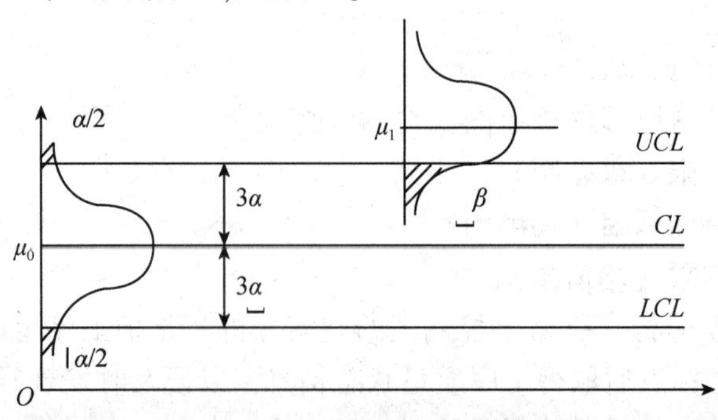

图 9-15 控制图的两类错误

由第Ⅰ类错误引起不必要的停产检查将导致相应经济损失。同样，当系统因素影响工序生产过程使均值μ和标准差α发生变化时，据正态分布性质，有部分点子仍在控制界限之内，而不能及时发出报警信号，视工序正常，使生产过程继续下去，从而导致大量废品产生。我们称这种不能及时发出报警信号的错误为控制图的“第Ⅱ类错误”，记为β。α与β之间关系如图 9-15 所示。由图可见，当控制限为±3α 时，α是一个确定值，且α将随控制限增大而减少。当均值由μ_0变为μ_1时，仍有β部分落在控制限之内。显见，β是随着控制限的增大而增大。

6. 散布图

散布图又称“相关图法”“简易相关分析法”。散布图是把两个变量之间的相关关系用直角坐标系表示的图表。它根据影响质量特性因素的各对数据，用点子填列在直角坐标图上，以观察判断两个质量特性值之间的关系，对产品或工序进行有效控制。图中所分析的两种数间的关系可以是特性与原因、特性与特性的关系，也可以是同一特性的两个原因的关系。如在热处理时，需了解钢的淬火温度与硬度的关系，在金属机械零件加工时，需了解切削用量、操作方法与加工质量的关系等，都可用散布图来观察与分析。

7. 统计分析表

统计分析表又称“调查表”“检查表”，是利用统计表对数据进行整理和初步分析原因的一种工具，其格式可多种多样。表 9-3 是其中的格式之一，这种方法虽然较简单，但实用有效。

表 9-3 不合格品调查表

品名：	时间： 年 月 日
工序：最终检验	工厂：
不合格项目：缺陷、加工、形状等	班组：
检查总数：2530	检查员：
备注：全部检查	批号：
	合同号：
不合格项目：	小计：
表面缺陷	32
砂眼	23
加工不良	48
形状不良	4
其他	8
总计	115

以上概要介绍了七种常用的质量管理统计方法，这些方法集中体现了质量管理的“以事实和数据为基础进行判断和管理”的特点。最后还需指出的是，这些方法看起来都比较简单，但能够在实际工作中正确、灵活地应用并不是一件简单的事。

第四节　ISO 9000 系列标准简介

标准是人们在长期生产实践中，根据自己在科学、技术和实践经验方面的认识、理解制定出来的准则和依据，它必须通过相关部门的协商，由主管机构批准，以特定形式发布，赢得大家的一致遵守才能最后得以成立。质量标准是人们在产品质量方面制定出来的准则和依据。人们共同遵守质量标准，就可以实现较高水平的质量管理，在质量管理方面达成共识，从而更好地进行产品质量设计和产品质量检验控制，共同推进质量方面的进步和提高。

ISO 9000 质量标准体系是国际标准化组织制定，得到世界多数国家认可，在许多企业推行的质量管理方面的准则和依据，它在推动世界范围内的质量管理方面起到了极为重要的作用。

一、ISO 9000 系列标准产生的时代背景

（一）ISO 9000 系列标准的产生背景

ISO 9000 系列标准是在世界各国科学、技术、社会、经济等客观因素发展的基础上逐步形成和完善起来的，是世界科技发展和实践经验结合的产物，更体现了全球经济一体化的现实要求。

首先，科学技术的突飞猛进为 ISO 9000 质量标准的产生创造了必要的物质条件基础。随着科学技术的进步以及人们对自身安全的重视和消费者保护自身利益的意识觉醒，人们对现代化企业生产的质量保证越来越重视。在这种情况下，为适应生产发展的客观需要，各国纷纷出台了产品质量保证和质量管理标准，用以指导企业生产、确保产品质量水平的不断提升，质量标准和质量管理体系纷纷出台，人们也在质量管理方面积累了丰富的经验。但是，由于各国质量标准并不一致，结果使得产品跨越国界进行交易时遇到了一些难以跨越的障碍和问题，因此，制定全球范围内各国一致认可并接受的质量管理标准就成为各国组织生产和贸易发展的迫切需要，ISO 9000 质量标准产生的客观物质条件也日趋成熟。

其次，各国企业在质量管理方面的实践探索奠定了 ISO 9000 质量标准产生的坚实的理论和实践基础。第二次世界大战期间，美国军方为了解决军备产品质量问题，率先对军备产品的生产提出了质量保证方面的标准要求，开创了人类质量管理的新篇章。美国在质量管理方面的实践不仅丰富了质量管理的经验，减少了质量缺陷的发生频率，降低了残次品的比率，得到了显著的质量管理成效，而且还开发出一系列行之有效的质量管理技术，成功地把数理统计理论应用到了质量管理实践中，为质量管理理论的形成和完善奠定了坚实基础。

最后，全球经济一体化的趋势为 ISO 9000 质量标准在世界范围内的传播起到了积极的促进作用。随着全球经济一体化趋势的加强，世界贸易发展日益迅速，产品和资本的流动也变得愈加频繁，这就需要各国从全球贸易的观点对产品的质量保证和产品责任问题给予足够的重视，并采取切实措施，以保护遍布全球各地的消费者的切身利益。在这种情况下，就有必要在不同国家、企业之间确立技术合作、经济交流和贸易往来方面共同遵守的规范，确定全球范围内各国企业共同遵守的质量标准规范，从而确保全球范围内的产品质量能够落到实处。正是在这种经济发展趋势的影响下，ISO 9000 质量标准一经推出，就得到了各类组织的

推崇和认可，受到了各国政府部门的高度关注，成为促进各类组织提高产品质量、强化质量管理的行动纲领和指南。

正是在这种背景下，国际标准化组织于 1979 年成立了“质量保证技术委员会”(TC176)，1987 年更名为“质量管理和质量保证技术委员会”，投入到了制定质量管理和质量保证标准的艰巨工作中，负责制定发布质量管理标准，指导世界性质量管理工作。

（二）ISO 9000 系列标准的发展历程

具体地讲，ISO 9000 系列标准的修订工作由 TC176 下属的分委员会负责。TC176 组织分工如下：质量管理和质量保证技术委员会，秘书国为加拿大，下设三个分委员会。其中 SCl 为概念及术语分委员会，秘书国为法国；SC2 为质量体系分委员会，秘书国为英国；SC3 为支持技术分委员会，秘书国为荷兰。在分委员会下又分设若干个工作组，分别负责各项标准的制定、修订工作。

经过多年努力，国际标准化组织于 1986 年发布了 ISO 8402《质量——术语》标准，于 1987 年发布了 ISO 9000《质量管理和质量保证标准——选择和使用指南》、ISO 9001《质量体系——设计开发、生产、安装和服务的质量保证模式》、ISO 9002《质量体系——生产和安装的质量保证模式》、ISO 9003《质量体系——最终检验和试验的质量保证模式》、ISO 9004《质量管理和质量体系要素——指南》共 6 项标准，通称为“ISO 9000 系列标准”，开创了质量管理国际标准化的历史先河。

ISO 承诺，他们会定期对标准进行评审、改进和更新，以便更好地满足标准使用者的需求，充分体现各国对质量管理方面的需求，不断提升各类组织的质量管理水平。根据这一精神，截至目前，ISO 9000 系列标准已经经过了两个阶段的修改，从而使标准的针对性和实用性大大增强，反映出了鲜明的时代气息。

第一阶段修改称为“有限修改”，这次修改得到了 1994 年版本的 ISO 9000 系列标准，其中制定并修改了 16 个标准。

第二阶段修改是在总体结构和技术内容上做较大的全新修改，其主要任务是“识别并理解质量保证及质量管理领域中顾客的需求，制定有效反映顾客期望的标准；支持这些标准的实施，并促进对实施效果的评价”。这些修改得到了 2000 年版本的 ISO 9000 系列标准，也就是我们目前通用的 ISO 9000 质量体系标准。

修改后的 ISO 9000：2000 质量体系标准仅有 5 项标准。2000 版的 ISO 9000 系列标准对过程方法、顾客需求、持续改进等重要思想给予了充分关注，充分体现了质量管理体系对满足顾客需求的重视，具有通用性强、灵活方便、前瞻性强等特点。

ISO 9000 系列标准的制定和公布使各国的质量管理和质量保证活动有了规则和依据。标准总结了工业发达国家先进企业的质量管理实践经验，统一了质量管理和质量保证的术语和概念，无疑可以推动各国在质量管理方面的行动实践，实现全球范围内的质量管理，最终实现了全球经济一体化背景下质量管理水平不断提升的目标。目前，这一标准已经被全世界 100 多个国家和地区等同采用、等效采用或不等同采用为国家标准，并被广泛用于工业、经济和政府等各类组织的质量管理领域；同时，世界各地许多组织还积极开展了该质量体系的认证工作，ISO 9000 质量体系标准已经渗透到人类生产和生活的各个方面，对全球经济发展和人类生活水平的提高起到了难以估量的促进作用。

二、ISO 9000：2000 系列标准的主要内容

ISO 9000 是一套结构严谨、定义明确、内容具体、实用性强的质量管理标准，这套标准可以广泛应用到社会生活中的各个行业或部门，可以为各类组织的质量管理实践提供行动指南和质量管理准则。现行的 ISO 9000：2000 系列标准是由 4 项核心标准及其他一些支持性标准和文件构成的，4 项核心标准的名称和编号如下：ISO 9000《质量管理体系基础和术语》，ISO 9001《质量管理体系要求》，ISO 9004《质量管理体系业绩改进指南》，ISO19011《质量和环境管理体系审核指南》。

此外，ISO10012《测量控制系统》及其他一些支持性报告构成了 ISO 9000：2000 系列标准的支持性文件，主要针对质量管理体系的建立和运行提供相应的指导和说明。下面，结合 2000 年版本 ISO 9000 系列标准的相关内容，对 ISO 9000、ISO 9001、ISO 9004 这 3 项标准简要介绍如下。

1. ISO9000：2000《质量管理体系基础和术语》

ISO 9000：2000 标准是 ISO 9000 系列标准中的 4 项核心标准之一，这一核心标准主要界定了质量管理体系的基本原理和术语标准，从而为质量管理体系标准的用户提供相互理解、合乎逻辑、便于沟通的基础术语，促进我们对其余 3 个质量管理核心标准的理解，了解质量管理的基本原则。具体地讲，ISO 9000 标准可以分为如下 4 个部分。

（1）引言提出了质量管理的 8 项基本原则。ISO/TC176 于 1995 年组建成立了一个工作组，用了约两年的时间，广泛听取世界知名质量管理专家的意见，整理并编撰出 8 项著名的质量管理原则。这 8 项质量管理原则立足于质量管理的丰富实践，用高度概括、易于理解的语言揭示出质量管理最基本、最通用的一般性规律，为质量管理标准的制定和实施奠定了坚实的理论指导基础，确立了科学有效的质量管理思想基础。这 8 项基本原则一经提出，马上得到了众多国家的认可，发挥出了极其深远的影响。8 项基本原则的提出无疑具有极其重要的理论和实践意义，下面对这 8 项基本原则的主要内容进行较为细致的阐述。

（2）质量管理体系基本原理阐述了 ISO 9000：2000 系列标准中的基本原理，以对引言中提出的质量管理 8 项原则形成呼应。标准提出了 12 条基本原理，对质量管理体系的目的、意图、方法、评价、改进等进行了全面系统的阐述说明，与质量管理的 8 项基本原则一起构成了 ISO 9000 质量管理标准的基础。

（3）术语和定义对 ISO 9000 系列标准中质量管理体系的术语进行了界定和说明。

（4）附录解释了 ISO 9000：2000 系列标准中术语的使用方法，表述了与质量管理体系有关的特定概念领域中术语之间的关系和理解的有效方法——概念图。

2. ISO 9001：2000《质量管理体系要求》

ISO 9001：2000 标准提出了质量管理体系的要求，以便让组织在需要证实其具有稳定地提供满足顾客要求和适用法律法规要求的产品的能力时使用。同时，组织可通过该标准提出的质量管理体系的有效应用，包括持续改进体系的过程及保证符合顾客与适用的法规要求，更好地增强顾客满意度。

具体地讲，该标准应用了以过程为基础的质量管理体系模式的结构，鼓励组织在建立、实施和改进质量管理体系及提高其有效性时采用过程方法，通过满足顾客要求而实现增强顾客满意度的目标和宗旨。而这种过程方法的优点是，可以通过对质量管理体系中诸多单个过

程之间的联系及过程的组合和相互作用进行连续的控制，以达到质量管理体系持续改进的根本目标。

3. ISO 9004：2000《质量管理体系业绩改进指南》

该标准提供了超出 ISO 9001 要求的指南和建议，但这种标准不是要应用于认证或合同的目的，也不是要用作 ISO 9001 的实施指南。该标准是以 8 项质量管理原则为基础，帮助组织使用有效和高效的方式识别并满足顾客和其他相关方的需求和期望，从而引导组织考虑如何提高质量管理体系的有效性和效率，进而实现业绩改进目标。

具体地讲，该标准在结构上也应用了以过程为基础的质量管理体系模式，鼓励组织在建立、实施和改进质量管理体系及提高其有效性和效率时采用过程方法，以便通过满足相关方要求来提高相关方的满意程度。同时，该标准还给出了自我评定和持续改进过程的示例，用于帮助组织寻找改进的机会。它通过 5 个等级来评价组织质量管理体系的成熟程度，并通过给出的持续改进方法来提高组织的总体业绩，最终使相关方都能从中受益。

ISO 9001 和 ISO 9004 标准相辅相成，互为补充，构成了质量管理体系的一对协调统一的质量管理标准。ISO 9001 旨在给出产品的质量保证并提高顾客的满意程度，而 ISO 9004 则通过使用更广泛的质量管理的观点，提供业绩改进的指南。两者既存在相同之处，也存在不同之处。

（1）ISO 9001 和 ISO 9004 的相同之处

①根本目的和宗旨相同。两项标准都是以顾客满意度的实现为关注焦点，都强调要通过识别顾客的需求和期望来实现持续的顾客满意，实现组织整体业绩的不断完善和改进，最终将组织的质量工作推向一个新的境界。

②理论基础和编写结构相同。两项标准都是建立在质量管理过程方法模式的理论基础之上，遵循着大致相同的编写结构，相互之间能够做到彼此相容。

③评价方法相同。两项标准都包括内部审核和管理评审两类质量管理体系的评价方法。

（2）ISO 9001 和 ISO 9004 的不同之处

①目的不同。ISO 9001 标准着重强调组织质量管理体系的有效性，目的在于证实组织具有满足顾客和使用的法律法规要求的能力；而 ISO 9004 标准则涉及组织质量管理体系更广范围的目标，除了有效性，还包括持续改进组织的整体业绩、全面提高组织的有效性和效率等。

②用途不同。ISO 9001 标准根据要求既可用作内部审核和外部认证的依据，又可用于合同目的；而 ISO 9004 标准因其只是体系业绩改进指南而非 ISO 9001 的实施指南，故不能作为体系认证的依据，也不可用作合同之目的，它只能作为组织改进自身业绩、追求卓越并进行自我评价的依据。

③管理内容不同。ISO 9001 标准将使顾客满意所需的基本要求作为管理重点，组织达到了这一要求，则说明已具有提供顾客满意和符合法律法规要求的能力；而 ISO 9004 标准超越了 ISO 9001 标准要求，以便指导组织寻求更多的业绩改进机会，实现持续改进。

④评价质量管理体系的方法不同。除了内审和管理评审的方法以外，ISO 9004 标准增加了自我评价的方法。

三、质量认证

1. 质量认证的概念和内容

质量认证也称“合格认证”，指的是“根据一定程序对产品、过程或服务符合规定的要求给予某种书面保证（合格证书）”的行为。从质量认证的概念中可以看出，不论是产品质量认证还是企业质量体系认证，质量认证这一概念包括以下几个要点：认证的依据是特定的标准或技术规范，认证是由第三方进行的，认证是通过颁发认证资格证明文件加以确认的。由上可见，质量认证制度是为了进行质量认证工作而建立的一套程序和管理制度的总称，它包括产品质量认证和企业质量体系认证制度。

（1）产品质量认证制度是指由公正的第三方依据产品标准和相应的技术要求，对产品质量进行检验、测试、确认，并通过颁发认证证书和准许使用认证标志的方式来证明某产品符合要求的制度规定。比如说，按照我国法律规定，产品质量认证分为安全认证和合格认证。

（2）企业质量体系认证制度是指依据一定的标准和要求，由认证机构对企业质量体系进行审核和评定，确定企业是否符合标准和要求，如果符合则予以颁发认证证书加以确认。

2. 实行质量认证制度的意义

质量认证制度通过处于中立地位的第三方机构对产品质量或企业质量管理体系做出全面而恰当的评价，可以增强人们对产品质量的信心，这无疑会对供需双方、对顾客、对国家和社会具有重大的现实意义。

（1）有利于提高产品供应方的信誉。企业一旦通过公正机构对其产品或质量体系的认证获得合格证书和标志并通过注册加以公布，无疑会使这些企业相对未取证或未注册的企业取得质量信誉上的优势，从而有利于企业在市场竞争中提升自身的企业形象和产品档次，获得市场竞争优势。

（2）有利于促进企业完善质量体系。企业要获取第三方认证机构的质量体系认证，或按典型的产品质量认证制度实施的产品质量认证，就需要对其质量体系进行检查和完善，以提高其产品质量的保证能力。同时，在这个过程中，在认证机构对其质量体系实施检查和评定时，企业往往会及时发现自身存在的问题，从而可以及时加以纠正。所有这些都有利于促进企业完善质量体系。

（3）有利于企业降低成本，提高经济效益。从生产者方面来说，为了生产物美价廉的产品，满足用户的需求，提高企业的竞争能力和经济效益，也需要建立和完善质量体系。实践证明，一个企业建立和完善质量体系除了能够提高质量外，还能降低成本，提高效率和效益，最终达到提高企业素质、增强市场竞争能力的目的。所以，建立和完善企业的质量体系，有利于企业提高经济效益，增强企业的成本竞争优势。

（4）有利于保护消费者的利益。随着社会的进步、经济和科学技术的发展，产品体现出来的技术性能越来越强大。这些高科技产品如果在质量上不能得到保证，就会给消费者带来经济损失，甚至影响到他们的人身安全。因此，落实质量认证，有利于保护消费者的利益。

（5）有利于增强全球经济一体化的发展。在全球经济一体化的趋势下，企业与企业之间的贸易往来越来越频繁，企业越来越依赖彼此之间的协作和配合。在这种情况下，一件产品往往需要在世界各地进行采购、生产和销售，为此，就需要各个企业遵守大家认可的质量管理标准的要求，进行质量论证，以便于彼此之间进行国际交往。从这个意义上讲。将 ISO 9000 认证作为国际贸易的通行证无疑是具有一定道理的。

3. 质量认证的八种类型

按照质量认证所包含的认证要素不同，大致可以将质量认证分为以下八种类型：

（1）型式试验。型式试验是指按照规定的试验方法对产品样品进行试验，从而判定样品是否符合标准或技术规范。这种认证只要求认证机构证明所提交实验的样品符合标准要求，并不表明其他未经检验产品也能像样品一样符合标准。这种认证只发证书，不允许使用合格标志。它的优点是对产品只需进行一次实验，所需的时间和费用都较低，但这种认证制度所提供的信任程度和适用范围是极其有限的。

（2）型式试验加认证后监督：市场抽样检验。这是一种带有监督措施的型式检验，监督的办法是从市场上购买样品或从批发商、零售商的仓库中随机抽样进行检验，以证明认证产品的质量特性持续符合标准或技术规范的要求。通过这种认证形式的产品可以使用认证标志。其优点是认证费用较低，并能够体现一定的监督力度。

（3）型式试验加认证后监督：工厂抽样检验。这种认证方法与第二种认证方法相似，但这种认证方法要求从工厂发货前的产品中进行随机抽样检查，而不是要等到产品进入市场后再进行抽样检查。通过这种认证形式的产品也能使用认证标志。这种方式的优点是费用较低，并可表明生产企业本身的产品检验设备、生产条件等也符合或达到了一定要求。

（4）型式试验加认证后监督：市场和工厂抽样检验。这种认证方法综合了第二、三种方法，体现了更强的监督力度。通过这种认证形式的产品可以使用认证标志，通过这种认证可以表明产品具有更高的质量保证。

（5）型式试验加工厂质量体系评定再加认证后监督：质量体系复查加市场和工厂抽样检验。这种认证方法要求对申请认证的产品生产企业进行质量体系的检查和评定，在获准认证后的监督中也相应增加了对生产厂商质量体系进行复查的要求。这种认证形式无疑是相当完善和严密的，因而能对顾客提供更高的质量保证。通过这种认证形式批准的产品可以使用认证标志。这也是最为完善的一种认证类型。

（6）只进行工厂质量体系检查、评定和复查。这种认证方法实质上就是质量体系认证的方法。它通过对产品的生产厂按照所规定的技术标准生产产品的质量体系进行检查和评定的方法，最终证实生产厂具有按既定的标准或规范的要求提供产品的质量保证能力。但由于这种认证评价的是企业的质量体系，并不涉及生产出来的产品，因此按这种形式认证批准的企业不能在其出厂的产品上使用产品质量认证标志，而是由认证机构给予生产该产品的工厂质量体系进行注册登记，发给注册证书，表明该体系通过了评定并取得了注册资格。这种认证方法适应面广，灵活性大，有极大的发展潜力。

（7）批量试验。这是依据规定的抽样检查方案对企业生产的一批产品进行抽样试验的认证，这种认证方法只有在供需双方协商一致后才能有效地执行。这种认证一般只对通过认证的那批产品发给认证证书，而一般不授予认证合格标志，其应用范围仅仅局限在一些相互信任程度较高的组织之间。

（8）全数检验。这种检验是由经过认可的独立检验机构对认证产品作 100%的检验后发给认证证书的一种方法。这种认证方法费用较高，一般适用于一些法律法规专门规定的产品，其应用范围也相当有限。

练习题

一、单项选择题

1. 以下哪项不是质量的决定因素？（ ）

A. 设计质量 B. 生产质量 C. 便于使用 D. 售后服务

2. 全面质量管理涉及的工作不包括以下哪项？（ ）

A. 市场调查 B. 产品设计 C. 制造 D. 筹资

3. 在 PDCA 循环中，制订技术经济指标、质量目标的阶段称为（ ）。

A. P 阶段 B. D 阶段 C. C 阶段 D. A 阶段

4. 在 PDCA 循环中，按照所制订的计划和措施去实施的阶段称为（ ）。

A. P 阶段 B. D 阶段 C. C 阶段 D. A 阶段

5. 在 PDCA 循环中，检查执行的情况，发现和总结经验和问题的阶段称为（ ）。

A. P 阶段 B. D 阶段 C. C 阶段 D. A 阶段

6. 推动 PDCA 循环关键在于以下哪个阶段？（ ）

A. P 阶段 B. D 阶段 C. C 阶段 D. A 阶段

7. 为寻找主要问题或影响质量的主要因素所使用的图形称为（ ）。

A. 排列图 B. 因果分析图 C. 直方图 D. 控制图

8. 用来分析影响产品质量各种原因的图形称为（ ）。

A. 排列图 B. 因果分析图 C. 直方图 D. 控制图

9. 将所收集的测定值特性值或结果值用柱子排起来的图形称为（ ）。

A. 排列图 B. 因果分析图 C. 直方图 D. 控制图

10. 控制图的控制限是基于以下哪项原则？（ ）

A. 1σ 原则 B. 2σ 原则 C. 3σ 原则 D. 4σ 原则

11. 认证方法费用较高的检验方法是（ ）。

A. 市场抽样检验 B. 工厂抽样检验 C. 批量试验 D. 全数检验

二、判断题

1. 质量对设计的符合是指产品或服务符合设计人员意图的程度。（ ）

2. 在质量管理看来，汽车制造厂实施的“召回制度”是一种服务补救措施。（ ）

3. 推动 PDCA 循环的关键在于 P 阶段。（ ）

4. 直方图使用时要将所有观测到的值统一进行分组。（ ）

5. 用于发现生产过程是否出现了异常情况的控制图为供分析用的控制图。（ ）

6. 适用于以长度、强度、纯度等为控制对象的场合的控制图为计数值控制图。（ ）

7. 以计数值数据的质量特性为控制对象的控制图为计量值控制图。（ ）

8. 连续 25 个点子在控制界限内可认为工序处于稳定状态。（ ）

9. 点子超出控制界限可认为工序处于不稳定状态。（ ）

10. ISO 9001 标准着重强调组织质量管理体系的有效性。（ ）

11. ISO 9004 标准可以作为 ISO 体系认证的依据。（ ）

三、简答题

1. 简述提高产品和服务质量的意义。
2. 简述质量管理的发展历程。
3. 简述全面质量管理的主要特点。
4. 全面质量管理的内容是什么？
5. 质量管理的七种工具分别是什么？
6. 简述实行质量认证制度的意义。
7. 简述质量管理的类型。

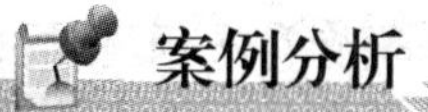

案例分析

“三确认”现场质量管理法

传统的“互检”只是挑出别人的毛病，与己并无关系。这种确认法则讲求确认者的责任，要求本工序的操作人员必须同时承担起上道工序的责任，使质量责任制真正落实到每个操作者肩上。

为充分调动员工的积极性，进一步提高员工的自我管理意识，奥克斯制冷在现场质量管理中，以质量“三确认”为基础，积极有效地开展了大量的QC小组、改善提案等重在员工参与、发挥员工能动性的群众性管理活动，从而促进了质量“三确认”的不断深化和提高。这些立足本岗位、围绕“三确认”开展的群众性改善活动形成了一个个不断滚动提高的PDCA循环，进一步推动了“三确认”工作的深入开展。

一、“三确认”的内容

1. 确认上道工序零部件的加工质量

确认上道工序零部件的加工质量是指本工序的操作者必须用图纸、标准等对上道工序流转下来的材料和部品进行质量确认。如果上道工序质量不合格，应做好记录，并把不合格品返回上道工序。只有完全合格，才可进行本道工序的操作，否则，前者的问题造成的质量事故完全由本道工序操作者负责。

2. 确认本工序加工的技术工艺要求和加工质量

操作者必须在加工前确认本工序的加工内容、相关技术要求、加工设备、工装及有关加工条件参数，操作时必须严格按照图纸、工艺要求操作，严格遵守工艺规程和工艺纪律，确认自己的操作过程是否符合技术要求；发现问题要及时提出，经品质保证人员处理后再进行操作，不允许抛开图纸只凭经验进行操作，对自己的操作过程要进行质量确认。

3. 确认交付到下道工序的完成品质量

零部件完成后要确认，质量合格后才能转到下道工序。要用同一把量具进行测量，用不同的眼光审视。如果发现质量问题，应立即改正，不得将不合格品转入下道工序；对不合格品要进行分析，找出原因，拟定对策，预防类似问题的再发生。

这种质量确认法与传统质量管理的“互检”法比较相似，不同的关键点在于，传统的“互检”只是挑出别人的毛病，与己并无关系。而这种确认法则讲求确认者的责任，要求本工序的操作人员必须同时承担起上道工序的责任，一环扣一环，环环相扣，使质量责任制真正落实到每个操作者肩上，通过相应的考核，真正实现责任与利益的统一。转入加工的确认点是连带责任的开始，也是对自我确认的肯定。就其实质来讲，它是国有企业自检、互检经验的再发展，是员工主人翁精神的再体现，是工艺纪律松懈教训的再纠正。这三条看似简单，真正做起来并形成良好的质量意识和习惯却需要一个很长的培育和实践过程。

二、“三确认”现场质量管理法保障机制

1. 组织结构及职能

为充分调动生产人员的责任心和主动性，组织机构中没有设置质量检查部门和专职检查人员，而是设立品质保证部门，从而使生产员工从根本上消除了依赖思想，真正在员工思想中树立起“我就是质量的主体”“我对质量负全责”的认识。同时，由于每位员工都要身兼生产员工和检查员二职，因此，也有效地调动了员工的求知欲和上进心。而品质保证人员的职能正在从单纯的事后检查向监管、总结、指导的职能转化，并延伸到了品质开发领域。对于不良品的出现，他们同一线工人和相关技术人员进行会诊、分析，从各个环节和要素中找出产生问题的原因，并提出相应的改善措施。从规律、理论和实践上进行指导，不仅解决了问题，而且从根本上杜绝了问题的再发生，并有效提高了员工的工作素质和质量意识，以及品质保证人员发现问题、解决问题和指导的能力。

涉及生产过程中质量管理的各部门的职能是：

(1) 品质保证部：是对全过程进行质量保证、确认的权威部门。从原材料、零部件入厂，生产加工过程中各工序点，到产成品的全过程，对质量进行监督、控制、分析、指导、改进。

(2) 资财动力部：负责确保加工设备完好、计量用具准确。

(3) 生产技术部：负责生产过程的工艺规程、工艺纪律、加工工艺、技术要求等的技术支持。

2. 建立健全完善的工艺标准、工艺纪律、管理制度和岗位责任制

要进行“三确认”现场质量管理法，其前提是要抓好各项基础工作，其中最直接、最重要的是完善工艺标准和管理制度。只有生产现场的各个环节都制定了完善（不仅要规定干什么，而且要规定怎样干和干到什么程度）的标准、制度，才能保证质量“三确认”的有的放矢和有效执行。

制定标准的一个很好的方法是由管理人员或技术人员草拟标准，并邀请执行人员共同参与制定，同时将该标准在实践中予以考验，检验各方面提供信息的准确性与适用性。这样做一方面可以提高执行人员对标准的正确理解，有效调动执行标准的积极性、自觉性，主动为达到标准而努力，同时也可通过执行人员的参与，吸取好的实践经验，防止标准的规定脱离实际，难于执行，从而增加标准的可行性。

质量责任制明确地规定了现场人员在质量管理工作中的具体任务、责任和权利，把同质量有关的各项工作与员工的积极性结合起来，使现场质量保证体系得以充分地发挥作用。

3. 培育高素质的员工队伍

开展“三确认”(3C) 现场质量管理法，要求员工既是生产者，又是检查者，同时还要承担现场的部分管理职能，因此，企业需要培训一支适应现场工作的高素质的员工队伍。具体方法如下：

(1) 培训形式多样化、效果高效化。根据生产实际，合理安排培训时间，区别不同对象，采取不同形式进行培训，适应开展“三确认”的岗位需求。如：进行出国培训、每日上岗培训、集中培训、有针对性的外培等。

(2) 变被动培训为主动培训、超前培训。根据生产变化、新产品投入等，提前进行岗位需求培训。

(3) 主管培训部门协调，需求部门具体操作。公司人事培训部门依据各部门的培训需求，负责制定统一的培训计划，由各部门执行，并协调和监督培训工作；各责任部门分管各自的各项培训工作，从而掌握培训的重点及深度。

(4) 换岗培训。为确保上下道工序间的有效确认，实行了工序间的换岗培训，即确保了“三确认”的有效实施，又实现了一人多能。

4. 建立质量记录及规范流转形式

根据员工自主确认的特点，以品质保证部和制造部相结合的方式，在各不同工序合理设置了适合各岗位特点的质量记录。根据产品质量特性的重要程度，分别设立了员工确认、班长确认、课长确认等确认等级。根据信息的不同，形成了记录的随机流转、部内自主保存、品质保证课保存等多种流转方式。

5. 建立严格、有效的考核管理和激励机制

严格、科学的考核管理，使员工充分感觉到质量与自己的利益息息相关，真正使上、下工序之间形成“生产商”与“客户”之间的利益关系。逐步实施各工序之间的生产交接，产品买卖，自产废品、自己买回的方式就是从人本的根源进行变革。

激发员工的积极性可以通过多种途径和手段实现，内在激励和外在激励相结合被实践证明是有效的手法。内在激励包括危机教育、岗位互换等，外在激励可设立标兵员工、合理化提案奖、月度质量奖、出国培训等。现场各班组和个人都在品质管理中进行月度考核打分，对于优秀者授予特别质量奖，并颁发质量优秀红旗，插在其工位上，作为对员工质量工作的精神嘉奖和肯定。

6. 建立持续改进的管理职责

不断提升员工的质量意识和持续改进的素质是公司品质保证部门的重要职责。对于员工在生产过程“三确认”中出现的问题，品质保证部门通过综合分析，从技术标准、加工方法、设备工装、原材料等诸方面分析、查找原因，制定对策，帮助、指导员工实施质量改善和提高。在管理上，品质保证部门通过综合汇总生产各环节中反馈的质量问题，应用统计方法，采取纠正和预防措施，实施监督与考核，开展改善提案活动、QC 小组活动、ZD 零缺陷小集团活动等，对员工在生产过程中实施“三确认”活动进行总体控制与考核，从而不断地促进产品质量和质量体系的完善与提高。同时，通过实施品质开发工作，品质保证部门自身也在不断实施改进产品质量和降低生产成本的工作。

三、“三确认”现场质量管理的运作方式

通过以产品的流通过程来承载质量信息，以每一步的确认来确认工作的实施及实施的准确性，来检验标准与规范的适应性、合理性。对不合理的因素，再基于本岗位实际情况予以改进，借此不断提高工作的质量。以改进后的方法、标准、规范再一次约束工作，指导生产。同时，“三确认”关注承载的信息流以其某一项目、某一特殊要求而构成的特性，哪些是重点抓的，哪些是要留意的，哪些是本道工序的弱点，通过汇总、分析、统计或借鉴等方式予以确认，不断改进。

作为一个实际动态运作的管理体系，现场质量管理体系也有质量偶发事件。“三确认”用于产品质量信息流有一个信息收集与记录的功能，把关键部件、关键点记录下来，有利于

问题的分析解决和纠正措施的制定与检验。

1. 一般质量特性采用产品交接单方式进行确认

产品交接单是员工在上下工序间对零部件进行质量确认时所使用的一种转序交接手续，是制造部内同一课（课：部门级别名称）的不同工序间或不同课的不同工序间的交接，是由作业者填写，经下一道工序的班长确认的一种横向信息流通，再由其课长汇总后交接给品质保证部，用于正常的信息反馈，是对产品一般质量特性的控制和管理方法。产品交接单的采用不仅从管理制度上保证了质量“三确认”的顺利实施，而且从记录方面保证了质量责任制得到落实，体现了全体员工参与的对产品全过程的管理和控制。

2. 重要质量特性采用质量确认表的方式进行确认

和产品交接单相比，产品质量确认表侧重于对某一重要部件或产品的关键质量特性的控制。重要部品或产品在制造部某课的某个工序内进行加工时，作业者填写相关数据，经班长和课长确认后，转至品质保证部，由品质保证课对数据进行确认，使用统计技术对各种质量数据进行整理和分析，从中发现问题，进而解决问题。产品质量确认表源于生产实践，不拘于形式，随生产的发展变化不断改进完善，有利于对产品的全方位监控，对加工质量给予有力保障。

相对于产品交接单按产品流程进行的横向信息流，产品质量确认表是在本工序内进行的一种纵向信息流。其不仅在加工过程中贯彻了质量“三确认”要求，而且由班长和课长在不同程度上对员工的加工质量再度进行确认，体现出了信息的深度，使质量“三确认”的形式和内容得到了进一步的发展。同时，采用产品质量确认表的方式，由员工进行自检自测，可以使生产员工迅速获得工作结果信息而调整自身行为。例如，在数控钻床工序，操作者自己根据测量加工结果画“控制图”，随时调节工艺参数，从而有效控制和提高了工序产品的质量。

以上由产品交接单和产品质量确认表形成的横向和纵向的质量信息流构成了系统质量信息流的平面层次，以此来保证产品质量处于受控状态。

3. 异常质量信息填写产品质量信息反馈单

在“三确认”现场质量管理运行中，出现产品质量异常或较大波动时，系统就处于一种非受控状态，仅仅依靠制造工艺、标准已不能完全得以恢复与纠正，此时需要增加一个立体的质量信息流对质量系统加以控制，这就是产品质量信息反馈单。它针对生产制造过程中出现的属于非正常的失控状态的偶发性质量缺陷而设计，是调节现场质量体系动态提高的重要组成部分。当生产过程中因各种因素导致现场质量处于失控状态时，员工立即填写质量反馈单，记录事故发生现状、起因及形成，汇报现场的具体情况及影响，由课长进行确认，再经部长审核后转交品质保证部，由专职品质保证管理人员进行分析处理。这种信息流转方式保证了质量的全员参与和全体重视，用上下齐抓共管来保证产品质量的切实落实，克服了各自为政、无法形成统一整体的弊端。

质量“三确认”原则提出了“管生产的人管质量”的新观念，主管生产的制造部部长是现场产品质量的最高责任者，这是对全面质量管理思想的又一次创新，产品质量信息反馈单就是这一创新思想的应用。对于生产现场的任何质量问题的信息，都必须由制造的担当者确认，经过制造部部长的把关，将相关信息提交给品质保证部，对系统进行分析和纠正，然后交给技术、设备、材料和制造等相关部门进行处理。同时，将改进后的信息作为一次信息源，再次转入，使系统迅速恢复到受控状态，进行新的控制运行。产品质量信息反馈单也从制造过程中反馈出相关部门的相关项，实施是否符合体系运作要求也能对其起到规范约束的作用。“三确认”中的不合格品形成因素也是对系统质量问题分析的借鉴与参考，作为经验的积累与归纳，成为一个创新提高的基点，使其“三确认”不同于简单的PDCA循环，使之脱离“维持—改进—维持”的运作模式，达到“创新—提高—创新”的运作模式，使异常信息得以举一反三，达到牵一发而动全身的效果。每一次不符合和缺陷信息的发现都会带来一次或大或小的提高。

4. 对工艺技术要求的确认是生产人员成为本工序操作者的前提

产品的工艺技术要求是一个操作者加工合格产品的前提条件，对产品的技术工艺要求进行确认，一方面可以防止操作者对相类似机型产品的工艺技术要求误用，另一方面也可以使操作者站在现场技术人员的角度，审视产品的工艺技术要求是否完善，现场加工条件能否满足要求等，从而提出完善工艺技术，或对现场作业条件加以改善的建议。

可以说，没有员工对产品工艺技术要求的深刻理解和质量“三确认”在生产过程中打下完整记录的良好基础，就不会有上述问题的成功解决。同时，对工艺技术的确认使生产一线的员工能够站在技术人员的角度发现问题、解决问题，从而增加了成就感和自豪感，有效地提高了员工素质和工作热情。

（资料来源：http：//caselib. drcnet. com. cn）

思考题

1. “三确认”现场质量管理法与传统的“互检”质量管理有何不同？
2. 实施“三确认”质量管理法所需的员工应如何培养？
3. 你认为应如何建立严格、有效的考核管理和激励机制？

第十章　设备管理

本章目标

通过对本章的学习，学生应熟悉设备的含义及其分类，掌握设备管理的内容及任务，熟悉有形和无形磨损的三个阶段，理解设备的故障与故障率曲线，掌握设备的维护和检查的内容，熟悉设备维修的概念和计划编制，熟悉设备的选择应考虑的因素，理解几种设备经济评价方式。

本章重点

掌握设备管理的内容及任务，以及设备的维护和检查的内容。

本章难点

理解设备的故障与故障率曲线，以及几种设备经济评价方式。

引入案例

金川集团大型设备管理提升实践

重化工制造企业的大型机械设备管理是较为复杂的系统性管理工作，因其关键设备价值高，一般在工艺系统中具有唯一性，结构相对复杂，维护难度较大，且任何一个环节的问题都有可能对整台设备甚至生产系统造成严重的后果。因此，大型设备的管理始终是各家企业设备管理的重中之重。

金川集团股份有限公司（简称“金川集团”）是采、选、冶配套的大型有色冶金和化工联合企业，是中国最大的镍钴铂族金属生产企业和中国第三大铜生产企业。该公司下属的化工厂（简称“金川化工”）是一家承担公司烟气治理与化工原料供应的二级厂矿。作为危险化学品生产企业，其不仅大型设备数量多，而且设备运行状况与安全、环保结合紧密，大型设备故障对集团公司全流程生产的扰动大，管理的压力和难度非常大。金川化工针对原有大型设备管理体系存在的被动式管理、运检分离带来的重维修轻维护等问题，通过资源整合、专业协作、全流程覆盖，改变了之前的“事后检修”模式，建立起了全新的大型设备系统管理体系，达到了提升设备管理水平、改善设备运行状况、降低故障率的目的。

一、建立以专业点检为核心的“三级点检”管理体系

按照该厂原有的大型设备管理模式，所有大型设备由所在车间进行点巡检和日常维护，金川集团下属的检修分公司、信息与自动化公司承担各单位设备检修工作。各车间在生产运行中均将大型设备作为设备管理的重点，甚至在早期二氧化硫风机开车过程中都由主管厂长在现场进行指挥。然而，从大型设备维检的专业力量看，各车间一般只有1~2名设备员、

1名设备主任及若干维检职工，受专业技术水平限制，各车间在大型设备管理方面水平参差不齐。特别是近年来新系统的投产，车间对于大型设备的管理更是力不从心。

针对上述问题，金川化工提出了对全厂设备进行分类，进而分级管理的思路，并将设备管理方面专业性强、经验丰富的技术人员和维检人员力量进行整合，组建了大型设备点检组，全面负责全厂各车间大型设备的点检及维检工作。在此基础上，以大型设备点检组的专业性来指导和带动车间一般设备管理工作的提升。为充实大型设备点检组的技术力量，厂里还将一位多年从事风机安装、配合德国和美国风机厂家技术人员现场服务的内设机构管理人员调整到点检组担任组长。

按照上述分级管理的思路，将全厂1100台（套）设备按照在生产系统中的作用，分为特级设备、一级设备、二级设备、三级设备四类，特级设备和一级设备由厂专业点检组进行点检维护，二、三级设备由所在车间进行点检维护。车间在设备管理中形成了车间级和班组级两级侧重点不同的点检管理。对专业点检组明确“定点、定法、定标、定期、定人”的专业点检制度，使专业点检组和车间设备管理人员的分工更加清晰，更有利于发挥各层级设备管理人员的主观能动性。

按照“三级点检”管理体系对于大型设备点检组的定位，点检组不仅负责大型设备的点检和维护，同时负责根据点检中发现的问题提出检修计划直至完成检修及评价工作。具体的工作三项流程包括：

（1）点检发现问题→检修计划日生成→检修监督评价→点检把关验收。

（2）点检发现问题→提出备件计划→备件消耗控制→备件计划落实。

（3）点检经验总结→维护规程固化→设备指标量化→故障率控制。

通过以上三方面的闭环管理，涵盖了设备管理的全过程，以点检组为中心的模式避免了管理各环节的信息不对称，同时使设备管理不再依赖于管理人员的经验或者习惯，而是依靠可靠的点检基础开展系统性设备管理工作，杜绝了人为管理的随意性。

二、建立有化工生产特色的大型设备管理制度体系

为规范大型设备专业点检组的管理，更好地发挥点检组成员的专业优势，进一步调动人员的积极性，企业结合点检组的定位和管理业务，制定了专业点检制度、大型设备分类清单、大型设备点检标准、大型设备开停作业指导书、大型设备点检表单等制度表单。对点检组各成员、车间在日常设备管理中的工作职责、流程以及工作标准、奖惩方式等进行了明确，通过制度和流程改变了以往“想哪干哪”、执行程度不严谨、点检频次不均衡、不系统的问题。

三、建立基于设备性能趋势管理和三区控制的“事前”管理模式

设备运行过程中的振幅、电流、油温、压力等参数是其运转性能好坏的重要表征。在以往的设备管理过程中，公司关注的主要是各项设备参数是否在规定范围内，有无超标或异常情况。这样的设备管理模式对于设备故障的早期干预十分不利，忽略了设备运行周期的客观规律，早期的小问题或恶化趋势往往未引起高度重视，最终导致设备故障甚至事故。为此，金川化工在充分总结多年设备运行问题及借鉴同行业先进经验的基础上，在大型设备管理方面研究实施了设备性能趋势管理和三区控制两项管控措施。

大型设备点检组按照全厂各类大型设备的类别确定各自关键性运行监控参数，按不同的数据采集频率对运行参数进行统计，并生成参数趋势图，以此来发现设备早期暴露出的运行恶化现象。在此基础上，对各项运行参数设定安全运行区、警戒区、危险区的三区管控，从根本上实现了大型设备的“事前”管控与干预。

以35万吨硫酸系统的二氧化硫风机为例，2014年5月专业点检人员在点检期间发现35万吨硫酸系统风机轴承箱振速有上升趋势，由原来的12 μm增加至45 μm，分析水平、垂直振动无明显增长，轴向振动表现轻微，轴振表现为较高上涨，判断原因为平衡破坏或风机侧端面对中不良造成。但轴振上涨为缓慢上涨，且上升幅度稳定，判断原因为转子平衡破坏。检修期间打开检查风机叶轮，发现风机叶片加强圈迎风部位有硬块酸泥沉积，厂里安排清洗叶轮后送专业厂家做动平衡，风机振动恢复至10 μm以下。问题的及早发现及处理避免了大的设备故障及系统的停产。

四、建立多专业协同的故障分析处置及操作确认管理模式

从大型设备的配置上看，除了机械部件外，还配套有较为复杂的电气、仪表、自控、综合保护系统，这样的条件下，同样的问题表象背后可能有几十种原因。这也正是大型设备不同于其他一般设备的一个特征。在以往的大型设备管理中，由于各专业之间缺少协同配合，对于故障的分析诊断往往以机械专业为主，电气、仪表专业配合，各专业之间的衔接点不够清晰和系统，常常影响了故障分析的及时性和准确性。这一问题也正是金川集团提出全员设备管理的初衷之一。按照集团公司制定的全员设备管理（TPM）方案，全员设备管理要以“全员参与为基础，分工协调，各尽其才，协同工作，共同实现设备效率的最大化，提高企业的生产经营效率和设备管理水平”。

按照公司设备安全管理的思路，通过总结前期大型设备故障分析处置工作中存在的不足，化工厂对机械、电气、仪表以及工艺专业的协同工作模式进行了明确，对各项操作过程中各专业的确认程序进行了梳理，使各专业在问题诊断及处理过程中不仅做好自身工作，还能对其他专业的关联性有明确认识，从而在故障分析这一关键环节减少了时间，提高了准确性。

五、建立大型设备的“外延式”管理模式

在大型设备管理中，点检组人员对于设备的结构、运行中的问题最为熟悉。基于这种情况，厂里对大型设备管理人员的工作范围进行了“外延”，对于新项目中涉及的大型设备采购，点检组人员全程参与请购技术参数及设备配置方案等关键环节，从源头上为今后设备的稳定运行创造条件。

另外，公司还改变了以往单纯的“设备服务工艺系统”的管理理念，根据大型设备的特点，将点检组关注的领域“外延”至工艺系统。在系统分析以往设备问题与工艺系统偏离的关联性基础上，确定了工艺系统需要给大型设备运行提供的必要运行条件清单。点检组人员在日常管理中不仅关注设备运行，同时对关键性工艺参数进行监控，一旦出现偏离立即向生产系统反馈，从而为大型设备的日常运行创造了稳定的外部条件。

六、建立大型设备备件的精细化管理模式

按照以往的设备备件管理模式，大型设备与其他一般设备的备件全部由所在车间进行管理，运行中暴露出了大型设备备件被挪用、各车间备件计划重复、备件数量不准确等问题。对此，管理探索中做了以下三方面改进：

一是全厂所有大型设备的备件计划及技术参数由专业点检组根据设备运行状况和现有备件库存确定，从而提高了全厂大型设备备件采购的科学性，避免了丢失浪费和不匹配现象。

二是对于大型设备备件由专业点检组集中存放和专人管理，实现资源共享和库存信息的准确性，提高应急情况下备件的领用效率。

三是在确保设备稳定运行的前提下，研究实施大型设备备件的国产化工作，降低备件费用。

七、建立“检修后评价-改进维护”的良性循环机制

设备检修完成不应成为一项设备管理工作的终点。设备检修或故障处理是以问题消缺为导向的，设备暴露出的问题往往有较深层次的原因。为了使检修与设备运行的改善更好地结合，公司建立了“检修后评价-改进维护”的良性循环机制，如图 10-1 所示。

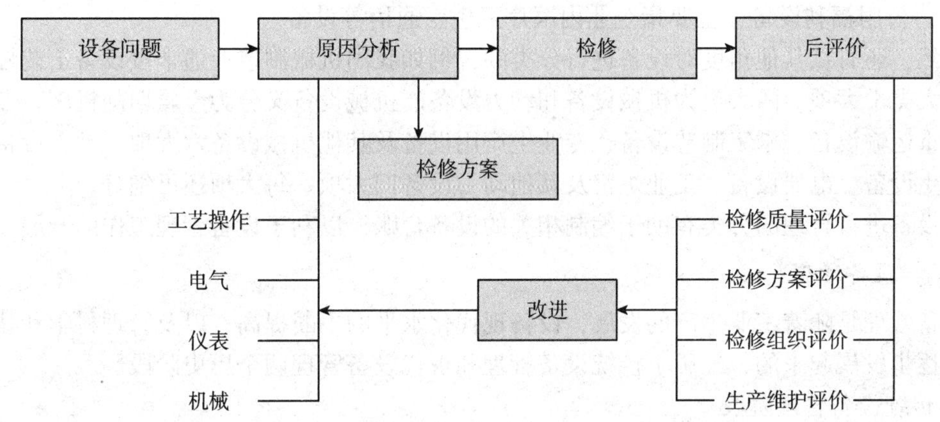

图 10-1 检修后评价—改进维护循环示意图

每次检修前均制定有详细检修方案，检修完成后对照检修方案评价检修施工质量。同时，根据检修后的设备运行情况来系统评价检修工作及检修方案的合理性，通过检修中发现的问题改进设备的运行操作与管理，从而形成基于问题消缺的循环改进管理机制，促进设备运行状况的优化。

通过近年来实施的大型设备管理提升的系列措施，该厂设备运行状况得到明显改善，设备故障率大幅降低，提升了全系统安全运行效率，取得了显著的经济效益和社会效益。

（资料来源：http://caselib.drcnet.com.cn）

第一节 设备管理概述

一、设备及设备管理

（一）设备及其分类

就一般意义来说，设备指生产或生活上所需的各种器械用品。作为本章研究对象的设备管理所涉及的设备，主要是指投入高额资金的有形固定资产，包括可连续、反复使用的装备、设施和器械用具，有时也包括部分低值易耗品。

企业生产中所用的设备由于企业性质的不同及设备自身用途的不同，其形状、大小、性能等方面是极不相同的。为了便于管理，从设备在生产中的作用这一角度，可把企业生产中所用的设备分为以下几类：

（1）生产工艺设备，即用于改变劳动对象形状或性能、发生直接生产行为的设备，如金属切削机床、铸造、锻压与焊接等设备，这是企业设备中的主要成分。

（2）辅助生产设备，这是指为生产服务的各种设备，如机械制造企业中的动力、运输设备。

（3）试验研究设备，如计量、测试设备等。

（4）管理用设备，这是指企业生产管理机构中用于生产经营管理的各种计算机、复印机、电传机和其他装置。

（5）公用福利设备，主要指企业内医疗卫生、通信等设备。

当然，还有从其他角度对设备进行分类的，例如我国机械制造业通常按设备工艺性将其分为两大类十大项。两大类为机械设备和动力设备。机械设备又分为金属切削机床、锻压设备、起重运输设备、木工制造设备、专业生产用设备及其他机械设备六大项；动力设备分为功能发生设备、电器设备、工业炉窑及其他动力设备四大项。每大项还可细分。

对设备进行合理的分类有助于编制相关的设备台账，以利于设备管理工作的开展。

（二）设备管理

设备管理是随着工业生产的发展，设备现代化水平的不断提高，以及管理科学和技术的发展而逐步发展起来的，经历了传统设备管理和现代设备管理两个历史阶段。

1. 传统设备管理阶段

传统设备管理的理论核心是设备使用过程中的维修科学管理。在这个阶段初期，企业生产规模较小，设备结构简单，占用企业资金有限。因此设备维修不需要专门技术人员来进行，而且维修费用和设备故障损失较低，故设备的维修一般由设备操作人员来完成，实行“坏了再修”的事后修理制度。后期，随着企业生产规模的扩大，科学技术的进步，设备结构日益复杂，修理难度相应提高。同时又由于企业生产连续性的加强，设备的修理费用和故障损失不断增加，于是设备的修理需要由专门人员来承担，因而从生产操作人员中逐步分离出了专门从事设备维修和管理的人员，企业相继建立起设备维修与管理的机构，对设备使用过程进行管理，制定出对设备维修管理的科学制度。

这个阶段设备管理的特点及其局限性在于：

（1）传统设备管理工作集中在设备的维修阶段，而较少注意到设备的全过程的管理。设备的全过程是：研究—设计—试制—制造—选购—安装调试—使用—维修—改造—更新—报废。这是设备的整个寿命周期。在设备全过程中，设备维修工作是很重要。但是，它只是设备全过程中的一小部分工作，就其本质来说，是事后救护工作。它无法改进设备性能，无法实行企业设备现代化，因此，传统的设备管理不能适应科学技术和社会经济发展的客观形势。

（2）传统的设备管理把设计、制造过程的管理与使用过程的管理严格分开。设备的一生本来是一个统一的整体，却被人为地分为两段，前者属于制造厂管，后者属于使用单位管理。这种人为的分割不利于有效地解决使用现代化设备所带来的一系列新问题。

（3）传统的设备管理往往侧重技术管理，而忽视经济管理和组织管理。在设备的技术、经济、管理三者关系方面，传统的设备管理侧重技术管理，忽视经济管理和组织管理。设备管理本质上是设备运动过程的管理。设备运动有两种形态：一是物质形态，表现为设备的研究、设计、制造、选购、安装调试、使用、维修、改造、更新、报废等；二是设备价值运动形态，表现为设备的最初投资、维修费用支出、折旧、改造更新资金的筹错、积累、支出等。前者形成设备的技术管理，后者形成设备的经济管理，它们分别受技术规律和经济规律的支配。设备管理的目的是要达到最佳的技术状态和最佳的经济效果，即一方面要求设备完好率高、故障率低，使设备经常保持最佳的技术状态；另一方面是支出最少，效果最大。传统的设备管理侧重技术管理，而忽视经济管理，对设备的组织管理工作重视不够。

（4）传统的设备管理只是部分职工、部分机构参加，没有组织全体人员参加管理。

2. 现代设备管理阶段

现代设备管理阶段是对设备进行全面管理的阶段，即对设备实行综合管理。设备综合管理是在设备维修管理的基础上，为了提高管理的技术、经济和社会效益，适应现代社会经济发展的要求，针对使用现代化设备所带来的一系列新问题，继承了设备工程学，吸取了现代管理科学理论和现代科学技术新成就，而逐渐发展起来的设备管理理论和方法。它主要包括设备综合工程学和全员设备维修制。

（1）设备综合工程学

设备综合工程学是 1971 年首先由英国设备综合工程中心所长丹尼斯·帕克斯（Danis Parks）在美国召开的国际设备工程年会上提出来的，并得到了英国政府的大力支持，先在英国推广和普及。据有关资料介绍，推行设备工程学后，设备故障率降低了 90%，设备维修费用减少了 50%，由于效果显著，受到了工业发达国家的重视和迅速推广。所谓“设备综合工程学”，按英国工商部于 1974 年下的定义是：“设备综合工程学是这样一门学科，它适用于对固定资产的工程技术、管理、财务等实际业务进行综合研究，以实现设备寿命周期费用的最大程度节约。工厂机械、装置、建筑物的可靠性和有关可靠性的方案、设计、使用和费用的信息反馈，都属于它的研究范围。”设备综合工程学的要点是：

①以设备的寿命周期作为研究和管理对象，力求设备寿命周期费用最经济、设备综合效率最高。寿命周期费用是设备一生的总费用，包括研究、设计、制造、安装调试、使用、维修，一直到报废为止所发生的费用总和。它由设备的原始费用和使用费（维持费）两大部分组成。研究设备寿命周期费用是为了从经济上全面评价设备的优劣。设备综合工程学的综合效率包括六个方面：P（产量），完成产品产量的任务，设备效率要高；Q（质量），保证生产优质产品；C（成本），生产的产品成本要低；D（交货期），保证按合同规定的期限交货，不得耽延；S（安全），保证生产安全；H（劳动情绪），包含两个方面的意义，一是环境，要求减少污染，保证环境卫生，文明生产，二是人机搭配得比较好，要使工人保持饱满的劳动情绪和充沛的生产精力。

②从工程技术、经济和组织管理方面对设备进行综合管理与研究。

③以可靠性、维修性设计为重要目标。

④以设备的寿命周期为设备管理范围，改善与提高每一个环节的机能。

⑤建立一套设计、使用和费用的信息反馈系统，实行设备工作循环的反馈管理。

（2）全员设备维修制

全员设备维修制（Total Productive Maintenance）又叫“全员生产维修制”，简称“TPM”。其要点是：

①全员设备维修制的基本特点是“三全”，即全效率、全系统、全员。所谓“全效率”

是指通过设备管理，使设备在生产中达到产量最高，质量最好，成本最低，故障少，安全生产，交货及时，操作工人情绪饱满。所谓“全系统”，是指设备从研究、设计、制造、使用、维修，直至报废为止全过程的系统管理。所谓“全员”，就是与设备管理有关人员都要参加设备管理，分别承担相应的职责。

②设备维修方式。它吸取了预防维修（PM）中的所有维修方式，包括日常维修、事后维修、生产维修、改善维修、预知维修、维修预防等。它强调操作工人参加的日常检查。

③划分重点设备，对重点设备实行预防修理。全员设备维修制的预防性修理一般放在重点设备上，对一般设备修理采取事后修理，即在设备发生故障后才进行修理，以利于节省维修费。

④设备维修目标管理。全员设备维修制通过推行设备维修目标管理，来确定设备维修工作的方向和具体奋斗目标，作为评定维修工作成绩和工作总结的依据。目标管理的程序包括目标的制定阶段、实施阶段和总结阶段。

⑤工作作风。它强调作风保证，开展 5S 管理活动。

二、设备管理的内容及任务

（一）设备管理的内容

1. 实行设备的全过程管理

对设备实行全过程管理是有效地解决使用现代化设备所带来的一系列新问题的科学方法，是从总体上保证和提高设备可靠性、维修性、经济性，做到安全、节能、环保以及避免设备的积压和浪费的重要措施。它是提高企业技术装备水平、实现技术装备现代化的重要保证，是改革我国设备管理制度的重要方向。

对设备实行全过程管理，就是将设备的整个寿命周期作为一个整体进行综合管理，以求得设备整个寿命周期的最佳效益。同时，要克服设备设计、制造阶段与使用阶段的脱节，克服设备使用阶段中设备使用单位与企业内部其他部门的脱节。设备的前期管理和后期管理是同等重要的，绝不可偏废任何一方。

2. 实行设备的目标管理

设备管理是以最低的设备寿命周期费用为研究目标，追求最高的设备综合效率。设备的寿命周期费用是指从设备的研究、形成到退出使用所需的全部费用，包括设备的研究与开发、设计、制造费用、运转（使用）阶段发生的各种费用以及设备退出使用时的残值。上述费用项目在整个设备周期中有着各不相同的运动、变化规律。研究设备管理的经济性必须以设备寿命周期费用最低为目标，而不能单纯考虑某一阶段的经济性。为从经济上全面评价设备的优劣，设备管理通过以下 6 个方面衡量设备的综合效率：产量（P）、质量（Q）、成本（C）、交货期（D）、安全（S）、劳动情绪（M）。用公式表示如下：

$$\text{设备综合率}=\frac{\text{设备的所得(产出)}}{\text{设备的所费(投入)}}=\frac{P、Q、C、D、S、M}{\text{寿命周期费用}} \tag{10-1}$$

3. 对设备从工程技术、经济和组织管理三个方面进行综合管理

设备管理的目的是要使生产中的设备经常处于最佳状态，使其作业效益最高，支付的费用最低，以最少的费用支出实现其目的状态。为此，必须同时对设备从技术、经济和组织管

理方面进行综合管理。在工程技术管理方面，要对设备进行各种专门的技术研究，研究设备的设计、制造的可靠性、可维修性，降低设备故障率；提高设备质量和作业效率、维修、供养现有设备，以保持设备处于最佳技术状态。在经济管理方面，要研究设备的制造费用，运输安装费，对设备选择进行经济评价；研究设备维护保养费用，确定设备维修的经济界限，适时地用先进设备替换陈旧设备以及设备折旧的经济性分析等。

在设备的组织管理方面，要运用行为科学、系统论、信息论、控制论、决策论以及其他现代管理理论、技术和方法，对设备进行组织管理。现代设备管理在本质上是现代化设备同现代化管理理论、方法以及科技成果的高度结合。

4. 实行设备的可靠性、维修性设计管理

可靠性是质量管理的一项重要内容，是指设备在规定的时间内、规定的使用条件下的正常工作的概率。对设备实行可靠性设计，可以大大提高设备的平均无故障工作时间，大大降低设备维修费用。

维修性是指设备的可维修、易维修的特性。对设备实行维修性设计是指对设备的结构、工艺、检查、修理、更换、三化（标准化、系列化、通用化）程度等涉及设备维修的各个方面进行分析、研究、管理和评价。

设备的可靠性、维修性设计的极限是无维修设计，即无须维修、保养。无维修设计是设备工程学追求的又一目标。

5. 实行设备的信息管理

设备工程学强调关于设备信息、使用效果信息和费用信息反馈等在设备管理中的重要作用，要求建立相应的信息交流和信息反馈系统。关于设备的信息管理，要注意做到以下几点：

（1）要注意对设备全过程的信息收集和信息反馈，这是因为在设备的寿命周期中随时都会产生大量的信息，对这些信息进行收集、分析和研究，是进行设备综合管理的重要依据。

（2）设备的设计、制造部门要注意从设备使用、管理部门收集信息。这类信息是改进设计、提高质量、促进技术进步的重要依据。

（3）在收集技术信息的同时，还要注意对设备的经济信息的收集，以便作为自制或购买、维修或改造、更新设备的重要依据。

6. 实行全员管理

实行设备的全员管理既是设备管理工作本身的需要，又是为了充分调动所有参与设备管理人员的积极性，使企业的各级人员从决策者、管理人员、技术人员和生产工人都关心参与设备管理工作的需要。现代企业中设备数量众多，型号规格复杂，更新速度快，单纯依靠专业管理机构难以管好。因此，要把与设备有关的机构、人员组织起来参加设备管理，使设备管理建立在广泛而坚实的群众基础之上。

7. 开展设备的经营工作

设备的经营工作是市场经济进一步发展的客观要求。设备管理工作是企业管理的一个重要方面。它的一切活动必须贯彻企业经营方针，保证企业经营目标的实现。经营离不开市场。为了搞好企业经营，企业生产产品的品种、规格、质量、数量、价格和交货期限必须满足市场的变动需求，这就要求设备管理也必须配合市场的变动需求，以先进适用的技术装备满足生产不断变化的需要。同时为了调剂设备余缺，提高设备投资效益和设备利用率，企业还应搞好设备投资贷款、设备租赁等经营业务，从而使设备管理从传统的静态管理进入动态管理。

（二）设备管理的任务

企业设备管理的主要任务是对设备进行综合管理，保持设备完好，不断改善和提高企业的技术装备素质，充分发挥设备的效能，取得良好的投资效益。归纳起来，设备管理的具体任务主要包括如下内容：

1. 设备的前期管理

设备前期管理的主要任务是根据技术上先进、经济上合理的原则，正确地选择设备，为企业提供良好的技术装备。为了提高投资效益，在设备的前期管理工作中，还要包括设备自制、租赁和外购等涉及企业经营方针和设备经营管理的内容。

2. 设备运行过程中的技术管理

设备运行过程技术管理的主要任务是保证设备经常处于良好的技术状态。在设备运行阶段，为合理利用设备，提高设备完好率，要按一定标准进行设备分类；要按照设备性能、用途和效率的要求，合理使用设备；要认真研究设备的技术规律，如磨损规律、故障规律等，制定维护保养及修理方案；要建立健全各项规章制度和加强人员培训等。

3. 设备运行过程中的经济管理

设备运行过程经济管理的主要任务是按照经济规律的客观要求，降低设备管理各环节的费用，力求设备寿命周期费用最低。

4. 促进企业的技术进步

设备既是生产工具，又是技术载体。在设备管理工作中，要做好现有设备的挖潜、革新和技术改造；要对引进设备尽快消化，吸收其技术内核；要依据技术规律和经济规律，及时进行设备更新。

第二节　设备的维护与修理

设备投入使用后，设备管理最重要的工作就是设备的维护和修理。工作人员要掌握设备磨损和故障发生规律，应用科学的维护和修理方法，合理使用设备。设备维修理论的两种基本观点如下：

第一种观点建立在摩擦学基础之上，是研究机械磨损规律的“设备修理周期结构”理论。这种理论认为，由于摩擦磨损的原因，随着磨损时间的延续和按一定规律磨损量的增加，将会引起机器零件表层的破坏和几何形状与尺寸的改变，甚至会造成机构动作的失调与工作精度的下降，最后丧失工作能力，导致故障或事故的发生。机器设备的维修工作所采取的对策是以这种理论为基础的。

第二种观点是建立在故障物理学基础上的，是研究故障规律和设备可靠性的“故障分析与状态管理”理论。这种理论认为，设备的故障除了磨损的原因以外，还有外界工作条件如温度、压力、振动等原因，以及内部工作条件如内应力、变形、疲劳及老化等原因的影响。运用这种理论是要通过对设备的异常现象的数据检测、对故障频率及其发布的分析，设备可靠性的原因分析，并运用数理统计方法分析它的规律性，进而得到设备劣化与维修必要性的信息。这种理论和方法对尚未掌握维修规律，以及重型、精密、电子、自动化等设备是比较适用的。

一、设备的磨损理论

设备在使用过程和闲置过程中都会发生磨损，设备的磨损分有形磨损和无形磨损两种形式。

1. 有形磨损

（1）有形磨损是指设备的实体磨损（物理磨损），其分以下两类：

①第一类有形磨损是指设备在运行时，其零部件由于摩擦、应力或化学反应的影响，致使实体发生的磨损，也称为“使用磨损”。这类磨损会使设备的精度和性能下降，甚至引发事故。

②第二类有形磨损是指设备由于自然力的作用引起生锈、腐蚀等所产生的磨损，也称为“自然磨损”。这类磨损也会使设备的精度和性能下降，使设备难以运行。

（2）设备有形磨损的规律。设备的磨损大致可以分为三个阶段，如图 10-2 所示。

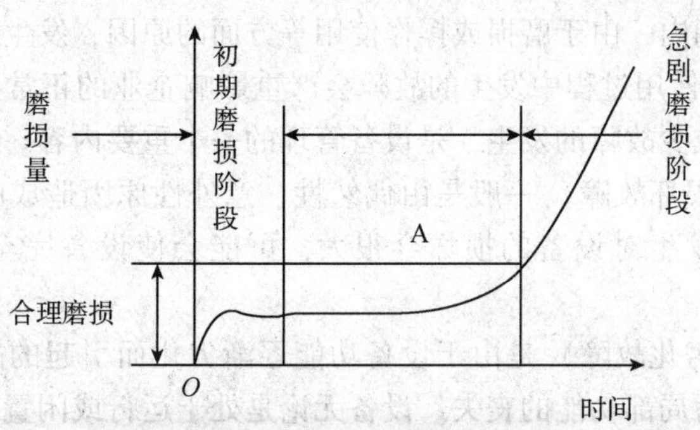

图 10-2 机器零件磨损的典型曲线

①初期磨损阶段。在这个阶段中，机器零件表面上的高低不平处以及氧化脱炭层，由于零件的运转、互相摩擦力的作用，很快被磨损。这一阶段的磨损速度较快，但时间较短。

②正常磨损阶段。在这个阶段中，零件的磨损基本上随时间匀速增加。在正常情况下，零件磨损非常缓慢。

③急剧磨损阶段。在这个阶段中，零件正常磨损关系被破坏，使得磨损急剧增加。设备的精度、性能和生产效率降低。所以，一般不允许零件使用到急剧磨损阶段，当零件到正常磨损阶段后期就应修复或更换；否则，将会加大修理工作量，增加修理费用，延长设备停工修理时间。

2. 设备的无形磨损

无形磨损是指由于经济发展或科技进步的原因，使设备的原有价值贬值，而造成的磨损。

（1）第一类无形磨损：由于设备制造部门的工艺和管理水平的提高，使生产某种设备的生产成本降低，产品的市场价格下调，因而造成原有设备的相应贬值。这类磨损不影响设备的功能。

（2）第二类无形磨损：由于科学技术的进步，出现性能更完善、效率更高的新型设备，而使原有设备显得陈旧落后，甚至丧失部分或全部使用价值。这类磨损也称为“技术性无形磨损”。

3. 设备磨损的对策

设备磨损是客观必然的。针对磨损规律分别采取有效措施，就能保证设备经常处于良好的技术状态。具体来说有以下几点：

（1）设备的正常磨损阶段是设备处于最佳的技术状态。因此，要加强对设备的合理使用，精心维护保养，尽量延长设备的最佳技术状态的延续时间，以保证优质、高产、提高经济效益。

（2）加强设备的日常检查和定期检查，及时掌握零件磨损情况。在设备进入急剧磨损阶段前，及时进行修理，可以防止设备故障，减少修理工作量。

（3）根据零件磨损规律，分析计算零件的磨损率和使用期限，有计划地进行更换修理。

二、设备的故障与故障率曲线

1. 故障

设备在其寿命周期内，由于磨损或操作使用等方面的原因，发生丧失其规定功能的状况称为“故障”。设备在使用过程中发生的故障会严重影响企业的正常生产，因此，研究设备故障及其发生规律，减少故障的发生，是设备管理的一个重要内容。

（1）突发故障（损坏故障）一般是由偶然性、意外性原因造成的。突发故障的发生往往是随机性的，一旦发生对设备的损坏会很大，可能会使设备完全丧失功能，必须停机修理。

（2）渐发故障（劣化故障）是由于设备功能逐渐劣化而引起的故障。这类故障往往有规律可循，往往表现为局部功能的丧失。设备无论是处于运行或闲置状态，均会出现性能的劣化。

2. 故障率曲线

故障率是指设备在单位时间内的故障发生比率。在设备的不同使用时间阶段，设备的故障率是不同的。设备的典型故障率曲线其形状似浴盆，故又称为“浴盆曲线”，如图 10-3 所示。浴盆曲线可以划分为三个阶段。

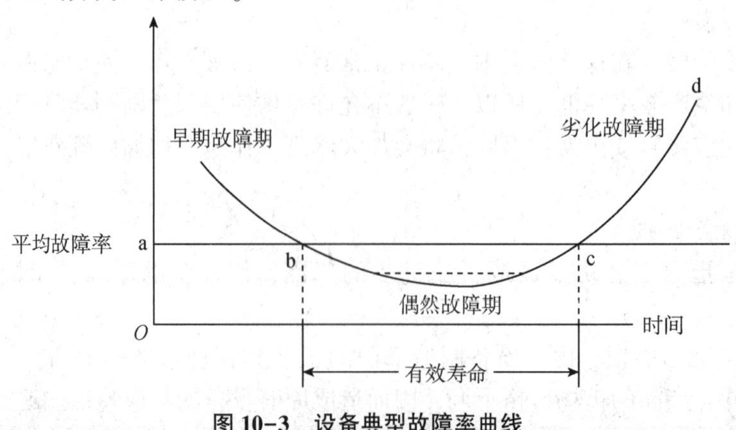

图 10-3　设备典型故障率曲线

（1）早期故障期，即 ab 段。这个阶段的故障主要是由于设计上的缺陷，制造质量欠佳，搬运、安装工作不细心和操作者不适应引起的，开始故障率较高，然后逐渐减少。

（2）偶然故障期，即 bc 段。在这个阶段内，设备已进入正常运转阶段，故障很少，一般都是由于维护不好或操作失误而引起的偶然故障。

（3）劣化故障期，即 cd 段。在这个阶段，构成设备的某些零件已经老化，或进入急剧磨损阶段，因而故障率上升。为了降低故障率，延长设备的有效寿命，要在零件将要达到急剧磨损之前进行更换修理。设备老化与设备劣化是两个意义相近的专业术语。设备老化是因到达其使用寿命，设备劣化可以由多种原因造成。老化是其原因之一。

设备管理应针对设备在不同时间出现的问题，采取相应的措施。在早期故障期，设备管理的主要任务是找出设备可靠性低的原因，进行调整和改革，保持设备故障率稳定。在偶然故障期，应注意加强对工人的技术教育，提高操作工人与维修工人的技术水平。在劣化故障期，应加强设备的日常维修保养，加强预防检查和计划修理工作。

三、设备的合理使用

设备的合理使用是设备综合管理的一个重要环节。设备寿命的长短、效率的大小、精度的高低固然取决于设备本身的设计结构和各种参数，但是在很大程度上也取决于人们对设备的合理使用。正确、合理地使用设备可以减轻磨损，保持良好的性能和应用精度，从而充分发挥设备应有的生产率。合理使用设备必须注意以下几点：

（1）要根据设备的性能、结构和其他技术特征，恰当地安排生产任务和工作负荷，恰当地安排生产任务，使设备物尽其用，避免“大机小用”“精机粗用”等现象。不同的设备是依据不同的科学技术原理设计制造的，它们的性能、结构、精度、使用范围、工作条件和能力以及其他技术条件是各不相同的。企业如果不考虑上述特点，则不是造成设备效率的浪费，就是使设备超负荷运转，加速损坏。

（2）为设备配备具有一定熟练程度的操作者。为了充分发挥设备的性能，使机器设备在最佳状态下使用，必须配备与设备相适应的工人。要求操作者熟悉并掌握设备的性能、结构、工艺加工范围和维护保养技术。新工人上机一定要进行技术考核，合格后方允许独立操作。对于精密、复杂、稀有以及对生产带有关键性的设备，应指定具有专门技术的工人去操作。实行定人定机，凭操作证操作。

（3）要为设备创造良好的工作环境。机器设备的工作环境对机器设备的精度、性能有很大影响，不仅高精度设备的温度、灰尘、震动、腐蚀等环境需要严格控制，对于普通精度的设备也要创造适当的条件。良好的工作环境不仅可以延长设备的有效寿命，而且对提高产品质量也有很大作用。

（4）要经常对职工进行正确使用和爱护设备的宣传教育。职工群众对机器设备的爱护程度对于设备的使用和保养以及设备效率能否充分发挥有着重大的影响。因此，企业领导和设备管理部门一定要对职工经常进行思想教育和技术培训，使操作人员养成自觉爱护设备的风气和习惯，使设备经常保持“整齐、清洁、润滑、安全”并处于最佳技术状态。

（5）制定有关设备使用和维修方面的规章制度，建立健全设备使用的责任制。

四、设备的维护和检查

1. 设备的维护保养

设备的维护保养是设备自身运动的客观要求。设备维护保养的目的是及时处理设备在运行过程中由于技术状态的发展变化而引起的大量、常见的问题，随时改善设备的技术状况，保证设备正常运行，延长使用寿命。

按其工作量的大小，设备维护保养可以分为以下几个类别：

（1）日常保养（或例行保养）。它的主要内容是：进行清洗、润滑、紧固松动的螺丝，检查零部件状况。这类保养项目和部位较大，大多数在设备的外部，由操作工人承担。

（2）一级保养。它的主要内容是：普遍地进行清洗、润滑、紧固，对部分零部件进行拆卸、清洗，以及进行部分调整。一级保养通常是在专职维修工人的指导下，由操作工人承担。

（3）二级保养。它的主要内容是：进行内部清洗、润滑、局部解体检查和调整。二级保养由专职维修工人承担，操作工人协助。

（4）三级保养。它的主要内容是：对设备主体部分进行解体检查和调整工作，同时更换一些磨损零件，并对主要零件的磨损情况进行测量、鉴定。

设备维护保养的类别和内容，应按设备的生产工艺、结构复杂程度和不同企业的习惯来规定。从我国各企业规定的设备保养制度来看，差别比较大。有些机器制造企业的金属切削机床执行的是“日保”“一保”“二保”的三级保养制度，但内容又各不一样。某些石油企业的活动设备和泵站设备规定采用四级保养制度，冶金企业的高炉、平炉，化工企业的各种装置则不规定保养类别。

2. 设备的检查

设备的检查是对设备的运行情况、工作精度、磨损程度进行检查和校验。通过检查全面掌握设备的技术状况变化和磨损情况，及时查明和消除设备隐患，针对检查发现的问题，改进设备维修工作，提高修理质量和缩短修理时间。

（1）设备的检查按检查的时间间隔可分为：

①日常检查，就是在交接班时，由操作工人结合日常保养进行检查，以便及时发现异常的技术状况，进行必要的维护和检修工作。

②定期检查，就是在操作工人的参加下，由专职维修工人按计划定期对设备进行检查，以便全面准确地掌握设备的技术状况、零部件磨损、老化情况，确定是否有进行修理的必要。

（2）设备检查按技术功能可分为：

①机能检查，就是对设备的各项机能进行检查与测定，如是否漏油、漏水、漏气，防尘密闭性如何，零件耐高温、高速、高压的性能等。

②精度检查，是指对设备的实际加工精度进行检查和测定，以便确定设备精度的劣化程度，为设备验收、修理和更新提供依据。

五、设备的修理

设备经长期运转，配合面磨损到一定程度后，性能精度会急剧变坏，如不加以修理将影响产品的数量、质量和成本。因此，修理工作是设备管理中的重要环节。

1. 设备维修的概念

（1）事后维修。18 世纪前，工厂设备简陋，一旦发生故障，可由操作人员自行修复，因此谈不上设备管理。产业革命后，机器生产逐渐替代人工操作，设备复杂程度提高，由原来的操作人员兼做维修工作已不适应，就此出现了专职机修人员。这时设备管理的内容主要是修理故障的机器，使其恢复正常运转，称为“事后维修”（见图 10-4）。此法的优点是能充分利用零部件的寿命。其主要缺点是损失了设备的工作时间，且因不知故障在什么时候发生，修理无计划，常常打乱生产计划，影响交货期。同时，又因缺乏前期准备，导致停机时间较长。有时为生产急需而抢修，导致修理质量不高。

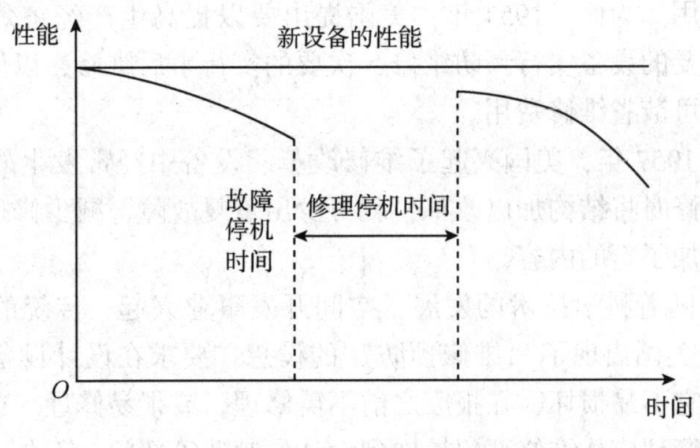

图 10-4 设备事后维修

（2）预防维修。二次大战期间，设备故障严重影响了美国的军工生产，因而出现了设备预防维修制度。该制度强调以预防为主，也就是设备在使用时，要做好维护保养，加强检查，在设备尚未发生故障时就进行修理。图 10-5 表示设备预防维修的过程。根据历年设备磨损统计资料和平时检查分析，预测其发生故障的日期 P2。P1 点是计划修理日期，是在 P2 前找一个较少影响生产的日期进行检查，使故障不发生，生产就不致停顿，因此可使停机时间短，提高设备效能。苏联的设备预防维修工作称为“预修制”，对我国影响很大。

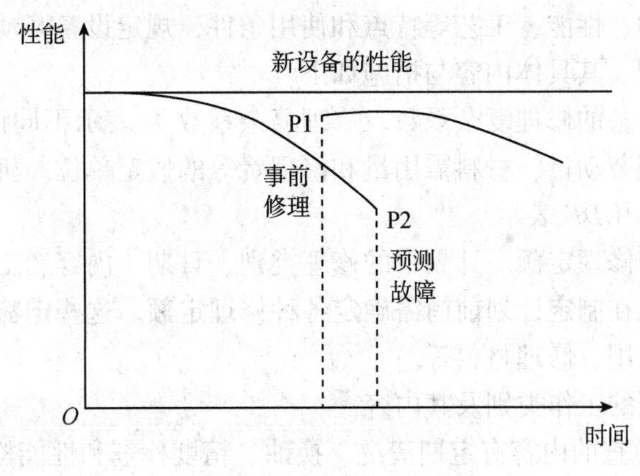

图 10-5 设备预防维修

预防维修是以时间为基准的维修方式，是以过去设备故障的数据统计分析为依据，规定每隔一定时间进行一次修理，因此也称为“定期维修”。定期维修在我国实施的有计划预修制和计划保修制两种。这种维修方式的主要弊病是：

①生产性差。维修计划往往不能和生产计划协调实施。你要生产，我要维修，为生产服务的观点不强。

②经济性差。规定的修理间隔期总比设备的固有寿命短得多，形成很大的过剩维修，增加了维修工作量和维修费用。

③科学性差。从主观设想出发，而不是以设备的实际技术状态来安排修理，因而缺乏科学性。

（3）生产维修。预防维修虽有优点，但因不能准确预测故障日期而造成过剩维修，增加了维修工作量和费用。为此，1954 年，美国提出要以提高生产经济效益为目的来组织设备维修，将生产上重要的设备实行预防维修，次要的实行事后维修，以便集中力量做好重要设备的维修工作，并可节省维修费用。

（4）改革维修。1957 年，美国兴起了维修改革。设备中经常发生故障的部位往往是出于设计问题，如在维修时将结构加以改革，就可少出重复故障，减少修理次数。改革维修的出现，使生产维修增加了新的内容。

（5）维修预防。随着科学技术的发展，空间开发事业兴起，传统的设备管理已不适应时代要求。1960 年，美国出现了“维修预防”的设想，要求在设计设备阶段就提高设备的可靠性和维修性，使它不易损坏，在报废之前不需修理，或很易修理。这是设备管理体制上的突破，即认为设备管理应从维修部门扩展到设计、制造等部门。不久，英国就出现了设备综合工程。也可以说，这时才踏入了现代化设备管理时代。

（6）状态监测维修。状态监测维修是以设备状态为基准的维修方式，在日本称为“预知维修”。这种维修不规定修理间隔期，而是根据设备状态监测技术和诊断技术来监测设备有无劣化和故障，在必要时刻进行必要的维修。它避免了定期维修所造成的过剩维修，所以既能减少材料消耗和人力的浪费，又可防止故障于未然，是当前最先进的维修方式。

2. 计划预修制、计划保修制和全面生产维修制

（1）计划预修制。计划预修制是我国在 20 世纪 50 年代从苏联引进的一种预防性维修制度。它是根据设备结构、性能、工艺等特点和使用条件，规定设备开动若干时间后，就需有计划地进行检查和修理。其具体内容与措施如下：

①确定各种类型设备的修理复杂系数。修理复杂系数 F 表示不同设备的修理复杂程度，是计算各种设备的修理劳动量、材料需用量和修理费等的假定单位。机械部分修理复杂系数用 JF 表示，电气部分用 DF 表示。

②确定各类设备的修理定额。计划中的修理类别、日期、内容、工作量等都是根据修理定额计算而得的，因此在制定计划前尚需确定各种修理定额。这些定额有修理周期、修理工时、修理停机、修理费用、修理材料等。

③确定维护和修理的工作类别及其内容。

a. 预防性的定期检查的内容有定期清洗、换油、精度检查和性能检查。

b. 修理工作类别的内容有检查、小修理、中修理、大修理。其中，检查（O）是指计划修理之间的检查，小修理（M）是工作量最小的局部修理。一般在设备原地更换或修复少量磨损零件，并调整设备结构，以保证正常运转到下次修理。中修理（C）需要更换与修复

设备主要零件和较多的其他磨损零件，并校正设备的基准，从而恢复规定的精度、功能、生产率，直至下次中修或大修。大修理（K）是工作量最大的一种修理，需要把设备全部拆卸，修复和更换全部磨损零部件和基础零件，恢复设备原有精度、性能和生产率。

（2）计划保修制。计划保修制从计划预修制演变而来。由于计划预修制施行小修、中修、大修，设备的修理次数较多（俄罗斯已取消了中修），不利于生产，且经常造成过剩维修，经济效益差。因此，我国很多企业采取加强维护保养的方法来减少修理次数，就形成了计划保修制。计划保修制就是有计划地进行设备的三级保养加大修理。

由于设备的制造质量、工作负荷、操作和维护使用等情况不同，日后的技术状态有很大差别，这就使有些设备，尤其是大型设备的使用虽已到大、中修期，但只有某些项目丧失精度。例如某些企业的通用车床只用于车内、外圆，而从不车螺纹；万能铣床只做立铣而不做卧铣。这些机床如照搬计划预修制的修理周期结构而进行大、中修的话，就需将通用车床更换大丝杠，将万能铣床修理刀杆支架轴承等，这样势必产生过剩修理，造成很大浪费。因此根据实际情况，就产生了项目修理。项目修理就是根据设备的技术状态，对其中丧失精度的某些项目进行恢复性修理，甚至是提高性的改革修理，使设备达到合乎工艺要求的一种修理措施。由于采用项目修理节约了人力、物力和修理费用，缩短了修理停机时间，因此，有些企业所执行的计划保修制的内容是三级保养加项修加大修。

（3）全面生产维修制。全面生产维修制（TPM）是日本在学习美国的生产维修和英国的设备综合工程基础上，结合日本国情而创立的一套设备管理制度。其做法和内容主要有：

①以彻底消灭故障为目标，推行“三全”，即全系统、全效率、全员参加。全系统是指以设备整个寿命为对象，贯彻生产维修制，即在设备的方案研究、设计、制造阶段要考虑维修预防。在使用阶段要做好保养和检查工作，对重要设备实行预防维修，对次要设备实行事后维修。当设备频频发生重要故障时，就采取改革维修。全效率类似设备综合工程的综合效率，全员是指从企业领导到工人及设备有关人员全体参加。

②推行 5S（即整理、整顿、清洁、清扫、素养）管理活动。

③对设备进行 ABC 分类，突出重点设备的维修工作。

④履行日常点检查和定期点检。

⑤规定一系列技术经济指标，作为评价维修工作的标准，主要有：

$$\text{计划作业率}=\frac{\text{计划维修作业次数}}{\text{全部维修作业次数}}\times 100\% \qquad (10\text{-}2)$$

$$\text{实际开工率}=\frac{\text{实际作业时间}}{\text{实有能力时间}}\times 100\% \qquad (10\text{-}3)$$

$$\text{PM 维修次数率}=\frac{\text{PM 维修次数}}{\text{全部次数}}\times 100\% \qquad (10\text{-}4)$$

$$\text{每吨(台)产品维修费用}=\frac{\text{全部维修费用}}{\text{产品总吨(台)数}} \qquad (10\text{-}5)$$

$$\text{停机损失百分比}=\frac{\text{设备原因停机损失}}{\text{生产总值}}\times 100\% \qquad (10\text{-}6)$$

⑥坚持预防为主，重视润滑工作。

⑦完整维修记录，重视设备规律研究，尤其是平均故障间隔期（MTBF），指可修设备从故障起至下次故障为止的时间平均值分析，它把各项维修作业（突发故障修理、改革维修、点检、换油、调整、更换备件等）的发生时间、现象、原因、所需工时、停机时间等都记录下来制成 MTBF 分析表。通过分析，找出故障次数多、间隔时间短、维修工作量大、对生产影响大的设备和部件，作为减少维修保养作业研究的重点对象。

⑧重视人员培训，注意多能工的培养。

TPM 制中的很多做法已被我国修改采用。

3. 设备 ABC 分类法

企业中的设备数量多，管理工作量大，发生故障后对生产的影响程度不一，如同等对待，将造成人力物力的浪费，因此有必要将设备分为 A（重点设备）、B（一般设备）、C（次要设备）三类（见表 10-1）。

表 10-1 重点设备和其他设备在管理上的区别

类别	重点设备标志	日常保养	点检标准	日常点检	定期点检	MTBF 分析表	设备工作状况记录
A	√	√	按特定标准	√	√	√	√
B	—	√	按一般标准	√	√	√	—
C	—	√	—	—	—	—	—

重点设备是指发生故障后对产量、质量、成本、交货期、安全卫生和劳动情绪（PQCDSM）这方面影响较大的设备，因此须根据对 PQCDSM 的要求来确定，但并不是一经决定就一成不变的。由于设备的新增、生产计划的变动以及工艺方法的改变，重点设备也会随之改变，因此就需定期（每年）确定重点设备。确定的方法一般是用评分法。

4. 设备修理计划的编制与执行

修理工作定额是编制修理计划的重要依据。它包括：

（1）修理周期和修理周期结构。一般认为，修理间隔期、检查间隔期属于修理周期的内容。修理周期是指相邻两次大修理之间设备的工作时间。对新设备来说，就是从投产到第一次大修理之间的间隔时间。

①修理间隔期是指相邻两次修理（包括大、中、小修理）之间的间隔时间。

②检查间隔期是指相邻的检查与修理之间的间隔时间。

③修理周期结构是指在计划预修制中在一个修理周期内将检查（O）、小修（M）、中修（C）和大修（K）按照规定的顺序排列。对计划保修制来说，是在一个修理周期内将一级保养、二级保养和大修按照规定的顺序排列。

修理周期确定后，参照上期设备修理计划的完成情况以及本期的生产任务和设备完好程度，即可计算出计划期内究竟有多少设备需要修理。

（2）修理工时定额。它是完成设备修理工作所需的标准工时数，一般都用一个修理复杂系数所需的劳动时间来表示。有了各种设备的修理复杂系数和每一修理复杂系数的工时定额后，就可计算出每台设备修理时的劳动量，同时也就可计算出计划期内为完成全部修理工作所需的总劳动量。

(3) 停机时间定额。停机时间是指从设备停歇修理起到修理完毕，经质量检查验收合格可投产使用所经过的全部时间。在做好修理前各项准备工作的情况下，设备停机时间的长短主要取决于修理钳工劳动时间。停机时间也可按每一修理复杂系数的停机时间定额来计算。停机时间定额可根据各企业的具体情况自行确定。

除上述定额外，尚有设备修理材料定额和修理费用定额等。其制定方法也用每一修理复杂系数所需要的材料和费用来表示。

第三节 设备的选择与评价

一般来说，由于社会分工的不断深入，企业自行研制的设备是极其有限的。企业在扩建或进行设备更新时，多数情况下要直接从市场采购，这就要对购置的设备进行技术经济论证，提出可供选择的多种方案，确定比较理想的最终方案，以购置到符合要求、性能良好，同时又经济合理的设备。

一、设备的选择

设备选择的根本目的是技术上先进、经济上合理、生产上可行，要综合考虑技术、经济、社会环境等方面的多重因素和问题，而这些因素往往是相互约束、相互影响的，所以设备的选择是一项复杂的工作，应组织管理、技术、生产、财务等多个部门的人员对设备进行全面的定量、定性分析，以正确选择。从技术角度，我们通常应考虑以下因素：

1. 生产能力

一般用设备功率、效率等指标表现。购置设备时，既要考虑生产现状的需求，又要以发展的眼光看未来一定时期内的生产要求，生产能力的使用过度或不充分都是不可取的。如果刚刚购置的设备很快就超负荷，则当初的购置决策显然是不明智的；同样，如果购置的设备始终拥有并不需要的生产能力，尤其当设备价格较为昂贵时更是一种不可原谅的损失。因此在选择设备时必须客观评价生产的发展和设备的性能，使生产能力得到合理的充分发挥。

2. 可靠性

设备质量反映设备性能或精度的保持性、零件的耐用性及安全可靠性，是设备在规定条件下和规定时间内，完成所需功能的用概率表示的产品特性。在日益激烈的市场竞争中，要保证生产的连续性，保证严格的交货期必须拥有安全可靠的设备。

3. 可维修性

可维修性是指设备整体结构与零部件等需要修理的系统所具有的易于维修程度的大小以及可否修理的情况。由于绝大多数设备总是难免出现故障，因此在其他因素基本一致时，选择结构合理，易于检查、维护和修理的设备应该是选购时考虑的一个重要因素。

4. 互换性

新购置的设备应尽可能与企业的现有设备相关联，以节约人员培训、辅助装备等费用。

5. 安全性

由于设备的安全性对企业的生产安全、人员安全等方面关系重大，因此在选购时需谨慎抉择。

6. 配套性

设备成套是形成企业生产能力的前提条件。如在选择电脑主机时应当将辅助设备的配套情况及其利用率作为决定因素来考虑，尤其是对于广泛应用的数控设备。如果缺乏相配套的软件，其作用将很难发挥。

7. 操作性

过分复杂的操作易引起操作人员的疲劳和失误，还会增加培训费用，所以应考虑选择操作相对简便的设备。

8. 易于安装

选购设备前应对安装地点做到心中有数，对于一些大型设备还要考察运输路线，这样才能保证设备的可安装性、易安装性。

9. 节能性

节能性是指设备节约能源和节约原材料的能力。节能不但是降低产品成本的需要，也是基本国策。

10. 对现行组织的影响

购置更为先进、精密的设备会对现行生产组织产生一定的影响，如工艺准备、生产计划、现场监控人员等方面都可能发生变化，这些均应在设备购置之前予以充分的评价。

11. 备件供应及售后服务

对于进口设备，尤其要考虑其备件供应的情况，包括交货期、价格等。同时应考察供货厂家的安装、调试、人员培训及维修服务的条件，确保良好的售后服务。

12. 法律及环境保护

不能购置与政策、法律及环境不相容的设备。

上述因素是选择设备时主要应考虑的方面，要统筹兼顾，权衡利弊，购置到理想的设备。

二、设备的经济评价

在上一节“设备的选择”中主要讨论了技术方面的定性分析。事实上，要拥有技术先进而又经济合理的理想设备，不仅要考虑技术方面的可行性，而且应当进行必要的定量分析，看经济上是否合理。

设备的经济评价主要是测算设备的寿命周期费用，即投资费和使用费。首先明确不同设备在购置时支付的售价、运输费、安装调试费等，然后估算不同设备在投产运行后平均每年必须支付的能源消耗费、维修费、固定资产税、保险费、操作人员工资等，采用设备投资的经济评价方法，确定设备寿命周期费用较小的方案。

1. 投资回收期法

这是评价设备投资效益的主要方法。投资回收期是指用设备的盈利收入来偿还该设备支出所需要的时间。用这种方法评价设备时，先计算不同设备的投资费用，然后再计算投入设备所带来的净收益或节约额，确定投资回收期，然后选出最小的回收期作为最佳选择。

$$\text{投资回收期(年)}=\frac{\text{设备投资额(元)}}{\text{新设备运行带来的净收益或节约额(元/年)}} \tag{10-7}$$

考虑资金的时间因素，设：T 为设备投资回收期，R 为设备运行带来的年平均净收益，I 为设力求投资额，i 为年利率，则有：

$$I(1+i)^{T} = R\,R(1+i)^{T-1} + R(1+i)^{T-2} + \cdots + R(1+i) + R \qquad (10-8)$$

2. 年费法

年费法又称“年价法”。运用这种方法时，首先把购置设备一次支出的设备费（指投资费）依据设备的寿命周期按复利计算，换算成相当于每年的费用支出；其次加上每年的使用费，得出不同设备的总费用，进行比较、分析，选择最优方案。

设备的年费用计算公式如下：

$$C_I = I\frac{i(1+i)^{n}}{(1+i)^{n}-1} + C_o \qquad (10-9)$$

式中，C_I 为年费用，C_o 为设备年使用费，I 为设备最初投资费，i 为年利率，n 为设备寿命周期。

3. 现值法

这种方法是将设备寿命周期每年的使用费按复利率计算，换算成相当于最初一次性投资的总额，再加上设备的最初购置投资额，得到设备的寿命周期费，选较少的寿命周期费作为选择决策标准。

设备寿命周期费用计算公式如下：

$$C = I + C_o\left[\frac{(1+i)^{n}-1}{i(1+i)^{n}}\right] \qquad (10-10)$$

式中，C 为设备寿命期费用，其他参数与式 10-9 中含义相同。

用年费法或现值法评价设备投资方案时，首先，应当比较各设备的寿命周期。如果各方案寿命周期相同，则两种评价方法均可采用；如果设备的寿命周期不同，考虑投资风险的问题，则用年费法评价为好。其次，年费法和现值法的计算公式都是基于设备一次性最初投资，假定每年的使用费都相同。如果上述假设不能符合，即设备投资费是分期支出，或各年使用费不同，或两个假定均不满足，则需要用投资决策的其他相关方法来进行。

练习题

一、单项选择题

1. 金属切削机床是属于以下哪项？(　　)

A. 生产工艺设备　B. 辅助生产设备　C. 试验研究设备　D. 管理用设备

2. 运输设备是属于以下哪项？(　　)

A. 生产工艺设备　B. 辅助生产设备　C. 试验研究设备　D. 管理用设备

3. 测试设备属于以下哪项？(　　)

A. 生产工艺设备　B. 辅助生产设备　C. 试验研究设备　D. 管理用设备

4. TPM 的基本特点不包括（　　）。

A. 全社会　B. 全效率　C. 全系统　D. 全员

5. 保证设备经常处于良好的技术状态，是属于设备管理的（　　）。

A. 前期管理　B. 技术管理　C. 经济管理　D. 技术进步

6. 正确地选择设备，是属于设备管理的（　　）。

A. 前期管理　B. 技术管理　C. 经济管理　D. 技术进步

7. 零部件由于摩擦、应力或化学反应的影响，致使实体发生的磨损称为（　　）。

A. 第一类有形磨损　B. 第二类有形磨损

C. 第一类无形磨损　D. 第二类无形磨损

8. 设备由于自然力的作用引起生锈、腐蚀等所产生的磨损称为（　　）。

A. 第一类有形磨损　B. 第二类有形磨损

C. 第一类无形磨损　D. 第二类无形磨损

9. 由于工艺和管理水平的提高，造成原有设备的相应贬值属于（　　）。

A. 第一类有形磨损　B. 第二类有形磨损

C. 第一类无形磨损　D. 第二类无形磨损

10. 由于科学技术的进步，使原有设备显得陈旧落后或丧失部分使用价值属于（　　）。

A. 第一类有形磨损　B. 第二类有形磨损

C. 第一类无形磨损　D. 第二类无形磨损

11. 主要由操作工人承担的保养是（　　）。

A. 日常保养　B. 一级保养　C. 二级保养　D. 三级保养

12. 主要由专职维修工人承担的保养是（　　）。

A. 日常保养　B. 一级保养　C. 二级保养　D. 三级保养

13. 以下属于最先进的维修方式的是（　　）。

A. 预防维修　B. 生产维修　C. 维修预防　D. 状态监测维修

14. 需要更换与修复设备主要零件和较多的其他磨损零件的维修称为（　　）。

A. 检查　B. 小修理　C. 中修理　D. 大修理

二、判断题

1. 设备的维修性是指在规定的时间内、规定的使用条件下的正常工作的概率。（　　）

2. 由偶然性、意外性原因造成的故障称为“劣化故障”。（　　）

3. 由于设备功能逐渐劣化而引起的故障称为“损坏故障”。（　　）

4. 早期故障期，设备管理主要任务是找出设备可靠性低的原因，进行调整和改革。（　　）

5. 偶然故障期，设备管理主要任务是加强对工人的技术教育，提高工人的技术水平。（　　）

6. 在劣化故障期，设备管理的主要任务是加强设备的日常维修保养。（　　）

7. 事后维修的缺点是不能充分利用零部件的寿命。（　　）

8. 中修理往往需要把设备全部拆卸。（　　）

9. 生产能力一般用设备功率、效率等指标表现。（　　）

10. 设备成套是形成企业生产能力的前提条件。（　　）

三、简答题

1. 简述设备管理的主要内容。

2. 简述设备管理的任务。
3. 简述为减小设备磨损可采取的对策
4. 简述推行TPM的主要做法。
5. 在选择设备时，技术上应考虑哪些因素？

案例分析

生产和检修的一体化管理

T公司是一家规模较大的冶炼企业，旗下的炼钢厂基本每年中修一次，每次10~15天，小修按月安排。只要检修周期已到，不管设备好坏，运行状态如何，都要检修。这种检修管理有失科学性，而且存在如下负面影响：

一、责任主体难清晰

T公司在传统的计划检修制度下，到期就修，按部就班，周而复始，拆拆装装，没有任何灵活的余地，在很大程度上导致了设备管理人员不思开拓进取，设备管理工作在原地打转，僵化了设备人员的思维方式。从目前情况来看，生产设备管理工作跟不上形势的发展，自然与管理体制有关。在计划性检修制度下，由于自己对检修工作的安排无权作主，设备得不到及时检修，检修错位，淡化了设备管理人员的责任，设备出问题了，往“设备事故”上一推了事。

二、设备寿命难延长

在原计划性检修制度下，往往会导致以下现象：一是检修项目抓不住重点，分不清主次，不是检修过剩就是检修不足；二是由于计划检修时间安排一般都较充裕，有缺陷大修理，没有缺陷也修理。本来设备状态还比较好，尚有潜力可挖，既然时间安排了，还是拆开修修为好，怕的是今后设备出了问题说不清楚。三是由于过多的检修拆装，加速了拆装的磨损，本来好端端的设备越修越糟，人为地缩短了设备的使用寿命。由于计划性检修针对性不强，盲目检修多，降低了设备利用率，浪费了大量的人力，还增加了大量检修费用的无效支出。

三、生产与检修之间存在的问题凸显

1. 检修与生产协调上存在矛盾

设备部门虽然制定有小的检修计划，但有时因生产停不下来而不能执行，小的设备问题能拖就拖，设备经常带病作业；维修不能及时，不能彻底，重复的故障多次发生而得不到解决，而小故障又拖成了大毛病，更加影响生产；由于计划检修经常不能到位，日常的检修模式演变为典型的“头痛医头、脚痛医脚”，设备出了大的问题就临时组织检修，临时组织人员、工具、材料、备件；设备部门每天都在抢修设备故障，成为“救火队”，导致设备故障更多，检修时间更长，种种因素造成设备故障率高。

2. 生产与检修分属不同作业区，两者不能互相兼顾

生产人员只管生产，设备出了问题交给检修部门去解决，生产人员无事可做，这也造成了操作工缺乏设备维护意识，不遵守操作规程的情况时有发生，甚至野蛮操作。设备部门则只负责设备检修，各区域由各负责部门进行检修，如炉修车间负责转炉相关设备的检修，板坯车间只负责本车间设备的检修，机装车间负责方矩坯连铸系统的检修等，人员相对不足，

虽然能够在一定程度上保证检修质量，但时间长，效率低。

3. 生产节奏加快，原有的生产组织、检修模式不适应

随着生产节奏加快，生产与检修的矛盾更为突出，常常出现高速生产下的“急停车”——设备故障导致的生产突然中断，打乱了生产节奏，并造成物料损失，推高生产成本，也难以按时完成销售定单，造成交货期延长。另外，全停检修也已经不适应现代工艺流程，全停产检修变为不可能，原有生产、检修组织模式迫切需要进行整合。

点评：

T公司的生产与检修之间的矛盾凸显实际在很多制造业企业都是常见的现象，然而这样的现象却给了T公司寻找解决矛盾的利器，也就是“生产和检修的一体化管理”。

一、机构扁平化改革，部分辅助职能分离

1. 机构扁平化改革，人员充实生产、检修一线岗位

随着规模不断扩大，传统的做法是增加管理层次，而炼钢厂根据当前的实际情况，减少了管理层次，增加了管理幅度。当管理层次减少而管理幅度增加时，炼钢厂金字塔状的组织形式就被“压缩”成扁平状的组织形式。具体的做法是：原来的生产科与调度科合并成立生产部，原来的质量技术科与产品研发科合并成立钢种研发部，原来的机动科与供应科合并成立设备材料部，原来的保卫科、武装部与安全科合并成立安全保卫部，原来的原料科与耐火科合并成立辅料部，原来的劳动人事科、教育科与财务科合并成立财劳部，原来的行政科、宣传科、工会、团委、纪委、机关一支部、机关二支部、党委办公室与厂长办公室合并成立综合办公室；连铸一车间与连铸二车间合并成立连铸车间，炉修车间与机装车间合并成立机修车间，带钢车间与中板车间合并成立轧钢车间。

2. 分离一部分辅助职能，盘活存量资产

公司设材处管理炼钢厂原有设备库、材料库、备件库、油品库等多个库房，占用大量人员和资金。其中的部分备件在炼钢厂投产之初就存在，后来由于技术进步、设备更新改造等原因，已经用不上了，仍然堆在库房里，占用企业资金；另外的大多数备品备件在其他兄弟厂中也同样适用，但每个厂都备着一份，公司设材处也备着多份，同样占用公司和炼钢厂资金；还有一部分，虽然有时生产急需，公司设材处匆忙进货又来不及，影响了生产，但在其他兄弟厂的仓库里却被束之高阁。

因此，公司决定把所有备件、材料等库房全部交给设材处管理，使炼钢厂的备件占用存量资产一下子降为零，随用随到公司库房去领；一部分炼钢厂原来用不上的备件，被分配至其他能用得上的兄弟单位，炼钢厂存量资产得以彻底盘活，公司的资金周转也因此大大改善。库房物品上交公司设材处管理后，原库房腾出来移做他用，而库房管理人员全部留下，经培训合格后全部充实到一线生产、检修等岗位。

二、梳理业务流程，合理定员

机构扁平化改革之后，T公司炼钢厂决定对所有车间科室的作业任务和业务流程进行梳理，以各部门各个岗位为出发点，将本部门的实际工作内容真实地以流程图或工作事项说明的方式系统反映出来。通过四个角度进行分析和评估：工作内容是否重叠或过于复杂，是否存在精简的可能性；工作形式上能否采用更有效率的工具；工作各环节的衔接是否足够紧密，有无特殊情况发生的可能性及处理方法；工作中的责任人是否足够明确。

通过业务流程梳理实现部门间流程的串联，弥补流程缝隙，避免部门墙的存在，然后在

此基础上重新确定定员并进行岗位职责设置。其中，拿中板生产线和各检修部门流程梳理如下：

一是中板生产线重新分工。带钢车间与中板车间合并为轧钢车间，这样，原带钢车间的整个检修队伍就为中板车间所共用，不再另外配备检修队伍，只需再配备极少量的点巡检人员即可；所有起重机械（天车）司机配备及机械部分的维修全部由天车车间完成，炼钢厂只为其配备了 21 人，其余自行解决；中板出库及板坯精整工作由成品车间承担，炼钢厂只为其配备了 9 人；仪表、电器维护包括天车电器统一由仪电（仪表电器）车间承担；板坯的二次切坯、输送及相关设备使用、维护由板坯车间负责；中板缺陷修磨由钢钟研发部四班工艺监督员承担。

二是整合检修力量，实现分工合作。经过多次的人员分流，T 公司炼钢厂各个拥有检修力量的车间已经不再具备单独检修的能力。炼钢厂研究决定，各个检修力量仍然分散在各车间，负责本车间的点巡检、润滑、换件、设备卫生等工作；有较大检修任务时就把各车间检修人员（必要时包括点巡检人员）集中起来，相当于一个大检修作业部，由设备厂长统一指挥；检修前由设材部人员提前到现场核实情况，科学合理地作出检修安排，设备厂长统一调度检修人员，各车间分片包干，把大检修分解为小检修，使各部门检修同步完成；明确检修的技术标准，保证检修质量，出现问题进行责任追究。在分配制度上，做到按劳取酬，员工按分配的工作量及完成质量得到不同的奖励。

这样做的优点是：第一，各检修力量仍然分散在各车间，对本车间的设备负责，对本车间的领导负责，责任明确；第二，各检修力量因多年来一直维护、维修本车间的设备，对设备的性能和常见故障了然于胸，容易查出问题，使设备得到及时检修；第三，具备大检修作业部的优点，充分发挥了集中力量办大事的优越性；第四，检修质量有保证：由于明确的分片包干，责任到车间甚至班组，各车间积极性得到充分发挥，比速度、比质量、比实干加巧干；第五，各车间集中在一起检修，有了新的交流、沟通的平台，在互帮、互学、互促中，各车间职工的能力和水平都得到了提高；第六，各车间能工巧匠集中在一起，能解决以前所不能解决的检修难题。如中板车间轧机“十字包”的更换，以前损坏后只能外委，现在完全自主检修，行动更迅速，质量有保证，同时，为炼钢厂节约了检修时间和维修费用。

三、改革、完善计划检修制度

1. 规范、细化点巡检的要求

点巡检是设备管理的基础，炼钢厂针对自身设备多、设备情况复杂的现状，进一步规范了点巡检的具体要求：

（1）定人：点检员要明确到人，按区域分工进行管理，本身是一贯制管理者。

（2）定点：明确设备故障点，明确点检部位、项目和内容，包括倾向点检（劣化倾向、突发故障和更换周期等）和劣化点检（劣化程度和维修判断）；是否解体点检；除日常点检外是否还需要定期点检和精密点检。

（3）定量：对有劣化倾向的定量化测定。

（4）定周期：不同设备、不同设备故障点，给出不同点检周期。

（5）定标准：制定每个点检部位是否正常运行的判断标准。

（6）定点检计划表：点检计划表又称“作业卡”，指导点检员沿着规定的路线作业。

（7）定记录：包括作业记录、异常记录、故障记录及倾向记录，都设置了固定的格式。

(8) 定点检业务流程：明确点检作业和点检结果的处理程序。如急需处理的问题，要通知其他维修人员共同处理，不急需处理的问题则记录在案，留待计划检修处理。

2. 计划检修与状态检修相结合

炼钢厂计划检修与状态检修相结合的目的就是科学保养设备，在保障设备安全、经济、可靠的前提下，最大限度地提高设备的利用率，降低检修人、财、物的浪费和检修磨损，提高企业经济效益。通过对设备进行全方位状态监督，对设备运行状态影响安全、经济、可靠运行的因素进行综合分析，并对设备进行前景预测，根据结果再拟定检修内容和确定检修时间，真正做到“应修必修，修必修好”。

炼钢厂在计划检修制度的框架下，针对设备的具体状态对检修重新安排和调整，几乎每月都取消一、二次小修，每次小修的时间也根据实际状态有所减少，这主要是依据设备的健康状态作出的决定，对设备的大中修也做了一些变动。

具体做法是：

(1) 以现代化信息管理手段，采集设备实时状态数据，详细记录现场数据，形成原始资料。利用这些数据、资料，定期全面分析，判断设备状态，从中发现问题，使检修更具有针对性。

(2) 完善设备状态监测系统，加强设备异常状态分析。设备发生异常情况后，实行异常状态分析和重点跟踪。

(3) 加强设备维护保养工作，及时消除设备缺陷。设备维修保养工作的好坏，对设备运行状态有着重要的影响，如润滑油的加注，风机的轮换运行，甚至设备吹灰等清洁工作，每一项都不应该忽视。对设备存在的缺陷应及时予以处理，做到大缺陷不过天，小缺陷不过班，确保设备处于健康运行状态。

(4) 应用统计数据，预测设备状态。有些设备虽然检修周期已到，但运行正常，设备故障明显比其他同类型设备少，于是就适当延长了设备的大修周期。而有些设备虽然未到大修周期，但故障频出，炼钢厂就适当提前小修，发现一些重大缺陷及时处理。由于进行了预测，每次检修前，就做好了相应的技术准备工作，节省了检修时间。

(5) 合理确定检修项目，尽量缩短检修工期。由于对设备进行了较全面的状态监督和技术分析，掌握了设备的实际运行情况，可以删除一些不必要的检修项目。如以往每次大中修，对设备大都是全拆，工期长，工作量大。拆完后未发现设备存在问题，又重新装复回去。而近两年，只拆到必要部分，节省了大量的检修工期。

3. 计划检修与预防检修相结合

T 公司炼钢厂计划检修主要是针对较大型设备而言，小型设备和易损件的处理则使用预防性检修方式，通过在线检测、快速维修来完成。预防检修重点在于对设备运行周期的理解和使用频率的监控，否则可能会出现突发性停炉、停机等事故。

但有时设备在运行中，局部小故障隐患即使被发现，因不能停机而无法排除。在这种情况下，炼钢厂采取只要此故障隐患不会造成质量、成本、安全严重后果，或者短时间内不会造成全线停机，就允许“带病”运行的做法，如结晶器下口轻微漏水，中板翻板机故障等。预防维修的有效实施为炼钢厂设备管理提供了更多先进维修维护手段，保证了设备安全生产，提高了综合经济效益。

4. 计划检修与“机会维修”相结合

为了把流程设备的停机减少到最低限度，T公司炼钢厂在计划检修的框架下运用“机会维修”，利用生产淡季、等待计划排产的空隙，进行全流程的检修和保养，使设备进入完好待命状态。

T公司根据市场的变化不断调整产品类型，因此，总有连铸机和相应的轧线处于待命状态，连铸机和相应的轧机就可以利用待命状态很好地检修，不一定按照原检修计划执行。如2013年2月，中板市场低迷，停产待命。炼钢厂利用近1个月的停产时间，把板坯和中板生产线全部检查、检修、保养了一遍，所有设备、部件均处于最佳待命状态；3月以后，中板市场好转，设备又重新开动起来，设备故障率极低，保证了中板生产的稳产高产。另外，炼钢厂还利用其他工序检修时机实行“机会维修”策略，如高炉休风4~8小时，铁水相对不足，炼钢厂就组织对一座转炉的小修，同时，一台以上的连铸机及一条以上的轧钢生产线也可以同步“机会维修”；同样，某一台轧机计划检修时，就可以有一台连铸机和一座转炉同步“机会维修”。

5. 生产和检修融为一体

T公司炼钢厂根据自身的特点，吸收了TPM设备管理思想，走出了一条生产和检修一体化管理的新路。设备管理的目标定为四个“零”，即停机为零、废品为零、事故为零、速度损失为零。

(1) 停机为零：这是指计划外的设备停机时间为零。计划外的停机对生产造成冲击相当大，使整个生产匹配发生困难，造成资源闲置等浪费。但计划检修时间要有一个合理值，不能为了满足非计划停机为零而使计划停机时间值达到很高，而是使综合生产率达到最高。

(2) 废品为零：这是指由设备原因造成的废品为零。完美的质量需要完善的机器，机器是保证产品质量的关键，而人是保证机器好坏的关键。

(3) 事故为零：这是指设备运行过程中事故为零。设备事故的危害非常大，影响生产不说，还可能会造成人身伤害，严重的可能会“机毁人亡”。

(4) 速度损失为零：这是指设备速度降低造成的产量损失为零。由于设备保养不好，设备精度降低而不能按高速度使用设备，等于降低了设备性能。

（资料来源：http://caselib.drcnet.com.cn）

思考题

1. 试分析机构扁平化改革有可能给企业带来的影响。

2. 为完善计划检修制度，该企业采取了哪些做法？

3. 该企业为了生产和检修融为一体，将设备管理的目标定为四个“零”，请问你有何评价？

第十一章　先进生产运作方式

本章目标

通过对本章的学习，学生应熟悉JIT生产的目标和实现方式，掌握精益生产的基本思想和主要内容，理解精益企业的内涵，了解敏捷制造的目标和三大要素，掌握敏捷制造的基本思想和基本特征，理解最优生产技术（OPT）的基本原理，了解约束理论解决问题的五个步骤，熟悉CIM的概念和基本构成，了解大规模定制的含义和产生背景。

本章重点

掌握精益生产的基本思想和主要内容，以及敏捷制造的基本思想和基本特征。

本章难点

理解精益企业的内涵，以及最优生产技术的基本原理。

引入案例

万向钱潮的精益生产管理

以“质量交付-成本”改进循环为核心的精益生产管理，是万向钱潮股份有限公司（简称“万向钱潮”）为适应激烈的市场竞争，提高效率，降低成本，谋求可持续健康发展而做出的战略决策。

一、建立组织网络，为有效实施精益生产提供保证

公司成立了以总经理为组长的精益生产督导小组，组员为来自在欧美日合资企业工作过十多年的精益生产工程师，专门从事公司所属30几个工厂精益生产方式的推行、辅导和应用工作；各工厂也成立了以工厂总经理为第一负责人、各部门负责人为成员的精益生产推进委员会。同时设立专/兼职精益生产协调员，在工厂总经理的直接领导下，负责协调、推进本工厂精益生产方式的实施。

二、颁布标准，统一实施

1. 多层次、多种方式培训，为实施精益生产奠定基础

2011年，精益生产督导小组在总结万向过去十几年实施精益生产经验的基础上策划、编制、发布了《万向钱潮制造系统》管理标准，英文简称“QCMS”；又发布了QCMS审核标准，为公司各工厂实施精益生产方式建立了统一的标准和实施方法。QCMS包括13个精益生产工具和17项企业运行主要绩效指标（KPI）。13个精益生产工具又分为6个基础工具、1个质量工具、3个交付工具和3个成本工具。

QCMS发布后不久，精益生产督导小组分别对公司各工厂总经理、生产副总、生产/质

量经理、精益生产协调员进行集中培训。与此同时，精益生产督导小组到万向钱潮各工厂为班组长以上的管理人员进行单独培训和辅导；各企业也对从总经理到操作工进行了不同层次、不同内容的培训，使各级人员逐步理解和掌握了精益生产的精髓和各个工具的实施要点。

各企业在理解精益生产方式的基础上制订年度 QCMS 实施计划，落实到各个职能部门并分解到每个月、每周实施，各企业每周在总经理主持的例会上对周计划进行检查跟踪，对实施结果实行通报考核。

2. 结合企业实际，落实标准

万向钱潮下属 30 多家工厂，由于产品及工艺、工厂规模、管理水平及人员层次等差异较大，因此组织结构及职责分配、精益生产工作内容等也有区别。为使精益生产的各项工具标准能落到实处，公司要求各工厂以 QCMS 标准原则为依据，结合实际情况编制形成各工厂的程序文件和管理标准，以使精益生产管理的各项要求融入日常工作中。

三、建立精益生产指标体系，明确改进方向

万向钱潮结合实际，为各工厂建立了月、周、日精益生产指标体系。班组每日有 5 项指标：安全、生产计划完成率、废品率、人员效率、设备效率，班组长对班组指标进行管理。工厂每天有 10 项指标：安全、生产、质量、采购、设备、5S、交付等，由工厂总经理主持，每天在现场会议目视板前进行汇报跟踪；每个职能部门设置 4~6 个周汇报指标，由各部门在每周的总经理例会上进行汇报跟踪；公司还为各工厂设计了 17 个工厂级 KPI 指标，涉及安全、质量、交付、成本、人员等 10 个方面。所有指标都明确了定义、目标值、收集范围及频次、计算方法、责任部门及人员等。所有指标都要求实现目视化。工厂 17 个 KPI 指标由工厂每月将结果经工厂总经理审阅后报万向钱潮精益生产督导小组。所有未完成指标要求有相应的分析和改进计划。

四、树立标杆，以点带面

万向钱潮本部从质量改进着手。本部工厂通过推行 5S、标准作业、全员培训、TPM、防错等，保证人、机、料、法、环等“5M1E”稳定，从而减少废品及返工品的产生。

1. 推行 5S，维持良好的工作环境

万向钱潮根据对 5S 的深入理解和不断实践，将其升华为“整理、整顿、清洁、标准化、持续改进”新 5S。本部工厂制定了《5S 管理程序》，按生产区域、仓库、办公室、厂区道路及其他非生产区域来细化 5S 管理。对于每一个区域，公司都要求按照标准的格式绘制 5S 定置管理图，确定 5S 责任区域划分并展示在现场；由班组长和设备管理员制定 5S 作业指导书，操作工每天下班前用 10 分钟做 5S，并自我检查记录；班组长、工段长、车间主任每天用 5S 审核清单对现场审核打分，内容包括地面、作业现场、物料区、设备/工装、安全设施、管理 6 个方面，对审核得分排名；制造总部、行政部每周对公司各个部位进行检查审核，每月对各制造部生产现场进行一次全面的 5S 审核，每次审核都进行通报及考核。

2. 开展目视管理，让现场清晰明了

在生产现场，本部工厂运用了多项目视管理，如保证员工作业安全、地面标识、导向指示标识、绩效指标展示、生产指导和技术程序、报警等。针对每项内容，制定目视管理标准，规定了各项目标管理内容的具体要求，包括标识牌尺寸大小、字体、内容、字体颜色；

安全标识图样、管道颜色等。通过把所有的标准、目标和条件利用形象直观、色彩适宜的标识展示在人们眼前，让现场人员对过程状况一目了然，并能识别和理解错误所在，减少了错误的发生，推动员工的自主管理和自主控制。

3. 现场问题快速反应（QRQC），保持现场受控

QRQC 采取标准、快速方法解决和管理每天发生的内部、外部问题，使问题及时有效地解决，让公司始终处于正常受控的运行状态。

本部工厂实施的 QRQC 分为三级：班组级、部门级、公司级，并在班组、各制造部和公司的指定位置放置各自的 QRQC 板。每个层级的 QRQC 解决不同层次的问题，并由不同层级的管理人员去分析、解决和回顾问题。

本部工厂要求职能部门人员、各级经理包括总经理每天关注现场、支持和服务现场，快速解决现场的问题，使顾客满意。班组长、各制造部经理、总经理每天一次定时分别到班组 QRQC、部门 QRQC、公司 QRQC 板前检查回顾，技术、质量、设备、采购等职能部门人员参加，以确认问题得到及时解决，或协调资源、推动问题的及时解决。

通过实施三级 QRQC 及每天检查回顾，现场各类问题特别是质量问题不断减少，不合格品率及顾客投诉次数下降，注重现场、服务现场的氛围正在形成。

反映在班组级 QRQC 上的问题包括：

（1）操作人员从首检、自检、终检中发现的质量问题，可以写在 QRQC 板上。

（2）在现场发生的安全问题、设备故障、供应问题，可以写在 QRQC 板上。

（3）该生产线上任何与既定目标有差距的问题，都可以列在 QRQC 板上，如生产计划完成率、设备利用率、不良品率、库存、人员效率等。

反映在部门级 QRQC 上的问题包括：

（1）顾客投诉和抱怨的原因直接来自于车间。

（2）顾客 OKM 退货的原因直接来自于车间。

（3）生产现场出现的批量或重大的质量问题。

（4）安全事故。

（5）班组级 QRQC 长期不能解决的问题。

反映在公司级 QRQC 上的问题包括：

（1）顾客投诉和抱怨。

（2）顾客退货。

（3）车间级 QRQC 长期不能解决的问题。

4. 实行 TPM（全面生产维护），为提高产品质量提供保证

本部工厂将设备预防维护分为四级，每一级维护作业都编制了图文并茂的指导书，明确了维护步骤、内容、使用工具、方法及合格与否的断定标准。其中一、二级维护由操作工完成，三、四级维护由维修人员完成，改变了过去操作工只使用而不维护设备的局面。

5. 设计防错装置，杜绝产生不良

本部工厂在产品设计阶段，由工程师根据类似产品的经验、同类厂家的设立情况等，编制 DFMEA 及 PFMEA，对关键产品特性及关键过程特性的控制采用防错装置，编制防错清单，并为每个防错装置制定详细和清晰的作业指导书。

每个操作者按防错作业指导书的要求，接受防错的培训。操作者、班组长负责按照规定的频次，尤其是在首件生产前正确地检查防错装置。采用防错标牌标识防错的检查结果，并张贴在防错装置处。

防错验证合格后方能启动生产，同时按《防错验证记录表》做好记录，并将防错标识牌翻到绿色面。防错失效后操作工立即停机，并将防错标识牌翻转到红色的一面。在防错装置恢复正常之前，如需要恢复生产，操作工按防错标志牌红色一面的备用方案恢复生产。

通过防错工具的推广应用，已成功开发出30多种防错装置，有效解决了一些长期困扰本部工厂的质量问题，防止不合格品流出。

6. 运用标准作业，减少人员失误

公司的标准作业包括标准工作图、标准工作结合表、标准操作指导书。标准操作指导书以文字和图片对照的方式编制，方便操作人员理解，所有文件展示在操作人员容易使用的位置。

为使标准作业在所有人员及班次得到执行，公司制定了标准作业审核表，对工位的标准作业执行情况进行审核，如物品布置、作业顺序、动作与作业时间等。班组长每天审核一个工位，工段长每周检查班组长的工作，并审核一个工位。目前已经完成30类岗位，413份标准作业指导书的编制及使用。本部工厂顾客零公里退货PPM由2009年的142PPM下降到2012年的23PPM。

7. 建立流动制造系统，快速应对客户需求，优化生产成本

为快速应对市场变化及客户准时交付的要求，本部工厂对现有的生产系统流程进行优化，建立流动制造系统，以缩短生产周期，及时交付。在生产系统优化过程中，要以市场需求为依据，合理配置资源，提高效率，降低成本。流动制造系统的建立步骤如图11-1所示。

五、兼顾其他工厂，共同提升管理

在对本部两个工厂进行重点辅导的同时，总部精益生产小组还对其他工厂进行培训、辅导。每到一个企业，首先到现场查看，发现浪费，寻求最佳解决方法，教各工厂找到改进的方法和思路，为工厂培养有精益理念的精益管理人员；其次对各级人员培训使用QCMS工具。另外，结合各工厂的实际情况，在企业举办实施精益生产过程中的问题交流和座谈会。

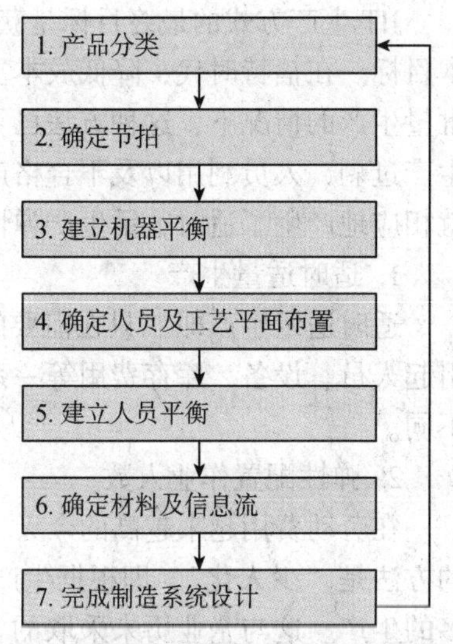

图11-1 流动制造系统建立步骤

在标杆企业的影响和带动下，外部工厂迅速学习模仿，迎头赶上。如万向钱潮海南工厂，2010年由于质量问题多，经常不能按时交付，已被主机厂列入黑名单（降级，不再给新产品订单）。通过实施精益生产，其零公里退货降到10.6PPM，实现了JIT供货，同时库存下降40%，人员效率提高了30%。2012年重新被海马公司评为优秀供应商，并拿到了新车型的订单。

六、实施年度审核，奖励优胜企业

各工厂实施QCMS后，除了工厂内部进行半年一次的内部审核外，万向钱潮精益生产小组每年从11月下旬起，

依据 QCMS 审核标准对所有工厂进行 QCMS 现场年度审核，向工厂提交书面审核报告；对所有工厂审核得分进行排名，奖励得分前六名的工厂，同时对审核中发现的问题进行汇总和深度分析，发给各工厂予以借鉴，为下一年度进一步深化推行 QCMS 提供经验。

2011 年年度最低目标为 QCMS 审核得分 20 分。2012 年的目标为 QCMS 审核得分不低于 50 分。2013 年目标为 QCMS 审核得分不低于 60 分。万向钱潮制定了 ABC 经理人年度收入制度，将 QCMS 审核得分与各工厂总经理的年度收入直接挂钩。

（资料来源：http：//caselib. drcnet. com. cn）

第一节　准时生产

准时制（just in time，JIT）是日本丰田汽车公司在 20 世纪 60 年代实行的一种生产方式，1973 年以后，这种方式对丰田公司度过第一次能源危机起到了突出的作用，后来引起了其他国家生产企业的重视，并逐渐在欧洲和美国的日资企业及当地企业中推行开来。JIT 是一种针对市场需求向多样化发展，如何有效地组织多品种中小批量生产而创造出来的高质量、低成本，并富有柔性的新的生产方式。JIT 的基本思想是：只在需要的时候，按需要的量生产所需的产品。JIT 的核心是追求无库存或库存达到最小，为此开发了包括“看板”在内的一系列具体方法，形成了一套独特的生产经营体系。JIT 在 21 世纪将会进一步发挥其重要影响。

一、JIT 生产方式的目标与方法体系

JIT 生产方式准时制运作的基本理念是以需定供，即供给方根据需要方的要求（或称“看板”），按照需要方的品种、规格、质量、数量、时间、地点等要求，将物资配送到指定的地点。JIT 的构造体系如图 11-2 所示。

（一）JIT 生产方式的目标和基本方法

JIT 生产方式的最终目标是获取利润。为了实现这个最终目标，“降低成本”就成为基本目标。在福特时代，降低成本主要是依靠单一品种的规模生产来实现的。但是在多品种小批量生产的情况下，这种方法已不能奏效。JIT 生产方式则力图通过“彻底排除浪费”（如生产过剩、人员利用以及不合格产品所引起的浪费）来达到这一目标。为了排除这些浪费，就相应地产生了适时适量生产弹性配置作业人数以及保证质量这样的思想。

1. 适时适量生产

适时适量生产即“只在需要的时候，按需要的量生产所需的产品”，以免由于生产过剩引起人员、设备、库存费用等一系列浪费。JIT 这种思想与历来有关生产及库存的观念截然不同。

2. 弹性配置作业人数

在劳动费用越来越高的今天，降低劳动费用是降低成本的一个重要方面。达到这一目标的方法是“少人化”，即根据生产量的变动，弹性地增减作业人数以及用较少的人力完成较多的生产。这与企业历来采取的“定员制”有明显的不同。具体方法是实施独特的设备布置，以便对各作业点作柔性调整，作业人员必须是具有多种技能的“多面手”。

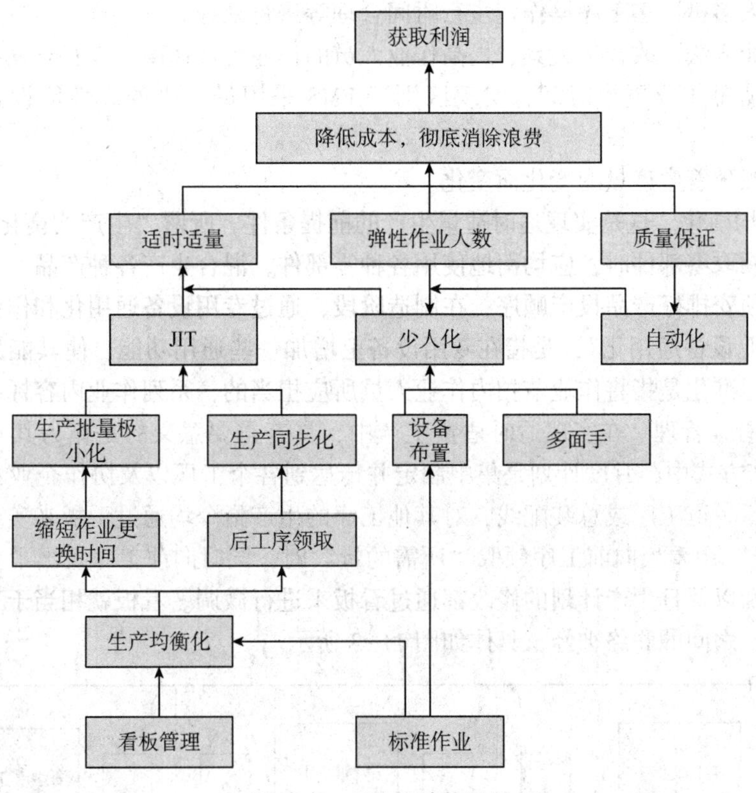

图 11-2 JIT 构造体系图

3. 质量保证

通常认为，质量与成本之间是一种负相关关系，若要提高质量，就得花人力、物力来加以保证。但在 JIT 生产方式中，需将质量管理贯穿于每一工序之中来实现提高质量与降低成本的一致性。具体方法是“自动化”。这里所讲的“自动化”不是一般意义上的设备监控系统的自动化，而是指融入了生产组织中的这样两种机制：其一，在设备或生产线安装自动检测和停止装置，一旦发现异常产品可以自动停止的设备运行机制；其二，生产第一线操作人员发现产品或设备有问题时，有权自行停止生产的管理机制。这样的机制改变了“事后检验”的传统机制，避免了可能造成的大量浪费。

（二）JIT 生产方式的具体方法

1. 实现适时适量生产的具体方法

（1）生产同步化。为了实现适时适量生产，首先需要生产的同步化。生产的同步化是通过“后工序领取”这样的方法来实现的，即“后工序只在需要的时候到前工序领取所需要的加工品，前工序只按照被领取走的数量和品种进行生产”。这样制造工序的最后一道即总装配线成为生产的出发点，生产计划只下达给总装配线，在需要的时候，向前工序领取必要的工件。而前工序提供该工件后，为了补充被取走的量，再向更前一道工序去领取所需的零部件。这样一层一层向前工序领取，直至粗加工以及原材料部门把各个工序都连接起来，实现同步化生产。为此，可采用以下三种具体方法：

①采取产品对象专业化的组织形式，按照工件加工顺序来布置设备。对于作业人员，可

以通过实行一人多机、多工序操作、步行时间合理等进行处理。

②改善作业方法、改善工夹具、提高作业人员的作业更换速度，以及开发小型、简易设备等方法，以缩短作业更换时间，实现区别于 FMS 采用最先进的高性能设备的 JIT 高度柔性。

③生产节拍随着生产量的变化而变化。

（2）生产均衡化。这是实现适时适量生产的前提条件。所谓“生产均衡化”，是指总装配线向前工序领取零部件时，应均衡地使用各种零部件，混合生产各种产品。为此，在制定生产计划时必须安排好产品投产顺序；在制造阶段，通过专用设备通用化和作业标准化来实现。所谓“专业设备通用化”，是指在专用设备上增加一些通用功能，使其能加工多种不同的产品；作业标准化是指将作业节拍内作业人员所应担当的一系列作业内容标准化。

（3）采用看板管理。在实现适时适量生产中，具有重要意义的是作为其管理工具的看板。在 JIT 生产方式中，月度计划是集中制定并传达到各个工厂以及协作企业；每日生产指令只下达到最后一道工序或总装配线，对其他工序的生产指令均通过看板来实现，即后工序“在需要的时候”用看板向前工序领取“所需的量”时，同时向前工序发出了生产指令。日生产量的不均衡以及日生产计划的修改都通过看板来进行微调。看板就相当于工序之间、部门之间以及物流之间的联络神经，具体如图 11-3 所示。

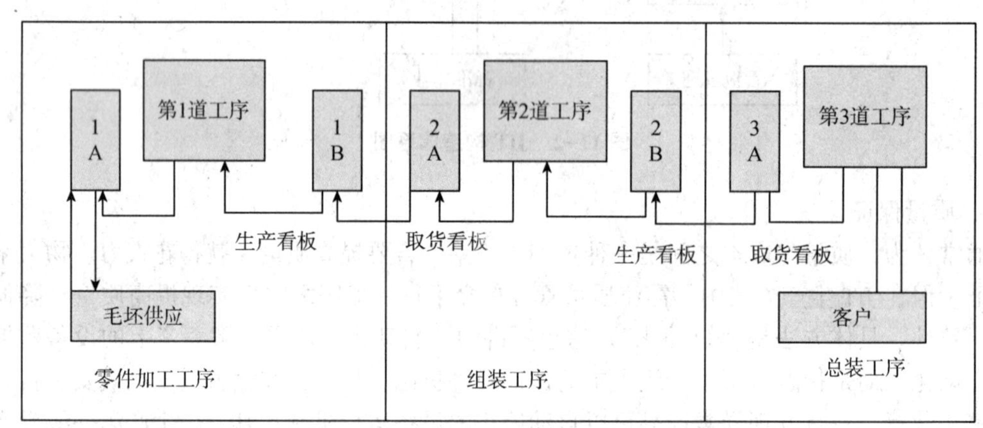

图 11-3　看板对工序作业的控制示意图

2. 实现弹性作业人数的方法

（1）设备的联合 U 形布置。U 形布置的模型如图 11-4 所示。U 形布置的本质在于生产线的入口和出口在同一个位置。在这种布置中，当一个加工完了的产品从出口出来时，一个单位的原材料从入口投入，两方的作业是由同一作业人员按同一生产节拍进行的，即使出现了不平衡现象，也能很快发现和改善。另外，可以通过把几条 U 形生产线连接起来，使原先各条生产线的非整数工时互相吸收，以整数形式实现增减作业人员。

（2）职务定期轮换。实现少人化意味着生产节拍、作业内容、范围、作业组合以及作业顺序等的变更。为了使作业人员适应这样的变更，必须通过职务定期轮换，使他们多能化，成为多面手。其方法一般是定期调动、班内定期轮换、岗位定期轮换。

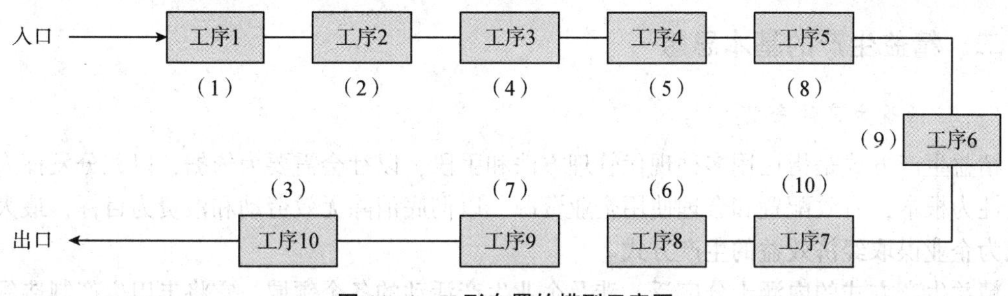

图 11-4 U 形布置的模型示意图

二、JIT 生产方式中的生产计划与控制

对 JIT 生产方式，有这样的一种误解，即认为既然是“只在需要的时候，按需要的量生产所需的产品”，那生产计划就无足轻重了。但实际上恰恰相反，以看板为其主要管理工具的 JIT 生产方式是一种计划主导型方式，但它又在很多方面打破了历来生产管理中的一般观念。在通常的生产计划方式中，生产指令同时下达给各个工序，即使前后工序出现变化或异常，也与本工序无关，仍按原指令不断地生产，其结果会造成工序间生产量的不平衡以及工序间的在制品库存。而在 JIT 生产方式中，由于生产指令只下达到最后一道工序，其余各前工序的生产指令是由看板在需要的时候向前工序传递，这就使得各工序避免生产不必要的产品，避免和减少了不急需品的库存量。此外，因为生产指令只下达给最后一道工序，最后的成品数量与生产指令所指示的数量是一致的，而在传统的生产中这两者往往是不同的，并且该生产顺序指令是以天为单位，可以做到在生产开始的前 1~2 天才下达，从而能够反映最新的需求，大大缩短了生产与市场的距离。

第二节 精益生产

一、精益生产的起源

第一次世界大战后，以美国企业为代表的大量生产方式逐步取代了以欧洲企业为代表的手工生产方式；第二次世界大战后，以日本企业为代表的准时化生产方式（JIT）又逐步取代了大量生产方式，并发展为被汽车行业广泛采用的精益生产方式。

精益生产方式（Lean Production，LP）是美国在全面研究以 JIT 生产方式为代表的日本式生产方式在西方发达国家以及发展中国家应用情况的基础上，于 1990 年提出的一种较完整的生产经营管理理论。

20 世纪 70~80 年代，日本汽车工业取得了巨大的成功。为揭开日本汽车工业成功之谜，1985 年美国麻省理工学院确定了一个名为“国际汽车计划”的研究项目，组织了 53 名专家、学者，花了 500 万美元，从 1984 年至 1989 年，历时 5 年，对 17 个国家的近 90 个汽车装配厂进行了实际考察，并对西方的大量生产方式与日本的丰田生产方式进行分析对比，最后于 1990 年出版了《改变世界的机器》一书，第一次把丰田生产方式称为“LP”，即精益生产方式。

二、精益生产的基本思想

（一）精益生产的含义

精益生产方式是指运用多种现代管理方法和手段，以社会需要为依据，以充分发挥人的积极性为根本，有效配置和合理使用企业资源，以彻底消除无效劳动和浪费为目标，最大限度地为企业谋取经济效益的生产方式。

精益生产方式的内涵十分广泛，涉及企业生产活动的各个领域。它将丰田生产制造领域的 JIT 思想扩展到产品开发、协作配套、销售服务等各领域，贯穿于企业生产经营活动全过程，使之更加丰富、全面，对指导生产方式的变革更具有指导性。

（二）精益生产的基本原理

精益生产的基本原理如图 11-5 所示。

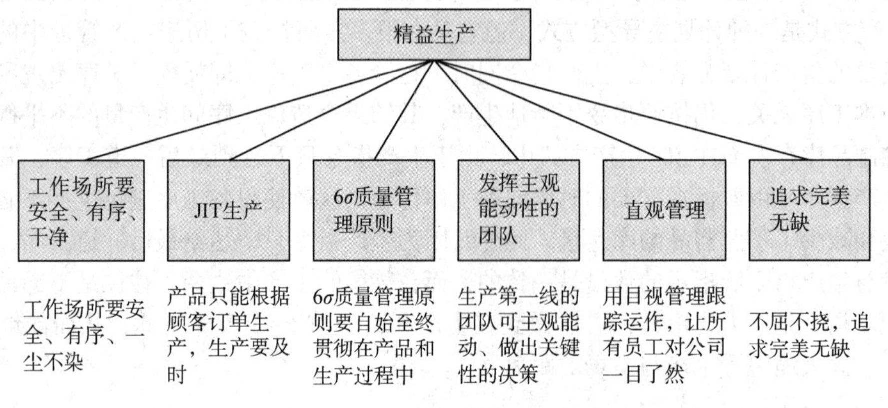

图 11-5　精益生产原理图

安全、有序和干净是精益生产最基本的准则。精益生产的目标是消除一切浪费和无效劳动，实现高效、低耗、高品质的生产。要达到这一目标，企业首先就要追求生产现场的安全、有序和一尘不染。

精益生产的核心是准时化生产，产品生产只能按照 JIT 组织，根据顾客的订单生产。不这样做，就会积压库存，带来潜在的浪费。

全面质量管理原则要贯穿在企业的产品中，贯穿于产品的生产过程的始终。优良的产品质量是实施精益生产的重要保证。全面质量管理是实现精益生产方式所追求的零缺陷的极好方法。6σ 质量意味着每 100 万个零件中出现次品的个数不高于 3.4 个，即零件的合格率为 99.99966%。

精益生产的第四个准则是发挥团队的主观能动性。生产第一线的团队成员在生产操作中或在维修服务中，只要对顾客有好处，都可以做出关键性的决策。遇到问题时，团队可以决定如何解决，不必请示领导。

精益生产的第五个准则是目视管理。把目视管理用于跟踪运作，工人对自己所做的工作提出反馈意见，也就是用眼睛而不是用计算机管理。这种做法往往是在工人容易看得到的地方，以记分牌的形式来表示。每隔 1 个小时，就在预期目标旁边的一栏里列出工作进程。出现变化（增加或者减少）可在旁边一栏“备注”说明原因。这样，团队可以知道自己当班的生产目标已完成多少，并做出相应调整。非当班的人员也可了解在完成目标途中可能出现的障碍。

精益生产的最后一个基本准则是追求完美无缺，即持续改进。精益生产的目标是消除浪费，不断努力，争取精益求精。浪费是大敌，要彻底清除浪费这个大敌，就必须把整个公司里的精益团队成员紧紧地联合起来。要让他们知道，企业的存在主要是为了向顾客提供价值。为了达到甚至超过这个目的，必须从顾客的角度提出服务或提供产品。更重要的是，顾客所需的产品要能达到所要求的功能、价格要最便宜、没有维修问题。为了达到这个目的，从概念到生产一直到把产品送到顾客手中，都必须紧紧地盯住生产中的每一个环节。与此同时，还应做出决定，即哪些活动是有价值的，哪些活动是没有价值的。所有那些不能增加价值的活动都必须一笔勾销。

由此可见，精益生产的基本思想可用以下几个基本准则来概括，即安全、有序、干净，JIT 生产，6σ 质量管理原则，发挥主观能动性的团队，直观管理（也叫“目视管理”或“可视管理”），持续不断追求完美。

三、精益生产的主要内容

如前所述，精益生产是涉及企业整体的生产经营方式。其主要内容可概括如下：

（1）在生产系统方面，一反大量生产方式下的作业组织方法，以作业现场具有高度工作热情的“多面手”（具有多种技能的工人）和独特的设备配置为基础，将质量控制融入每一生产过程中去。现在，实施精益生产的企业更是将摩托罗拉首创的 6σ 管理原则作为精益生产的基本准则之一，使丰田生产方式提出的“零缺陷”几乎变为现实。实施精益生产的企业，其生产系统具有良好的柔性，生产起步迅速，能够灵活敏捷地适应产品的设计变更、产品变换以及多品种混合生产的要求。

（2）在零部件供应系统方面，采取与大量生产方式截然不同的方法，在运用竞争原理的同时，与零部件供应商保持长期稳定的全面合作关系，包括资金合作、技术合作以及人员合作（派遣、培训等），形成一种“命运共同体”，并注重培养零部件供应商的技术能力和产品开发，使零部件供应系统也能够灵活敏捷地适应产品的设计变更以及产品变换。进一步通过管理信息系统的支持，使零部件供应商也共享企业的生产管理信息，从而保证及时、准确地交货。

（3）在产品的研究与开发方面，以并行工程和团队工作方式为研究开发队伍的主要组织形式和工作方式，以“主查”负责制为领导方式（主查就是老板、团队负责人，他的任务是进行新产品的设计和工艺准备并使之投产）。在一系列开发过程中，强调产品开发、设计、工艺、制造等不同部门之间的信息沟通和并行开发。这种并行开发还扩大至零部件供应厂商，充分利用它们的开发能力，促使它们从早期开始参加开发，由此而大大缩短开发周期并降低成本。

（4）在流通方面，与顾客及零售商、批发商建立一种长期的良好的关系，使来自顾客和零售商或批发商的订货与工厂生产系统直接挂钩，使销售成为生产活动的起点；极力减少流通环节的在制品，并使销售和服务机能紧密结合，以迅速、周到的服务最大限度地满足顾客的需要。

（5）在人力资源的利用上，形成企业和员工互惠的管理体制，并一改大量生产方式中把工人只看作一种“机器的延伸”的机械式管理方法，用QC小组、提案制度、团队工作方式、目标管理等一系列具体方法调动和鼓励职工进行“创造性思考”的积极性，并注重培养和训练工人以及管理人员的多方面技能，最大限度地发挥和利用企业组织中每一个人的潜在能力，由此提高职工的工作热情和工作兴趣。

(6) 从管理理念上说，总是把现有的生产方式、管理方式看作是改善的对象，不断地追求进一步降低成本、降低费用、质量完美、缺陷为零、产品多样化等目标。这样的极限目标虽然从理论上来说是不可能实现的，但这种无穷逼近的不懈追求却可以不断产生意想不到的波及效果，即不仅使“白领阶层”，而且使大部分“蓝领阶层”的职工也提高了对工作的热情和兴趣，在工作中感受到了成功的喜悦。由此带来的，则是质量和生产率的不断提高。

总而言之，精益生产是一种在降低成本的同时使质量显著提高，在增加生产系统柔性的同时，也使人增加对工作的兴趣和热情的生产经营方式。与资源消耗型的大量生产方式相比，这是一种资源节约型、劳动节约型的生产方式。

四、精益企业

全面实行精益生产，满足精益生产的几个基本准则的企业是精益企业。

1. 精益企业的含义

精益企业的含义包括以下五个方面：

(1) 产品。产品必须精益求精。只要能提供满足顾客需求的功能，产品包含的物化劳动和活劳动越少越好，任何多余的劳动都是浪费。从这点出发，不仅要求所设计的产品在制造中要尽可能少地消耗原材料、能源、资金和人工，而且要求产品使用成本低。使用成本关系到用户能否实行精益生产，具有重要的社会效益。使用成本与产品质量的关系十分密切。

(2) 生产过程。生产过程包括产品设计、工艺编制、供应、加工制造和库存等方面。要加快生产过程，提高对市场变化的响应速度。要运用并行工程的思想，缩短从设计到出产产品的整个生产周期，要运用看板实现准时生产和准时采购，使原材料、在制品和成品的库存向零挑战。

(3) 工厂布置。工厂布置应尽可能少地占用并最有效地利用土地和空间。土地是不可再生的资源，精益工厂必须占地少。生产设备要有柔性，可以一机多用。设备布置要紧凑有序，充分利用空间，并能按产品变化方便地进行重新布置。工厂合理布置是实行精益生产的前提。

(4) 组织。精益企业具有全新的组织以及人际关系。企业内部，不仅要求彻底改变机构臃肿、人浮于事的状态，而且要对劳动分工做出调整。要在组织的各个层次建立功能交叉、任务交叉的小组，实行协力工作，保证不同职能的工作人员相互沟通。实行并行工程，缩短新产品开发周期和生产技术准备周期，提高工作过程的质量。要广泛实行分权，让下级和工人分享权力与责任，有充分的自主权和积极性去做好各自的工作。在现代社会，权力过分集中不仅容易做出错误的决策，而且会降低组织的应变能力和工作效率。一个成功的管理者的基本条件之一是让其下属能充分发挥主动性与创造性。从历史上看，工人与管理者的合作是日本企业成功的重要条件。

在处理本企业与供应厂家、协作厂家的关系上，精益企业应与它们建立长期、互利的关系。只有建立长期的合作关系，才能保证质量与交货期；只有互利，才能建立长期的合作关系。合作就意味着暂时失去了一部分权力与利益，否则是不可能建立合作关系的。

（5）环境。经济发展带来了环境污染。大量生产、大量消费、大量污染，使我们居住的地球失去了生态平衡，也使人类受到了惩罚，遭受各种灾害。

对自然资源掠夺性的开采导致了人类生存的危机，因此防治污染应该是企业的一项社会责任。耗油量少的汽车排放的废气也少，占用和消耗资源少的企业对环境的污染也小。因此，精益企业是污染小的企业，这也是精益的一个含义。

2. 精益企业与传统企业在企业文化方面的差异

精益企业与传统企业在企业文化方面的差异可用表 11-1 来概括。

表 11-1 企业文化的差异

传统企业	精益企业
命令从上而下，责任主要在上级领导	由下层做出决定
因为介入有限，员工情绪受到挫折	员工参与、承诺、参加、有自豪感
不主动去改进	精益求精
很少交流公司的目标和运作	公司的目标和运作广泛交流
员工或专业人员的满意程度有限	工作让员工和专业人员满意
各功能部门之间的界限分明	各功能部门之间没有界限

由以上介绍可以看出，精益企业与传统企业是截然不同的，只有在产品设计、生产过程组织、供应链管理、客户关系管理、财务、人员管理及协力工作等方面的活动中精益方法都得以实现，并按照精益生产的基本原则运作的企业，才能真正成为精益企业。这也是为什么精益企业不能普遍开花的原因。

第三节　敏捷制造

20 世纪 80 年代后期，美国意识到了必须夺回日本在制造业方面占有的优势，才能保持美国在国际上的领先地位。制造业是一个国家的支柱产业，制造技术已成为一个国家在市场竞争中或战场对抗中获胜的支柱，制造技术也已成为衡量一个国家综合实力和科技发展水平的重要标志之一。一个国家要生活得好，必须生产得好。但是，由于文化背景和各种社会条件的差别，日本的精益生产方式在美国工业中实施的效果不尽如人意。

1988 年，美国国会要求美国国防部拟定一个发展制造技术的长期规划，要能同时体现工业界和国防部的共同利益，国防部委托里海（Leigh）大学的亚科卡（Iacocca）研究所编写。里海大学邀请了国防部、工业界和学术界的代表，建立了以 13 家大公司为核心的、有 100 多家公司参加的联合研究组，耗资 50 万美元，花费了 7500 多人时，分析研究了美国工业界近期的 400 多篇优秀报告，撰写了著名的题为“21 世纪制造企业战略”的报告，提出了“敏捷制造”（agile manufacturing，AM）的概念。

现在，世界各地都有人在研究敏捷制造，但还没有公认的定义，因为它本身就像 CIM 这一概念一样是一种哲理，是一种不断发展的过程。更重要的是，要正确认识这一概念，还需要改变一系列旧的传统观念，才能正确地改造旧企业，走上这条新运行模式的道路。

一、敏捷制造的目标

敏捷制造的目标是："将柔性生产技术，有技术、有知识的劳动力与能够促进企业内部和企业之间合作的灵活管理（三要素）集成在一起，通过所建立的共同基础结构，对迅速改变的市场需求和市场实际做出快速响应。"

二、敏捷制造的三大要素

敏捷制造主要包括三个要素：生产技术、管理技术和人力资源。

1. 生产技术

首先，具有高度柔性的生产设备是创建敏捷制造企业的必要条件（但不是充分条件）。所必需的生产技术在设备上的具体体现是：由可改变结构、可量测的模块化制造单元构成的可编程的柔性机床组；"智能"制造过程控制装置；用传感器、采样器、分析仪与智能诊断软件相配合，对制造过程进行闭环监视；等等。

其次，在产品开发和制造过程中，能运用计算机能力和制造过程的知识基础，用数字计算方法设计复杂产品；可靠地模拟产品的特性和状态，精确地模拟产品制造过程。各项工作是同时进行的，而不是按顺序进行的。同时开发新产品，编制生产工艺规程，进行产品销售。设计工作不仅属于工程领域，也不只是工程与制造的结合。从用材料制造成品到产品最终报废的整个产品生命周期内，每一个阶段的代表都要参加产品设计。技术在缩短新产品的开发与生产周期上可充分发挥作用。

再次，敏捷制造企业是一种高度集成的组织。信息在制造、工程、市场研究、采购、财务、仓储、销售、研究等部门之间连续地流动，而且还要在敏捷制造企业与其供应厂家之间连续流动。在敏捷制造系统中，用户和供应厂家在产品设计和开发中都应起到积极作用。每一个产品都可能要使用具有高度交互性的网络。同一家公司的、在实际上分散、在组织上分离的人员可以彼此合作，并且可以与其他公司的人员合作。

最后，把企业中分散的各个部门集中在一起，靠的是严密的通用数据交换标准、坚固的"组件"（许多人能够同时使用同一文件的软件）、宽带通信信道（传递需要交换的大量信息）。把所有这些技术综合到现有的企业集成软件和硬件中去，这标志着敏捷制造时代的开始。敏捷制造企业将普遍使用可靠的集成技术，进行可靠的、不中断系统运行的大规模软件的更换，这些都将成为正常现象。

2. 管理技术

首先，敏捷制造在管理上所提出的创新思想之一是"虚拟公司"。敏捷制造认为，新产品投放市场的速度是当今最重要的竞争优势。推出新产品最快的办法是利用不同公司的资源，使分布在不同公司内的人力资源和物资资源能随意互换，然后把它们综合成单一的靠电子手段联系的经营实体——虚拟公司，以完成特定的任务。也就是说，虚拟公司就像专门完成特定计划的一家公司一样，只要市场机会存在，虚拟公司就存在；该计划完成了，市场机会消失了，虚拟公司就解体。能够经常形成虚拟公司的能力将成为企业一种强有力的竞争武器。

只要能把分布在不同地方的企业资源集中起来，敏捷制造企业就能随时构成虚拟公司。在美国，虚拟公司将运用国家工业网络——全美工厂网络，把综合性工业数据库与服务结合起来，以便能够使公司集团创建并运作虚拟公司，排除多企业合作和建立标准合法模型的法律障碍。这样，组件虚拟公司就像成立一个公司那样简单。

其次，敏捷制造企业应具有组织上的柔性。因为先进工业产品及服务的激烈竞争环境已经开始形成，越来越多的产品要投入瞬息万变的世界市场上去参与竞争。产品的设计、制造、分配、服务将用分布在世界各地的资源（公司、人才、设备、物料等）来完成。制造公司需要日益满足各个地区的客观条件。这些客观条件不仅反映社会、政治和经济价值，而且还反映人们对环境安全、能源供应能力等问题的关心。在这种环境中，采用传统的纵向集成形式，企图“关起门来”什么都自己做，是注定要失败的，必须采用具有高度柔性的动态组织结构。根据工作任务的不同，有时可以采取内部多功能团队的形式，请供应者和用户参加团队；有时可以采用与其他公司合作的形式，有时可以采取虚拟公司形式。有效地运用这些手段，就能充分利用公司的资源。

3. 人力资源

敏捷制造在人力资源上的基本思想是：在动态竞争的环境中，关键的因素是人员。柔性生产技术和柔性管理要使敏捷制造企业的人员能够实现他们自己提出的发明和合理化建议。没有一个一成不变的原则来指导此类企业的运行。唯一可行的长期指导原则，是提供必要的物质资源和组织资源，支持人员的创造性和主动性。

在敏捷制造时代，产品和服务的不断创新和发展、制造过程的不断改进，是竞争优势的同义语。敏捷制造企业能够最大限度地发挥人的主动性。有知识的人员是敏捷制造企业中唯一最宝贵的财富。因此，不断对人员进行教育，不断提高人员素质，是企业管理层应该积极支持的一项长期投资。每一个雇员消化吸收信息、对信息中提出的可能性做出创造性响应的能力越强，企业可能取得的成功就越大。对于管理人员和生产线上具有技术专长的工人都是如此。科学家和工程师参加战略规划和业务活动，对敏捷制造企业来说是决定性的因素。在制造过程的科技知识与产品研究开发的各个阶段，工程专家的协作是一种重要资源。

敏捷制造企业中的每一个人都应该认识到柔性可以使企业转变为一种通用工具，这种工具的应用仅仅取决于人们对于使用这种工具进行工作的想象力。大规模生产企业的生产设施是专用的，因此，这类企业是一种专用工具。与此相反，敏捷制造企业是连续发展的制造系统，该系统的能力仅受人员的想象力、创造性和技能的限制，而不受设备限制。敏捷制造企业的特性支配着它在人员管理上所持有的、完全不同于大量生产企业的态度。管理者与雇员之间的敌对关系是不能容忍的，这种敌对关系限制了雇员接触有关企业运行状态的信息。信息必须完全公开，管理者与雇员之间必须建立相互信赖的关系。工作场所不仅要完全，而且对在企业的每一个层次上从事脑力创造性活动的人员都要有一定的吸引力。

三、敏捷制造的基本思想

在“21 世纪制造企业战略”报告中，并没有给 AM 一个确切的定义。简略地说，敏捷制造是一种能够对市场多变的需求（包括对产品的需求和服务的需求）做出敏捷的反应，从而很好地满足市场需求的制造组织和制造方式。针对 21 世纪市场竞争的特点，制造业不仅要灵活多变地满足用户对产品多样性的要求，而且新产品必须能快速上市。所以对“agile”这个词，按多数人的做法，译成“敏捷”，取其“灵活”“快捷”的意思，也就是不仅要响应快，还要灵活善变。

在未来市场上，顾客需要的个性化发展对产品多样性的要求会非常突出，每张订单可能只有一件或两件产品。然而厂家按订单生产时，希望其生产成本与批量无关。说得更具体些，希望生产一万件同一型号的产品和生产一万种不同型号、每种只有一件的产品，所花费的成本基本相同。而且上市时间（指从提出概念到产品交到用户手上的全部时间）将成为竞争的关键，要力争缩短。因此，各种产品和生产系统必须是可重新编程、可重新组合、可连续更换的。产品质量的概念也已从过去一般说的“符合技术标准”“经久耐用”等，变成了在整个产品生命周期内使顾客满意。生产组织、技术管理以及人和人的关系上的基本认识和看法，都将与长期以来的传统观念有所不同。而这种思想认识的改造要比发明或引进一项新技术困难得多，这些却正是认识敏捷制造的思想基础。

四、敏捷企业的基本特征

亚科卡研究所提出“敏捷制造”这一概念时，描述的敏捷制造企业的竞争基础有四条：不断变化，快速响应，演进的质量历程，环境职责。在未来市场上，产品的“零缺陷”将成为一种不言而喻的隐含内容，质量的概念将变成不断努力、实现在全产品生命周期内的“用户满意”。另外，由于公众对环境问题提出了越来越多的要求，哪个公司在其生命过程和产品生命周期的处理过程中能够最好地为环境着想，就会获得公众的拥护，从而提高其在市场上的威望。这一点与传统的“个人自扫门前雪”的概念是很不一样的。与传统的大批量生产相比，敏捷制造具有如下特征：

（1）市场环境特征以多变的甚至是难以预测的市场需求和全球化的买方市场为主。一方面，人们对物质产品的需要在得到了量的满足后必将向更加个性化的方向发展；另一方面，由于信息技术的发展及其带动的制造技术的大发展，提供了快速地满足顾客多变需求的可能性。

（2）生产方式特征。为了能迅速抓住市场机遇，要求企业内各部门都能并行工作，实现最快的响应，逐渐形成一个并行工作网络，敏捷地做到“牵一发而动全身”。在敏捷制造的年代，各企业往往既是合作伙伴又是竞争对手。为了能制造出高质量的新产品，工作小组要能访问企业中的各种信息以及有关合伙公司的各种信息。共享信息的通信网络将大力扩展，形成开放的体系机构，实现整个企业集成。产品设计应一次成功，以缩短循环周期。对产品实行终身质量保证。对技术敏感，可以保持技术的领先作用。同时我们还要注意生产过程中对环境的保护。

（3）组织特征。根据用户反映建立组织机构，实现动态多方合作。从竞争走向合作，共同去抓住一个市场机遇。为了快速地响应市场的变化，企业组织结构要减少层次，实现扁平化，向工作小组及其成员放权。敏捷企业的雇员应能根据任务需要灵活地形成各种工作小组，重新组合成各种功能部门。

（4）管理特征。珍惜雇员，把雇员的知识和创造性看作是企业的财富，重视雇员的继续教育，以造就知识面广阔的雇员，提高雇员及其工作小组的知识和适应能力。基于远景蓝图的管理与领导，使各层人员都能发挥最大的主动性、积极性，以最高效率的工作去为企业的成功奋斗。

第四节 最优生产技术

一、最优生产技术的基本原理

最优生产技术（optimized production technology，OPT）是以色列物理学埃里·戈德拉特（Eli Goldratt）于20世纪70年代提出的，最初叫“最优生产时间表”（optimized production timetable），80年代改为“最优生产技术”，后来又进一步演变为“制约因素理论”（theory of constraint，TOC）。

顾名思义，最优生产技术是一种优化生产管理的技术。作为一种新的生产方式，它吸收了MRP和JIT的长处，其独特之处在于提供了一种新的管理思想，而且有相应的软件系统。OPT的两大支柱是OPT原理及OPT软件。

最优生产技术是建立在严格区分“瓶颈资源”和“非瓶颈资源”的基础上的。“瓶颈资源”是指实际生产能力小于生产负荷的一切资源，它是系统内部制约产、销率的约束因素，是制造过程中流量最小的地方。瓶颈可能是一台机器，也可能是缺乏高技能的工人，或者是缺乏专业化工具。实践表明，多数工厂只有很少的瓶颈作业。如果没有瓶颈，则存在剩余生产能力，这时就应该改变系统使之暴露出系统瓶颈（例如可以增加生产准备作业或减少生产能力）。生产能力定义为可利用的生产时间，这其中不包括维修时间和其他间歇时间。

“非瓶颈资源”是指实际生产能力大于生产负荷的一切资源。由于非瓶颈资源的生产能力超过需求量，因而它不应该连续不断地工作，而应包含空闲时间。

“次瓶颈资源”（capacity constrained resource，CCR）是指利用率已接近实际生产能力，并且如果作业计划制定得不太好就可能成为瓶颈资源的资源。例如，一般作业车间的CCR可能接受好几个地方的工作任务，如果这些工作任务没有安排好，就会使工作任务之间的间隙时间超过CCR的空闲时间，从而使CCR成为瓶颈。在生产批量发生变化，或者某个上游作业由于某种原因不能进行，并且没有足够的任务供给CCR时，就会出现这种情况。为了帮助理解OPT的作业计划的制定原理，戈德拉特提出了九条作业计划制定原则：

（1）重要的是平衡物流，而不是平衡能力。平衡生产能力是一种传统的生产管理方法，它要求各工作地的生产能力都与市场需求平衡，试图通过平衡能力来产生一种连续的产品流。OPT则认为平衡生产能力是做不到的，主张在企业内部平衡物流。因为市场每时每刻都在发生变化，波动是绝对的，而生产能力却是相对稳定的。一味追求做不到的事情将导致企业无法生存，所以必须接受市场波动及其引起的相关事件这个现实，并在这种前提下追求物流平衡，即使各个工序都与瓶颈资源同步，以求生产周期最短、在制品最少。

（2）非瓶颈资源的利用水平是由系统中的其他约束决定的，而不是由自身潜力所决定的。系统的产出是由所经过的瓶颈资源决定的，即瓶颈资源限制了产销量。而非瓶颈资源的充分利用不仅不能提高产销量，而且会使库存和运行费用增加。非瓶颈资源的使用率一般不应该达到100%。

（3）资源的“利用”与“活力”不是同一个含义。“利用”是指资源应该利用的程度，“活力”则是指资源能够利用的程度。按照传统的观点，一般是将资源能够利用的能力加以充分利用，所以，“利用”和“活力”是同义的。按OPT的观点，两者有着重要的区别，因为做所需要的工作（应该做的，即“利用”）与做某一时间不需要的工作（能够做的，即“活力”）之间是明显不同的，所以应该基于系统的约束来安排非瓶颈资源的使用。例如，一个非瓶颈资源能够达到100%的利用率，但其后续资源如果只能承受70%的产出，则其另外30%的产出将变成在制品库存，此时从非瓶颈资源本身考察，其利用率很好，但从整个系统的观点来看，它只有30%的有效性。所以，“利用”注重的是有效性，而“活力”注重的则是可行性。从平衡物流的角度出发，应允许在非关键资源上适当地闲置时间。

（4）瓶颈资源损失1小时相当于整个系统损失1小时，而且是无法补救的。一般说来，生产时间包括加工时间和调整准备时间。但在瓶颈资源与非瓶颈资源上的准备调整时间的意义是不同的。因为瓶颈资源控制了产销率，在瓶颈上中断1个小时，是没有附加的生产能力来补充的。而如果在瓶颈资源上节省1个小时的调整准备时间，则能增加1个小时的加工时间，相应地，整个系统增加了1个小时的产出。所以，瓶颈资源必须保持100%的“利用”，尽量增大其产出。为此，对瓶颈资源还应采取特别的保护措施，不使其因管理不善而中断或等工。

（5）非瓶颈资源节约1小时无现实意义。因为在非瓶颈资源上的生产时间除了加工时间和调整准备时间之外，还有闲置时间，节约1个小时的调整准备时间并不能增加产销率，而只能增加1个小时的闲置时间。当然，如果节约1个小时的加工时间和调整准备时间，可以进一步减少加工批量、加大批次，就可以降低在制品库存和生产提前期。

（6）系统的产销率和库存是由瓶颈资源决定的，因为产销率指的是单位时间内生产出来并销售出去的量，所以很明显它受到企业的生产能力和市场的需求量这两方面的制约，而它们是由瓶颈控制的。如果瓶颈存在于企业内部，则表明企业的生产能力不足；因受到瓶颈能力的限制，相应的产销率也受到限制。而如果当企业所有的资源都能维持高于市场需求的能力，那么市场需求就成了瓶颈。这时，即使企业能够多生产，但由于市场承受能力不足，产销率也不能够增加。同时，由于瓶颈资源控制了产销率，所以企业的非瓶颈和瓶颈同步，他们的库存水平只要能够维持瓶颈上的物流连续稳定即可，过多的库存只是浪费，这样瓶颈也就相应地控制了库存。

需要注意的是，上述六项原则都是与资源有关的。

（7）转运批量可以不等于甚至在大多数情况下不应该等于加工批量。批量的确定是车间现场的计划与控制的一个重要方面，它影响到企业的库存和产销率。OPT采用了一种独特的动态批量系统，它把在制品库存分为两种不同的批量形式：①转运批量，指工序间转运一批零件的数量。②加工批量，指经过一次调整准备所加工的同种零件的数量，可以是一个或几个转运批量之和。在自动装配线上，转运批量为1，而加工批量很大。根据OPT的观点，为了使瓶颈上的产销率达到最大，瓶颈上的加工批量必须大。但另一方面，在制品库存也不应增加，所以转运批量应该小，即意味着非瓶颈上的加工批量要小，这样可以减少库存费用和加工费用。

（8）加工批量不是固定的，应该随实际情况而动态变化。原则（8）是原则（7）的直接应用。在OPT中，转运批量是从零部件的角度来考虑的，而加工批量是从资源的角度来考虑的。由于资源有瓶颈和非瓶颈之分，瓶颈要求加工批量大，转运批量小，同时考虑到库存费用、零部件需求等其他因素，加工批量应该是动态变化的。

以上两条原则是涉及物流的。

(9) 优先权只能根据系统的约束来设定，提前期是作业计划的结果。MRP Ⅱ的作业计划制定方法一般包括如下步骤：①确定批量；②计算提前期；③安排优先权，并据此制定作业计划；④根据能力约束调整作业计划，然后重复前三个步骤。可见，MRP Ⅱ是按预先制定的提前期，用无限能力计划法编制作业计划。但当生产提前期与实际情况出入较大时，所得的作业计划就脱离实际，难以辅助实施。而 OPT 在这一方面和 MRP Ⅱ正好相反。在 OPT 中，不采用固定的提前期，而是考虑计划期内的系统约束资源，用有限能力计划法，先安排瓶颈工序上加工的关键件的生产计划进度，再编制非关键件的作业计划。所以，OPT 中的提前期是批量、优先权和其他许多因素的函数，是作业计划的结果。

二、约束理论

约束理论（TOC）是以色列物理学家、企业管理顾问戈德拉特博士在他开创的优化生产技术 OPT 基础上发展起来的。该理论提出了在制造业经营生产活动中定义和消除制约因素的一些规范化方法，以支持连续改进（continuous improvement）。同时 TOC 也是对 MRP Ⅱ和 JIT 在观念和方法上的发展。

约束理论是一种在能力管理和现场作业方面的管理哲理，把重点放在瓶颈工序上，保证瓶颈工序不发生停工待料，提高瓶颈工作中心的利用率，从而得到最大的有效产出。作为一种解决问题的方法，该理论包括以下五个步骤：

(1) 识别系统约束。只有发现系统约束或最薄弱环节，才能对系统进行改善。通常在一个企业里发现系统约束并不困难，如果企业存在生产能力过剩的现象，那么市场就是约束因素，反之企业的生产能力则是约束因素。

(2) 想方设法开发利用系统的约束。这意味着要从约束因素中压榨出每一滴能量，使约束尽可能高效运行。例如市场是一个约束因素，可利用它表明不是因为我们的行为不当或缺乏行动而丧失这个市场，我们会更加充分地利用市场约束因素创造最大的企业利润。

(3) 使其他一些事情服从以上决定。使系统中的每一方面都服从于利用约束因素的目标。我们需要实现利润系统各个方面的相互合作、相互协调，从而有效地利用约束因素，使系统的其余部分支持系统的运行，即使会牺牲非瓶颈资源的利用效率，也要这样做。无论约束因素是什么，这一条都是正确的。

(4) 打破系统约束。如果产出能力不足，则要获得更多的资源来解除约束。如果市场是约束因素，则可采用广告宣传、发现新的市场等多种途径改善它。

(5) 通过以上步骤，如果约束被打破或解除，则回到步骤（1）。不要让惯性成为系统约束。

约束解除之后，回到步骤（1）开始下一个循环。识别约束，打破约束，然后识别新的约束是一个周而复始的改进过程。如果没有这一过程，企业内部的消极因素就会阻碍企业的进一步提高。

TOC 可以应用到任何行业，包括盈利和非盈利的机构。TOC 首先应用于生产管理、分销、供应链、项目管理等领域，并获得了成效。目前，TOC 还应用于航天制造、半导体、钢铁、纺织、电子、机械五金、食品等行业。TOC 也可应用于学校、医院、金融等机构。美国三大汽车厂还在 ISO 9000 中将 TOC 列为持续改善的一种方法。TOC 也可用于个人计划等。

第五节 计算机集成制造

一、CIM 的产生背景

计算机集成制造（Computer Integrated Manufacturing，CIM）的产生是社会需求和技术进步共同作用的结果。一方面，由于企业外部环境变化，特别是市场的迅速变动引起了企业对计算机集成制造的强烈需求；另一方面，科学技术的长足发展，特别是各种计算机辅助的单元技术的发展，成了计算机集成制造的技术来源，为 CIM 的产生提供了技术准备（即技术可能性）。

20 世纪初，基于泰勒提出的科学管理和时间研究，福特在其世界闻名的福特汽车公司实现了流水生产线，开辟了大规模生产的新纪元，实现了生产效率的大幅度跃进。随着生产力的发展和物质财富的日益丰富，人们对商品的要求越来越高，对商品多样性的需求越来越突出，这就使大批量的生产方式逐渐变得不适应于市场竞争。在这种市场趋势下，制造业企业为了生存和发展，必须采取高柔性和高生产率相结合的生产战略，以实现多品种、小批量、保证质量、降低成本、缩短交货期和对环境无污染的综合指标。为适应这种新的形势，世界各国都在致力于先进生产运作方式的研究。

现代技术的发展也对企业运行提出了新的问题。过去的 20~30 年里，随着计算机的出现和生产技术以及自动化技术的进步，一系列的单项技术逐步应用于生产过程乃至整个企业运行的各个方面。例如，在 20 世纪 60~70 年代，相继出现了数控机床、机器人、柔性制造系统（Flexible Manufacturing System，FMS）以及各种 MIS。但是，在计算机技术的快速发展及其在工业上越来越普遍的应用以后，人们逐渐感到，每种单项工作都可以引入很先进的新技术，但面对急速变化的市场需求，如果不将各单项技术关联起来形成一个整体，提高企业的应变能力，那么单项技术的先进性就不可能发挥其应有的效果，这就导致了所谓“集成”概念的产生。

1973 年，美国约瑟夫·哈林顿（Joseph Harrington）博士提出了“计算机集成制造”的概念，当时他提出了两个基本观点：①企业生产的各个环节，包括市场分析、产品设计、加工制造、经营管理及售后服务的全部经营活动，是一个不可分割的整体，要紧密连接，统一考虑；②整个经营过程实质上是一个数据的采集、传递和加工处理的过程，其最终形成的产品可以看作是数据的物质表现。

二、CIM 与 CIMS 的概念

1. CIM 的概念

哈林顿的思想直到 20 世纪 80 年代才被人们广泛接受并付诸实施，至今仍为 CIM 的核心内容。但是在实施过程中，对 CIM 的认识又有各种各样的提法，导致了各种不同的结果。这里仅提供国际标准化组织（ISO）的一个工作小组在 1992 年提出的 CIM 定义：“CIM 是把人的经营知识及能力与信息技术、制造技术综合应用，以提高制造企业的生产率和灵活性，由此将企业所有的人员、功能、信息和组织诸方面集成为一个整体。”

一个发展中的新概念往往不容易说清楚它“是什么”，但是为了防止人们走向歧途，必须说明它“不是什么”。对于CIM概念，我们必须强调：它不是全盘自动化，它不是单纯的技术的互连，它也不是自动化加计算机化。CIM是一种概念、一种哲理，它是用来组织现代生产的指导思想，其核心在于集成。集成和连接不同，它不是简单地把两个或多个单元连在一起，它是将原来没有联系或联系不紧密的单元组成为具有一定功能的紧密联系的新系统。两种或多种功能的集成包含着两种或多种功能之间的相互作用。集成有系统综合、系统优化的意义。在这里，集成就是要把人与经营系统和技术系统三者紧密结合起来。

2. CIMS的概念

CIMS就是在CIM思想的指导下，逐步实现企业全过程计算机化和综合人机系统。不论其计算机技术应用的广度和深度处于什么阶段，只要全局规划是明确的，确实按照CIM思想指导着企业的体制改革和技术改革，就可称为“CIMS”。全面应用于各个环节的CIMS可以说是未来工厂的模式，但在发展过程中，则可以把它本身看作是一种进程，而不必局限于某种固定格局的层次模式。还要强调的是，这个人机系统的集成不仅是技术上信息和物流的集成，或者说硬件、软件的集成，更重要的是人的集成。实施CIM的障碍70%以上来自于人，企业集成除了要求方法和技术的解答外，还要克服心理、社会、教育等障碍，以达到一种新的经营模式。系统成效的大小，更多地要取决于人的集成情况。

CIM是组织现代化生产的一种哲理、一种指导思想，CIMS则是CIM的实现。CIM哲理只有一个，CIM的许多相关技术（如CAD、CAPP、GT、MIS等）具有共性；而CIMS则因企业不同，其形成与构成千变万化。可以说，CIM各种哲理的具体实现都是CIMS。

三、CIMS的基本构成

CIM是人、经营和技术三者的集成。如果单从技术组成的角度，则可以把CIMS的组成理解为包含四个应用分系统和两个支撑分系统，如图11-6所示。四个应用分系统是管理信息分系统（MIS）、工程设计系统（CAD/CAP/CAM）、质量保证系统（QAS）和制造自动化系统（MAS）。两个支撑分系统则是数据库（DB）系统和通信网络（NET）系统。

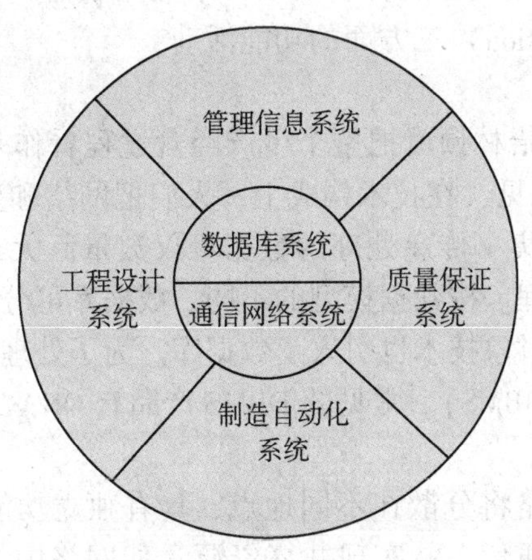

图11-6 CIMS的技术组成

1. 管理信息系统

一个工业企业的管理信息，就是指整个生产经营过程中产、供、销、人、才、物的有关信息。一般可以把 MIS 分解为经营管理（BM）、物料管理（MM）、生产管理（PM）、人力资源管理（LM）和财务管理（FM）等几个子系统。在 CIMS 环境下，是以制造资源计划（MRP Ⅱ）为核心把整个系统集成起来，形成一个计算机管理系统。

管理信息系统的基本功能有三个方面：①信息处理，包括信息的收集、整理、加工、查询等；②事务管理，指经营计划管理、物料管理、生产管理、财务管理、人力资源管理及质量管理等；③辅助决策，分析归纳现有信息，利用各种有关方法，提供辅助决策信息。

2. 工程设计系统

设计阶段是对产品成本影响最大的部分，也是对产品质量起着最重要影响的部分。工程设计系统就是 CAD/CAPP/CAM 的集成，有时还要加上计算机辅助工程分析（即狭义 CAE）。在 CIM 的实施中，信息集成是一项最主要的工作。在计算机里，如果信息编码没有做好标准化工作，各部门之间就根本没有共同语言，也就不可能集成，所以产品数据交换标准是工程设计中首先要考虑的问题。国际上产生最早、应用最成熟和最广泛的数据标准，是美国国家开发和推出的“初始交换规范”（Initial Graphics Exchange Specification，IGES）

3. 质量保证系统

产品质量是赢得市场竞争的一个极其重要因素。CIMS 的一部分质量系统，就是要在系统集成的整体安排下面，更有效地实现全面质量管理。质量保证这个子系统除了要具有直接实施检测的功能外，还有一个重要任务是采集、存储和处理企业的质量数据，并以此为基础进行质量分析、评价、控制、规划和决策。质量数据存在于产品生命周期的全过程中，从市场调研、设计、原材料供应、制造、产品销售直到售后服务等，这些信息经过采集、分析和反馈，便形成了一系列各种类型的闭环控制，从而保证产品最终符合客户的需求。

4. 制造自动化系统

自动化是生产活动发展的必然方向。我们在 CIM 中用“制造自动化”这个名词，只是为了反映先进技术的应用，实际就是反映企业中的底层物流与生产过程。真正自动化程度的高低，完全取决于实际状况与实际需要。各行各业的企业，底层生产过程千差万别，但是底层活动的管理和高度又有一定的共性，即 CIMS 中经常提到的“单元控制器”，这相当于一般工厂中的车间或比车间更低一层的管理活动。单元控制器应具有计划（planning）、调度（scheduling）和调节（regulation）三方面的功能活动。

5. 数据库系统

在最初的 CIM 定义中，哈林顿就把整个生产经营过程看作是“一个数据的采集、传递和加工处理的过程”。由此可见，在技术构成上，人们把网络和数据库作为两个核心和支撑技术。一个 CIM 企业需要采集、传递处理的数据不仅数量巨大，而且结构化、半结构化和非结构化的数据需要分别处理。按数据模型的不同，数据库可分为三种类型：网状型、层次型和关系型。近年来，面向对象技术也引入了数据库。为了处理好数据的存取，每个数据库都有一个数据库管理系统（DBMS）。常见的 DBMS 产品有 ORACLE、SYBASE、INGRES 等。

6. 计算机通信网络系统

计算机网络是用通信线路将分散在不同地点、具有独立功能的多个计算机系统互相连接，按照网络协议进行数据通信，并实现共享资源（如网络中的硬件、软件、数据等）的计算机以及线路与设备的集合。具体的硬件组成部分包括数据处理的主机、通信处理机、集中器、多路复用器、调制解调器、终端、通信线路、异步通信适配器、网络适配器以及网桥和网间连接器（又称“网关”“信关”）等，再和各种功能的网络软件相结合，就能实现不同条件下的通信以支持系统集成。

以上介绍了各个分系统，需要强调的是，虽然这些分系统都是 CIMS 的重要组成部分，但实施 CIM 并不要求一下子把它们都计算机化。实施过程应该“效益驱动、总体规划、分步实施、先易后难”。特别是不要盲目引进先进的设备或软件去对一些不合理的过程搞自动化或计算机化。

四、CIMS 的作用

与传统的制造系统相比，计算机集成制造系统能够提高企业的整体效率。具体地讲，包括以下几个方面：

（1）在工程设计自动化方面，采用现代化工程设计手段如 CAD/CAPP/CAM，可提高产品的研制与生产能力，便于开发技术含量高和结构复杂的产品，保证产品设计质量，缩短产品设计与工艺周期，从而加速产品的更新换代速度，满足用户的需要。

（2）在加工制造上，柔性制造系统（FMS）、柔性制造单元（FMC）或直接数据控制（DNC）的应用可提高制造过程的柔性和质量，提高设备的利用率，缩短产品制造周期，增强生产能力。

（3）在经营管理上，使企业的经营决策与生产科学化；在市场竞争中，可保证产品报价的快速、准确、及时；在生产过程中，可有效地解决生产的“瓶颈”，减少在制品；在库存控制方面，可使库存压到最低水平，减少制造过程所占用的资金，减少库存面积，从而可有效地降低生产成本，加速企业资金周转。

总之，计算机集成制造系统通过计算机、网络、数据库等软、硬件，将企业的产品设计、加工制造、经营管理等方面的所有活动有效地集成起来，有利于信息及时、准确地交换，保证了数据的一致性，从而能够提高产品质量，缩短产品开发周期，提高生产效率，带来更多的效益。

据英国生产管理协会介绍，采用 CIMS 可以获得以下效益：设计效率提高 4~30 倍，设计费用降低 15%~30%，生产提前期缩短 30%~70%，生产率提高 30%~60%，库存费用下降 30%~70%，劳务费下降 5%~25%。

第六节 大规模定制

一、大规模定制的产生

近年来，随着物质的极大丰富，长期卖方市场已彻底转换成买方市场。企业迫切需要随时捕获客户的需求，融进更多的定制，直到使每个客户买到自己满意的商品或服务。许多企业曾试图用增加产品品种来代替顾客的定制要求，在迅速分化的市场面前，努力维持大规模生产的状况。但是，这显然不能满足顾客挑剔的要求，品种的多样化并不等于定制——多样化是指企业先生产出产品，将它们存入成品库，然后等待它们的客户出现；定制则是指应特定客户的要求而生产产品。

大规模定制模式是指对定制的产品和服务进行个别的大规模生产。大规模定制是企业经营中的必然趋势，它能在不牺牲企业经济效益的前提下，了解并满足单个客户的需求，其实质是以大规模的生产方式和速度，为单个客户或小批量多品种的市场定制生产任意数量的产品。

大规模定制模式的实现需要完成以下几个方面的工作：首先分析量化和尽量降低产品多样化的成本，对产品线进行合理化，削减低利润产品的生产，以极大地提高利润，充分利用宝贵资源，提高生产的柔性程度，促进大规模定制产品的开发。其次通过对零件、工艺、工具和原材料进行标准化，作为实施大规模定制的前提条件，降低产品成本，提高加工柔性；再次实行敏捷制造，在无需生产准备时间和库存的条件下，根据订单进行产品的快速生产，实行敏捷产品开发过程，以实现产品的超速上市。最后并行地设计产品族和柔性的制造工艺，围绕模块化的结构、通用的零件、通用的模块、标准化的接口和标准的工艺进行敏捷的产品设计。

大规模定制模式要求将产品模块化，按照客户的要求为其提供唯一的模块组合。例如，摩托罗拉公司在20世纪90年代为了占据市场的领先位置，率先在企业中实行大规模定制。他们开发了一个全自动制造系统，在全国各地的销售代表用笔记本电脑签下订单的一个半小时之内，就可以制造出2900万种不同组合的寻呼机中的任何一种。这种方式彻底改变了竞争的本质，使摩托罗拉成为美国仅存的寻呼机制造商，占有全世界市场份额的40%以上。

大规模定制通过柔性或敏捷的制造，以任意的批量生产多样化的产品，且无需为了改变生产系统的设置而将生产停顿。在相同的设备能力下，当设备运转时，进行大规模定制的工厂其生产效率要比进行大规模生产的工厂高得多。产品的设计完成之后，很难再通过其他措施来削减成本，所以必须在产品和生产工艺的设计阶段确定成本，否则，降低的成本甚至不足以补偿实施这类措施本身所需的费用。

在典型的企业成本统计中，只记录了材料和人工成本，其他成本（称为“间接成本”）分摊到企业的所有活动中。然后，各种产品不具有同样的间接成本需求，可以通过设计来降低很多间接成本。大规模定制可利用先进的设计技术，设计出需要最少的人工和材料成本的产品，用最低的间接成本有效地生产产品。

二、大规模定制生产的模式

大规模定制生产模式可以概括为以下三个方面：

1. 产品设计模块化

企业依赖产品创新和技术创新夺取市场，企业的产品是否能根据用户的当前需要和潜在需求快速抢先提供，将成为企业成败的关键。产品结构和功能的模块化、通用化和标准化，是企业推陈出新、快速更新产品的基础。模块化产品便于按不同要求快速重组，任何产品的更新换代，绝不是将原有的产品全部推翻重新设计和制造的。更新一个模块，在主要功能模块中融入新技术，都能使产品登上一个新台阶，甚至成为换代产品，而多数模块是不需要重新设计和重新制造的。

因此，在敏捷制造中，模块化产品的发展已成为制造企业所普遍重视的课题。例如福特汽车公司的发动机总部将6缸、8缸、10缸、12缸等不同规格的发动机结构进行了模块化，使其绝大部分组件都能相互通用，以尽可能少的规格部件实现最大的灵活组合，并能用同一条生产线制造不同规格的发动机，取得了巨大的经济效益。波音公司在民用飞机的设计和制造中也采用了模块化方法，大大缩短了定制飞机的制造周期。

2. 产品制造专业化

在一般机械类产品中，有70%的功能部件间存在着结构和功能的相似性，如果打破行业界线，将相似功能的部件和零件分类和集中起来，完全有可能形成足以组织大批量生产的专业化企业的生产批量，这些专业化制造企业承接主干企业开发产品中各种相似部件、零件的制造任务，并能在成组技术的基础上采用大批量生产模式进行生产。当然，在现代制造技术的支持下，这种大批量生产模式已克服了传统的刚性自动线的缺点，具备一定范围内的柔性（可调性或可重构性）来完成较大批量的相似件制造，协助主干企业用大批量生产方式快速提供个性化商品的目标。

3. 生产组织和管理网络化

网络的普及和应用给企业提供了快速组成虚拟公司进行敏捷制造新产品的条件。负责开发新产品的主干企业可以利用网络发布自己产品的结构和寻找合作伙伴的各项条件，专业化制造企业可以在网上发布自己的条件和进行合作的意图。主干企业将据此寻找合伙者，本着共担风险和达到"双赢"的战略目标进行企业大联合来合作开发和生产新产品。这样的联合是动态的，组成的虚拟公司是"有限生命公司"。它只是为某种产品而结盟，其生命周期将随产品生命周期的结束而解散，或在另一种产品的基础上调整成新的联合。

通过网络系统构建虚拟企业，可实现产品开发、设计、制造、装配、销售和服务的全过程，通过社会供应链管理系统将合作企业连接起来，按大规模定制生产模式实行有效的控制与管理。

三、大规模定制生产模式条件下企业间的合作关系

在传统的供求关系管理模式下，制造商与供应商之间只保持一般的合同关系，供应链只是制造企业中的一个内部过程，将通过合同采购的原材料和零部件进行生产，转换成产品并销售至用户，整个过程均局限于企业内部操作。制造商为了减少对供应商的依赖，彼此间经常讨价还价，这种管理模式下的特征是信任度和协作度低，合作期短。但大规模定制生产是以新产品开发，企业与专业化制造企业间的有效合作、互相依存为前提的，构成的网络化虚拟公司的主干企业与伙伴企业间应能达到"双赢"的合作关系。其合作关系如下：

主干企业与伙伴企业间应共事信息，通过委托代理经常协调彼此的行为；主干企业必要时应对伙伴企业做技术支持和投资帮助，使合伙企业降低成本，改进质量，加快产品开发；在合作过程中建立相互的信任关系，提高运行效率，减少交易、管理成本；对于通用化、标准化程度高的产品模块，应尽量保持一种能持久的关系，确保产品质量稳定；对于个性化产品的关键模块和零部件，主干企业可吸收伙伴企业参与开发和共同创新，建立战略合作关系，加快新产品的开发过程。

总之，在21世纪这个信息时代，大规模定制生产将是制造业的重要生产模式，成组技术将能发挥更大的作用。

练习题

一、单项选择题

1. 实现适时适量生产的前提条件是（　　）。

A. 生产同步化　　B. 生产均衡化　　C. 生产标准化　　D. 采用看板管理

2. 精益生产最基本的准则是（　　）。

A. 安全、有序和干净　　B. 准时化生产

C. 全面质量管理原则　　D. 发挥团队的主观能动性

3. 精益生产的核心是（　　）。
A. 安全、有序和干净　　B. 准时化生产
C. 全面质量管理原则　　D. 发挥团队的主观能动性
4. 贯穿于产品的生产过程的始终的是（　　）。
A. 全面质量管理原则　　B. 发挥团队的主观能动性
C. 目视管理　　D. 持续改进
5. 以下不属于敏捷制造的组成要素的是（　　）。
A. 生产技术　　B. 管理技术　　C. 营销策划　　D. 人力资源
6. 实际生产能力小于生产负荷的一切资源称为（　　）。
A. 关键资源　　B. 最优资源　　C. 瓶颈资源　　D. 非瓶颈资源
7. 计算机集成制造的英文缩写是（　　）。
A. FMS　　B. CIM　　C. MIS　　D. EDI
8. CIM 的核心在于（　　）。
A. 优化　　B. 改良　　C. 筛选　　D. 集成
9. 实施 CIM 的障碍大部分来自于（　　）。
A. 人　　B. 政策　　C. 方法　　D. 技术
10. CIMS 的基本构成中不包含（　　）。
A. 人　　B. 经营　　C. 技术　　D. 管理

二、判断题

1. JIT 生产方式准时制运作的基本理念是以供定需。(　　)
2. JIT 生产方式的最终目标是追求无库存，或库存达到最小。(　　)
3. 生产的同步化是通过“后工序领取”这样的方法来实现的。(　　)
4. OPT 认为重要的是平衡物流，而不是平衡能力。(　　)
5. OPT 认为非瓶颈资源的利用水平是由自身潜力所决定的。(　　)
6. OPT 认为瓶颈资源是可以补救的。(　　)
7. 大规模定制模式要求将产品模块化，按照客户的要求为其提供唯一的模块组合。(　　)
8. 在 C1MS 环境下，是以 MRP 为核心把整个系统集成起来。(　　)
9. CIM 哲理只有一个，CIMS 则因企业不同而其形成与构成千变万化。(　　)
10. TOC 可以应用到任何行业，但不能应用于个人计划。(　　)

三、简述题

1. 简述 JIT 生产方式的主要思想。
2. 简述实施 JIT 生产方式的具体方法。
3. 简述精益生产的基本原理。
4. 简述敏捷制造的基本思路。
5. 简述 OPT 的基本原理。
6. 简述约束理论的应用步骤。
7. 简述 CIM 的作用。
8. 简述大规模定制的生产模式类型。

案例分析

神龙汽车：成批轮番生产的看板管理

神龙汽车有限公司武汉总厂的看板管理生产方式源于日本丰田汽车公司的准时生产制，通过多年实践，它已成为神龙公司现场管理的八大特色之一。

一、冲压分厂前期的生产管理模式

在国内，成批轮番生产多品种零部件性质的汽车行业或机加工行业，一般都采用编制作业计划的方式来安排生产，神龙汽车有限公司冲压分厂前期也沿袭了这种生产管理模式，通过向上道工序下达生产计划，推动下道工序的生产，称为传统的“推动式”生产。

1. 冲压分厂前期的生产管理模式程序

从计划室获取公司月周期计划；从零件仓库获取月底全部零件库存；根据月周期计划、零件库存和最低库存（安全库存）计算出下月生产全部品种零件的数量，产生下月零件品种生产计划；根据零件品种计划产生每条冲压线按日分配的日历进程作业计划。

2. 成批轮番生产多品种的特点

一是品种的多样性。任何一个厂家不可能只生产单一的品种，特别是一些大型企业，生产的产品通常有几十种甚至上百种。二是成批生产。由于设备、人员有限，如果某个品种仅生产一件后就换工装，将非常吃力，而且是不经济的。所以只有根据实际情况按一个合理的批量生产，才能给企业带来效益。三是轮番生产。在冲压分厂，由于设备贵重，厂房位置有限，不可能购置大量的压机，在每一台压机上生产单一的品种，而往往是多个品种在同一压机上轮番重复生产。

3. 传统的编制作业计划生产管理模式暴露的问题

从编制生产计划的难度来看：作业计划层层分解，操作程序复杂；品种增加、冲压线增多时，品种生产计划和日历进程作业计划可多达几十页，繁琐复杂，而且重复性高；编制每条冲压线作业计划时必须考虑各方面因素（如按库存大小安排上线顺序，穿插各种工装调试、各种零件调试生产等）；即便是编制作业计划时考虑得再周全，但各种生产制约条件随时都可能突然变化，迫使生产者不得不经常调整计划，生产调度人员陷入“抓短线”“压短线”的困境；一旦计划调整后，常因未及时将信息下达给生产线或传递给相关的辅助部门，导致生产准备错误和中断。总之，采用编制生产线作业计划操作起来特别麻烦，浪费了大量的人力、物力，却往往不能得到满意的结果。

从经济效益方面来看：编制作业计划没有从经济效益来考虑合理的批量和安全库存，盲目采用大批量减轻生产线负荷，用过于安全的最低库存来保证下游生产的安全性，而实际上往往导致过量生产。过量生产造成了大量的在制品库存积压，挤占了生产空间和库有空间，增加了搬运和管理难度，仓库堆放损坏和锈蚀概率增大，过早消耗了原材料和能源，大量投入工位器具。

从市场的适应能力来看：编制上游作业计划推动下游的生产，忽视了市场对产品的需求，一旦产品更改或市场需求发生变化时，就会造成大量的在制品报废，给企业带来直接经济损失。

正是由于传统生产管理模式存在以上缺陷，那种盲目追求产量而忽视市场（用户）所采用的计划调控式的生产管理模式越来越不适应企业的发展。如何建立起以市场为中心，以市场的需求来调整、平衡全部的生产过程就显得尤为必要了。下面是运用“准时生产制”原理并结合神龙公司冲压分厂实际建立看板管理的技术内容。

二、看板管理的整体结构

1. 技术原理

采用“准时生产制”原理。其定义是在必要的时候生产必要数量的必要产品，内容包括整个生产过程控制中的人员组织、经营理念、生产组织、物流控制、现场管理、质量控制、成本管理、库存管理等，核心是降低成本，最终目标是提高企业效益，增强企业竞争力。

必要的时候是指启动生产的合理时机，一方面不因提前生产而提前消耗原材料、能源等使资本固化；另一方面也不能滞后生产，导致供应中断，使用户停产。必要的数量是指考虑整个生产过程能使成本达到最低的一个批量数量，即经济批量。在整个生产中，有许多因素决定着成本，如批量的大小，有的使成本减少，而有的使成本增加，因此应综合考虑这些因素，找出最佳的批量大小。必要的产品即用户需求的产品，用户需要的产品才生产，否则不能盲目生产。

2. 总体思路

总体思路是以“准时生产制”原理为依据，结合神龙汽车公司冲压分厂自身的特点，解决实现这一原理的具体手段。这主要从以下几个方面来考虑：

首先，要确定供应商（冲压分厂）启动生产的合理时机，既不能提前生产又不能滞后生产。这就必须了解用户（焊装分厂）的需求和消耗情况，根据焊装分厂的需求和消耗来安排冲压分厂的排产，所以需要找出一个能反映焊装分厂需求和消耗的信息载体，在冲压分厂和焊装分厂之间传递需求和消耗信息，从而保证时机得以合理实现。

其次，要合理确定成批轮番生产的批次批量。考虑整个生产过程控制中的诸多因素，它们有的随着批量的变化使成本增加，有的使成本减少，只有综合考虑批量的变化和这些因素的变化给成本带来的综合影响，将它们作为自变量，将成本作为因变量建立函数，并绘制成函数图，就容易找出使成本最低的批量值了，即经济批量值。

当然，通过前面提到的信息载体还可以找出焊装分厂有需求的产品，即生产必要的产品。当有信息反馈说明某产品正在使用时，就生产这些产品，否则不予生产。

3. 技术方案

有了以上总体思路，神龙汽车开始着手具体的技术方案。

（1）建立信息载体。用一张长方形卡片作为信息载体。由于冲压分厂生产出来的零件使用通用和专用容器装载，在这些容器上设置一卡片夹，装满零件的容器上的卡片夹里跟随一张卡片，此卡片跟随装满零件的容器入库并上线到焊装分厂，当焊装分厂用完一个容器的零件后，将卡片返回到冲压分厂，冲压分厂可根据返回的卡片得知焊装分厂的消耗情况。由于这种卡片在供应商与用户之间传递供应和消耗信息，所以将它命名为“供货看板卡片”。供货卡片还可以起标识零件的作用，所以它上面打印了一些有关零件的基本信息，如零件号、零件名称、冲压线、容器装载数量、库存位置、焊装消耗点等，以便在供储中方便工人操作。

（2）确定经济批量。由于受生产条件的制约，合理地确定成批轮番生产的批量很重要，这个合理的批量就是经济批量。这里有两种理想状态：一是在制品库存为零，即焊装消耗一件冲压生产一件，这样在制品本身、仓库面积和工位器具等资金占用和资金投入所带来的成本增量非常少，但对冲压分厂来说，过于频繁地更换模具、工装等而浪费人力、物力和工时所带来的成本增量将非常大。二是在制品库存无穷大，这样换模、换工装等成本增量减少了，但在制品资金占用和资金投入所带来的成本增量将非常大。综合考虑这两个极端，建立以零件资金占用、增加库存的资金投入（包括工位器具、存储面积等）、批量等因子为自变量，成本为因变量的保管成本函数；建立以更换模具、工装等带来的人力、物力投入、停机工时损失、批量更换带来的报废、批量等因子为自变量，将成本为因变量的工装调整为成本函数。最后将两个函数取值绘制成如图 11-7 所示的批量成本函数图。可见，当保管成本等于工装调整成本时，整个生产过程成本最小，此时对应的批量值是最经济的。

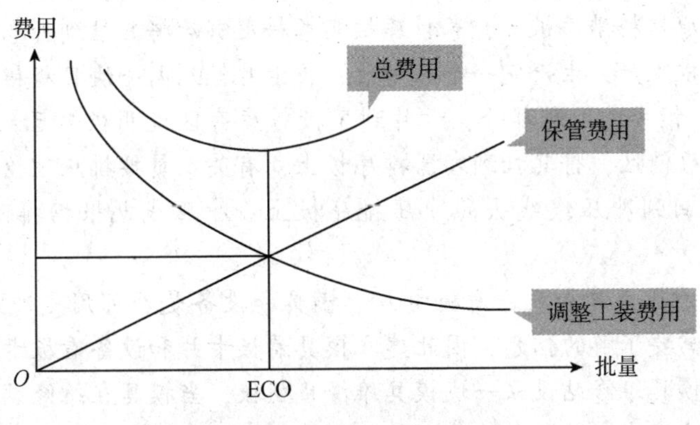

图 11-7　批量成本函数图

经济批量是建立在年利用最小成本基础之上的，因此经济批量也可以用以下数学模型计算：

总费用=工装调整费+保管费

工装调整费主要包括：调整工装工时费用、调整工装能源损耗、调整工装设备损耗、调整工装原材料损耗等。保管费主要包括：保管人工费、仓储场地租金（或投入资金）、工位器具投入、零件防护和损耗等。

（3）确定启动生产最合理的时机。前面提到的长方形供货卡片从焊装分厂返回到冲压分厂。那么它以怎样的方式来让冲压分厂了解焊装消耗信息呢？神龙汽车建立了批量积累目视板，放在冲压线线头，将返回的供货卡片挂在上面（一个钉子上挂一张卡片，由下至上积累），当供货卡片积累到批量线（在批量积累板上划一条批量线，即经济批量线）时，冲压分厂就启动生产，补充一个批量的零件，卡片到达经济批量线就是冲压分厂启动生产的合理时机。

（4）建立三角形生产指令信息卡片。冲压分厂启动某种零件的生产时并不等于就能马上生产这种零件，因为此时有可能毛坯（板料）未准备好，还得下料；也有可能容器还不够一个批量的容器数，还得核实容器足够后才能生产。如何核实容器和发出下料指令呢？神龙汽车分别建立了三角形的下料生产指令卡片和容器核实指令卡片，并将其挂在批量积累板的与供货卡片对应位置的顶部。当批量启动时，冲压线根据板料库存提出板料需求后，将这两种卡片分别拿到开卷线下料和空容器存储区核实容器。开卷线下料指令卡片到开卷线之前，还得将其拿到原材料仓库去核实卷料是否足够一个批量。为了传递从冲压线到开卷线、原材料库、空容器存储区之间的信息，在卡片上除了打印零件名称、零件号等基本信息外，还将下料指令卡片分为两面：一面供冲压线填写板料需求、启动批量的时间，并将其命名为“冲压排序看板”；一面供原材料库和开卷线填写生产数量，并将其命名为“原材料排序看板”。在核实容器指令卡片上打印实际容器数和核实时间，并将其命名为“容器排序看板”。

（5）建立四块目视板。从焊装返回的长方形供货看板卡片挂在批量积累目视板上，上面提到的三角形生产指令看板卡片挂在何处呢？分别在冲压线线头、卷料库、开卷线线头、空容器存储区建立了四块目视板：冲压排序板、原材料排序板、开卷线排序板和容器排序板，分别将传递过来的带有生产信息的生产指令看板卡片挂在上面。之所以叫“排序板”，是因为核实和下料都有一个先后顺序（即排队理论）。原材料排序看板和冲压排序看板流到卷料库，将其挂到原材料排序板上，卷料库核实卷料足够后将其挂到开卷线排序板上，开卷线根据排队理论安排生产，生产完一个品种后，将卡片挂到同一块目视板上部的板料库存区（事先将开卷线排序板分成了两部分，卡片到了板料库存区说明板料已经准备好）；容器排序看板流到空容器存储区，将其挂到容器排序板上，有关人员按排队理论核实容器，如果足够使用，将卡片返回到冲压线线头的冲压排序板上；冲压线也根据排队理论安排冲压线生产。

（6）建立模具看板卡片和设备看板卡片。模具和设备是否可用是冲压线生产的必备条件，也是相关部门需要了解的信息，因此建立模具看板卡片和设备看板卡片，将其纳入目视板上是必要的。在模具维修站设立一块模具维修目视板，当模具在维修站维修时，维修人员将模具看板卡片从冲压线拿过来挂在上面（模具可用时就将模具看板卡片放在冲压积累板或冲压排序板上）。设备看板卡片的位置状态表明设备是否可用信息，设备可用时，将其与三角形看板卡片在冲压排序板上重合，设备不可用时，则不与任何卡片重合。

（7）建立安全库存函数。如前所述，冲压启动生产时，说明上一个经济批量已被消耗完，而这一个批量还不能马上生产出来。此时焊装分厂还在消耗之中，如预先没有准备好一些零件，焊装就从此时开始停产。因此，冲压分厂有必要提前建立一部分库存，即安全库存。

神龙汽车用 Tg 代表焊装分厂消耗完上一个批量的最后一箱零件至冲压分厂生产出第一箱零件送往焊装分厂线边的总时间。它包括五个环节，如图 11-8 所示：

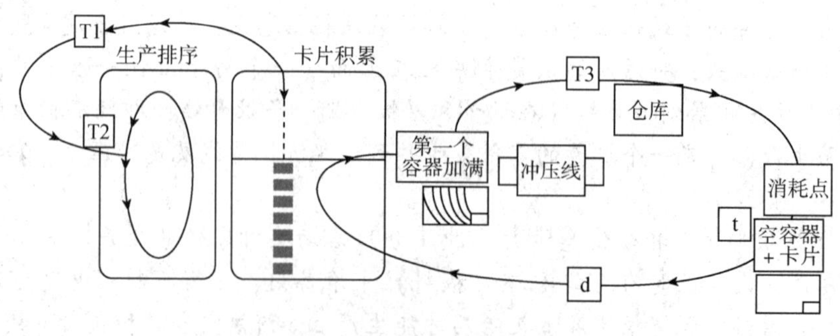

图 11-8　零件的传递过程

t：补给指令传递前的等待时间（即批量的最后一张供货看板卡片返回前的等待时间）。

d：补给指令传递持续时间（即供货看板卡片返回到批量积累板的持续时间）。

T1：生产信息传递时间（即生产指令看板卡片从冲压线到卷料库和开卷线之间的循环时间）。

T2：生产等待时间（即冲压线按排队理论进行排队生产时的等待时间）。

T3：生产准备及转运总时间（即模具等的安装调试时间、第一箱零件的生产时间、第一箱零件入库时间、第一箱零件送往焊装分厂线边的时间）。

（8）建立物流工艺卡。建立物流工艺卡的主要作用是：根据生产节拍和产量计算工时；根据容器装载数量和经济批量、安全库存计算供货看板卡片发行数量，供货看板卡片发行数量=（经济批量+安全库存）/容器装载量。

（9）建立看板运行规则。以上已经把所有的冲压看板管理系统的硬件建立好了，那么又该如何来操作它们呢？

焊装物流叉车司机将焊装线边空容器返回冲压零件仓库并取货，同时将空容器上的供货看板卡片返回冲压零件仓库；冲压物流叉车司机在零件入库后将供货看板卡片从冲压零件仓库带回到冲压线线头的批量积累板，并将其挂在上面。当供货看板卡片在批量积累板上积累到经济批量线时，冲压线工段长启动此零件的生产，即将批量启动时间和板料需求填写在三角形冲压排序看板卡片（反面为原材料排序看板卡片）上面，并将其与三角形容器排序看板卡片一起放在冲压排序板下面的三角发出盒中。

冲压物流技术员每两小时巡视一次看板，将三角发出盒中的三角看板卡片挂到冲压零件仓库的容器排序板上。零件仓库保管员核实容器足够后填写上核实时间和核实数量，再将三角看板卡片放在容器排序板下面的三角发出盒中。

物流技术员在巡视时将三角发出盒中的三角看板卡片从容器排序板取走，分别将容器排序看板卡片、生产排序看板卡片挂到冲压排序板和原材料排序板上。将容器排序看板卡片挂到冲压排序板上时，若模具看板卡片在冲压积累板或冲压排序板上时（说明模具可用），就将其与之跟随（原理图上无模具看板卡片）。

卷料库保管员核实卷料足够后将生产排序看板卡片挂到开卷线排序板上。开卷线按排队理论和卡片上填写的板料需求安排生产，并在生产完的那个零件的原材料排序看板卡片上填写实际生产数量，最后将其挂到开卷线排序板上方的板料库存区。

冲压线在快生产完上一个零件时，按冲压排序板上容器排序看板卡片的顺序，到开卷线的板料库存区取回下一个零件的生产排序看板卡片，并将其与容器排序看板卡片和模具看板卡片重合；同时做好下一个零件的生产准备。设备看板卡片由冲压线工段长操作，生产时将其与生产零件对应的三角看板卡片重合，不生产时将其挂在旁边的空钉子上。

冲压线生产某零件时，线尾装箱工从冲压批量积累板上取走一个经济批量的供货看板卡片，并在每个装满零件的容器的看板夹中放一张供货看板卡片，冲压物流叉车司机将其放入冲压零件仓库。当生产完某种零件后（一个经济批量的供货看板卡片被消耗完），冲压线工段长计算出下一个批量的板料需求，将其填写在冲压排序看板卡片上，并将所有三角看板卡片和模具看板卡片还原到冲压积累板的顶部，进行下一个批量的供货看板片的准备。

（资料来源：http：//caselib. drcnet. com. cn）

思考题

1. 神龙汽车应用看板管理的整体思路和和具体实现手段是什么？
2. 神龙汽车为应用看板管理制定的技术方案主要包含哪些内容？
3. 你对神龙汽车应用看板管理技术的前景是如何评价的？

主要参考文献

[1] 丁慧平，俞明南编著.《现代生产运作管理》，中国铁道出版社，1999.
[2] 武振业等编著.《生产运作管理》，西南交通大学出版社，2000.
[3] 申元月主编.《生产运作管理》，山东人民出版社，2001.
[4] 周志文编著.《生产运作管理》，石油工业出版社，2001.
[5] 曾旗主编.《现代生产运作管理》，中国矿业大学出版社，2001.
[6] 洪元义，吴亚非，王基建主编:《生产运作管理》，武汉理工大学出版社，2002.
[7] 陈志祥编著.《现代生产运作管理》，中山大学出版社，2002.
[8] 高鹏举主编.《生产运作管理》，中国纺织大学出版社，2002.
[9] 党凤兰主编.《生产运作管理》，中国林业出版社，2002.
[10] 王世良等编著.《生产运作管理教程理论、方法、案例》，浙江大学出版社，2002.
[11] 宋克勤编著.《生产运作管理教程》，上海财经大学出版社，2003.
[12] 宿磊主编.《生产运作管理通用文本》，科学技术文献出版社，2004.
[13] 田英，黄辉，夏维力编著.《生产运作管理》，西北工业大学出版社，2005.
[14] 曾伟编著.《生产运作控制》，中国经济出版社，2007.
[15] 王建民主编.《生产运作管理》，北京交通大学出版社，2008.
[16] 潘艾华，阮喜珍主编.《生产运作管理实务》，武汉大学出版社，2010.
[17] 陈荣秋，马士华著.《生产运作管理》，高等教育出版社，2011.
[18] 邹非主编.《生产运作管理实训》，浙江大学出版社，2011.
[19] 冯根尧主编.《生产运作管理》，重庆大学出版社，2011.
[20] 雷达主编.《生产运作管理》，上海交通大学出版社，2012.
[21] 陆力斌主编.《生产与运营管理》，高等教育出版社，2013.
[22] 张永红，白洁主编.《生产运作管理实务》，北京理工大学出版社，2014.
[23] 马法尧，王相平主编.《生产运作管理》，重庆大学出版社，2015.
[24] 柯清芳著.《生产运作管理》，北京理工大学出版社，2016.
[25] 刘丽文著.《生产运作管理》，清华大学出版社，2016.
[26]〔加〕厄斯金著.《生产运作管理案例》，张金成等译，机械工业出版社，1999.
[27]〔美〕威廉·史蒂文森著.《生产运作管理》，张群、张杰等译，机械工业出版社，2000.
[28] J. A. Fitzsimmons，Mona J. Fitzsimmons. Service Management. McGrall-Hill Inc.，International Edition，2001.
[29] Richhard B. Chase，Nicholas J. Aquilano，and Robert F. Jacobs. Operations Management for Competitive Advantage. 10th edition. Mcgraw-Hill/Irwin，2004.
[30] Jay Heizer and Barry Render. Operations Management. 10th edition. New York：Prentice Hall，2011.